企業別組合は
日本の「トロイの木馬」

宮前忠夫

本の泉社

はじめに

　本書『企業別組合は日本の「トロイの木馬」』は、私たちの国・日本の「労働組合」の支配的形態および体制となっている「企業別組合」の正体を歴史的、理論的に検証し、その克服のための本格的な議論の開始を提唱することを主な目的としています。論行にしたがって、「企業別組合」は労働者の団結体がとるべき形態ではないにもかかわらず、財界を中核とする資本家階級が歴史的策略とその実行を通じて労働者階級の運動の中に、贈り物を装って送り込んだ、「トロイの木馬」のような存在であることを検証し、確認します。検証材料として、労働問題分野では従来紹介されたことのない19世紀後半の文献や邦訳のない外国語文献も多数、取り上げます。

　本書は本編9章と付録篇3章から成っています。

　序章では、日本では常識となっている「労働組合」と「企業別組合」というものが、実は日本独特のものだということ、および、それらと「トロイの木馬」との酷似性についての問題提起と本書で用いる独自の用語・概念についての説明を行います。

　第1章では、「日本にはトレード・ユニオンがない」という指摘の解明を手がかりとして、本書の基本的観点ともいうべき、団結（体）、あるいは、団結権の行使としての「団結体としての（個人加盟・職業別・産業別を原則とする）労働者組合」について説明します。

　第2章では、「職業別組合」を意味する英語"trade union"が日本では、なぜ、誤った訳語である「労働組合」になり、定着したのかを解明します。

　第3章では、「企業別組合」の「生成」の解明に入り、まず、第二次世界大戦前期・戦中期における企業別組合の「二つの源流」（アメリカからの会社組合の移植と日本主義化運動）、両者の合流・統合による企業別組合＝日本型会社組合の生成・体現の過程を明らかにします。

　第4章では、「企業別組合」の「生成」の歴史的解明の後半にあたる第二次世界大戦後における、「労働組合」という名の下での「企業別組合」の法認、および、その体制化の過程を系統的に追究します。同時に、その過程での、

(資本家階級勢力としての)財界・財閥、政府、世界労連、「労働組合」をはじめ各関係勢力・研究者の主張や対応策の特徴を解明します。

第5章では、米欧主要国とくに米、独、仏の団結権と労働者組合の歴史と実態を、法制を中心に紹介し、日本以外の主要国では、労働者が資本家と闘って団結権を獲得・確立したこと、「企業別組合」は団結体として法認されていないこと、日本の「企業別組合法認」の異常性を検証します。米国での20世紀前半期の会社組合攻勢、反対闘争と理論なども紹介します。

第6章では、日本を知る諸外国(英、独、仏、米)の労働者組合の関係者・研究者が、日本の「企業別組合」をどのように見ているかの紹介・検証をつうじて、「日本にはトレード・ユニオンがない」状態を知って驚き、その異常さを指摘していることを再確認します。

第7章では、第6章までの検証結果を振り返りながら、21世紀の今日における日本の「企業別組合論」を、代表的な論者の文献を対象として、本書の研究視座に立って、比較・検討し、それぞれの特徴を捉えます。

本編最後となる第8章は、まず、新産業報国会ともいわれる日本の「企業別組合体制」の今日的到達点――とくに大企業「労働組合」に見る労使一体化、「企業別組合の輸出」など――を検証します。その上で、本書の検証・研究の結果としての、企業別組合(日本型会社組合)とその体制の克服・脱却の必要性を総括し、すでに開始されている創意的で多様な取り組みと対策・戦略の主な実例を紹介しつつ、グローバル化時代に対応した、本格的な議論と取り組みの緊要性を改めて確認し、若干の提言を行います。

付録篇では、本編で詳解できなかった用語・概念問題、訳語・誤訳問題などを、歴史的な実例を挙げつつ、検証します。

本書は19世紀後半期にまでさかのぼって日本の「企業別組合」問題を検証するという新しい観点からの探究を試みます。この探究のために、失礼を顧みず、主な関係論文を批判的検討の対象として取り上げさせていただきました。そして、私の独自の研究視点とその貫徹の故に、多くの文献を批判的に紹介する結果になりますが、言うまでもなく、批判を自己目的としたものではありません。当該筆者の方々には、本書筆者の本意をご理解いただき、共に広く積極的な議論を起こしていかれることを願っています。

凡例
1. カッコ類の区別について——〔　〕内は、他文献からの引用文の中のものも含めて、すべて宮前忠夫による挿入である。引用元の文中に既存の〔　〕は、混同をさけるために【　】に変更してある。
2. 外国語文献名の後に〔　〕付の日本語文献名等が併記されている場合の、〔　〕内は「邦訳の公刊なしにつき、宮前忠夫による仮訳文献名」である。
3. 点線類の区別について——文中の〔……〕あるいは〔中略〕は宮前忠夫による省略を表す。
引用元文中に既存の省略記号……は混同を避けるために・・・に変更してある。
4. 引用に際して、縦書きの文献を横書きに変更した。その際、原典（引用元文献）内容は新旧漢字・仮名遣い、「・」（ピリオド）、「,」（コンマ）を含めて、原則として原文のままとした。また、典拠表示のうち、日本歴を西暦に変換した。「繰り返し記号」のうち〔く〕記号は「横書き」にできないので、断りなく「横書き正文」に代えた（例えば、「それく」は「それぞれ」に代えた）。
5. 欧・米・露などの外国人の氏名は、本文（本編、付録編）では原則として「名・姓」という書き順（例えば、カール, マルクス、Karl, Marx）、索引では一律に「姓・名」という書き順（例えば、マルクス, カール、Marx ,Karl）によって表記した。

もくじ

はじめに ………………………………………………………………… 3

凡例 ……………………………………………………………………… 5

本編
序章 ……………………………………………………………………… 9
1. まちがいだらけの日本の「労働組合」論／9
2. 「トロイの木馬」と「企業別組合」／11
3. 私たちにとって何が問題か？／12
4. 本書における独自の用語・概念について／14
5. 本書の研究目標／18

第1章 「日本にはトレード・ユニオンがない」
――問題の原点・「団結体としての（個人加盟、職業別・産業別を原則とする）労働者組合」
………………………………………………………………………… 20

第2章 「トレード・ユニオン」が「労働組合」になるまで …………… 26
1. 英語「トレード・ユニオン（trade union）」は、いつ「輸入」され、どのような日本語に訳されてきたか？――「日本に実在しない事柄を意味する外国語」の訳語問題／26
2. 英語"trade union"の意味と的確な訳語／33

第3章 企業別組合は誰が、どのように創り出したのか
――日本版「トロイの木馬」（その1）第二次世界大戦期まで ………… 42
1. 労働者組合にとっての「組織形態」の決定的重要性――ゴンパーズの確信と高野房太郎の動揺／43
2. 日本の大企業・財閥による米型「会社組合」の「移植」――企業別組合の第一の源流／45
3. 日本の大企業・財閥による「会社組合」の日本主義化――企業組合の第二の源流／66

第4章　企業別組合は誰が、どのように創り出したのか
―― 日本版「トロイの木馬」（その2）第二次世界大戦直後の法制化と法認 ………… **76**

1. 支配層の企業別組合体制化戦略とその実行者たち／78
2. 「企業別組合」法制化をめぐる支配層と政府の策略 ―― 新旧「労働組合法」、国家公務員法、公共企業体（等）労働関係法などの制定と通牒行政を軸に／92
3. 日本の労働者たちに届かなかった世界労連の「勧告」／117
4. 企業別組合の生成と体制化 ―― 資・労の認識と論調／139

第5章　米欧主要国の団結権と労働者組合
―― 世界の常識と「企業別組合」………………………………………… **206**

1. ＩＬＯ報告が明らかにした労働者組合に関する常識／206
2. アメリカにおける「会社組合」攻勢と労働者の闘い／212
3. 主要国の労働者組合法制の特徴 ―― 米、独、仏を例に／229
4. 日本以外の主要国では「企業別組合（体制）」は団結体として法認されていない／265

第6章　外国から見た日本の「労働組合」と
その実体としての「企業別組合」………………………………… **270**

1. イギリスから見た日本の「労働組合」／272
2. ドイツから見た日本の「労働組合」／274
3. フランスから見た日本の「労働組合」／277
4. アメリカから見た日本の「労働組合」／280
5. 世界の常識から見た日本の企業別組合 ―― 本章のまとめをかねて／281

第7章　「企業別組合」をめぐる21世紀の闘い（1）
―― 今日の「企業別組合」論 ……………………………………… **288**

1. 企業別組合（日本型会社組合）とは何か ―― 検証結果のまとめをかねて／289
2. 現代日本の「企業別組合論」とその特徴／293

第8章　「企業別組合」をめぐる21世紀の闘い（2）
―― 新たな対応の開始 ……………………………………………… **356**

1. 激化する21世紀の企業別組合（会社組合）をめぐる闘い／356

2. 本書における私たちの研究課題と到達点──日本における「企業別組合」の生成と本質的役割の再確認、団結権の獲得・確立闘争の現段階／358
3.「企業別組合」をめぐる21世紀の闘い──「永蟄居」コースからの脱却を／363

付録編
日本の「労働組合」運動に関する訳語・誤訳・不適訳問題 ……………… **379**
第1章　訳語・用語の歴史と実態／380
第2章　重大な誤訳・不適訳問題の紹介／394
第3章　「会社〈別〉組合」と「企業別組合」は同一組織形態──労働省編『労働用語辞典』に見る／414

あとがき ……………………………………………………………………… **425**

索引（付録編を除く） …………………………………………………… **428**

序章

1. まちがいだらけの日本の「労働組合」論

　私がここで、「まちがいだらけの日本の『労働組合』論」と言うのは、主に、日本の「労働組合」研究者たちが——現行の「労働組合」法制とその下での「労働組合」の実態を当然の前提として——論じていること、それが様々な道をとおって、労働者組合運動の当事者を始めとする労働者・国民の認識として普及され、日本の「常識」となっていることを指しています。

　研究者たちの文献類を少し読み込んでみると、①用語・概念規定が不正確、あるいは、誤りがある、②諸外国の労使関係、あるいは、労働者組合に関する知識・認識に不正確さ、誤りが目立つ、③研究対象を労働者側のみに限定する、時期を第二次世界大戦後に限定し、同戦前、同戦中を捨象（無視、黙殺）するなどの研究方法上の欠陥が、意外に多い、といったことに気づきます。それらの具体例や検証は本文に譲り、ここでは、簡単にするために、英語「トレード・ユニオン "trade union"」と日本語「労働組合」という用語・概念の場合を例として、「間違い」に関するいくつかのヒントだけを挙げておきます。

(1) "trade union" を「労働組合」と訳すのは間違っている

　「日本にはトレード・ユニオン（trade union）もレーバー・ユニオン（labo(u)r union）も存在しない」——こう言われると、本書読者のあなたも、「まさか、そんなことはないだろう?!『労働組合』というものがあるではないか」と、驚き、当惑するでしょう。しかし、結論を先に言えば、この指摘は、おおむね正しいのです。私は、この指摘に関するこの間の解明・研究を通じて、この指摘の妥当性、正当性を確信するにいたりました。

　日本で、人々が「労働組合」、と言う場合、多くは、それが「トレード・ユニオン（trade union）」の日本（語）版であることをふまえながら、日本

の既存の「労働組合」と「労働組合法」を想起するでしょう。そして、その際に、日本の「労働組合」の圧倒的部分は「企業別組合」という組織形態をとっていますから、特別に断りの説明をしないかぎり、「労働組合」という言葉は、事実上、「企業別組合」を指すことになります。

　しかし、世界の常識においては、英語「トレード・ユニオン（trade union）」はいかなる意味でも「労働組合」ではありません。あなたも"trade union"を日本語に訳してみてください。"union"は「組合」となりますが、"trade"はどうやっても「労働」にはならないでしょう。"trade union"を正確に日本語に直せば、「職業別・産業別の労働者組合」（より正確には、「団結体としての（個人加盟、職業別・産業別を原則とする）労働者組合」）です。そもそも、「組合」というものは、第一義的には、特定の人間たちが結成するのであって、「労働」が「組合」を結成するわけはありません。その意味でも、「労働組合」とはなりません。「レーバー・ユニオン（labo(u)r union）」の場合も同じことです。詳しくは、本文で検討することにしましょう。

(2)「企業別組合」は "trade union" には含まれない

　「企業別組合」、あるいは、「企業別労働組合」という用語・概念についても、世界の常識では――「企業」と「会社」は日常用語としては同義ですから――それは「会社（別）組合（company union）」と同義・同類の組織形態のことなのです。実際、「会社（別）組合」（company union）は一般的には、「法認の労働者組合」（法制上、団結権の行使を認められた労働者組合）には含まれません。ところが、日本では、法律上は規定・定義がなされていない「企業別組合」という呼び方（用語・概念）で、「会社〈別〉組合」が常識化され、しかも、「労働組合」として法認され、「労働組合」の支配的組織形態になっているのです。なぜでしょうか。

　この謎解きは簡単ではなく、本書全体を通じての一大課題です。とりあえず、ここで、確認しておかなければならないのは、上記のようなわけで、欧米の「トレード・ユニオン（trade union）」を知る人々から見れば、「労働組合」も「企業別組合」も、日本独特の用語・概念であって、「理解」に苦しむものだということです。後章で説明するとおり、「労働組合」、あるいは、「企業別

組合」という用語・概念に関する日本の常識は、世界——とくに欧・米——における非常識に相当し、日本と欧・米の関係者の間での対話や議論、討論、さらには、連帯や共同研究を困難に陥れている直接的要因の一つなのです。

2.「トロイの木馬」と「企業別組合」

ところで、「トロイの木馬」をご存知でしょうか。
本書においては説明や検証が進むにつれて、全体としての日本の「労働組合」の主流、あるいは、「労働組合」の支配的な組織形態である「企業別組合」をトロイの木馬に例えることになります。

「トロイの木馬」(「トロヤの木馬」、「トロイアの木馬」ともよばれる) は、ギリシャ神話のトロイ戦争 (ギリシャ遠征軍とトロイ軍との戦闘) において、ギリシャ軍が木馬に軍人と武器を潜ませ、トロイの人々を欺いて「贈り物」としてトロイ領内に送り込み、ついには、トロイ城を陥落させる決め手となった馬の形をした木製の装置 (兵器) です。転じて、巧妙に相手を陥れる罠や奸計のことを「トロイの木馬」に例える表現方法が、世界的・歴史的に慣習化してきました。

今日の日本の労働者階級にとっては、「企業別組合」、とくに、大企業の「企業別組合」が、上記の「トロイの木馬」に似て、「敵側」である資本家階級・財界が、「労働組合」に偽装し欺瞞して、労働者側に送り込んだ「戦闘装置」であるにもかかわらず、比較的長期にわたってその本質を見破られないまま、定着しています。自覚的に闘う日本の労働者階級にとっては、「労働組合」という化粧をした「企業別組合」(実は日本型会社組合) は、財界を中核とする資本家階級が歴史的戦略を通じて、労働者階級とその運動の心臓部に送り込んできた「トロイの木馬」のような存在です。

「トロイの木馬」は元々は神話ですが、本書の題名 (「日本の『トロイの木馬』」) と内容は、神話ではなく、実話なのです。

3．私たちにとって何が問題か？

　こうした実話を内容とする本書において、私たちにとって何が問題の核心なのでしょうか。

　問題の原点は、労働者（階級）の団結権の社会的形態である団結（体）はどうあるべきか、ということです。ここは、序章ですから、本文の内容を先食いすることになりますが、「私たちにとっての問題」を、一応、おおまかに、確かめておきましょう。

　それは、「労働」の「組合」、「労働組合」ではなく、まぎれもない「労働者の組合」、「労働者組合」の問題です。

　この「労働者組合」というものは、例えばある歴史的文献においては以下のように説明されています。

　文献は、イタリア労働総同盟〔ＣＧＩＬ〕著、河藤たけし訳「イタリアの労働協約の役割」（上、下）（『総評調査月報』、上 No.17、1968 年 2 月、下 No.18、1968 年 3 月）です。なお、この邦訳文献において「労働組合」と訳出されている原語は英語の"trade(s) union"、"labo(u)r union"と同義のイタリア語"sindacato"です。

　「資本主義社会では労働者と資本家階級の対立がたえず生じている。使用者はそのおかれた立場から、賃金を抑えいろいろな方法で労働者に対する搾取をつよめることによって、可能なかぎり利潤を高めようとする。彼らはまた自己の目的を達成し自己の支配力を保持するために、経済生活の全域と国家機構に対する支配と影響力を獲得するように努力する。

　他方、労働者と、その代表としての労働組合は、賃金と企業内の労働条件を改善し、雇用水準を維持し、それを高めるために闘う。（さしあたり問題を労働組合の分野に限定し特に政治の分野には言及しない）。さらに企業内部と国家的な領域においてより大きな権限を確保するために、労働者階級と全国民により大きな福祉と社会進歩を保証し共和国憲法の請原則を実現し得る経済発展の構造的な改革を進めるために闘う。

（中略）

労働関係、すなわち使用者が労働力を買い、労働者が特定の条件でそれを売る場合に両者間の取り決めを規定する方法として協約化するのが一般的だが、必ずしもそれが唯一の方法ではない。イタリアの現実を見れば、労働関係が協約化によって定められている場合でも、いくつかの点は直接立法化——法の体系の中で——によって規定されていることがわかる。たとえば、職業紹介、保障と救済、安全と衛生、解雇に必要な正当な理由等がそれである。また国家公務員や公企業に働く労働者の場合には、一切の労働関係は、実際には労働組合の交渉の結果に他ならないが、立法化という方法によって定められているのである。」(上、55頁)

労働者組合は、歴史上で、さまざまな組織形態と構造をとりつつ発展し、それぞれの組織形態に応じた諸機能を果してきました。そして、これまでの世界における諸経験を歴史的・理論的に検証して得られる一般的な、共通の労働者組合概念は、「団結体としての、個人加盟、職業別・産業別を原則とする労働者組合」と規定できます。

ところが、端的に言えば、日本にはそれが、基本的には存在しないと言えるのです。それが、「労働組合」に置き換えられ、実質的に、企業別組合(会社別組合)を意味するようになってしまったのです。

それがどんな意味をもつのか、そうなった経過と本質的問題はどのようなものか。そうした状態から離脱して、現代日本にふさわしい「団結体としての(個人加盟、職業別・産業別を原則とする)労働者組合」を確立すべきではないのか、そうするにはどうしたらよいのか——これらが、私たちが解明し、解決しなければならない、基本的な問題・研究課題ということになります。

そして、こうした課題にとりくみ、答えを探り出すための核心となるのが、先に例えた「トロイの木馬」に関する理論的・実践的闘い、すなわち、「企業別組合(会社別組合)」の歴史的・理論的解明とそこから導かれる結論・対応策の実践です。それは、具体的には、「企業別組合」という組織形態に関して、次の3点を深く解明し、解答を見出すことを意味します。

第一に、日本における「企業別組合」は、誰によって、いつ、どこで、どのようにして生み出されたのか?——「企業別組合の生成」を解明する。

第二に、「企業別組合」の特質・特性・本質はなにか?——「企業別組合」

の本質を科学的に把握し、それを定義する。

　第三に、「企業別組合」は「団結体としての労働者組合」として適格なものか、適格でないとすれば、どう克服し、団結（体）獲得を達成するのか？——今日の日本における「企業別組合体制克服」という問題を理論的に明らかにする。

4. 本書における独自の用語・概念について

　本書においては、慣習的に多くの人々が使う労働者組合（運動）や労資・労使関係に関する基本的用語・概念——とくに組織形態に関する用語・概念——が不的確なために、的確な独自の用語・訳語・概念を使わなければならない場合がしばしば生じます。それに該当する用語・概念のうち、最も基本的なものは次の二つです。

(1)　労働者組合

　労働者の団結というテーマに関連して、もっとも多用されるのは、一般的には、「労働組合」という概念・用語ですが、本書の論行においては、「労働組合」という用語・概念を原則として使用せず、「団結体としての（個人加盟、職業別・産業別を原則とする）労働者組合」という意味での「労働者組合」という用語を使用します。「労働組合」という用語を使うのは、①いわゆる労働組合という意味で、カギかっこ付きで「労働組合」と言う場合、②「○○労働組合」など固有名詞を指す場合、です。また、当然のことながら、日本の法律名、他の文献からの引用（文）は元のままにします。

　「労働者組合」とする理由・根拠は——かなり複雑な歴史的経過もあるので、詳しくは本文の中でそれを説明することになりますが——ここでは、とりあえず、「組合」というものを結成するのは第一義的には——「労働者」、「資本家あるいは経営者」、「農民」、「商人」などの——人間（個人または集団）であり、「労働者の組合」の場合は労働者が結成するのであって、「労働」が結成するのではないからだ、ということです。一つだけ「実例」をあげれば、東京大學社會科學研究所篇『戰後勞働組合の實態』（日本評論社、1950年3

月）は「組合は、勞働者組合というよりは，従業員組合という特質を與えられて居り」（11 頁、傍点は原文、太字は宮前忠夫）と、「労働者組合」を使っています（「従業員組合」も「員」を明記しています）。

(2)　企業別組合＝会社〈別〉組合

いわゆる「企業別組合」あるいは「企業内組合」を指す場合に、必要に応じて、「企業別組合（会社〈別〉組合）」と書きます。その主な理由・根拠は、次のとおりです。

① 日常的には、「企業」と「会社」は同義の用語として使用され、通用している。したがって、「企業別組合」と言っても、「会社（別）組合」と言っても、特に断らない限り、内容は同一である。

② 第二次世界大戦前の日本の労働関係用語においては、「会社〈別〉組合」が一般的であって、「企業別組合」という用語・概念は戦前に誕生したが、戦後に汎用、公用され始め、定着した。それと並行して、一部で、「会社組合＝御用組合」とする用法が見られるようになった。

③ 今日でも、英語では、日本の「企業別組合」を"company union"と表記するのが通例であり、"enterprise (based) union"は和製英語的な表現である。

本書の中で解明するとおり、"enterprise union"（「企業別組合」）は日本独特の用語・概念であり、歴史的・本質的には、「企業別組合＝日本型会社〈別〉組合」なのです。

実例をとりあえず、4 例を挙げておきましょう。より詳しい例証は、本書「付録篇」を参照してください。

　a　松崎芳伸『アメリカ労働法のはなし』（日本労働通信社、1951 年）、および、労働省労政局編『交渉單位制の手引き』（労働省労政局、1951 年）は共に、英語"company union"を「全国組合（ＡＦＬやＣＩＯ）に加盟していない組合（単位組合または企業連合組合）」という意味であると説明しつつ、前者は「会社別組合」（121 頁）、後者は「カンパニー・ユニオン」（25 頁）と訳出しています。

β　労働省編『労働用語辞典』（日刊労働通信社）の最初の版（1955年10月）、および、次の版（1958年8月）――この版以降は、「会社組合」の項目が「会社別組合」に変えられます――は、以下に引用する通り、「会社〈別〉組合」と「企業別組合」を同一の概念として扱い、日本の「労働組合」の基本的・一般的組織形態として説明していました（ただし、労働省編のこの辞典は、その後、1962年5月版以降の版では、「会社別組合」、「企業別組合」の項の説明は、日本における「常識」の形成・定着に沿って、「会社組合＝御用組合」という趣旨に変わって行きます。詳しくは、付録篇第3章を参照してください）。

1955年10月版

会社組合　各個の企業別にその企業に使用される労働者が結成する組合であり、わが国の労働組合はほとんどこの形態である。

　会社組合は、当該企業に使用される労働者の労働条件を綜合的に定めることができ、またその企業における使用者との関係か密接であるので、労使協調には非常に便利であるが、他面組合内部の勢力関係から、各職種の労働者の地位の改善に必ずしも公平を期しがたいこともあり、御用組合化しやすい。（61〜62頁）

1955年10月版

企業別組合　同一の企業に属する労働者の組合をいう。わが國の労働組合の基本形態であり、例えばA会社労動組合、B会社労働組合というようなものであり、急速に労働組合を組織するには最も適しているが、同一企業主の下にあるので御用組合化しやすい。

　同一種類の産業に従事するこの種の組合が集って産業別労働組合を作るのが常態である。（69頁）

1958年8月版

会社別組合【英 Company Union】
同一の会社に勤務する従業員をもって組織する労働組合．企業別組合，経営別組合と実質的には殆んど異ならない．会社別に労働組合が組織されている

> ところから、会社からの影響を受けやすく御用化され易い．アメリカなどにおいては御用組合の別名ともなっている。(41頁)

　γ　日米文化教育交流会議が運営し、ハワイに拠点を置くインターネット・サイト「クロスカレンツ」(Cross Currents)（英語版と日本語版）が紹介している「日本における企業別組合」(Enterprise Unions in Japan)という項目には、次の囲み枠内のような一節があります。

> 英語版：An enterprise union is a company union and not an industry-wide union or craft union.
> 日本語版：企業別組合とは、企業組合〔a company union〕であって産業全体の組合や職能別組合ではありません。

　δ　Stephanie Luce, "Labor Movements　Global Perspectives", (Polity, 2014)〔ステファニー・ルース『労働者運動――グローバルな観点』〕では、日本と韓国の大企業企業別組合を"company union"と呼んでいます（訳出は宮前忠夫）。
　"In Japan and South Korea, trade unions have predominately represented "regular" workers – those with a standard contract and often a "lifetime" commitment to one company. These are large firms that maintain "company unions."、(p.101)
　「日本と韓国においては、トレード・ユニオンは、圧倒的に、『正規』労働者――標準的雇用契約で、多くの場合、一つの会社への『終身』雇用制で雇用されている労働者――によって代表されてきている。こうしたケースは『会社組合』を維持している大企業である。」(101頁)

　ご覧のとおり、"enterprise union"と"company union"は同義に使用され、しかも、"company union"を――「会社組合」ではなく――「企業組合」としている例もあります。要するに、英語で言えば、企業別組合と会社組合（または会社別組合）は同じことなのです。

本書においても、「企業別組合」に代えて「会社〈別〉組合」という用語で貫徹したいのですが、「企業別組合」が本書の研究課題そのものであることを考慮して、「企業別組合」という用語を用いて行論し、とくに「企業別組合＝会社〈別〉組合」ということを再確認し、明確にしたい場合は、「企業別組合（会社〈別〉組合）」と表記することにします。

　なお、本来なら、本文中でこれらの用語・概念に関する問題を解明し、独自の用語・概念を使用しなければならない理由を説明した後に、独自概念に切り替えるべきところですが、これらは本書の本題そのものに関する用語・概念であり、途中での切り替えは論旨を一貫させるうえでは不合理な方法であると判断し、その旨お断りしたうえで、最初から使用することにしました。本書において独自に使用することになる、上記以外の用語・概念などについては、そのつど、説明することにします。

5. 本書の研究目標

　本書は以上の諸事項を前提とした上で、「労働組合」および「企業別組合」という用語・概念と、その実体——これらは、ほとんど日本でしか通用しないものですが——これらが、いつ、どのように生成したのか、この二つの用語・概念が第二次世界大戦後の日本で、「労働組合法」を媒介して、なぜ、どのように「融合」したのか、という問題の解明を出発点にして、「企業別（労働）組合」の歴史、本質、評価と対応、将来性の有無、などを解明することを主目標とします。

　19 世紀後期から、21 世紀初期の今日に至る、足かけ 3 世紀にわたる日本と世界の資料、文献などが探索・検証の対象となるため、少々遠回りの長い旅になるかもしれませんが、最後まで共歩して頂ければ幸いです。

第 1 章

「日本にはトレード・ユニオンがない」
——問題の原点・「団結体としての（個人加盟、職業別・産業別を原則とする）労働者組合」

1

「日本にはトレード・ユニオンがない」──問題の原点・「団結体としての(個人加盟、職業別・産業別を原則とする)労働者組合」

　「日本には労働組合が無い("There is no union in Japan")」と言われたら、あなたはどう思いますか。「まさか⁉」、「日本には何万もの労働組合があるではないか。おかしなことを言わないで！」と思うでしょう。たいがいの日本人は、そのように受け止めるでしょう。しかし、「労働組合」という用語・概念を、その歴史も含めて、改めて、科学的に問い直してみると、「日本には労働組合が無い」という指摘の真意が「日本にはトレード・ユニオンが無い」ということであり、そういう意味で言うのなら、指摘は当っているということが分かります。ただし、その「真意」にたどり着くためには、若干の回り道をしなければなりません。

　まず、ことのいきさつから説明しましょう。

　飼手眞吾という第二次世界大戦直後の日本の労使関係に関する要人が、ILO（国際労働機関）東京事務所の初代所長を務めていた当時、次のように言ったのです。

　「ＴＵＣ（イギリス労働組合評議会）の或る大幹部が東京で私に言った言葉である『日本に労働組合は無い』、"There is no union in Japan" ・・・。彼のいっていることは日本にはユニオンが無いということであって、それを私が通常の表現に従って労働組合が無いと翻訳又は通訳しているという点である。彼がユニオンが無いという時に彼の頭の中に描かれているユニオンというのはイギリスに百年以上の歴史をもった、イギリスの古い伝統と社会の中で築き上げられたユニオン或はトレイド・ユニオンのことであって、それは日本語の労働組合という言葉でおき代えて表現できるものではない。」（"日本に労働組合は無い" "There is no union in Japan"」（社会運動通信社『社會運動通信』、1156号、1972年1月15日号）

　飼手眞吾は、さらに、日本の「労働組合」は英語の「トレード・ユニオン」、

「レーバー・ユニオン」ではないので、これらの英語を日本語の「労働組合」と訳すこと、また、その逆はやめるべきだと、『日本労働協会雑誌』の巻頭言で公然と提言したのです。

「労働組合は労働組合であって、トレード・ユニオンでもなければ、レーバー・ユニオンでもないことをこの際はっきりさせておく必要がある。そのために日本の労働組合を翻訳して何々ユニオンとすること、および英米等の何々ユニオンというのを何々労働組合と翻訳するのを止めることを提言したい」(「There is no union in Japan」(『日本労働協会雑誌』、1976年7月号巻頭言)

飼手眞吾は、第二次世界大戦直後、1946年7月に、南西方面海軍民政府勤務から帰国すると同時に厚生省(後に労働省)勤務となり、同12月から労政局労働組合課長を務め(1951年3月まで)、ＧＨＱ(連合国最高司令官総司令部)との交渉にも携わった、「労働組合」法規に関する日本政府側の実務的責任者だった人物です。

さらに、飼手眞吾が言及したのと同じＴＵＣ幹部の発言場面を、同席した政次満幸は「企業内組合(In-Company Union)」という用語を充てながら、次のように捉えています(原文は英語、以下の引用は宮前忠夫訳)。

「以下の出来事は、かなり前に起こったことであるが、その時の状況は依然として存続しているので、ここで紹介するに値する。

〔……〕イギリスの代表者たちは北は北海道から南は九州まで、すべての主要な造船所を視察した。その後、彼らは帰京し、国際労働機関(ＩＬＯ)の東京支局で自分たちの所見を発表した。最初に発言したイギリス代表団長は、次のようにコメントした。『日本には、ユニオンはない("There is no union in Japan")』。すべての日本人参加者が、彼は冗談を言ったと思ったが、それは冗談ではなかったのだ。彼は次のように続けた。『自分の隣で働いていた人が解雇されて他の会社に移ったら、その人は直ちに組合員資格を失う。これはユニオンではない。人々が同一工場で一緒に同じ仕事をして働く、しかし、この全従業員のなかの、一時的補助者として雇われた小グループは、当該組合に加入することを許されない。これはユニオンではない』。彼はさらに幾つかの事例を挙げたが、すべて、日本には、ユニオンはないと

いうことを証明するためのものであった。」〔政次満幸『現代サムライ社会――今日の日本における義務と依存』（AMACOM〈American Management Associations〉、1982年、153頁〕

　同じころ、もう一人、1947年に来日して以降、上智大学で、教授、社会経済研究所長を務めるなど長期にわたって日本型経営・労使関係を研究したロベール・J・バロンも、欧・米との比較という視点から、「日本にはレーバーユニオンはない」、「企業別組合は〔……〕よく理解できない」と言い切っています。

　「西欧人の考えでは、労働組合（レーバーユニオン）というものは、いつも職業によって仕分けられ、作られるのです。職場というものを中心に考えることがありません、というより職場とは一切関係がないのです。

　日本では、いつも職場、つまり株式会社〔個別大企業〕が単位として考えられて労働組合が作られていますが、これは西欧でいう労働組合ではありません。少なくともレーバーユニオンではありません。レーバーとはいろいろな業種の従業員ということではなく、単一の職種をさしているからです。そういう意味では、日本にはレーバーユニオンはないのです。

　〔中略〕

　日本には企業別組合というのがありますが、ヨーロッパ人やアメリカ人には、よく理解できません。しかし、これは日本人にとってはあたりまえのことのようです。」（ロベール・J・バロン「青い眼で見た日本のビジネスマン」、『人間と分化』、三愛会、1975年、109頁）

　これは、飼手眞吾の指摘と内容的に共通する、かつ、ほぼ、同時代の――ベルギー人による――鋭い観察です。飼手眞吾より、一層、辛辣かつ深刻なのは、「職場」＝個別の株式会社・企業、ととらえ、それを根拠にして「〔企業別組合（会社組合）は〕労働組合ではありません。少なくともレーバーユニオンンではありません。〔……〕日本にはレーバーユニオンはないのです」と断言し、「日本人にとってはあたりまえのこと」になっている企業別組合は、「ヨーロッパ人やアメリカ人には、よく理解できません」と明言しているのです。簡単に言えば、日本人は「ヨーロッパ人やアメリカ人」とは、異なる見地に立って、異なる言葉で話している、と言うのです。

第1章 「日本にはトレード・ユニオンがない」

　上記の飼手眞吾の提言、および、ロベール・J・バロンの指摘や提言は、私（宮前忠夫）の考えでは、当時も今日においても、まったく正当な、日本において、一刻も早く採用されるべき内容なのですが、おそらく、本書読者であるあなたも、日本の「労働組合」関係者の大多数も、「いきなり、『労働組合は労働組合であって、トレード・ユニオンでもなければ、レーバー・ユニオンでもない』」と言われても納得できない」と、困惑されるでしょう。こうした指摘が理解できないとしても日本の歴史上では、それは、ある意味で、当然のことだからです。

　飼手眞吾の巻頭言「提言」も、当時、あまり大きな反響を呼びませんでしたが、それはおそらく、同誌の読者である研究者、活動家が「提言」のもつ重大かつ深刻な意味を理解できなかったからだと考えられます。なぜなら、日本では、100年以上も前から、英語 "trade union"（トレード・ユニオン）, "labo(u)r union"（レーバー・ユニオン）は「労働組合」と訳され、第二次世界大戦後は法律と関連法制、教科書、理論書をはじめ、ほとんどすべての関連分野と日常生活において――英語から日本語、日本語から英語共に――そのようになされてきたのだからです。

　しかし、これは誤った訳語、不適当な用語・概念なのです。その理由と歴史的経過については、これから、本書の論行において、順を追って「証言」を探求し、解明していきますが、ここでは、①イギリスの伝統的な労組ナショナルセンターであるＴＵＣの代表がそのような認識をもったこと、②飼手眞吾ら英語に堪能で、かつ、日本と米・欧の労働者組合・労使関係問題を熟知した人々がそれを断言したこと、③問題の原点は「団結体としての（個人加盟、職業別・産業別を原則とする）労働者組合」にあり、「トレード・ユニオン」、「レーバー・ユニオン」はそれを意味する用語・概念であること、を確認しておきましょう。

第2章

「トレード・ユニオン」が「労働組合」になるまで

「トレード・ユニオン」が「労働組合」になるまで

　前章で、飼手真吾が英語「トレード・ユニオン"trade union"」と日本語「労働組合」は異なる事柄だから、「『トレード・ユニオン』を『労働組合』と翻訳する、また、逆に『労働組合』を『トレード・ユニオン』と翻訳するのをやめよう」という趣旨の提言をしたことを紹介しました。これは、単に誤訳・不適訳だからというにとどまらない、非常に重大な提言なのです。とはいえ、その重大性は、日本語「労働組合」という用語・概念の生成・発展の歴史をさかのぼらないと理解できません。
　まず、「労働組合」という用語・概念の「生成」について探ってみましょう。

1. 英語「トレード・ユニオン (trade union)」は、いつ「輸入」され、どのような日本語に訳されてきたか？
——「日本に実在しない事柄を意味する外国語」の訳語問題

(1) "trade union" の紹介と訳語探索の始まり
　世界で最初に、労働者の団結組織としての労働者組合が誕生し、労働者階級が団結権を獲得したのはイギリスであり、団結体・団結組織は当時すでに、英語で"trade union"と呼ばれるようになっていました。イギリスの労働者階級は産業革命の進行にともなって「団結」を強め、19世紀の始め頃から団結権獲得の闘いを発展させ、団結禁止法の撤廃を経て、ついに1871年（明治4年）に"trade union"の法的承認をかちとりました。
　当時の日本には、そのような労働者（階級）の団結組織はもちろん、それをめざす有力な運動も存在しませんでした。それにもかかわらず、"trade union"は、おもに、経済学書——最初は、英語からの、ついで、フランス語などからの翻訳書——をつうじて、比較的早くから、日本に紹介されました。しかし、日本には照応・対応する事柄がなく、しかも、翻訳をする研究者も

大半はイギリスの実状や実態を把握あるいは理解できていないなかでの翻訳ですから、"trade union" の最適訳語を考案するのはかなりの難事業でした。

英語 "trade union" は、いつ、どのように日本語に訳され始め、当時はどのような訳語が充てられたのでしょうか？

例えば、英語 "trade union"（イギリスではしばしば、"trades union" とも書かれる）の訳語を含む文献として、私（宮前忠夫）が確認できたかぎりで最も古い文献（以下の囲み）の場合を見てみましょう。

アルフレッド・ビー・マソン、ヂョン・ヂェー・レロル著、牧山耕平譯『初學經濟論』（雁金屋清吉、1877年）〔改定諸版あるが、該当訳語は同一〕
Alfred Bishop Mason, John Joseph Lalor, "The Primer of Political Economy: in sixteen definitions and forty-one propositions"（Kessinger Publishing, 1875）

訳者である牧山耕平は、この訳書とその後出版した同種の訳書のなかで、"trade union" を「成業同社」と訳し、その意味を次のように説明していました。

「成業同社（セイギャウドウシャ）　英語ニテ『トレードユニオン』ト云フ製造ナリ商賣ナリメイメイ金ヲ出シ又ハ勞ヲ致シテ均タリエキヲ分配スル社ナリ」

牧山耕平は "trade union" を職人あるいは商人の協同組合のような「社」（団体、組合）と理解していたわけです。

ちなみに、牧山耕平は "strike"（ストライキ）は「傭工の同黨」と訳し、次のように説明しました。

「傭工ノ同黨（ヨウコウ　ドウタウ）　ヤトイショクニンドモノオホゼイトタウスルコト」〔「トタウ」＝徒党〕

牧山耕平以降の、英語 "trade union"、仏語 syndicat などの邦訳語（ふりがなを含む）を、「勞働組合期成會」（以下では、「労働組合期成会」と記す場合があります）の結成年である1897年までに発行された、現在確認できる主な文献について、たどってみると、次に掲げる資料1に見るとおり、実に多様・多彩であり、「生みの苦しみ」とも言える様相です。なお、資料1

においては、英語"trade union"以外の原語からの場合は訳語の後の（ ）内に断り書きをしてあります。また、出所文献名（本の題名など）は煩瑣となるので省略します（文献名は本書巻末の付録篇第１章に掲載してありますから、必要に応じて参照してください）。

資料 1

英語〝trade union〟、仏語 syndicat などの初期邦訳語例（1897 年以前の文献から）（初出時期の順。各項は訳語、訳語・用語使用者名、文献発行年の順）

- a 成業同社（セイギャウドウシャ）、牧山耕平、1877 年
- b 工業結社、永田健助、1877 年
- c 職業結社（トレード・ユニオン）、永田健助、1887 年
- d 貿易會社（ツレードユニオン）、宮川經輝、1887 年
- e 職工同盟、杉山重威、1889 年
- f 職工組合、佐藤昌介、1891 年。
- g 同業組合（ツレーゾ・ユニオン）、浮石和民、1889 年（dと同一底本の邦訳であり、「貿易會社（ツレードユニオン）」を事実上、訂正したと見られる）
- h 工業組合（トレード・ユニオン）、嵯峨根不二郎、1890 年
- j 職工組合（仏語 coalition）、長田銈太郎、1887 年
- k 職工連合（jと同一底本・仏語 coalition の訳語）、大木太蔵、1887 年
- m 職業同盟、中川子十郎、1890 年
- n 労働者組合（仏語 les associations ouvriéres）、同業者組合（仏語 syndicat）、英國職工組合（仏語原書中の"Trades Unions anglaises"）、トレードユニオン（英國職業組合）（仏語への外来語としての"Trades Unions"）、以上、宮古啓三郎、1891 年
- p 職工組合、佐久間貞一、1892 年
- q 職工共同會社、片岡志郎、1892 年
- r 生産組合、片山潜、1897 年

以上のａからｒまでに見てきた通り、"trade union"などの訳語は「成業同社」、「貿易会社」などに始まり、試行錯誤を経て、妥当な訳語である「職

工組合」、「職工同盟」、「トレードユニオン（英國職業組合）」、「労働者組合」に至ったと言えます。こうした訳語の例を見ただけでも、勞働組合期成會が創設される1897年までの約20年間、対応する事象が日本国内にほとんど存在しない状況下で、イギリス、フランスなどの労働者組合が紹介され、訳語、用語が探索されたのでした。

(2)「トレード・ユニオン」など片仮名、あるいは、英語 "trade union" による表記

　上記で見たとおり、書籍文献においてはさまざまな訳語が探索・工夫され、英語の音読み（発音）を片仮名で書く外来語表示（例えば、「トレード・ユニオン」）はふりがな以外ではあまり使用されなかったようです。一方、日本における労働者の組織化の取り組みが始まって以降――つまり、書籍におけるものよりも遅い時期――の新聞報道においては、片仮名による外来語表示がある程度の頻度で使用されるようになったとみられます。例えば、1909（明治42）年11月29日付『九州日報』は「全縣坑夫のトレードユニオンを起す可し」との見出しで長文の主張を掲げ、同記事中でも「一大トレードユニオンを興し」という表現を使っています。

　神戸大学附属図書館デジタルアーカイブ【新聞記事文庫】によると、記事の見出し、あるいは、本文において、資料2に示すような片仮名あるいは英語そのものによる表記が行われていました（調査対象は、明治末期以降、1943年までの諸新聞における、当該用語が使用されている記事の件数。個々の出典など詳しいことは、同デジタルアーカイブを参照してください）。

資料2
新聞記事における「トレード・ユニオン」など片仮名、あるいは、英語 "trade union" による表記の頻度（調査対象は、明治末期以降、1943年までの諸新聞。神戸大学附属図書館デジタルアーカイブ【新聞記事文庫】にもとづく算定）

　①トレード・ユニオン　　30件
　②トレードユニオン　　　17件

③トレード、ユニオン　　11件
　④ツレードユニオン　　　5件
　⑤ツトレード、ユニオン　4件
　⑥ツレード・ユニオン　　3件
　⑦ trade union　　　　　14件
参考　上記と同期間に使用された漢字訳語表記の回数
　　　職工組合　　　365件
　　　労働者組合　　163件
　　　労働組合　　　4162件

(3)「労働組合」の初登場──勞働組合期成會の結成と活動

　私たちは、これまでの文献探索をつうじて、日本における労働者組合運動が開始される画期である「勞働組合期成會」の結成（1897年）より前に、かなり多数の文献（主に邦訳経済学書）において、"trade union"の紹介・説明が、「職工組合」、「同業組合」、「職業組合」、「職業結社」、「職業同盟」などのさまざまな用語を使用しつつ、「職業・職種別の労働者組合」という趣旨に沿って行われていたという事実を確認することができました。これは、裏を返せば、「『労働組合』という用語・訳語は存在しなかった」という事実の確認です。

　では、"trade union"の訳語として、あるいは、それに対応する労働者組織を表す用語として「労働組合」が使用され始めたのは、いつ、誰によってなのでしょうか。

　日本語の「労働組合」という用語の歴史についての本格的研究（文献）は見当たりませんが、たとえば、小学館『日本国語大辞典』（第13巻）は、横山源之助が『日本之下層社會』（1899年）に附録として収めた論文「日本の社會運動」の中の、以下に引用する文中の「労働組合」を初出としています。

　「蓋し戰爭の影響を擧ぐれば一に工業のみにあらず、有らゆる方面に影響ありたり、經濟上、思想上種々の影響ありしが如し、思想界に於て日本主義世界主義の名稱出でたる戰爭の影響にあらざるか、一時文學の中心となりたる小説類が淺薄なる講談物に讀者を奪はれたるも戰爭の影響にあらざるか、

第 2 章　「トレード・ユニオン」が「労働組合」になるまで

人情頽癈、風俗日に日に紊れゆくを見るも其の近因を求めば同じく戰爭の影響なるべし、若くは現時の政黨者流が私利に趨り賄賂公行するを見るも、同じく戰爭の結果社會一般物質に傾きたる影響にあらずとせんや、然れども之を我が勞働社會の上より言へば、最も工業社會の發達は著しく覺ゆ、果然、二十九年に至りて職工橫奪てふ珍異なる現象を示せり、工塲條例の編成を促せり、物價暴騰の一事實加はりて同盟罷工行はれたり、**勞働組合**は組織せられたり」(『日本之下層社會』、敎文館、1899 年、附錄 19 ～ 20 頁。岩波書店、1949 年複製版、306 ～ 307 頁。太字は宮前忠夫)。

　なお、『日本之下層社會』では、固有名詞「勞働組合期成會」および見出しでの使用例を除いて、上記個所以外に本文で 1 ヵ所 (31 頁)、「日本の社會運動」で 2 ヵ所の、「勞働組合」の用例があります。うち、後者では「我國に在りては百事歐米の例を取りながら勞働社會のみ一に歐米と反對の事實を示さんとす」と、今日にも共通する、次に見るような興味深い指摘が行われています。

　「勞働組合の成立
既に我が勞働社會にては同盟罷工の事あり、而して恰も此時東京に於て我が勞働社會に取り特筆大書すぺき一大事實を現はせり、勞働組合期成會の成立せること是なり、蓋し我が勞働社會に在りて最も缺くる所は同業者の間に團結なき事なり、夫れ團結は勢力なり、苟も自己の利益を圖り其の位置を高めんと欲せば團結の勢力に依らざるべからず、本編第二編職人社會に記したるが如く日本の勞働社會にも昔日は**勞働組合**を組織し其の關係を親密にし各自の利益を謀りたり、然るに維新の變革後政府は自由放任の政策を取り命令を以て藝娼妓を解放せんとせることありしと共に職人組合に對しても破壞を試み、而して當時マンチェスター派の經濟學行はれ初めたる際なりしかば之を怪しむ者なかりしが、後其の必要を知り之を回復せんとて同業組合準則等を發布せりと雖も再び收拾すべからず、今日僅に其の名義を回復せるのみにして組合の實を有せるは少なく、日に資本の勢力昇り居るに拘らず我が勞働者は互に競爭して年に其の位置を落とし敢て顧る者なし、愚なる勞働社會よ、歐米各國にては盛んに**勞働組合**を組織し之を以て勞働者の城廓と爲し、就中英國の如き最近の報に依れば組合數五百四十七、會員數百二萬三千五百四人、

31

其の基本財産は百七十萬二千三百十五磅の巨額に及べるに我國に在りては百事歐米の例を取りながら勞働社會のみ一に歐米と反對の事實を示さんとす。」（同上附録 27 〜 29 頁。岩波書店複製版、313 〜 315 頁、太字は宮前忠夫）

　書籍という形をとった文献のなかでの「労働組合」の使用は上記のとおりかもしれません。しかし、広義の「日本語文献」という範囲で見れば、『日本之下層社會』発行（1899 年）より前の 1897 年に「勞働組合期成會」という名称の組織が創設され、その名称入りのパンフレット等が配布されています。また、高野房太郎が米国ＡＦＬ（アメリカ労働者総同盟）の公刊雑誌 "American Federationist" への寄稿〝Prospects of the Japanese Labor Movement〟（1897 年 12 月発行の号に掲載）のなかで、「勞働組合期成會」（Rodo-Kumiai-Kisei-Kwai）を "Association for Encouragement and Formation of Trades Unions" と英訳しています。

　歴史的経過から見ると、在米日本人の間で「職工義友會」を結成したことのある高野房太郎らが 1897 年 4 月に、まず、「職工義友會」を日本で「再建」して宣伝活動を開始し、4 月 6 日の演説会で「職工諸君に寄す」を配布します。この段階では、組織名も「職工義友會」であり、パンフでの用語も「同業組合」（職工組合）であって、「労働組合」の語は見られません。同年 6 月 25 日の演説会では「勞働組合期成同盟會」の結成が呼びかけられるに至ります。したがって、「労働組合」という用語は、この 4 月から 6 月 25 日までの間に生み出されたと考えられます。この用語生成に関連しては、片山潜の用語法の変遷――同年 6 月頃には「生産組合（Trades Union）」としていましたが、勞働組合期成會の幹事、『勞働世界』の編集長としての活動のなかで「職工組合」に、そして、「労働組合」へと転換していった――の例もあります。

　したがって――『日本之下層社會』執筆当時、毎日新聞記者であり、後に著述家になった横山源之助が「労働組合」という用語の普及・定着に、もちろん、大きな影響を及ぼしたでしょうが――横山源之助が邦語「労働組合」の「発明者」だということにはなりません。

　では、誰が「発明者」なのでしょうか？　以上で見た歴史的経緯からみれば、「労働組合」という日本語訳の「発明」そのものは、横山源之助ではなく、アメリカ帰りの 4 人のうち片山潜を除く 3 人（高野房太郎、城常太郎、

沢田半之助）のうちの誰かが、個人的または集団的に、この頃アメリカで普及した米語 labor union（アメリカでの初出は 1865 〜 70 年）から——"labor" が「労働」の意味をもつことに依拠して——「労働組合」という訳語を「案出」したと推定できます（この訳語が不的確なものであることは、このすぐ後で説明します）。「いつ」ということでは、「勞働組合期成會」という組織名としての使用した時（1897 年 6 〜 7 月）が最初と推定できます。

　さきに見てきたとおり、労働組合期成会の登場後、「労働組合」という用語が急速に普及して「職工組合」にとって代わっていきますが、その趨勢は、日本史上初の労働組合法案が策定・発表されるに至った時に、決定的に強まり、「労働組合」という用語が「職工組合」、「労働者組合」、片仮名表記（「トレード・ユニオン」など）を圧倒し、定着していきます。すなわち、最初の労働組合法案である農商務省案（1919 年）の策定・発表に前後して、法案名とそれをめぐる議論のなかで、「労働組合」という用語が官庁用語（公用語）、マスコミ用語として使用されるようになり、「労働組合」という用語の普及・定着の画期的要因・契機となりました。これによって、1920 年代以降は「労働組合」という用語法が他を圧倒し、定着していきます。一方、研究者の論文、欧米文献の翻訳・紹介、雑誌・新聞では引き続き、「トレード・ユニオン」など片仮名によるさまざまな表記、「職工組合」、「労働者組合」などが少数ながら使用され続けました。しかし、そうした研究も用語も 1930 年代半ばまでのことであり、その後、政治の反動化の強まりのなかで一旦、国民の日常活動の場からは姿を消しました。

2．英語 "trade union" の意味と的確な訳語

　では、"trade union"、"labo(u)r union" の的確な訳語、あるいは、日本語表記はどれなのでしょうか？

　「企業別組合」の問題に移る前に、ここで、英語 "trade union" と "labo(u)r union" の意味と、それらの用語の日本語「訳語」について整理しておきましょう。

　この問題は、歴史上、すでにさまざまな形で繰り返し提起され、議論され

てきました。ここでは、第二次世界大戦前の内外の数例を発表年次順に紹介しつつ、的確な「訳語」を探りましょう。

(1) ジョージ・E・マクニールの解説（1877年、アメリカ）
——"trade union" から "labor union" へ

　高野房太郎がアメリカ滞在中に多くを学んだとされるジョージ・E・マクニール『労働運動——現代の課題』（1877年）（邦訳文献なし。以下の引用は宮前忠夫訳。原書は George. Edwin. McNeill, "The Labor Movement: The Problem of Today", A.M.Bringman & Co. / The M.W.Hazen Co., 1877）は、国際的な経験にもとづいて、労働者組合を指す用語の変化発展を次のように説明しています。

　「現在の多くの困難な状況に対応するうえでの非常に多様な方策を、職業別組合（the trade-union）〔職業・職種・職能別などの組合という意味での「職業別組合」〕というものにおいて、見ることができる。この〔職業別組合という〕制度——旧労使関係制度（the old industrial system）の崩壊に続く暗黒の時代に組織され、長期にわたって非合法とされた、そして今なお、欧州のほとんどすべての国の法制において、差別されている——が、この5年間に、着実に影響と勢力を伸張させてきており、今日では、労働者階級がもちあわせる最も強力な手段として承認されている。各職業別組合（trades-unions）は、それぞれの職業の範囲内において成長してきたが、この数年間、これらを、労働者の諸権利の擁護における単位〔単位組織〕として存在し、その向上のための単位として機能するべき労働者組合（labor-unions）という一種の連合体に組織する努力が払われてきている。」（60頁）

　マクニールは、この文献のなかで、組織形態の発展に貫かれるこうした法則性はフランス、ドイツ、イタリアにおいても基本的に共通であることに言及した後、労働者階級の状態改善は、いつでも、どこでも、闘いによってかち取る以外にない、ということを、次のように結論づけています。これらも高野房太郎に大きな影響を与えたであろうと思われます。

　「欧州の全ての国における労働者とその状態の歴史は、農業においてであろうと、機械関係の職業においてであろうと、15世紀においてであろうと、

19世紀においてであろうと、疑いの余地無く次の二つの事実を証明している。第一は、労働者階級（the laboring class）は自らの状態の全改善を、ほとんど自分自身の奮闘・努力（efforts）に負っているということ。第二は、労働者階級は、通常、団結（combination）によってしか、自分自身の利益を守ることはできなかったということ。」(65頁)

(2) "trade union" を「職業組合」と訳した例（1891年、日本）

先に資料１で紹介したとおり、「職工組合」、「職工同盟」などの訳語が主流であった当時、フランス語文献の中で使われた英語 "trade union" を「職業組合」と訳出した実例があります。ポール・ルロワ＝ボーリュー著、宮古啓三郎譯『ボーリュー氏經濟學』（敬業社、1891年）（Paul Loroy-Beauliue, "Précis D'économie Politique", Librairie CH. Delagrave, 1888）です。同書は、フランスの労働者組合一般を「労働者組合」(les associations ouvriéres)、単位労働者組合を「同業者組合」(syndicat) と訳し、イギリスの トレード・ユニオンを「トレードユニオン（英國職業組合）」(Trades Unions anglaises) と、的確に訳出しています。これは、「職業（別）組合 (syndicat professionnel)」という組織形態に限定して団結権を法認したフランスの1884年職業組合法の用語・訳語を充てた訳出と推定されますが、日本社会に「労働組合」という用語・概念が登場する以前のことであり、注目に値する事実です。

(3) ロバート・ホクシーの説明（1917年、アメリカ）
——"craft union" から "labor union" まで

小川登『労働組合の思想』（日本評論社、1981年）は、ロバート・ホクシーの "Trade Unionism in the United States"（ホクシーのこの文献の初版は1917年）に依拠して、次のように紹介しています。

「ホクシーは労働組合の構造的類型の基本として，① craft union（単一熟練職種組合），② trades union（複数の職種ならびに産業からなる組合），③ industrial union（産業別組合），④ labor union（職種，地域，産業に関係なくすべての労働者を加入させる組合）の四つをあげている。なお，ふつう general union（一般組合）とよばれているものを，ホクシーは labor union としている。」(132頁)。

(4) 荒畑寒村の説明と訳し分け（1920 年、日本）

　以下に紹介する荒畑寒村の例は私（宮前忠夫）が、すでに『マルクスとエンゲルスの労働組合論』（宮前忠夫『新訳・新解説　マルクスとエンゲルスの労働組合論』、共同企画ヴォーロ、2007 年）で若干紹介したことがあるものです。同書において、私は、英語 "trade union" の場合の「"trade" は字義としては『職業』であり、"trade union" の字義は元来の意味でも、今日の用法においても『職別組合』であって、『労働組合』ではないことはすでに見てきたとおりである」（97 頁）と断ったうえで、荒畑寒村の例を次のように紹介しました。

　「〔以下で紹介するのは〕荒畑勝三（寒村）が、1920 年（大正 9 年）に大鐙閣から出版された『シイ・エム・ロイド著『労働組合論』』〔原書は "TRADE UNIONISM", C.M.Lloyd、1915 年〕の『訳者序文』で書いている、"trade union" の訳し分けの必要性を説いた次の文章である。〔……〕荒畑の原文は当時の文語体で書かれ、難解なので、ここでは、現代仮名使い・漢字に転換し、ごく一部の難解な表現を分かり易く書き換えたものを紹介する。ただし、英語から翻訳・訳出された日本語、および、英語発音のカタカナ書きは一切変更していない。〔中略〕

　『本書を通じて用いられている労働組合という語については、少し説明しておく必要がある。労働組合は英語にいうツレエド・ユニオン〔trade union〕であるが、しかしツレエド・ユニオンはまた、職工組合、職業組合、同職組合などとも訳されている。字義通りに言えば、職業組合であろうが、元来ツレエド・ユニオンなるものは、一職業の職工を包括した団体の称であるから、語義から言えば同職組合が一番適当しているように思われる。ただし、同職組合と言うと、ただに一職業の職工の団体のみならず、また同職業の雇主の団体をも連想させる。現に英国の職工組合法の法文定義によれば、雇主の団体もツレエド・ユニオンと称せられるので、本書においては一番わかりやすく職工組合で通した。

　しかるに、ツレエズ・ユニオン〔trades union〕と言う複数〔形〕の名称の出てくる場合がある。ツレエズ・ユニオンは各種の職業を包括した団体の称で、1830 年代の労働組合主義者は、全国のあらゆる労働者を打って一丸

とし、これを一個の全国的ツレエズ・ユニオンに組織する〔こと〕を理想とした。で、本書では仕方がないから、ツレエド〔＝ツレエド・ユニオン〕を職工組合としたのに対して、ツレエズ〔＝ツレエズ・ユニオン〕を労働組合と訳したが、しかし、今日では、ツレエズ・ユニオンという言葉は用いられていないのである。今日では、相関連はしていても、しかし異なる諸職業の労働者の組合は、おおむね合同と称し、そして異なる組合の団体〔＝さまざまな組合の連合体〕は、連合会と称している。が、この両者は共に同一または関連した、そして相寄る諸職業に限られているのであって、その思想においては、本然に職工組合なのである。（ウェッブ氏著『労働組合運動史』、第3章『革命的の時代』参照）。

　そこで、本書においては、特定の場合には職工組合という語を用い、1830年代の運動にはとくに労働組合と言う文字を当てはめた。しかし、最近には、さらにレエバア・ユニオン〔labo(u)r union〕と言う名称も起こった。レエバア・ユニオンは字義から言えば労働組合であるが、語義から言えば不熟練工組合である。すなわちツレエド・ユニオンは一職業の熟練職工の団体で、レエバア・ユニオンは人夫とか、手伝い工とか言う、一般不熟練労働者の団体である。さらに最近に至っては、数職業から成る一産業を単位とした、インダストリアル・ユニオン〔industrial union〕すなわち産業的組合の組織も現れてきている。』（荒畑寒村原書4〜5頁）」（宮前忠夫2007年、101〜103頁）

(5) 松永義雄の指摘と「Labour Union（勞働者の組合）」という訳語・用語の提起（1930年、日本）

　次は松永義雄『勞働組合法とは何ぞや——勞働者の團結權を承認せよ、勞働者の生活權を保障せよ』（邦光堂、1930年）における問題提起です。この文献では、「〔"trade union"〕を勞働組合法と直譯することが誤譯」であるとしつつ、次のように明確に指摘しています。

「勞働組合の意義、其目的は

　當事者として勞働者と雇主との間、又は勞働者と勞働〔者〕との間、又は雇主と雇主との間を規律するのであつて、獨り勞働者と雇主との間の關係許りでなく更に、雇主と雇主との關係、勞働者と勞働者との關係を含むこと

は、其の規律することが一般に取引の條件を定むるが爲であつて、こゝに勞働組合が本質上如何なる目的を有するかの重要なる意義を説明して居るのである。

　先づ雇主と雇主との關係を規律するに勞働組合法と云ふ名稱をもつことが不思議に考えらるゝことであるが、其は勞働組合法と直譯することが誤譯で、原語のTradeUnion（トレードユニオン）は實は勞働組合法と直譯すべきにあらず、職業組合又は營業組合と云ふべきところである。然し事實上TradeUnion（トレードユニオン）はLabourUnion（レーバーユニオン）（勞働者の組合）と思はるゝ程に勞働者中心となつて來て居ることは見逃すことが出來ないのでそう譯する許りでなく又そう考へることが適切なりと思はるゝほどになつて來てゐるのである。」（61頁）

　松永義雄の指摘によれば、荒畑寒村が「今日では、ツレエズ・ユニオンという言葉は用いられていない」としたこと、および、「ツレエズ・ユニオン」を「労働組合」と訳出し、「レエバア・ユニオン」を「労働組合」と理解したことは、いずれも誤りであり、少なくとも、「労働者（の）組合」とすべきではなかったかということになります。

(6) まとめ

　以上で見てきたことを踏まえて、「労働者組合」という用語・概念の歴史的発展はおおよそ次のようなことになります。
　職人の組合（ギルドなど）——→職業別（＝各職種毎の労働者の）組合——→産業別労働組合——→一般労働者（職種を問わない労働者一般の）組合
　このように、歴史的発展を経て人々が到達・獲得した概念・用語である"labo(u)r union"は、おおよそ二通りの用法・意味内容——①「職種で区別されない一般労働者あるいは労働者一般」の組合、②「職人の組合」から出発して産業別労働組合を経て、一般（労働者）組合に至る諸形態を包括する概念・用語——をもっています。
　とはいえ、日本では、通常、これらすべてを、歴史上も、現代の用語としても、十把ひとからげに、「労働組合」という没概念的な用語で「代用」しています。
　この「労働組合」という概念・用語の問題は、第二次世界大戦後においては、「企業別組合」という組織形態の問題と絡んで、より深刻なテーマとし

て引き続き議論・検討されることになります。したがって、私たちの訳語問題の追究も、一旦、以上のかぎりでとどめ、後章で再開し、結論を導くことにしましょう。

　なお、この機会に、以上でみてきた歴史的な諸提起も念頭におきつつ、本書の一般的な説明においては、序章で約束したとおり、「労働者組合」という用語——ただし、「団結体としての（個人加盟、職業別・産業別を原則とする）労働者組合」の簡略表現・日常用語としての「労働者組合」という意味において——を使うことを再確認しておきたいと思います。

第3章

企業別組合は誰が、どのように創り出したのか
——日本版「トロイの木馬」(その1) 第二次世界大戦期まで

企業別組合は誰が、どのように創り出したのか──日本版「トロイの木馬」(その1) 第二次世界大戦期まで

　主要国の中では日本においてのみ、「労働組合」とよばれ、一般的・支配的組織形態となっている「企業別組合」とその体制は、誰が、いつ、どのようにして創り出したのでしょうか。

　「労働者の団結組織の組織形態」という視点から、この問題を考えるには、その前提条件を押さえておく必要があります。この問題は「労働者階級と資本家階級の関係」という政治・経済・社会関係の各レベルにまたがった一大領域に含まれます。そして、一般的に言えば、一つの社会・国家などで一定の社会的・政治的問題──ここでは、企業別組合主義・体制──が生成・定着するのは、その基礎となる経済的条件があります。日本でも、団結組織・労働者組合の生成・形成の動きが生じたのは、その時期に、経済面で、財閥を中心とした大資本企業が支配的となる段階に達する時期でした。組織形態の問題は、こうした前提条件の上に生成する労資双方の──ここでは、とくに、労働者階級の側の──団結組織の組織形態であり、それがなぜ、いつ、誰によって、企業別組合という形態に導かれ、支配的組織形態となったのか、という問題なのです。

　「いつ」という問題に関しては、多くの論者が第二次世界大戦後のことだと考えています。しかし、これから探索し、説明するように、実際は、第二次世界大戦後だけの「被造物」ではないし、「純国産物」でもないのです。ですから、第二次世界大戦後だけ、国内だけを見たのでは、この問題は解けないのです。

1. 労働者組合にとっての「組織形態」の決定的重要性
　　──ゴンパーズの確信と高野房太郎の動揺

　日本で最初に労働者組合の結成運動を展開した中心人物は高野房太郎です。その生涯と労働者組合論については、二村一夫『労働は神聖なり、結合は勢力なり──高野房太郎とその時代──』（岩波書店、2008年）に詳しく紹介され、解明されています。同文献に依拠しながら、問題を解いていきましょう。

　私たちの課題との関係で、とりわけ、決定的に重要な論点は、高野房太郎とゴンパーズ（サミュエル・ゴンパーズ）ＡＦＬ（アメリカ労働者総同盟）会長の間の往復書簡に含まれている次の三点でしょう。

　第一点は、高野房太郎の往信に含まれている内容ですが、労働者組合を組織するにあたっては組織形態の選択が決定的に重要だという論点です。高野房太郎は、あるべき形態は「職業別組合」であると認識していることを告白しつつ、自分の動揺的決断を伝え、指導を仰いでいます。

　「貴同盟のような職業別組合〔英語原文は trade union。高野房太郎自身の日本語原文では「職工組合」となっている。以下同様〕の路線をとるべきか、あるいは労働騎士団のような職種や専門に関係のない地域的組織を選ぶべきか、迷っております。永続的な組織形態としては、職業別組合の方が、組織の安定性を保証する点でもっとも望ましいものであることは明らかです。しかし、それを現在の日本に適用して果たして成果があがるかどうかとなると、自信がないのです。日本の労働者の間に広がっている無知を考えると、どのような組織形態を採用したとしても、数年で強力な組織をつくり上げることは不可能でしょう。そうした暗い状況のもとで職業別組織化の方針をとっても、教育効果をあげるにはあまりにも弱体な零細組合の乱立をまねくおそれがあります。それらの小組合でも連合すれば良いのかもしれませんが、それにはさらに長い歳月が必要で、その間、教育事業は無力な状態に留まらざるをえず、ほかに道があるなら、そうした事態は避けるべきであると思います。

　私は、日本の労働者を組織するための一時的な手段として、誰であろうと

参加意思がある者は人数に関係なく加入できる単一組合、つまり労働騎士団のような組織形態を採用し、すぐ教育事業をはじめる方が良いのではないかと考えはじめています。その過程で、その組織内に別個の組合を組織できるだけの力をもつ職種があらわれれば、単独組合をつくらせて親組織に加盟させ、最終的に職業別労働組合主義の基盤にたつようにすれば良いのではないか、と考えるのです。あなたは、それでも現状とは無関係に、職業別組合主義をとるべきであるとお考えでしょうか。」（118〜119頁）

　高野房太郎はこれに続けて、「どの計画〔plan＝方式〕を選ぶのが最善かについて、私がこれほど気にするのは、最初の組織化の企てが失敗してしまえば、その後一〇年や一五年は、同様の企ては不可能になるだろうからです」（同119頁）と、組織形態の選択が決定的な重要性をもつことを強調したのでした。

　第二点は、労働者階級にとって組織化（団結）が不可欠であるとのゴンパーズの指摘です。ゴンパーズは返信の冒頭で、「私はアメリカでも日本でもどこの国でも、労働者の成長を図り永久の幸せを得るためには、組織こそ必要不可欠であると考えております」（同119頁）、「まず第一段階として、団結する権利を獲得することが不可欠で、私が知る限りこの権利は日本帝国臣民にはまだ認められていないと思います。労働者はなるべく早い時期に、各職種や職業単位の組合に組織されるべきです。それが団結心をもたらし、相互依存、安定、進歩についての感情、知識を労働者の心のうちに教えこむことができます」（同120頁）と述べて、労働者階級にとって自己の組織化すなわち団結と団結権の獲得が必要不可欠だと強調しています。

　第三点は、職業別組合という組織形態が一般労組あるいは地域労組の形態とは比べものにならない優位性をもっているが故に、職業別方式をとることが決定的に重要だとの指摘です。ゴンパーズは「職種や職業の違いを無視し無計画に加入を認める労働者組織は、その安定性と成果の両面で、職業別組織とは比べようもない存在です」（同120頁）と両組織形態の間には本質的な相違があることを強調しました。ゴンパーズのこの考え方は、会社組合を否定し、トレード・ユニオン（職業別組合）が唯一の適格な労働者団結組織であるとしたＡＦＬの歴史的決議（1919年、第39回大会決議201号。本書

58頁参照）にも反映されています。

　ゴンパーズの、どこの国でも団結組織が必要であり、そのあるべき形態は職業別組合だとする原則的論点は、当時の日本の労働者階級の組織化闘争にも当てはまる真理です。例えば、困難極まる条件下で、「南葛勞働會」を拠点として、地域を基礎とした産業別労働者組合構築闘争の先頭に立っていた渡邊政之輔らの組織戦略があります。渡邊政之輔『左翼労働組合の組織と政策』（希望閣、1930年）は、次章で私たちが検証する、当時の財界（資本）側の攻勢（「会社組合」組織化攻勢）にふれながら、次のように述べています。

　「大正八年當時に於ける、即ち、日本に初めて眞の大衆的勞働組合が發生した當時は、主として一工場一組合であつた。〔中略〕

　然るに、その翌年大正九年から始まつた資本の攻勢は年とともに加はつて來て、世界革命の滿潮が改良主義者に裏切られ、勞働階級は退却し始めた。日本の勞働組合も資本の攻勢に退却を餘儀なくされるようになつた。そうなると一工場一組合では、この攻勢に対して抵抗力が甚だ弱い事を、事実の上に証明して來た。そこで組合の聯合、或は合同の問題か現実の問題となつて來た。一方、組合内部の事業に付ても、大きに改革すべきものがある事を意識した」(142頁)

　日本では職業別・産業別の組織形態（職業別・産業別労働者組合）は無理であり、できない、と諦めたり、日本には適さないとする組合幹部・活動家、および、研究者が、当時も、21世紀の今日においても多数を占めているだけに、こうした歴史的事例と論点をしっかり理解しておくことが、とりわけ、重要です。

2. 日本の大企業・財閥による米型「会社組合」の「移植」 ——企業別組合の第一の源流

　日本において、「企業別組合」が名実ともに形成され、支配的な「労働組合」形態として体制化されるのは第二次世界大戦後ですが、その「源流」は第二次世界大戦前と戦中期にあります。そして、「源流」には、組合の形態を形づくる第一の流れ——アメリカ型会社（別）組合"company union"の「移

植」——と、組合の性格・機能を形づくる第二の流れ——「会社（別）組合」の日本主義化——の二本の歴史的な流れがあったのです。

（1）アメリカからの会社組合「移入」——前田一『時局　勞働讀本』を中心に

まず、第一の源流から見ていきましょう。

第二次世界大戦後に、「マエピン」の愛称で有名になった日経連（日本経営者団体連合会）専務理事の前田一がそれを代表する人物の一人です。前田一は1923年に北海道炭礦汽船（同社は三井系）に入社し、労務担当・東京勤務となりました。そこで、團琢磨ら財閥の中心人物の直接指導を受けて活躍を始めたのでした。

前田一は、前田一『時局　勞働讀本』（南郊社、1934年）のなかで、日本における「會社組合の發端」を次のように説明しています。当時の日本では、「会社組合」と「工場委員会」が、しばしば、混同・混用されていたことを斟酌しつつ読んでみましょう。

「工場委員會制度の發展は、わが國に於ては大正八、九〔1919、20〕年以降のことである。その頃三井、三菱、久原、古河、北海炭礦等の諸鑛山に於ては、逸早くアメリカの工場委員會制度を日本に移入する案を樹てて、著々之を實現した。然し當時の官吏や學者や勞働運動者も、未經驗の此の組織に對しては未だ定見を有せず、當時の農商務省の某大官すらも『かかる遣り方は勞資關係を徒に混亂せしむるばかりである』と冷評しだ〔ママ〕程であつた。」（69～70頁）

財閥系の鉱山業各社が、1919年に、率先して、アメリカの工場委員会制度（実は会社組合）を移入——正確に言えば、日本におけるアメリカの制度・組織形態の模倣——を実行した、というのです。前田一編輯兼発行『磯村豊太郎傳』（1942年）も「翁〔磯村豊太郎〕は大正八年我國事業界に率先して勞資協調機關として會社組合制度を採用し、これを一心會〔炭礦會社一心會〕と命名して専ら上意下達、下情上通の懇談機關たらしめた」（185頁）と、同じ事実を——磯村豊太郎が創始者であるという事実も含めて——確認しています。

前田一はさらに、「雇主に對する勞働者の團體であって、その經濟的、人

格的の福祉向上を目的とする點に於て、この所謂『未組織なる組織』である勞働者の團體も、既成勞働組合に比して何等の遜色ある譯ではない。假りに之を會社組合(カムパニーユニオン)と呼ぶならば、會社組合も亦一種の勞働組合である」(『時局勞働讀本』、79頁)——つまり、会社組合（カンパニー・ユニオン）は「労働組合」の一種である——と主張しつつ、「現存する會社組合」として次の9社を例示しました。

「わが國に於て會社組合の代表的なるものを擧ぐれば左の如きものである。
三井鑛山株式會社……共愛組合（關係工場に共通）
三菱鑛業株式會社……協和會（關係工場に共通）
住友合資會社……親友會、誠和會、工場協議會
日本鑛業株式會社……溫交會
北海道炭礦汽船株式會社……一心組合
古河鑛業株式會社〔旧社名、足尾銅山〕……鑛職夫組合
明治鑛業株式會社……親和會
大倉鑛業株式會社……親交會
藤田鑛業株式會社……協同交誠會」(81頁)

そして前田一は、当時の「労働組合法案」と会社組合に関する議論を概括して、次のように結論づけます。

「即ち現今の勞働界を大觀すれば、三十幾萬の勞働組合と、五十萬餘の會社組合とが、各々發展の途上にあるが故に、此の二つの存在は儼然たる社會的事實として、勞働行政の對象となり、當局は此れに對し一定の針路と指導とを與へねばならぬといふ事である。」(93頁)

森田良雄著『日本経営者団体発展史』（日刊労働通信社、1958年）も、前田一が会社組合の強化と法認にどれほど執着していたかを、次のように綴っています。

「『会社組合』で想い起すことは、昭和九年三月十七日財団法人協調会の主催で開催された、全国労務懇談会で行われた前田一氏の『労務管理より見たる会社組合』という報告演説をめぐっての討論であった。
この懇談会は全国から約二〇〇名に上る第一線の労務担当者が集まって、二日にわたって渡辺旭（並木製作所常務）岡部繁（岡部鉄工所主）森山弘助（東

洋紡職工教育所長）前田一（北海道炭礦汽船資料課長）の諸氏による各報告を中心に、熱心な討議を行った当時としては珍しく活発な会合であった。

　第二日に前田氏のやった報告は、当時全国の主要鉱山に行われていた会社組合（コンパニー・ユニオン）の礼賛演説であったが、最後に、

　『政府は労働組合の保護助成には熱心だが、会社組合の発展助成には冷淡でとかく継子扱いすることは怪しからぬ』と、社会局に対する平素のうっぷんを洩らして大見得を切った。ところが、たまたま列席していた社会局労政課長中野善敦氏は、真先に立って、

　『私自身におきましては会社組合は非常に結構だと思う、ただしかし会社組合さえ出来れば産業平和はたちどころに解決するというものではない・・・云々』

とチョッピリ官僚意識をほのめかし、さらに言葉をついで、

　『かりに私に二人の男の子があって一方は腕白で不良性がある、一方は真面目でコツコツ勉強している、品行も良いという場合その二人の子を愛することにおいては同じですけれども、兄が勤勉で模範青年なら、兄の方は放っておいても心配がない。弟の方は不良性があって心配だからいろいろ手をつくして面倒を見てやるということは親として当然です・・・国家が労働政策として労働組合に関心を持つのもこれと同じで、決して差別待遇をするものではないのであります』と役所の立場を陳弁した。そこで喧嘩では一歩も退かぬ前田氏のこと、直ちに応酬して、

　『会社組合が模範青年で、労働組合が不良だ、と言うような観念論で片づけられることについて少し焼餅をやいて見たいような気がする。会社組合は決して完成されたものでは御座いません。まだ発達の途上にある芽生えの時代だと思うのです・・・もし、会社組合が国家の産業のため喜ばしいものとすれば、何か助長するような方法を構じて頂きたい・・・それから労働組合は不良児だとのお考えは果して従来の当局のお考えかどうか疑わしい。人によりますと資本主義の下で労働組合の発達は必然である。だからこれを助成することが、これまた当然だという考えもあると存じます。とすれば、労働組合は不良なるがため助長するのではない。良なるが故に助長するのだという考えであると思います。もし良なるが故に善導し助長するというので御座

いましたならば、同じく国家のために良である会社組合に対しても、これを助長善導するという方策を採って頂くことが、偏ぱでなく焼餅をやかれないですむと思います。労働組合の善良性について、そういうお考えがあったのではないかということを私から反対に質問致します』
と逆襲するといった面白い場面があった。
——協調会刊『全国労務懇談会記録』より——」（170〜173 頁）

（2）前田一の背景には財界の「労働組合」戦略と策動が

　前田一の会社組合法認論とその猛烈な実践の背景には、財閥・財界の「労働組合（法案）」対策がありました。当時の財界は、とりわけ、米・西欧の先進例の視察・調査に力を入れ、そこから教訓を学び、自らの立場に合致した戦略を打ち出そうと力を注いでいたのです。

　その一例として、日本工業倶楽部を斡旋団体とした「英米訪問実業団」の調査活動を紹介しましょう。同調査団は、1921 年 10 月 15 日出発から翌年の帰国（1922 年 5 月 7 日神戸、同 8 日東京）まで、実に、7ヵ月弱にわたって、米、英両国を中心に、仏独をも含む米・西欧各国での実地調査と交流のための訪問を行いました。日本財界は 1909 年にアメリカ訪問をしたのを第一回として、この調査団は 3 回目ですが、「前古未曾有の実業団派遣」（『日本工業倶楽部五十年史』、日本工業倶楽部、1972 年、81 頁）と言われる大規模なもので、実業界はもちろん、関係する政府機関、在日大使館なども関与する大がかりなものでした。原首相は調査団のための送別晩餐会を開催しました。

　前掲の森田良雄著『日本経営者団体発展史』によって、この調査団の活動内容を覗いてみましょう。

　まず、調査団の目的と意義について、「この企ては特に労働問題だけを調査の対象としたものではなかったが、団員がいずれも、わが財界、産業界の一流どころであったことと、労働問題についても各国で、それぞれ各界の代表的人物と会見し、広く欧米の事情を見聞して、帰朝後こうした視察調査の結果が、労働問題に対するわが産業界の与論を決する指導力となったこと、などから考えて、極めて重視すべき歴史的意義をもったもの」（73 頁）と指摘しています。

　訪問団の構成は次のようなものでした。

英米訪問実業団の構成〔団員二十四人。他に同行者三人〈内女性二人〉と随員二十五人。団長は団琢磨・日本工業倶楽部理事長〕

〔氏名のアルファベット順〕

三井合名理事長	工学博士	団　　琢磨	（団長）
王子製紙社長		藤原銀次郎	
大阪商船常務		深尾隆太郎	
第百銀行取締役		原　　邦造	
加島銀行常務		星野　行則	
高島屋飯田取締役		飯田直次郎	
大阪商議副会頭		稲畑勝太郎	
横浜商議会頭		井坂　　孝	
日本郵船取締役		石井　　徹	
山下汽船専務		鋳谷　正輔	
名古屋商議副会頭		伊藤　守松	
大倉組副頭坂		門野重九郎	
三菱銀行取締役会長		串田　万蔵	
電気化学工業取締役	薬学博士	馬越幸次郎	
明治鉱業代表取締役		松本健次郎	
日清紡社長		宮島清次郎	
富士紡常務	工学博士	持田　　巽	
古河電工社長	男爵	中島久万吉	
三井物産常務		南条　金雄	
東商特別議員　日本工業クラブ専務理事		大橋新太郎	
三井合名理事		阪井徳太郎	
神戸商議会頭		滝川　儀作	
住友銀行常務		八代　則彦	
三井銀行常務		米山　梅吉	

（森田良雄著『日本経営者団体発展史』、74〜75頁）

次は調査・訪問団の活動内容です。

「団員の滞米四十五日間に各地の銀行、会社、工場等を視察したもの九十三カ所、招宴を受けたもの六十五回、米国の主な実業家と会見し、協議、懇談したこと十回、滞米中団員による演説（もちろん英語による）回数は九十八回であったこと。また滞英四十四日間に視察したもの六十三カ所、招宴は五十七回、団員による演説七十八回、英国の実業家と協議会を開いた回数が四十一回という、非常な勉強ぶりだった」（76頁）といいます。

これらの諸行動のうち、日本側の訪問目的がどこにあったかを推し量るうえで、とくに注目されるのは、当時アメリカで大企業が産業別労働者組合への妨害と破壊の手段として採用しつつあった「会社組合」の一形態としての「工場委員会」に関する、アメリカ側参加者の二つの発言です。

①フーバー商務長官の談話

「一九二一年十一月十九日ワシントンのメトロポリタン倶楽部で開催された晩餐会（デフリーズ米商業会議所会頭主催）でフーバー商務長官は座談の中で、語った。

職業組合例えば機関工の組合というが如き制度が可なりと思う。産業別組合のような大合同が出現すれば労働者は必らず勝利を占め、たまたま敗れると過激に奔る虞があるから、個々別々の職業別組合に若かず。刻下最も進歩したものは工場委員会制度であるが、これについてはまだ確定した意見を持たない」（76頁）

②ゲーリー合衆国製鋼会社〔＝ＵＳスティール社〕取締役会長の講演（一九二一年十二月九日ニューヨーク）

ゲーリー会長は、資本と労働との間に階級的区別はない、とする立場を基調とする講演を行ったが、冒頭、「今日予はいわゆる団体交渉又は工場委員制について話すようにとの注文を受けた」（78頁）と断ったうえで、アメリカと自社における工場委員会の歴史と現状について具体的に説明。最後の部分で、「日本でも扇動者を警戒せよ」として、次のように述べた。

「一部の諸君は予が曾て東京の商業会議所の会合で、『貴国は未だ取立てて労働上の紛議を考究すべき時期に達していないのは仕合せである。しかしその時期は迅速に近づきつつあって、或は予期以上に早く到来し、この問題に

直面しなければならないかも知れない』と述べたことを記憶せられるであろう。この労働組合の運動は益々進展して、遂に二、三の国では遺憾ながら産業を管理するに至っている。予は更に労働党と称するものが出現して、人民の利益を増進し、その幸福を保障することに努めずして、かえって正直に獲得した富までも強制的に分配しようとする無法な人々に率いられるに至ることを惧れる。予は只かかる不祥事の予想が杞憂に過ぎないことを切望せざるを得ない。

　さて諸君、われわれは常に公平且つ正義なりと信ずるところ、職工その他の人々に対して、より寛厚且正当なりと考えられるところをなすべく、而して自己の良心を満足せしめて以て断固毅然たる態度を持すべきではないか。

（筆者註）この演説があった頃は、米国では、まだルーズベルトのニューディール政策も行われておらず、労働組合の団体交渉権を法認したワグナー法も施行されていなかったことを留意されたい。」（83 頁）

　私たちは、以上の文献観察をつうじて、「英米訪問実業団」が、「会社組合」、その一形態としての工場委員会の実情を調査目的の一つに位置づけていたことなどを確認することができました。

　そこでさらに、同訪問団の研究調査報告とよばれる藤原銀次郎『労働問題帰趣』（博文館、1923 年）によって、その点を含めて、同訪問団の目的と成果を「再確認」しておきましょう。

　同書は、訪問団に加わった著者、王子製紙社長藤原銀次郎が帰国の一年半後に出版したものです。なお、團琢磨団長、水野錬太郎内務大臣らと共に同書に序文を寄せた和田豊治は、当時日本でも台頭しつつあった労働者組合運動を「一大憂患」と位置づけ、それへの対応策は「欧米に於ける権利偏倚の思想に囚はれ」たものではなく、日本の国情に適合させるようにすることだと強調しています（和田は、1861 年生まれで 1885〜1891 年商社員としての米国での業務経験をもつ。帰国後、日本郵船、三井銀行、鐘紡に在職。日本工業倶楽部専務理事などを歴任。渋沢栄一に次ぐ財界の重鎮といわれた人物です）。

　藤原銀次郎も「自序」のなかで、「勞働問題は既に個人間の問題から移つ

て社會上の問題となつて居る」と問題の重大性を確認しつつ、「資本家も勞働者も此書を讀むに方りて各階級の民たり、各職業の民たる前に、先づ日本人として立論せる著者の微衷を諒察せんことを望む」と言っています。

さて、藤原銀次郎は『勞働問題歸趣』で、米、英、獨、仏各国の「勞働事情」をとりあげ、最後の「結論」の中で「我國の勞働運動」についての見解をのべています。

注目されるのは、「米國の勞働事情」で、当時アメリカで吹き荒れた大企業によるオープン・ショップ運動——これは本質的には「会社組合運動」ですが、藤原銀次郎はオープン・ショップ運動としてしか、とらえていません——について綿密な研究調査を行ったことです。藤原銀次郎は、この運動が1900（明治33）年頃から台頭し、訪問当時の1920（大正9）年頃、「大いに其の勢焔を擧げ」（78頁）、「俄然勃興して來た」（109頁）としつつ、同運動の意義と目的——会社・企業別主義の組合結成による戦闘的労働者組合の排除——を次のようにのべています。

「勞働組合なるものは一國の産業制度が或程度の發達の域に達しなゐものであるから、産業發達の初期に於ては工場は事實上凡てオープン・シヨップである。乍然、米國の現今の勞働問題に於て論ぜられる所謂オープン・シヨップ運動なるものは、かゝる時代の事實上のオープン・シヨップを意味するものではなく、勞働組合が相當發達した結果、傭主側に強要してクローズド・シヨップとせしめた後に於て、傭主側が之に對抗して工場を非クローズド・シヨップたらしめんとする處の運動を指すものである」（103頁）。

「オープン・ショップは〔……〕一企業内に於ける事件に對し、企業外に在り且つ該企業の成功不成功に何等直接の利害乃至責任を有せざる第三者の干渉を斥けるものであつて〔……〕機會均等、契約の自由、個人の自由等の基本原理は、オープン・シヨップに於て體現せられ且つ保持せられる處のものである」（116～117頁）

こうして藤原銀次郎は、「我國の勞働運動は欧米、主として米國勞働運動の模倣である」（295頁）としたうえで、「米國の如き之無くして相當の治績を、擧げて居る國の例もあるのであるから、著者は勞働組合法の制定には賛成し

兼ねる」(301頁)と「結論」づけています。

　藤原銀次郎は、1925年に労働組合法案（社会局案）が明らかにされたのを受けて、『米、佛、獨勞働組合法制綱要』（1926年）の参照を求めつつ、同案を藤原銀次郎述『勞働組合法案管見』（1926年）で、条文をあげて具体的に批判するのですが、そのなかで興味深いのは、藤原銀次郎が——反共・反革命の態度を貫く「米國勞働總同盟」を模範としながらのことではありますが——職業・産業別組合という組織形態を「組合の本質」と見る立場をとっていること、その立場から、社会局案を厳しく批判していることです。

　「勞働組合法案が、その第一條に於て、組合の組織を規定するに當り、組合の單位を職業別又は産業別に置き、非勞働者を除外したのは、この組合の本質から見て、誠に當を得たるもので、當局は、組合の本質に關し、吾人と所見を同ふせらるゝ如くである。然るに、法案は第十二條に於て、直ちにこれが除外例を設け、その第三號を以て、非勞働者と雖、總會の決議に依り、組合に加入し得べきことを規定し、事實上、非勞働者の無制限加入を認め、全然第一條立法の趣旨を、没却して顧ないのは、何の意たるを解するに苦むのである。

　加之、法案は、更に附則に於て、本法施行の際、現存する勞働團體にして、勞働條件の維持改善を目的とするものは、同一又は類似の職業又は産業の團體に非らざるも、六ケ月以内に届出をなせば、本法に依り設立せられたる、勞働組合と看做す旨を規定してゐる。之れによると、現存の勞働組合は、届出さへすれば、本法の勞働組合となり、法の保護を受くることを得るのであるから、吾人は、先づ以て、我國現存の勞働組合が、如何なるものなるかを研覈し、其眞相を明瞭ならしむる必要がある。」（3頁）

　藤原銀次郎は、①『勞働組合法制定に關する意見』（1929年）、および、②『闘争的組合と協調的組合』（1930年3月10日講演）に見るように、その後、労働者組合の法認自体は容認する立場に移行し、労働者組合を純経済団体的な労資協調的組合に限定することに重点を移すのです。

　①から見ましょう。

　「吾人は、勞働組合、そのものに反對するものでない。況して勞働者に敵意を有するものでもない。寧ろ反對に好意を有し、その眞の福利を増進せん

第 3 章　企業別組合は誰が、どのように創り出したのか（その 1）

とするものである。それが結局、事業の繁榮を致し、勞働者の生活を改善し、技能能率を高め、國富を增加する所以である。從つて勞働組合も亦、眞に勞働者の福利を增進するに必要な目的組織を有し、健實にその本來の運動に終始するに於ては、之を認めるに吝ならざるものである。けれども、之に反して、徒らに政治運動に走り、少數幹部の立身の爲めに、多數勞働者の利益を犧牲にし、又は思想運動に沒頭して、階級鬪爭を煽り事業主を倒し事業を亡ぼし、無垢の勞働者を傷け、その家族を窮乏に陷れて、尚ほ顧みない勞働組合には、斷然、反對するものである。

〔……〕寧ろ米國の資本家に倣ふて、經營上、技術上の合理化を斷行し、賃銀を低下せずして、生産費を低減するの賢明なるに如くはない。而して勞働者も亦、失業と賃銀の低減とを防止するに、組合と罷業とに依らば、徒らに英國の失敗を繰返すに過ぎざるが故に、寧ろ、米國勞働者の後を追ふて、勞資の利害は相互的なることを認識し、資本家と互に相寄り、相扶けて、事業の繁榮を圖ることに努めねばならぬ。

之を以て、吾人は組合法の制定に就ても亦、以上述べ來つた如く、勞働組合を政治運動、思想運動から、截然、引離して、純然たる經濟團體ならしめ同時に、罷業に關して詳細なる規定を設け、勞資の正當なる利益保全に資せんことを、高調するのである。蓋し、これ眞に事業の繁榮と、勞働者の福利とを增進し、以て、國運の隆昌を致す所以である。（藤原銀次郎述『勞働組合法制定に關する意見』、出版元記載なし、1929 年。51 ～ 52 頁）

②では、「勞働組合の主義を、どういふふうに立脚せしめればよいか。それから、日本で組合法を拵へるならば、鬪爭的の組合を認めるか、或は協調的の組合を組織せしめねばならぬか。此點に就て、少しく意見を申上げて見たいと存じます。」（藤原銀次郎述『鬪爭的組合と協調的組合』、1930 年 3 月 10 日講演の記録。43 頁）としたうえで、米、英両国におけるストライキ闘争の例などをあげつらい、結局、「資本家はどうしても、鬪爭的の組合と協調することは出來ない」（同 68 頁）と結論づけています。

関連して、近畿産業團體聯合會〔編著〕『勞働組合法社會局案の概要』（『わかり易い勞働組合法の話（第二篇）』、近畿産業團體聯合會、1930 年 9 月）を紹介しますが、経営者組織の地域連合体も労働組合法案論争中の 1930 年

に、法案第10条が雇主（経営者）を労働者組合員から排除していることについて次のようにのべ、財界の狙いが支配介入可能な「一作業場内に於ける勞働組合」、すなわち、「企業別・職場別」組合の法認であることを物語っています。

「勞働組合（特に一作業場内に於ける）に雇主側の介在は、相互の事情を了解すべく最も便宜であり、且協調的の好結果を生むものであります。本條に特に但書を設けて之を禁ぜんとする事は意味を解するに苦しむ所であります」（7頁）

(3) 山縣憲一、堀江歸一ら研究者からの批判と警告

これまでみてきたような財界の「会社組合」化攻勢に対して、自主的・進歩的研究者たちは拱手傍観していたわけではありません。

「日本最初の本格的勞働組合論」との定評がある山縣憲一『職工組合論』（東京寶文館、1915年）は、日本における雇主と労働者の関係は「絶対服従関係＝人格的自由なき労働者（職人）」であったがゆえに、ヨーロッパのギルドのような「職工組合＝団結体」が発生しなかったとして、「日本にはクラフト・ユニオンの伝統がなかったから企業別組合になった」とする単純な企業別組合生成説よりも根源的な解明をし、問題は、これをどう克服するか、であり、それは、結局、人格的自由と団結権の獲得であると論断しました。

山縣憲一に続いて、堀江歸一ら当時の進歩的研究者が相次いで、財界と政府の「縦断的組織（形態）一本化・横断的組織（形態）の排除」の策略を批判し、労働者階級にその危険性を警告しました。

堀江歸一『勞働組合論』（國文堂、1920年）は、組織化が横断的組織によって進行している現状を確認したうえで、団結組織である労働者組合は横断的組織でなければならず、労働者は、これを禁止し、縦断的組織を押し付けようとする支配層と闘わなければならないと、山縣憲一に劣らぬ厳しさで、次のように強調しています。

「今日我國に於て、官憲が如何に勞働組合をして縦断的組織に依らしめんとするも、之を事實に徴せんか、勞働組合の現状の頗る不完全なるに拘はらず、既に横斷的組合の存立しつゝある事實の否定す可からざるものあり。本

第 3 章　企業別組合は誰が、どのように創り出したのか（その 1）

來勞働者が勞働組合を組織するは、組合の勢力に依て、資本家に對立するの必要に基くものなり。〔……〕斯る資本家の勢力に對抗し、又對立す可き勞働者の組合に對しては、其橫斷的に組織せらる丶ことを禁止し、之を縱斷的組織に限らんとするに於ては、勞働者の團體的運動を妨害し、資本家に對して勞働者を不利の地位に置くの結果を免かれざるなり」（127 ～ 129 頁）

　堀江歸一はさらに、「勞働組合の現在及び將來」（『堀江歸一全集第七卷社會問題篇』、改造社、1929 年。1920 年の慶應義塾大學夏期講座を收録）では、「日本の今日の法律制度に於きましては、勞働組合即ち勞働者が勞働力を結合させる制度の方は公認して居ない。こんな不公平な事はない……資本をして結合させる制度を設けながら、勞働者が勞働力を結合させる場合には法律でそんなものは知らぬ、結合しても宜しいが法律ではそんなものは認めない、私生兒の取扱をする、財産家の方は嫡出子の取扱をする、抑々法律制度に於て勞資兩者に對して斯くの如き不公平がありますのは獨り日本のみである」（954 頁）と糾弾し、「〔政府の労働組合法案が〕会社組合を継子扱いしている」と会社組合（企業別組合）の合法化を迫った前田一と正反対の立場を明確にしています。

　北沢新次郎は「我が労働運動の前途」〔新聞見出し〕（初出は『労働新聞』、No.2、1920 年 1 月。田中惣五郎編『資料大正社会運動史』〈上〉、三一書房、1970 年、所収）で、「床次内務大臣の如きは、今議会に於て労働者の為めと称して労働運動を一工場内に閉鎖せんとする無暴なる縦断労働組合法案を推出せんと企図しつ丶あるが如きは我国の労働運動をして益々悪化せしむる因で到底労働者の為めではなく更に国家の為に嘆すべきである」（289 頁）と指弾しています。

　村嶋歸之は、①『工場委員會を買ひ被るな勞働組合の力を忘れるな』（勞働者問題研究所、1922 年）、②「最近日本の労働運動」（『村嶋歸之著作選集第 3 巻』（柏書房、2004 年。初出は『社会事業研究』、1923 年 11 月～ 1924 年 1 月）において、いずれも工場委員会（会社組合）の本質を暴露・糾弾していますが、とくに前者は、英、独、米における「工場委員会と労働組合の相互関係」の差異を紹介したうえで、工場委員会（会社組合）が労働者を欺瞞する手段であると断定し、真の団結権獲得まで共同して闘うことを呼びかけています。また、翻訳・用語問題との関係でも見逃せないのは、ＡＦＬ（ア

メリカ労働総同盟）第39回大会決議の引用において、"company union"を「工場委員会」と「会社組合」に訳し分けている、つまり、工場委員会と会社組合は原文では同一である、という事実です。

　「英、獨兩國の工場委員會は勞働組合の存在を前提としたものであるが、米國はその存在を前提としないのだ。否、勞働組合の存在を前提とせぬのみか、却つて勞働組合を驅逐する策として工場委員會を設立してゐるのである。さればこそ、米國勞働總同盟では、1919年の勞働大會に於て左の如く明かに工場委員會に反對の決議をしてゐるのである。
〔決議文〕
工場委員會は一の欺罔なり
　工場委員會なるものは一の欺罔陥穽の手段に外ならず、諸會社が工場委員會を設けたる目的は之に依て勞働者を欺き彼等は此制度に依て保護を得べきが故に、勞働組合を組織するは不用なりとの信念を附與せんとするにあり、依て決議すること左の如し。
　吾人は此種一切の會社組合を否認し、排斥するものにして、本會員たるものは一切之に干與せざらんことを求む。
　吾人は集合協約に就ては之に適する唯一の團體組合に依てのみ之を行ふの權利を求むるものにして、吾人は此の勞働組合に依る集合協約の權利を獲得するまで忠實に團結し協働せんとす。」（9〜10頁）
　上記の村島歸之の翻訳・引用に対応するAFL大会決議英語原文は資料3のとおりです。

資料3

〔アメリカ労働総同盟第39回大会（1919年9〜23日、ニュージャージー州アトランティック市にて開催）〕
THIRTY- NINTH ANNUAL CONVENTION OF THE AMERICAN FEDERATION OF LABOR
HELD AT ATLANTIC CITY, N. J. June 9 to 23. Inclusive 1919

6.

> [……]
> WHEREAS, In view of the foregoing facts,
> It is evident that company unions are unqualified to represent the interests of the workers, and that they are a delusion and a snare set up by the companies for the express purpose of deluding the workers into the belief that they have some protection and thus have no need for trade union organisation; therefore, be it
> BESOLVED, That we heartily condemn all such company unions and advise our membership to have nothing to do with them; and, be it further
> BESOLVED, That we demand the right to bargain collectively through the only kind of organisation fitted for this purpose, the trade union, and that we stand loyally together until this right is conceded us.

　佐口和郎「第一次大戦後の労資関係の展開――三井共愛組合の形成と再編に即して――」（上、下）（『日本労働協会雑誌』、1983年2月号、同3、4月合併号）は、第二次世界大戦後発表の文献ですが、先に見た財界の英米訪問実業団とその団長團琢磨が企業別組合生成に与えた影響を改めて指摘しています。

　「当時の財閥本流の労働組合問題への対応のあり方は、三井合名の理事長でもあり、後の日本工業倶楽部の労働組合法制定反対運動の中心的存在となる団琢磨の考え方に象徴的に示されている。団の労働組合問題への考え方に大き影響を与えたのは、一九二一年から二二年にかけての欧米視察の経験からえたアメリカ流の従業員代表制であった。具体的には、アメリカの会社組合のあり方、とりわけＵＳスチール会長ゲーリーの考え方は、彼の『琴線に触』れるものであった。〔……〕二〇年代におけるアメリカの会社組合の主流は、従業員の選出した代表が独自の自主的会合を持つようなことはない『合同委員会型』の制度であったのである。そしてこうした方向は、第一次共愛組合の成立の分析の際指摘した、労働組合を外側に排除するという経営首脳部の伝統的な考え方になじみ易く、ここに団が共感を覚えた根拠があった。財閥本流の労働組合への伝統的考え方は、アメリカの会社組合の経験により補強されたのである。」（40～41頁）

山中篤太郎は、当時の「労働組合」法案をめぐる労資両階級を中心とする各階層の闘いに関して、『日本労働組合法案研究』（岩波書店、1926年）の「結収」（276～302頁）において総括的見解をのべています。

　「積極的に勞働階級が自ら希望するが如き解放立法を獲得する手段は、資本家の攻撃に對抗し、政府に自己の條件を迫り得る丈の實力と之に伴ふ責任とを自力の中に育て上げて居らぬ限りは不可能である。大なる教訓を我が日本の勞働者は此の經驗の中に感得すべきである。

　大正十四年度に於る二つの勞働組合法案を圍んで、全國的に闘はされた全戰線的な利益闘爭の結果を簡單に結論するならば、資本家側は勞働組合法案を成立せしめなかつた點で勝つた。勞働者側は勞働組合取締法案を流産せしめた點に於て敢て負けなかつた。併し抑々一の勞働組合法をだに得なかつた事は、よし治安警察法第十七條の撤廢が重大な收穫である事は否定しないとしても、勞働組合運動の前途遙かなる事を證明すべき悲しむべき事實であつた。

　明日は永久に知られざる未來である。來るべき組合法案の姿は豫測を許さない。或は逆行的な組合取締法の發生を見るかも知れない。或は解放の一歩を印し付ける眞正な組合法案の生誕を迎へるかも知れない。唯だ知られたる事は、一定の發達度にある經濟社會に於て階級闘爭の兩當事者の組織と組織との努力の角逐が結局二つの中の何れかを決定するであらうとの事のみである。

　勞働者よ資本家よ而して爲政者よ。諸君は凡て日本的昏睡より覺めねばならぬ」（294～302頁）

(4)「企業別組合」という概念・用語の誕生

　私たちは以上において、1917（大正6）年の日本工業倶楽部創立、および、1921年の米・西欧各国への大型調査団派遣とその「成果」にもとづく諸活動をとおしての、日本支配層としての財界による、日本の労働者階級に対する、公然かつ組織的、系統的な先制攻撃開始の一端を目の当たりにしてきました。こうした――21世紀の今日から見れば「初期」と言うべき時代における――労資関係の活発化のなかで、私たちの主題である「企業別組合」問題との関

係で、注意を喚起して確認しておきたい、特に重要な一事実があります。それはほかでもない「企業別組合」という概念・用語の登場、歴史的「誕生」です。この概念・用語が第二次世界大戦前に「誕生」したという事実は、多くの研究者、そして組合活動家が「企業別組合」を戦後生まれと信じて疑わないという事実との相反関係という点からも看過できない大きな問題です。

　私たちがこれまでに参照してきた研究者のなかでは、山中篤太郎が、政府統計でこの概念・用語が使用される1930年に先立つ1926年に出版された『日本労働組合法案研究』において、「企業別組合」という概念と用語を（「企業別の組合」を含めれば数回）使用しています。しかし、それより少し早い1924年にこの用語を使用した研究者がいます。それは宇野利右衛門です。

　宇野利右衛門は『我國の労働問題』（工業教育會、1919年）において、労働運動家などの扇動による労働者の自覚を「附燒殳的の惡自覺」と決めつけて、「吾人は多年斯問題の研究に從來し、多少我が工塲勞働者の實情に通じつゝあるものであるが、積年、研究の結果、我國勞働問題最善の解決法は、
1　上述の如き資本金〔ママ〕〔家〕の覺醒に基く、勞働者の人格尊重と、身心に對する優遇法の實行。
2　勞働者を教育する機關を設け、彼等の智識品性を向上せしめ、且つ彼等自らの互助研修に依つて本務の自覺を促す事。
の二つを併行する事であると思ふのである」（序8頁）として、労働者が自ら労働者組合を組織することを時期尚早とする態度をとっていました。しかし、宇野利右衛門『勞働組織』（工業教育會、1924年）は、労働者組合組織化の必要性を認め、組織化への助成を資本家側に説得することに力を注ぎ、「職業別組合と、企業別組合との何れを採るべきか」と明確に組織形態上の問題を有力資本家たちに対して設問し、10人から回答をえたうえで、当面、「地方的職業別組合」が適当、との判断をしました。その叙述の過程で「企業別組合」という用語を使っているのです。

　「職業別組合と、企業別組合との何れを採るべきか

　　と云ふ事に就て〔……〕

　以上十個〔有力資本家10人〕の回答の中、可否の明白に分別せざる、一、三、九の三個を除き、他の七個に就て見る時は、

職業別組合を可とするもの　　三
　　企業別組合を可とするもの　　四
で企業別の方一點の勝ちとなるのである。
　けれども、兩立論の生ずる如く、此の可否はにはかに確定されない樣である。
　吾人の見る處では、當分は一地方的の職業別組合が適當なやうである。」
（100 ～ 103 頁）
　これが、日本史上で初めての「企業別組合」用語か否かは不確かですが、遅くともこの時期に、「企業別組合」という概念・用語が「誕生」し、成長しつつあったことは確かです。

(5)「労働組合法案」をめぐる抗争と、財界の策略および西尾末廣の政略

　以上で見てきた企業別組合の生成への動向と並行して進行していた「労働組合法案」をめぐる抗争について、ここで一旦、まとめておきましょう。
　1920（大正 9）年に日本で初めての「労働組合法案」が 3 件発表されましたが、国会では、結局、1926（大正 15）年に審議未了に終わりました。その後、1927（昭和 2）年、1931（昭和 6）年に、当時の政府が新たに法案を国会提出しますが、何れも結局、審議未了となりました。そして、1931 年の審議未了が第二次世界大戦前の最後の国会審議となり、「労働組合法案」は事実上、完全に廃案となりました。
　この間、法案立案とそれを巡る激しい論争と抗争が繰り広げられました。1929（昭和 4）年 7 月に成立した浜口内閣は、金解禁を声明するとともに、懸案であった「労働組合法」の制定に乗り出し（いわゆる「浜口内閣の二大政策」）、早速 8 月に、社会政策審議会を組織し、「現下の社会状態に鑑み労働組合法制定に関する意見」7 項目を諮問しました。審議会は大方政府の意を体した答申を行い、社会局は答申に基いて――労働者側はもちろん、経営者側にも意見聴取することなしに――社会局案（1929 年社会局案）を立案し、発表しました。
　答申の第一項に「組合は職業別のもののみに限らざること」とあったにもかかわらず、財界は、日本工業倶楽部（通称「（日本）工業クラブ」）を先頭に、あらゆるレベルの組織を動員して、この答申と 1929 年社会局案に猛然と反

第3章　企業別組合は誰が、どのように創り出したのか（その1）

対しました。同年12月13日、日本工業倶楽部の理事会が決議した意見書の中での位置づけと内容の特徴は次のようなものでした（意見書全文は『日本工業倶楽部廿五年史』下、703～711頁に収録）。

「此の意見書は從來各方面に於て勞働組合法反對意見として發表せられたものと全然選を異にし、当時外國の翻譯を一にも二にも受けいれる風潮の中に於て敢然として日本の國民性を強調し、勞働組合に對する誤まれる認識と觀念を根抵的に是正せんとする我産業界の劃期的意見であつて、一には階級闘争的社會主義に反對し、二には産業及勞働事情の異なる外國の法制の直譯に反對し、三には勞働組合の弊害の助長に反對し、四には勞資協調的勞働者團體を疎外し闘争的組合を保護すること、なることに反對し、五には政略的に勞働組合を保護して産業を政治の犠牲にするに反對し、六には震災金融恐慌の後金輸出解禁により益々産業の不振を來たすの時産業に甚大の影響を及ぼすに反對したのであつた。」（『日本工業倶楽部廿五年史』下、711～712頁）。

第二次世界大戦前の「労働組合法案」をめぐる闘いについて、田村譲『日本労働法史論――大正デモクラシー下における労働法の展開――』（御茶の水書房、1984年）は、「浜口内閣提出労働組合法案」の節を設け、次のように総括しています。この総括に関しては、私たちの課題の一環をなす企業別組合（日本型会社組合）生成過程において重大な位置を占める西尾末広と松岡駒吉の結託が指摘されているのが、とりわけ、興味深い点です。

「法案〔浜口内閣が一九三一年二月二一日提出した「改正労働組合法案」〕が貴族院で握り潰された一カ月後の四月二一日、日本工業倶楽部において、全国一七五の資本家団体を網羅する画期的な大同団結である『全国産業団体連合会（全産連）』が結成されるのであったが、皮肉にも、労働組合法案は、資本家団体に未曽有の結束をもたらし、資本家団体の全国的統一を実現させたことになる。

これに反して労働組合側および無産政党側は、一致団結した運動を展開できなかった。

〔……〕社会民衆党の西尾末広は、総同盟の松岡駒吉と相談の上、『労働組合を国家産業のために障害なるものとして、これを罪悪視している現状から考えてみると、少々の不満は忍んでもこれを成立させることが、組合運動を

発展させる得策ではないか』と考え、法案の成立をはかるのであった。だが、かような労働組合法案の成立をはかること自体、労働組合、無産政党にとっては自殺行為であった。にもかかわらず西尾や松岡が、その成立を願った背景には、左翼組合と左翼無産政党の弾圧と引き換えに、自らが指導する右翼社民運動の発展を意図した政治的判断があったといわねばならない」(314〜315頁)

　さらに、『第五十九囘帝國議會勞働組合法案審議録』(〔内務省〕社會局、1932年)は、西尾末廣が、すでに第二次世界大戦前の時期から、「労働組合法」で「企業別組合」を認めること、つまり、企業別組合の「労働組合」としての法認、を政府に迫り、それを担保する答弁を得ていたことを記録しています。

「○西尾委員　サウ致シマスト、産業別ニト云フ言葉ハ通例斯ウ云フ勞働問題ヲ論ズル場合ニ使ハレテ來タ歴史的ノ意味トハ大分違フヤウニ思フノデアリマス、産業別ト云フコトハ、例ヘバ今申上ゲマシタクコトハ、普通ニハ企業別勞働組合ト言ハレテ居ルノデアリマス、企業別勞働組合ト云フ意味ヲモ産業別組合ノ中ニハ含マシテ居ルノデアリマスカ
○吉田政府委員　普通ニ云フ企業別組合ト云フノガドウ云フ種類ノモノヲ云フカト云フコトニ付キマシテハ、明カナ解釋ハ定マッテ居ル譯デモナイノデアリマスケレドモ、只今申シマシタ新聞發行ト云フヤウナ一ツノ事業デアリマス、是ハ企業別ト人ニ依ツテ云フノデアリマセウガ、ソレ等ハ此法文ニアリマスル産業別ノ觀念ニハイルモノト考ヘマス」(181頁)

　こうして、日本における「労働組合法」制定をめぐる闘いは、財界の「労働組合法」制定反対、あるいは、同法案内容の修正闘争、そして、後に見る「日本主義労働運動」の台頭という状況下で、一旦、中断に追い込まれました。ところで、当時の「労働組合」の組織状況はどうなっていたのでしょうか。ここで確認しておきましょう。

　(内務省)社會局勞働部編『最近ニ於ケル勞働運動ノ概要』(社會局勞働部、1931年)は、1926(大正15＝昭和元)年〜1930(昭和5)年末現在の企業別組合と非企業別組合の概況を次のように説明しています(18〜19頁。別表2点を含む)。

第 3 章　企業別組合は誰が、どのように創り出したのか（その 1）

　「企業別組合ハ一雇傭主、一企業ヲ單位トスル組合組織ノ一形態ナルガ我國に於テハ一工場ヲ單位トシテ組織セルモノ大多数ヲ占ムルモ一企業産業ニ屬スル数個ノ工場ニ亘リテ組織セラレタルモノアリ。此種組合ノ主ナルモノハ海軍勞働組合聯盟、官業勞働総同盟ノ加盟組合、東京、大阪、横濱、神戸等ノ各市電従業員組合、各市従業員組合若クハ日本勞働総同盟ノ遞友同志會ノ如キモノニシテ公營事業方面ニ多ク又民間方面ニ之ヲ求ムレバ東京瓦斯工組合、東電従業員組合、大阪電気勞働組合、日本勞働総同盟加盟の製綱勞働組合、セメント勞働組合等其ノ主ナルモノナリ。企業別勞働組合ハ産業別組合ト一致スルモノ多シ。

　ここで注目されるのは、第一に、「企業別組合」、「企業別労働組合」という用語・概念が使用されているという事実です。第二に、単純化して組織数だけで比較すれば、1927 年現在で、「一企業組合」77（「労働組合」総数 505 のうち）、「工場委員会」149 であり、二種類の企業別組織の普及傾向が読み取れるということです。

　もう一つ、第二次世界大戦前の「企業別組合（会社組合）」生成をめぐる、さらに注目すべき分析があります。岡田与好は「歴史における社会と国家——日本労働組合運動史から——」（佐々木潤之介、石井進編『新編　日本史研究入門』、東京大学出版会、1982 年）において、前田一らが米国から「会社組合」を盛んに「移植」した 1920 年前後の事態を、「工場委員会制度」をめぐる労、資の闘いという視点でとらえ、労働者側の「完敗」の結果、この時期以降、基幹産業

種別	一企業	不燃モノ	計		企業別	一企業	然ラザルモノ	計
労働組合数	一六	五九六	七一二	大正十五年末（昭和元） 組合数	八	八六	四〇	四八
				組合員数	一六、〇六六	六八、七一九	八四、七八五
組合總數ニ対スル%	一六%	八四%	一〇〇%	昭和二年末 組合数	七七	四二八	五〇五
				組合員数	二〇、三〇九	三〇九、六一八	三二九、九二七
労働組合員数	一二七、四六三	二二六、八四九	三五四、三一二	昭和三年末 組合数	八七	四四六	五三三
				組合員数	一九、四七七	一八八、五五〇	二〇八、〇二七
組合總數ニ対スル%	三六%	六四%	一〇〇%	昭和四年末 組合数	一〇二	五五九	六六一
				組合員数	三〇、六八八	二四〇、四六四	三〇七、三〇九
				昭和五年末 組合数	一二六	五九六	七一二
				組合員数	三七、四六三	三二六、八四九	三五四、三一二

大企業においては、「経営側と合同の工場委員会」(前田一らのいう「会社組合」)が「唯一の公認組織」になった——つまり、財界・大企業の側が「完勝」し、事実上の「企業別組合」がこの時期に生成・定着した——と、明確に分析しているのです。

「工場委員制度を団体交渉の制度化のために要求する労働者側と、それを団体交渉の排除のために利用しようとする政府・企業側との間には、共通するものは全くなかったのである。」(268頁)

「それゆえ、川崎・三菱争議団の『惨敗宣言』(八月九日) でひとつの終結をみるところの、重工業大経営を中心とする一九二一年の『関西地方の「団体交渉権」獲得運動は、その結果として工場委員会制度の本格的成立を導いたものといってよい』とすれば、この結果はこの運動が事実上完敗したことを意味するといわねばならない。逆からいえば、それは、『第一次大戦後における労働運動の新しい局面を迎えて、いかにして労働組合の個別企業内への侵入を防止しようかと腐心し、そのための一手段として工場委員会＝労働委員会も構想した』諸力の完勝を意味する。大正末年には、こうして、労働者の横断組合化運動は、上からの縦断組合化運動によって、基幹的産業部門の大経営から締め出され、そこでは企業毎の、経営側と合同の工場委員会が、労働者の唯一の公認組織になることとなった。」(269頁)

こうした事実から見て、少なくとも、基幹産業大企業の領域においては、第二次世界大戦前のこの時点で、「企業別組合 (会社組合)」が支配的組織形態として生成、定着しており、財界の立場から見れば、残された主要な問題はその「法認」のみ、という段階にあったといえるでしょう。

3. 日本の大企業・財閥による「会社組合」の日本主義化
　　——企業別組合の第二の源流

(1) 前田一のイデオロギーと「日本主義化」運動

「労働組合法案」議論が断絶するのと並行して日本の侵略戦争政策が露骨に強化される昭和初期 (1920年代後半) から、財界による日本の労資関係の「日本主義」への急激な転向そして偏向が起こります。例えば、先に森田

第 3 章　企業別組合は誰が、どのように創り出したのか（その 1）

良雄『日本経営者団体発展史』（日刊労働通信社、1958 年）を見た際、一瞥しましたが、前田一もその活動に加わっていた日本工業倶楽部が、1929 年 12 月 13 日の理事会で決議した意見書はその実例の一つです。『日本工業倶楽部廿五年史』は、同意見書について、「此の意見書は從來各方面に於て勞働組合法反對意見として發表せられたものと全然選を異にし、當時外國の翻譯を一にも二にも受けいれる風潮の中に於て敢然として日本の国民性を強調し、勞働組合に對する誤まれる認識と観念を根柢的に是正せんとする我産業界の劃期的意見」（下、711 頁）と位置づけています。

また、藤原銀次郎『工業日本精神』（日本評論社、1935 年）は、米国視察結果を紹介しつつ、「日本が米國に勝るもの」の例として、日本軍人の「日本魂」をあげ、労働者についても同様であると、次のように強調しています。

「歐米人は盡すべき責任を盡くした上は、後は天命の成行き致方なし、と諦めて敵軍に降伏する〔中略〕。日本の軍人はこれとは全く反對で、人事を盡くして天命を待つは當然であるが、如何なることあるも敵に降るを潔とせす、その場合は命を捨てるのを以て本分と心得て居る、卽ちこれを日本魂と云ふ。これと同じく工場でも日本の從業員は、平素は米國人や加奈陀人などに比べて、多少野良久良するやうな所はあるが、一朝その工場の運命に關するやうな場合に際會すると、忽ち日本人特有の血が燃えて、上下一致して工場の爲めに盡さうとし、責任論など言ふ者もなく、上の方よりは、寧ろ下の方から一身を捨てゝも工場のために貢獻し、命をかけても工場を盛り立てなければならぬと云ふ空氣を作り出す、かう云ふ實例は甚だ多いのであります。」（245 ～ 246 頁）

日本工業倶楽部に結集した日本財界による米型会社組合の視察・移植は、単なるアメリカの模倣にとどまるものではなく、実は「日本主義」と統合されるべきものとしての下心のある「移植」だったということになります。

そして、上記のような労資関係と労働者運動の大規模な転向は、前田一に、従来熱心に取り組んできた「産業至上主義」理念と、それにもとづく「労働組合法」における「会社組合と既存労働組合の平等・対等待遇」の実現、という戦略の、露骨な日本主義的転換を迫ることになるのです。ここではまず、その思想的前提あるいは基盤ともいうべき前田一のイデオロギーの形成と本

質的内容を確認することから始めましょう。

前田一のイデオロギー形成は、国際労働会議（国際労働機関ＩＬＯの総会）の労働者代表の選定方法に関して、前田一が『社会政策時報』（1932年7月号）に発表した論文「労働者『代表』の再吟味」をめぐる同誌上での批評と論争のうちに集中的に表現されています。この論争に関係する論文は次の通りです。

①前田一「労働者『代表』の再吟味」（協調會編『社會政策時報』第142号、1932年7月号）

②北岡寿逸「『労働者代表の再吟味』を読みて」、長谷川公一「『労働者代表』の妥当性」、山中篤太郎「日本資本主義の特殊性と組織労働——労働者代表論に即して——」、米窪満亮「『労働者代表』に就ての余の再吟味」（以上4論文、協調會編『社會政策時報』第143号、1932年8月号）

③前田一「『労働者代表の再吟味』に対する四氏の批評に答ふ」（協調會編『社會政策時報』第144号、1932年9月号）

前田一は、「『労働者代表の再吟味』に対する四氏の批評に答ふ」のなかで、カール・マルクスへの敵愾心むき出しの「唯心論」的な立場からの、日本主義的「労働組合論」を宣言します。

「蓋し會社組合が勞働組合であるかないか、そんなことは取り立てゝ詮議する必要はない。横文字でかゝれた勞働組合の定義などにこだはつて居る必要は毫もない。『會社組合も亦日本式勞働組合なり』と腹をきめてかゝればそれで宜しいのではあるまいか。〔……〕横文字の定義といふ一つの先入的範疇に捉はれて、日本の國情と特殊性とを無視するが如き公式勞働組合論を唱えへて居る限り、日本の勞働者の向上も産業の發展も大して期待し得ないと思ふ。」（22〜23頁）

「勞資協調は何れへ行く？　それは日本勞資關係の特殊性を基調とする唯心的協調を第一義として、此の理想に向かつて突進せねばならぬと信ずる。」（33頁）

「イギリスや獨逸の勞働組合がどんな定義内容のものであらうとも、それはイギリスや獨逸での話であつて、日本の勞働者に影響するものではない。日本の勞働者に直接影響するものは、足許に存在する日本の勞働組合の實相である。事業家側の人々が、現存勞働組合の姿を眺めて特に之れを問題とす

第 3 章　企業別組合は誰が、どのように創り出したのか（その 1）

る所以は茲にある。横文字の定義は研究室の研究材料に一任すべし。現業にたづさはつて居る人は直接影響を蒙る現實の日本の勞働組合の姿を直視せざるを得ないに至るは當然の事である。」（35 頁）

　こうして到達した前田一の日本主義的轉換の「完結宣言」を、『時局　勞働讀本』の 7 年後に出版された前田一『新産業道讀本』（全國産業團體聯合會事務局、1941 年）の内に、見出すことができます。

　前田一は同書の自序で、事態があたかも「前著所説」の正当性を証明しつつ進行しているかのように喜びつつも、「社會問題の様相が雲泥の差を示し」、旧著改定を迫られたことを告白して言います。

　「曩〔さき〕に、昭和九年版『時局勞働讀本』を上梓して、勞働運動並に勞資關係調整の指導精神は、飜譯式机上論に堕せず我が國情と國民性との特殊性に立脚せざるべからざる所以を説いて、江湖の御示教を仰いだのであるが、その後時局は急速度に進展し國を擧げて新體制の方向に動員せられんとするに至り、産業、勞働の部門に於ても勞働組合運動の解消、産業報國運動の活躍等、前著所説の精神が測らずも茲に時代の脚光を浴びて浮かび上るに至つたことは洵に欣快に堪えざる所である。〔……〕

　惜しむらくは前著の時と今日とに於ては社會問題の様相に於ても、經濟問題の方向に於ても雲泥の相違を示して居る。これを改訂して盛るに清新の資料を以てし、編むに新體制の方向を捉へて以て『新産業道讀本』を上梓することは必ずしも無意義なことではあるまいと思ふ」（1 〜 2 頁）

　前田一はまず、前著の主要部分を「産業報國運動の前史」と概括し、それを改訂しつつ再論します。

　法認をめざして関係各方面に働きかけてきた「会社組合」問題についてはどうでしょうか。

　前田一はこの問題を「前史」の最後の部分でとりあげ、「勞働組合との相違點」を指摘します。私たちがすでに見てきたとおり、前著では「相違點」を五点列挙していました。ところが、今回は——産業報国会の実態に適合させる修正とみられますが——「第三には彼が職業別、産業別、地域別等による勞働者の横の聯合を認むるに對し、此は企業主別、又は事業所別の範圍のみに於て聯絡を認むる縦の團體である」が削除されて、四点とされています。

そして、列挙に続いて、次の一文が加えられています。
「構成員として職員を參加せしむることは、勞働組合者流の最も嫌惡するところであつて、これにより階級團體たる機能を沮害されるものと考へている。〔……〕産業、勞働の發達向上を念ずる限り、これに從事する凡ての人々が打って一丸となり、職員も勞働者も、更に重役も幹部も一所になつてゆくところに勞資一體の觀念が具體化され、精神的協調も實現されると謂ふ筋合にあり、職員は職員、勞働者は勞働者と階級により分野によつて對立團結することは會社組合の本質上許さるべきものではないのである。」(45頁)
　要するに、同一職種など労働者としての共通の立場、利害などにもとづく団結、すなわち、労働者階級の団結体としての労働者組合を許さないための「労資一体での全社一丸」――つまり、このレベルでの全体主義――こそが「會社組合の本質」だというのです（これは、私たちが、第2次世界大戦後の、そしてさらには、21世紀の、「企業別組合（日本型会社組合）主義」を検討する際にも、重要な要因となる規定です。ぜひ、記憶にとどめ置いてください。）
　前田一は「前史」の最後に「脚光を浴びた會社組合」という項を設けて、「快心の笑」をもって、次のように宣言します。
「勞資關係の調整に向つて實際的の運用と機能とを發揮してきた會社組合も世間の一部からは繼子扱ひを受け、御用團體とか、資本家の懷柔政策とか、欺瞞政策とか、色々の惡口を謂はれながら、默々として所信に邁進し、勞働條件の維持改善と、福利向上とを、和氣靄然たる一夕の談笑裡に片付けてしまふ、このわが國情、民風にぴつたりと合つた産業平和策が、餘りにも長い間世上に關心を有たれなかつた事を不思議にも思ひ、遺憾にも思つてゐたのであるが、時勢の推移はいつまでも之を看過することを許さなかつた。
　私生子は今や堂々たる嫡出子となつて本邦産業界に見參しやうとして居る。否、既にそれは産業報國運動の指導精神の中に取り入れられ、今や最高最大の勞働國策として天下に號令して居る事實を正視するとき、吾等は數年前までの歪められたる會社組合觀が、茲に修正揚棄せられたものの如くに感ずるだに快心の笑を禁ずる能はざるものである。」(53頁)

前田一はこの後、新著の残り三分の二余を産業報国運動の「黎明」と「展開」の解明に充てます。その中の、私たちの研究に関係の深い二、三の解明点を見ていきましょう。
　前田一は「産業報國運動の黎明」の章中に「日本精神の確認」の項を設け、次のようにその信条を吐露します。
　「日本精神の眞髓は、適確に斯うであると謂ひきることは出来ない。お互ひ日本人が静かに内心を省みるときに自分だけには解るところのえも謂はれぬ美しい精神が潜在して居る筈である。二重橋前の廣場に立つた時、又は『君が代』の國歌齋するとき、又は『國旗掲揚式』に臨んで日の丸の旗がするすると竿頭に上つてゆく時、又は明治神宮の拜殿に額いて先帝の御遺德を偲ぶとき、日本國民の胸の底に湧然とわき出づるえも謂はれぬ一つの感激がある筈である。〔……〕
　萬邦に比類なき君臣一家、君民一體、忠孝一本の精神これが日本精神の基礎をなす〔……〕」（90頁）

(2)「君民一家」イデオロギーで二つの「源流」を合体、産業報国運動へ

　前田一はさらに「産業報國運動の展開」の章中で、「産業報國運動の使命と精神」の項を設け、次のように規定するのです。これは、私たちが先に「二つの源流」と呼んだことを想起させるものですが、前田一一流の産業報国運動に関する「二つの源流とその統一の規定」、「二つの源流の止揚としての産業報国運動指導精神の形成」と見てよいでしょう。
　「産業報國運動が今未曾有の事變を契機として、日本産業の最高目標となつたことは、在來の勞働、思想、社會、經濟のもろもろの動きより見て、歴史的必然性の然らしむる所であるとは謂ひながら、吾等はこれが搖籃として在來の『日本主義勞働運動の指導精神』と、會社組合の指導精神に發足して産業團體主唱せし處の『産業全體主義』との二つを看過することは出来ないと信ずる。
　日本主義勞働運動と産業全體主義の二つは、勞働組合運動、無産運動、左翼社會運動等の華やかなりし時代に當つて、勇敢に然しながら黙々として、或は嘲笑に、或は攻撃に、克く耐え忍んできたものである。時代の推移は遂

にこの苦節に酬ふるべく、茲に産業報國運動は時局の脚光を浴びて大寫しに寫し出だされてきた。顧みて感慨無量なるものがある。茲に於て産業報國運動の指導精神は、日本主義勞働運動の指導精神であり、産業全體主義の指導精神であり、更にこれらの素材に時局の色彩を加味して純化せられたる指導精神であると謂ふことが出來ると思ふ。」（92〜93頁）

そして、「産業報國運動の使命と精神」、とくに、労働運動分野におけるそれは、次のように断定されています。

「産業報國運動は、日本主義、祖國主義、國體中心の思想を産業に顯現せんとすることを以て指導精神の第一義とするものである。

これを勞働運動の分野について眺むれば、産報運動の指導精神は『祖國主義』をもって、マルキシズムを克服するにある。……

端的に謂へば、天皇の下、一億同胞の融合協力をもつてマルキシズムを克服し、唯物史觀を排撃する。」（93〜94頁）

こうして強行された反共・反マルクス主義の産報運動の進展ですが、前田一のひきつづく論調のなかで、とりわけ注目されるのは、「〔労資の〕産業報國運動に對する方針」の項における、日本勞働組合總聯合が工場別組合化という形でそれを推進したこと、および、大企業が自社の産業報国会組織を、将来、「御用團體」へと「變質」させることを「意圖」していた事業家（企業）が存在した――要するに、一部の資本家は、当時すでに「戦後」の「企業別組合」に類する組織への素地づくりをしていた――という指摘です。

それを実証するのが、例えば、深川正夫（大日本産業報國會中央本部理事）『産業報國とその實踐』（青梧堂、1942年）です（深川正夫は三井　山の共愛組合の設立当事者）。深川正夫は、太平洋戦争開始間もない1942年に、早くも、「大東亞戰完遂の鍵を握るものは、産業報國運動」（3頁）と位置づけ、協調会が松岡駒吉らを巻き込んで「日本精神」を具体化していったこと、自らが、会社組合（工場委員会）である共愛組合を産報化した経験を誇らしげに報告しています。後章で見るように、深川正夫は、この経験を踏まえて、第二次世界大戦直後1945年中に、早速、自社に企業別組合を確立したのです。

日経連専務理事当時の松崎芳伸も「証言」しています。松崎芳伸『労働組合のうらおもて　三つの神話考』（ダイヤモンド社、1977年）――この本は、

官民の諸要職を経歴した後、労働省労働法規課長を経て日経連専務理事になってからの回想です——のなかの「なぜ企業別組合を結成したのか」の一節における言明です。

「わたしは、その近因を敗戦後、占領軍によって解散を命ぜられた産業報国会組織にもとむべきではないか、そしてその遠因をわが国の『タテ社会』組織にもとむべきではないかと思う。

〔中略〕

当時にあっては、多くのわが国企業の労使双方とも、労働組合についての知識は皆無であった。適当なモデルもないし、戦前の労働組合運動者を手近かにもとめることもできなかった。そういうとき、わが国企業の労使双方の頭にうかんだのは、昨日まで存在し、占領軍によって解散を命ぜられた『産業報国会』のことではなかったろうか。」(19頁)

「労働組合を解散させるためにつくられた産業報国会は、労働組合結成の促進を旗じるしとする占領政策と両立しうるものではない。それは昭和二十年九月三十日までに解散するよう指令された。しかし細谷松太氏もいっていられるように、新生労働組合は、産業報国会組織から、社長、重役を排除し、『×××株式会社産業報国会』の看板を『××株式会社労働組合』に書きかえたにすぎないものも相当数にのぼったのであった。」(21〜22頁)

第4章

企業別組合は誰が、どのように創り出したのか
──日本版「トロイの木馬」（その2）第二次世界大戦直後の法制化と法認

企業別組合は誰が、どのように創り出したのか——日本版「トロイの木馬」(その2)第二次世界大戦直後の法制化と法認

　私たちの探究は、いよいよ、第二次世界大戦直後の、企業別組合の簇生とその体制化の時期に入ります。いよいよ、「企業別組合（日本型会社組合）の体制化」が支配勢力によって強行され、「日本版トロイの木馬」がその全体像を現すことになります。

　問題のより良い理解のために、まず、当時の労働者組合結成運動、とくにその中心となった諸イニシアチブ・運動主体、主な政治的潮流の状況を兵藤釗『労働の戦後史』【上】（東京大学出版会、1997年）の助けを借りて、一望しておきましょう。以下は、同書の「労働組合の簇生とその性格」と題する節の「労働組合の再建へ」の項からの引用です（文献注を省略）。

　「第二次大戦にいたる過程で、治安維持法によって共産党が禁圧され、産業報国運動によって労働組合が解体されていった日本では、敗戦を体制変革の端緒として運動を組織する主体は存在しなかった。敗戦の衝撃は国民の多くを放心と虚脱のなかに陥れ、人びとは戦時からつづく食糧不足とインフレのなかで日々の生活に追われていた。

　だが、まったく戦後に向けての新しい動きが起こらなかったわけではない。その先鞭をつけたのは、戦前に合法的労働組合運動を担ったリーダーたちであった。総同盟のリーダーの一人であった西尾末広は、敗戦直後から同志と語らって、社会主義政党と労働組合の再建に向けて動きはじめ、総同盟の会長であった松岡駒吉に組合再建の核として立つように働きかけている【西尾末広『大衆と共に』一九五一年】。また、全評のリーダーであった高野実は、『巨象のような大統一労働同盟』をつくろうという意気込みに燃えて、九月中旬、荒畑寒村の使いとして松岡駒吉に出馬を求めた。

　こうして、一〇月一〇日、『産報運動に積極的に参加したものを除いて、なるべく広くやろう』という考えのもとに、松岡の招請により戦前の総同盟・

第4章　企業別組合は誰が、どのように創り出したのか（その2）

全評・海員組合・東交などの代表者を糾合して労働組合組織懇談会が開催された。そして、この懇談会は、『強大なる単一労働組合の結成』をめざして、労働組合組織中央準備委員会を設立した。

　ここで留意しておかねばならないのは、準備委員会の声明書のなかに、労働組合法・団体協約法の獲得に加えて、労働組合は『産業の再建』、ひいては『国家の生存』に尽くすべきだと謳われていたことである。それは、松岡の述べるところによれば、『戦後の労働運動は、労働組合本来の主要任務である労働条件の維持改善のみに終始してはならぬのであって、荒廃せる産業の急速なる復興と、国民経済の再建即ち革新日本建設の聖業を主要任務と覚悟しなければならぬ』という時代感覚にもとづくものであった。

　人権指令にもとづき一〇月一〇日、徳田球一をはじめとするトップ・リーダーの釈放をみた日本共産党も、一〇月中旬、党のオルグ集団として労働組合組織促進委員会を設置し、労働組合の再建に着手した。そして、共産党もまた、かつてのごとく、『組合を政党色で小分することは断じてゆるされない所』であって、産業別組合を基礎として統一組合をつくっていかなければならないと訴えた。

　〔中略〕

　松岡グループ、共産党グループのいずれも、ひとまず大同団結をかかげていたこともあって、四五年一〇月以降、両者の間で何度か統一をめぐる接触がなされたが、この企ては結実するにはいたらなかった。そこには、戦前来の両者の反目が尾をひいていた。じっさい、松岡グループの中心である当の松岡は、単一労働組合の結成を唱えながらも、『今までの経験にかんがみて、共産党の指導でなければ駄目だという人たちだけは、一緒にやらない』という考えに立っていた。そこには、満州事変の勃発にさいして、反共産主義・反無政府主義・反ファシズムの、いわゆる三反主義をかかげた総同盟の顔がのぞいていた。

　これに対し共産党の側は、人民戦線の結成を訴えながらも、再建社会党は社会ファシストの萌芽であり、その創立準備委員会に名を連ねる松岡駒吉、西尾末広は『組合又は政治ゴロの親分、ダラ幹の元締』であるとして、その排撃を労働組合運動の緊急スローガンの第一にかかげた。

　〔中略〕

こうして、二つのグループはそれぞれ独自に、組織化に乗り出すこととなった。松岡グループは、四六年一月労働組合組織中央準備委員会を総同盟と改め、産業別単一組合の上に立つ全国的同盟体をつくることを確認した。だが、当面の組織方針としては、『各府県別に組合を結成する中心人物を選定』して道府県連合会の確立をはかり、これを軸に組織の拡充を進めることとした。それは、運動家を中心に人的関係を通じて組織化をはかるという総同盟に伝統的な方式を引きつぐものであった。

　共産党もまた産業別単一労働組合の建設を目標にかかげたが、そこでは、世界労連の組織方針として『国際的に公知の事実』となった『一企業、一組合の原則』に立脚し、産別組織をつくっていくという方針がかかげられたことに、注意しておかねばならない。しかも、労働組合の組織化が不可避なことを予想し、企業の側が産業報国会の看板を塗りかえ、『先手を打って御用的労働者組織を作ろう』としている状況のもとでは、一人ひとりを説得して、組合に獲得するという『まどろっかしい方法』では間に合わないとして、『労働者全員を下級社員をもひっくるめて一つの工場委員会に組織』し、これを横断的産別組織の基礎組織としていくという方式が推奨された。

　共産党は、このような考えのもとに、工場委員会の代表者を結集した工代会議を地域別・産業別に組織し、これをベースに産業別組織の設立に向かうことを呼びかけた。事実また、関東地方で、全国に先駆けて神奈川県工代会議をはじめとする地域的結集が進み、四六年一月、関東地方労働組合協議会の設立をみた。この運動は、翌二月の新聞単一の呼びかけを契機として、産業別単一化の推進をかかげる産業別労働組合会議準備会の結成へと進んでいった。」（37〜41頁）

1．支配層の企業別組合体制化戦略とその実行者たち

(1)「企業別組合体制」構築の謀議「宝塚会談」

　第二次世界大戦前・同戦中から、「会社〈別〉組合法制化への準備」を重ねてきた日本の支配者層（とくに、財界）とそれに追随する組合幹部・労資協調主義者は、それを戦後、直ちに実行に移しました。「企業別組合体制」

第4章　企業別組合は誰が、どのように創り出したのか（その2）

構築の先手策略として、最も早期の、かつ、直接的な、重要な契機となったのが「宝塚会談」（「白髭〈公開状〉事件」とも呼ばれる）です。この事件の発生に関しては、多くの人々が言及していますが、事件の事実関係、歴史的脈絡、内容を比較的詳細に伝えているのは、いずれもジャーナリストによる次の諸文献です。

①　南整『日本の人脈——労働運動のあゆみ——』（日刊労働通信社、1973年）
②　「紡績資本家連と總同盟幹部の闇　會社側課長が暴露」（朝日新聞大阪本社版、1946年4月6日、4面）
③　大村文夫「紡績組合御用化を企む人々——松岡駒吉とはどんな男か——」（人民社『バクロ雑誌　真相』第三號、1946年6月1日発行）
④　勞農記者懇話會『勞働運動見たまま』（第一集）（時事通信社、1947年）

これら4文献のうち、包括的視点と資料性に富む文献である南整『日本の人脈——労働運動のあゆみ——』によって、まず、事件の全体像をとらえ、次いで、臨場感をもって詳細をレポートしている勞農記者懇話會『勞働運動見たまま』（第一集）を検討することにしましょう。

『日本の人脈——労働運動のあゆみ——』は「宝塚会談」の項を設け、まず、事件の経過を、総同盟側の「反論」、繊維産業他における「労使のたくみな連係プレー」による企業別組合づくりなどを含めて紹介し、一連の流れのなかに位置づけつつ、次のように説明しています。

「高野実が、共産党との連携工作を続けていたころ、松岡駒吉は、せっせと経営者回りをしていた。高野は隠密のうちに、松岡は公然と——。なんとも対照的な動きだった。松岡らが行なった経営者工作の典型として伝えられているものに"宝塚会談"がある。松岡、西尾末広、金正米吉らが、紡績資本家の代表と〔昭和〕二十一〔1946年〕二月十三日に宝塚温泉で会談、会社側が組合をつくり、まとめて全繊同盟に加入させることを"密約"したというのがそのあらまし。この席に大原総一郎倉敷紡社長（当時）の随員として連なった白髭勝彦労務課長が、三月二十七日『労働組合のヤミ取り引きを撤回せよ』との声明を発表、その内容をバクロしたところから騒ぎとなった。

総同盟ではさっそくこれに反論し『倉紡が独自の御用組合をつくるために仕組んだ芝居だ』と、その"真相"を発表した。それによると——。当時、

松岡のところには、労働組合に関する講演の依頼が統制会や経営団体から殺到していた。紡績業界からの依頼もその一つだった。松岡は『大阪のことでもあるし、金正（米吉）君にまかしておけばよい』と一度は断わったが、是非にと懇望されて大阪まで足を運ぶ。講演は『労働組合運動及び労働協約の基本協定』と題して行なわれた。午前は化繊経営者が、大阪朝日ビル内のレストラン『アラスカ』で、午後は綿紡経営者が、大日本紡本社会議室で、それぞれ松岡の話に耳を傾けた。ただ、それだけのことで、"密約"どころか"宝塚会談"など松岡らは全くあずかり知らぬところだ——。

もちろん、これだけの反論でコトがおさまるはずはなかった。総同盟の創立大会〔1946年8月〕では、この事件が左派からの松岡攻撃の絶好の材料とされる。もっとも"密約"が本当にあったかどうかは別にして、それがありうる話として受け取られるような体質が松岡ら右派幹部にはあった。渡辺年之助によれば『全繊同盟の組織化のため、松岡らが手分けして一社一社訪問し、組合結成を呼びかけた。もちろん、経営者側にも会った』というから、紡績資本への働きかけがまるっきりのウソとばかりはいいきれないフシもある。組合再建に出馬するに当たって、まず、三井の井坂孝（元工業倶楽部理事長、故人）をはじめ三菱、安田、住友の財閥関係や政府要人を訪問、全国一本の組織づくりを行なうと了承工作をした（労働省編『労働運動史』）松岡のことである。"曲解"される下地は十分あった。

『二十一年春、東京・横山町の日清紡本社に、サイドカーで松岡が乗りつけてきた。二階には、数十人の社員が集まっていた。そこで、人事部長が松岡を紹介、松岡は、労働組合の重要性をじゅんじゅんと説いた。ボクが労働運動に開眼したのはこのときだった』という前同盟会長の滝田実（日清紡出身）の思い出語も、労使のたくみな連係プレーの存在をうかがわせる。ちなみにこの年七月末発足した全繊同盟の会長には、戦前、紡織組合長の経験がある松岡が、副会長には金正が選ばれている。」（51〜53頁）

『日本の人脈——労働運動のあゆみ——』は、続いて、当時の「上からの組合づくり」が、財閥系大企業においてのみならず、国鉄においても実行されていた実態を指摘します。

「上からの組合づくりといっても、会社側が手を貸した程度なら、まだま

第4章　企業別組合は誰が、どのように創り出したのか（その2）

しな方だった。戦時中、軍隊に近い労務管理が行なわれていた国鉄などでは、当局の手によって堂々と"官製組合"づくりが企てられた。〔昭和〕二十年十二月、当局側は鉄道総局庶務課長と各地方局の指導課長を集めて"職能別組合の連合組織"をつくるよう指示、翌年一月には、上野駅で説明会を開き、出席した運輸省幹部が『この組合組織はたとえ世論で官製といわれても是非つくりたい。国鉄の労働組合は日本の最右翼の労働組合とならなければならない』とぶちまくっている（労働省編「労働運動史」）。

　もちろん、こんな動きがあったからといって組合がそのまま御用組合になったというわけではない。それは、その後の国鉄労組の歩み一つをとっても明らかである。」（54頁）

『日本の人脈――労働運動のあゆみ――』はさらに、「総同盟の再建」の項で、前田一――私たちが、第二次世界大戦前の時期について検討した際に、アメリカからの会社組合の「移入」と法認運動、会社組合の日本主義化の推進者として記憶に止めた財界人――が、引き続き「企業別組合」づくりの先頭に立っていたことを重視し、次のように指摘しています。

「後に日経連の専務理事として、太田薫（現合化労連委員長、元総評議長）と渡り合うことになる前田一（現日経連常任顧問）が、北海道炭砿汽船の労務部長として、各山の労務課長を集めて、資料作成など、組合結成に積極的に協力するよう指示したのも、組合を企業内にとじ込める手だてだった。こうして作られた企業別組合は、生活が危機にさらされた戦後の動乱期、確かに強い戦闘力を発揮したが、世の中が安定するにつれて、次第に弱点をさらけだすことになる。」（57頁）

　先に進む前に、ここで、勞農記者懇話會『労働運動見たまま』（第一集）の「証言」に沿って、「宝塚会談」をもう少し詳しく見ておきましょう。
『勞働運動見たまま』（第一集）（時事通信社、1947年）は事件の翌年に出版されたものだけに、内容がより具体的です。

　『勞働運動見たまま』（第一集）は「資本家團體の策謀」という項を立て、当時、「資本家の団結」が労働者のそれに先んじ、質的に上回っていた事実を指摘して、次のように言います。

「紡績資本家團體である日本繊維協會の委員四社は、よつぽど氣に病んで

いたらしく、二月初旬から本格的に勞働組合問題專門の對策委員會を開き、その組織方針について協議した。勞働者が組合の組織を協議するというなら順當であるが、ここでは實は事情があべこべだつたのだ。しかも個々の會社がバラバラに協議しないで、纖維協會という一本の紐で當初から結びついて出發したあたり、資本家陣營の團結力は、すでに勞働者側に數歩先んじていたことを銘記しなければならない。勿論關東、關西間にはかねて盛んに密使が飛び廻つて連絡に當つたといわれる。」（36頁）

勞農記者懇話會『勞働運動見たまま』（第一集）は、紡績10社の代表が参加して1946年2月8日にも、「資本家の見地からの労働組合の処理」を「下相談」するための協議会が開催されたことを述べた後、2月13日の「宝塚会談」の情景と、4月2日に明らかにされた「公開状」の主要部分を引用して次のような事実を紹介しています。

「同日〔2月13日〕午後一時から、會見の場所は大阪安土町三丁目の大日本紡績會議室があてられた。警戒は前囘よりも遙かに嚴重になつた。前記十社の代表はただ一名ずつ、社長又は重役を原則とし、随行者を伴はないことはむろんだが、社内に對しても行先其他を嚴秘に附するようという念入りな注文がついていたのである。

當日の會見内容については、その後『階級的良心から』、席上立會つて其間の事情に精通している倉紡本社勞務課長白髭勝彦氏が、四月二日の倉紡勞働組合連合會結成大會席上で、憤然として明らかにした公開状があるので、その中から左に引用したい。

　白髭公開状
　ある戦災都市にまばらに残つた、あるビルデイングの一室に、日本繊維協會に加盟している全國の紡績會社の社長や重役が、何か特に重要な用件で集まり、誰かを待つている。その人々の間では
『毒を制するには毒をもつてしなくては』
とか
『これがうまくゆくかどうかはわれわれにとつて致命傷だ』
とかいうことばが取り交され、何か秘密な雰圍氣を釀している。しばらく經

第4章　企業別組合は誰が、どのように創り出したのか（その2）

つと扉があいて、正面の椅子へ案内されてきた人々は正に松岡駒吉、西尾末廣それに金正米吉（大阪總同盟）三氏であつた。

　室の中はちよつとざわめき、正面へみんなの視線が集まる。やがて會議がはじまつた。

　闇取引會議の結果は、日本の全紡績勞働者を御用組合に組織するために、西尾、松岡、金正氏らの指導する勞働組合總同盟に加入させるようみんなで精力的に努力し協力しようというのである。あの手この手を使つて、ごく自然に、勞働者自身の考えで作られたかのように、組合を作る手だ。

　例えばこれまで會社に忠實だつた人とか、仲間の間でもうけのよい者とか、止むを得ぬときには少少理窟つぽくても、とにかく穏健そうな人々に目星をつけ、それとなく總同盟幹部へ引き合わし、結びつけ、説きつけて、勞働者が少しも氣づかないうちに、御用勞働組合を舞臺うらの闇取引でつくり上げる。すると次には、この組合の幹部は影武者の内命を受けてその會社の未組織工場へ出かけてゆき、會社がちやんと目星をつけて置いた勞働者をつかまえる。

　・・・日本繊維協會が中心になつて組織される紡績關係の勞働組合は、やがて紡績單一勞働組合にでつち上げられて、そつくり總同盟に加盟するという筋書が、ちやんと仕組まれていたのだ。これ以上勞働者を裏切り冒瀆するものがあらうか。」（38〜40頁）

　ここには、事の成否が経営者たちにとって「致命傷だ」との位置づけ、その目的達成のために、「闇取引」で準備した企業別組合を「自然」な形で次々につくり、それらを「産別」に編成し、丸ごと総同盟に加盟するという「労資連係プレー」の手法が具体的に示されています。白髭公開状は、「宝塚会談」が歴史的大事件であるということを、同席者、体験者の直感として告発したものと言えるでしょう。

　以上で素描したように、第二次世界大戦直後の労働者組織化活動は労・資・政の関係諸組織・勢力間の激しい論争と組織戦として展開されました。「宝塚会談」（「白髭事件」）は、そうした組織戦の「大海」のなかにあって、労資一体の「企業別組合」の潮流を支配的な潮流にして行くための決定的結節

点の一つでした。こうした、当時の諸主体、諸勢力の組織化闘争の概容・全体像と、そこにおける「宝塚会談」(「白髭事件」)の重要な位置を捉え直しておくために、山本潔『戦後危機における労働運動——戦後労働運動史論第1巻——』(御茶の水書房、1977年)の関連部分を参照しておきましょう。

同書は「諸組織の方針」を一覧表として概観し、「宝塚会談」(「白髭事件」)にも言及しつつ、次のように概括・概説しています。

「一九四五年八月一五日の敗戦時から一九四六年五月にかけての、戦後危機の初期において、あるいは旧支配体制の維持や改良のために、あるいはまたその革命的変革のために、諸政治主体によって、種々の労働者組織方針が提示され、組織化が試みられた。以下、そのうちの重要なものについて、まず第11表によって概観してみよう。

イ) 政府・資本家側

敗戦直後、官業や民間企業の資本家によって、まず第一に意図された戦後の労働者組織対策は、産業報国会の末端組織である『事業場産業報国会』(単位産報)組織を再編成して存続せしめ、労働者の自主的組織結成を予防せんとするものであった。敗戦と占領によって、新事態への対処をせまられるや、政府は一方では、大日本産業報国会(全国レベル)を解散(一九四五年

第11表 諸政治主体の労働者組織方針

主体	組織路線	活動	構成員	典型的事例	関係中心人物
官業当局 (初期)	単位産業報国会の再編成 (全体主義的労働者組織)	懇談	事業主(事業所長) 事業場被使用者	1945. 9 「国鉄奉公会規定」改正案 1945. 9.30 「日本勤労厚生会」設立準備	国鉄勤労局総務課 井坂孝、河野密、三輪寿
官業当局 資本家	上からの「工場委員会」 (労資懇談組織)	懇談	雇用者側委員 被雇用者側委員	1945.11. 2 八幡製鉄所産報評議会「親和会」設立決定 11. 6 国鉄「鉄道委員会規程」制定 11.16 東芝堀川町工場「工場懇談会」結成	八幡製鉄所長 東芝堀川町工場長
資本家 社会党右派	労資協調の労働組合 (黄色労働組合)	協議	労働者	1945.10. 5 全日本海員組合結成 1946. 2.13 繊維協会幹部と総同盟右派幹部「全繊同盟」結成につき打合せ(白髭事件)	松岡駒吉 小泉秀吉 金正米吉
社会党左派 共産党(右派)	統一戦線的の労働組合 (桃色労働組合)	団体交渉	労働者	1945.10.10 労働組合結成準備会内の高野実らの動 1945.11. 7 東交再建準備懇談会結成 1946. 1.17 総同盟関東金属労組結成	高野 実 島上善五郎 神山茂夫
共産党(主流)	下からの「工場委員会」 (赤色労働組合)	生産管理 経営協議	労働者	1945.11. 5 石井鉄工労働組合結成 1945.12.25 神奈川県第1回工場代表者会議 1946. 2. 9 日本新聞通信放送労組結成	伊藤憲一 袴田里見 春日正一、徳田球一
共産党 (初期左派)	闘争委員会 (工場ソヴェト)	労働者管理	労働者	1945.10.24 読売新聞従業員「闘争委員会」結成 1945.12. 1 共産党第4回大会で「重要企業にたいする労働者管理」決定	徳田球一
アナーキスト	自由連合的労働組合 (黒色労働組合)	経済スト	労働者	1945.10.25 読売新聞社従業員組合結成	綿引邦農夫 布留川桂

第4章　企業別組合は誰が、どのように創り出したのか（その2）

九月三〇日）すると同時に、『工場事業場ノ従業員』の『福祉ノ増進、教養文化ノ向上』を図ることを『目的』とする『日本勤労厚生会』の設立準備（委員長井坂孝、委員松本健次郎、藤山愛一郎、河野密、三輪寿壮、厚生省勤労局長、商工省総務局長、内務省警保局長等）を進めた。また他方では、『工場事業場ニ於ケル単位産業報国会』の存続をはかり、日本勤労厚生会—再編都道府県産業報国会—単位産業報国会という組織を、戦後の労働政策の一つの組織的柱とせんとしたのであった。また、労働組合法を審議中の労務法制審議会『労働組合立法に関する意見書』（末弘厳太郎委員立案、一九四五年一〇月三一日第二回総会提出）にも、『単位産報的の協調組合の存続をも許』すこと が提案されていた。このように、敗戦時における政府中枢における労働政策の一つの柱として、単位産報の存続がはかられていたのである。そしてまた、官業や民間企業レベルにおいても、単位産報の存続が企図されていた。これが、政府・資本家側からする第一番目の組織方針であった。

　しかしながら、この単位産報の存続は、結局のところ占領軍の指示によって実現しえなかったし、またそれは、ようやく活発化しつつあった日本の労働者階級の運動によく対処しうる方策でもなかった。そのことは、単位産報の性格そのものに根ざしている。もともと単位産報は、戦争目的遂行のために、『産業ヲ通ジテ国家ニ奉ジ』『皇運ヲ扶翼スル』ことを目的とする組織であったから、敗戦によってその目的を喪失した。たとえこれにかえるに『社会公共の為奉公』するという目的をかかげても、敗戦と共に神国必勝の神話が崩壊したのであるから、滅私奉公の目標もまた失われた。したがってまた、ここでは、労資の階級的利害の対立の存在そのものを否定した産報組織は、存続する基盤を失っていたのである。

　第二に、単位産報再編の方針が行きづまるや、官業当局や資本家は、大正期以来の労資懇談会（「工場委員会」）の再建による労働者の掌握を意図した。その典型的事例は、八幡製鉄所における『親和会』、国鉄における『鉄道委員会』東京芝浦電気における『工場懇談会』等である。この労資懇談会設立における官側・資本家側の意図は、労資合同組織を作りあげ、労働者による自主的労働組合結成の動きを予防し、あるいはそれと対抗することにあった。

　しかしながら、かかる労資協調の立場から、労資合同組織を作り、懇談・

苦情処理を行なうという労資懇談会の路線もまた、労働者側の自主的組織活動をまえにしてその有効性を失わざるをえなかった。政府・資本家の組織方針は、単位産報の再編と労資懇談会の結成という二つの路線の失敗を経て、労資協調的（黄色）労働組合の育成へと、急速に変化していったのである。

ロ）　労働者側

　かかる政府・資本家側の組織方針と、あるいは呼応し、あるいは対抗しつつ、労働運動指導者の側においても、いくつかの組織方針が並存・抗争していた。

　すなわち、まず第一は、旧総同盟系の松岡駒吉、西尾末広、金正米吉等による労資協調的な黄色労働組合結成のコースであった。全国繊維産業労働組合同盟の結成過程の『白髭事件』に示されるように、ここでは、労働組合の結成が、資本家側との密接な連携のもとに進められた点において特徴的であった。

　第二は、旧全評系（旧日本無産党系）の加藤勘十、高野実、山花秀雄等による『産業別労働組合』とその「連合体」としての『統一労働同盟』を結成せんとする動きであった。統一戦線主義的労働組合の路線である。その典型的例は、関東金属労働組合および全国労働組合準備会の結成過程における高野実らの動きにみられるところである。また、共産党のなかでは、神山茂夫らの総同盟一本化方針、産別会議と総同盟との『無条件合同』方針も、これと同一のものといってよい。

　第三は、旧評議会・全協系（共産党系）の袴田里見、伊藤憲一、春日正一らの赤色労働組合の路線である。徳田球一も結局はこの路線に立っていたといってよい。これは、まず自主的な『工場委員会』を結成して、これを『基礎組織』として『横断的産業別組合』に結集していく『一工場一工場委員会、一産業一組合』の路線であった。この例は、石井鉄工所の組合結成、神奈川・城南・城北等の各『工場代表者会議』、関東地方労働組合協議会の結成過程において典型的に示されたところである。

　第四には、共産党系の徳田球一等の路線で、労働者を闘争委員会に結集しつつ、経営ごとに労働者のみによる『経営管理委員会』を作り『労働者による産業管理』を遂行する路線であった。その典型的例は、読売新聞「生産管理闘争」においてみられたところである。

そして第五に、旧印刷工連合系のアナーキスト（布留川桂、綿引邦農夫等）の『自由連合主義』の路線、黒色労働組合の路線があった。これは読売新聞争議（第一次および第二次）の過程で典型的に示されたものである。
　以上のように、労働者政党・労働運動指導者の側における組織路線にも、およそ五つがあった。また、政府・資本家側の労働者組織路線にも三つの流れがあった。そして、これらは相互に複雑にからみあいつつ、現実の歴史過程によって、その有効性をためされていくのであった。」（202～206頁）

(2)「企業別組合体制」を支える「共存的組織論」

　前節で見てきた企業別組合体制構築を実践したのは、労働者組合運動の中の反共・労資協調主義的指導者たちでした。そうした指導者として、西尾末廣、滝田実、金正米吉らが良く知られていますが、ここでは、そうした体制構築を実践しただけでなく、「理論化」する役割をも果たした和田春生に注目しておきましょう。
　和田春生は、第二次世界大戦前に航海士としての労働経験をもち、1946年からは海員組合（全日本海員組合）専従として、組織部長（1949年就任）、中央執行委員などを務めました。海員組合代表として、総評結成に準備段階から参加しましたが、いわゆる「四単産批判」の先頭に立ち、1953年に総評を脱退し、1954年に全労会議（全日本労働組合会議）を結成して——滝田実議長の下で——初代書記長に、さらに、1964年に同盟（全日本労働総同盟）が結成されると副会長になりました。このような経歴を歩むなかで、和田春生は、当初、企業別組合を「会社組合」と呼んで、そこからの「脱却」を説いていたのですが、企業別組合主義と産業別組合主義を「調整」する「共存的組織論」へと、急速に変転したのです。和田春生の論行の変転過程を順次、見て行きしょう。
　まず、海員組合組織部長の肩書で書いた論文、和田春生「會社組合のカラを脱せ——組合組織の基本的方向——」（『労働時報』、No.6（4）、1953年4月）で、和田春生はその題名のとおり、企業別組合を「会社組合」と呼び、個人加盟の職業別・産業別組合への転換による、その克服の道を——海員組合を模範例にあげつつ——次のように、丁寧に説きました。

「まず第一番に必要なことは組合組織に対する頭の切替である。すなわち、組合の組合員がある会社で働いている、という考え方を基礎としなければならない。それには孤立会社組合や企業連合では駄目であつて、どうしても産業別全国組合（余り感心しないが、或る場合には職能別組織——それも一企業だけでなく各企業を横断するもの）をもつ必要が出てくるのである。そうして、その全国組合も真の意味における単一化までもつて行く必要がある。

これをまず組合員についていうと、当初組織の場としては、企業事業所においてなされることは、常識的なことであるが、一旦組合に加盟すれば、たとえその企業から退職（一時失業状態）になつても、他業に転職しない限りは、組合員の地位が保たれるようにすることである。そうして、同種産業の他の企業に雇われれば、自動的にその企業にある同一組合の単位組織の構成員となるようにするのである。

〔中略〕

私が以上に述べてきたことは、頭の中で考え机上の論をこねまわしているのではない。外国に例を求めるまでもなく、わが国によい例がある。いささか手前味噌になるが、私の所属する海員組合がそうなのである。戦前二十年の伝統が然らしめているのでもあるがここに海員組合が、日本でも唯一の完成された単産といわれ、海外からも高く評価され、組合の底力を誇つているカギがある。

紙面も残り少いので、一々詳細に説明している余裕はないが、海員組合ではどうなつているか。一言にしていうと、さきにわが労組〔会社組合〕の弱点として、私が指摘してきたことが一応全て解決されているのである。

まず組合についていえば、規約で次の通り定められている。『本組合は日本船員をもつて組織する。日本船員とは、日本の船主が使用する船舶に乗組む船員と予備船員（註、陸上で乗船待機中のもの）、及び外国船に乗組む日本人船員をいう。』このほかに『船員の職に就こうとするものも組合員とすることができる』となつている。そうして、組合員の資格喪失は、脱退、除名、死亡と船員廃業のとき、と定められてある。この船員廃業というのは、船員として労働する意志を放棄して離職、転業することをいい、失業を含まぬと明定されてあるのである。

〔中略〕

第4章　企業別組合は誰が、どのように創り出したのか（その2）

以上の如き組織形態であるから、組合は完全に企業支配の外に立ち、組合の組織網が、職場委員船内委員会を通じて各企業にはりめぐらされる形をとっている。」（15〜17頁）

和田春生は、自著『労働運動入門』（社会思想研究会出版部、1958年）においても、上記論文と同趣旨の説明をし、企業別組合から「横断組織」への脱皮の必要性を強調していました。ところが、「同盟」（全日本労働総同盟）副会長就任（1964年11月）後の著書『労働運動の新時代』（社会思想社、1967年）においては、「脱皮」の可能性は「絶望」との考えに陥り、企業別組合という縦の組織を維持・強化しながら「横断組織」と共存するという「共存的組織論」へと転換するとの奇怪な宣言をするのです（ただし、なぜ「絶望」と考えるのかの根拠は示されていません）。以下に見る通り、企業別組合体制に手を触れない、この「改革」論への転換は滝田実のそれと瓜二つであり、軌を一にしたものです。

「企業別従業員組織を基本形態とするわが国労働組合の機能的な弱点について、私は機会あるごとに指摘してきた。むしろ企業別組合弾劾の言論（たとえば拙著『労働運動入門』社会思想社刊）をなしてきたのであるが、このような私の指摘は、いまでもまちがっているとは考えられない。ただし、わが国において、企業別従業員組織が産業別横断組織に脱皮し成長する可能性ありや否や、という点については、一般的にみて絶望であると考えざるをえないのだ。

現実が理屈にあわなければ、理屈のほうを考えなおすのが当然である。その立場において、ここに一つの新しい組織論を提起してみたいとおもう。

私の新しい提案は、大多数の組織強化論に共通している志向すなわち〝企業別の組織から産業別の横断的組織へ〟という考えかたを棚上げし、組織の形態よりも機能の面を重視し、そこから再出発をする。」（133頁）

「いままでの組織論や組織強化の主張に、おおむね一貫して流れていた思想は、企業内に封鎖された企業別労働組合の弱点や欠陥を克服するためには、企業の外に立った産業別組合へ〝組織的な転移〟を必要とする、というところにあった。つまり、労働組合の〝機能〟の強化が、横断組織への移行という〝組織〟の改革と不可分のもののごとく意識されてきたのである。私自身

もそういう立場をこれまではとってきた。したがって一般には、〝企業の外にたった自主的な組織の確立〟や〝企業別組合から産業別組合への脱皮〟が、労働組合らしい組織強化の当然の命題とされてきたのである。

　この発想を裏返しにしたのが、企業別従業員組合の利点に執着する経営者と、全国組合につながりをもとうとしない一部の孤立した企業内組合の立場である。そこでは、横断組織への傾斜が、企業内組織の窒息を招くとの意識が支配し、全国組合を危険視し、これを拒否する姿勢となってあらわれているわけだ。

　〔中略〕

　いずれにせよ、労働組合の組織と機能の不可分論が、いままでは支配的であったといってよい。しかし、割りきって考えれば、組織そのものを無理に変革しなくてもいいではないか。すでに二十年以上の歴史をもち、定着してきた企業別従業員組合の組織に手をつけることなく、むしろそれの強化をはかりながら、改革への道を求めることのほうが実際的ではないか。というのが私のいまの立場であり、新しい提案の趣旨なのである。

　結論的にいえば、企業別組合はそのままとし、機構的に若干手を加え、全国組合との間の権限の交通整理を行ない、横断的機能の導入をはかり、企業内組織と横断組織と両者の長所を生かした共存的組織論なのである。」（140～141頁）

　ここまでが、企業別組合という縦断的組織と、職業別・産業別組合という横断的組織の「共存」論、企業別組合という組織の「形態」と「機能」の「分離」論という、原則論の提起です。

　「次に、産業別全国組合との関係において、企業別組合の機能をどうするか、いいかえれば受けもつ任務権限の範囲を、それぞれどのように調整するかを問題にしてみよう。組織的機能の改革としては、こちらのほうが、より重要であって、提言の本筋なのである。

　問題点の第一は、一般的な団体交渉機能についてである。

　調整の処方箋は、加盟組合と加盟組合員の総括的な代表権を全国組合がもつようなたてまえとし、企業内労使交渉については、案件別委任方式ではなくて、規約による一般的委任のもとに、企業別組合が自主的な団体交渉・協

約締結・争議統制を行なうこととするのである。そして、企業別組合が企業内交渉をもてあましたときは、いつでも企業別組合の側からの発議によって、委任されていた団交権を一時返し、全国組合による直接団体交渉の道が開かれるようにしておく。

この方式によれば、全国組合と企業別組合との間が、団体交渉権の委任について第三者的な他人行儀になるおそれを解消し、しかも企業別組合の自主性を確保することになる。したがって、通常のばあいは、『全国的共通の最低基準として定められるものをのぞき、組合員の労働条件ならびに服用に関する事項については、企業別組合が団体交渉権・協約締結権・争議統制権をもつ』のである。」（148〜149頁）

以上で、明らかなように、和田春生の「共存的組織論」は、結局、企業別組合が「労働組合」としての基本的諸権利をすべて掌握し続けることを大前提とした、折衷的な「横断的機能調整論」であり、企業別組合の体系化・体制化論の一亜種です。

次に、滝田実の妥協論を紹介しておきましょう。

滝田実は、全労会議議長とし書いた論文「労使関係安定の新方策」（『労働時報』、No.9（9）、1956年7月）で、企業別組合「大勢」化に圧倒されて行く、自らの認識を、「わが国で産業別の単一形体をととのえているのは海員組合のみだ。あとは多少事情は異つても企業別組合の連合体の域を出ないものばかりである。世界に類例のないこの企業別組合は理論釣に解明し、割り切ることが可能でも現実としてはその解消は不可能に近い」（9頁）と表現し、次のように「妥協」を説いたのです。

「理想の方向としては産業別単一組織を確立し、人的、財政的労使関係も合理化し安定することが正しいとおもう。しかし一挙に企業別組合の解消は不可能に近く、さりとて企業別組合主義に比重を移せば現在より以上に労働運動は混迷するであろうから妥協の方法として、個々の企業労使関係の健全化をもとめながら、他方産業別組織の強化をはかる以外に方法はないように思考される。」（9頁）

「共存的組織論」は、この後も状況の変化に応じて、「化粧」をしなおして、次々に登場することになりますが、いずれも、本質的には企業別組合体制論

であり、企業別組合体制への「労働組合」側からの妥協・屈服の「理論」という点で共通しています。

2.「企業別組合」法制化をめぐる支配層と政府の策略
　　──新旧「労働組合法」、国家公務員法、公共企業体（等）労働関係法などの制定と通牒行政を軸に

　第二次世界大戦直後の「企業別組合の法認・支配的制度化」を支え、推進した第一の要因を、戦前から巧妙かつ執拗に進められてきた財界とその補完勢力による現場での労資関係構築戦略、とくに、縦断的組織形態による組織化攻勢だとすれば、第二の要因は、「労働組合法」をはじめとする労働諸法制における「企業別組合」の法制化と行政措置です。

(1)「1945年労働組合法」(旧法) をめぐる深謀
　まず、日本国憲法よりも早く制定された1945年の「労働組合法（昭和二〇・一二・二二法律五一号）」（以下では、45年法、あるいは、旧「労働組合法」と呼ぶことがあります）について検討しますが、それに先立って、当時の同法制定をめぐる状況を確認しておきましょう。
　末弘嚴太郎『勞働運動と勞働組合法』（大興社、1948年）は、「労働組合法を作るという問題は、ポツダム宣言に始まる」として、45年法制定当時の状況を次のように語っています。ちなみに、政府統計によれば、「労働組合」組織は1945年12月現在、組合数508、組合員約38万人でした。
　「私も、勞務法制審議會の委員の一人として、この法案の作成に参加したのであるが、そのときに、一番困つたのは、當時日本には、勞働組合は多少は復活してはいたし、またそうした思想、ないしは作ろうという氣運はあつたけれども、全體的には、組合はなかつたといつてもいい状態であつた、ということである。
　もともと、どの國の勞働組合法にしても、いずれも勞働組合がそこにあつて、それをどう取扱うか、ということから制定せられるのである。何もないところに、法律が先にできるなどべら棒なことはない。またこれ程難しいも

のはない。」(51頁)

　こうした「べら棒な」状況下で、労働組合法（45年法）の制定は急ピッチで進められ、1945年末には、ほぼ労務法制審議委員会の答申に沿った形で制定にこぎつけ、「昭和二十年十二月二十二日法律第五十一號」として公布、1946年3月1日、施行されました。

　45年法の制定について、山中篤太郎は、「成否の鍵はＧＨＱの手にあるにせよ、昭和二十年法は『原案』から労務法制審議委員会がしたて、中段からＧＨＱの注文が、これに加えられたという意味では、立法の内容は一応日本側に委ねられたという形にあることは、くりかえす通りである。〔中略〕〔ＧＨＱによる〕修正には、それぞれ批評も加えうるが、昭和二十年法原案からすれば、少しも、その本質をかえるごとき深刻な訂正ではなかったといえる」（「労使関係と日本」、『一橋論叢』、1964年3月号、94～95頁）と振り返っています。鮎澤巖も「〔45年法の〕原案は、まったく日本人のわれわれだけの考えでつくられたといえます」（日本労働協会編『戦後の労働立法と労働運動』上、日本労働協会、1960年、9頁）と確認しています。

　しかし、問題の核心は「日本人のわれわれだけの考えでつくられた」という、その策定の実態です。

　45年労働組合法の原案は「労務法制審議委員会」で策定されたのですが、同委員会は、西尾末廣、松岡駒吉、水谷長三郎ら5人の労働者委員（すべて右派社会民主主義者）、三村起一（住友鉱業社長）、深川正夫（三井鉱山労務部長）ら財閥系財界人を中心とする資本家委員9人、末弘巌太郎、大河内一男、山中篤太郎、藤林敬三、鮎沢巖の5人の学識経験者委員で構成されていました。学識経験者委員各人は将来の展望や対応策については互いに意見の相違を持っていましたが、審議の中で総じて、「企業別組合（体制）」の労働者組合としての不適格性を批判し、警告しました。しかし、資本家委員らは、労資一体を意味する「事業一家」の考え方を提案し、産報型組合論を主張して譲りませんでした。そのありさまを、遠藤公嗣『日本占領と労資関係政策の成立』（東京大学出版会、1989年）は次のように伝えています。

　「三村は『日本的な勤労観念』の重要性を強調し、『経営者とか、職員とか、勤労者とか、色々分れておっても、其の職分に応じて分れているだけであっ

て、同じ目的に立って国家の利益、公衆の利益のために生産してゆく』のであり、『戦争中に考えたことは悪いと簡単に片づけずに〔……〕労使一体ということを基礎観念としてゆきたい』と述べた。深川は『工場鉱山単位に労働組合を作って頂いて、その組合から委員を出し、その委員と事業主の方から出る委員とが毎月一回以上懇談をする。こういう機会を作って頂きたい』と述べた。

〔中略〕三村は住友鉱業社長であり、深川は三井鉱山労務部長であった。彼らの出身企業は、いずれも早くから工場委員会制度を導入しており、これを基盤に産業報国会を運営していた。それに加えて深川は、産報中央本部錬成局長などの経歴を持ち、『産業報国とその実践』（青梧堂、一九四二年）を著した産報運動の指導者であった。彼らの知識と見解が、彼らの出身企業における労資関係と産報運動から得られたものであることは明らかである。」（44〜47頁）

上記で紹介されている深川正夫の発言は、第二回委員会（1945年10月31日）の午後の部での発言からのものですが、午前の部の発言でも、次のような意見を述べています。こちらの方は、自社（三井鉱山）ですでに、「産業報国会懇談会」を「工場別労働組合」に衣替えしつつあるという話であり、より具体的です。

「私の考えでは、職場——鉱山とか工場単位に労働組合を今度は作るという考えを致しております。そうして従業員だけの労働組合に致しまして、その組合を相手としてやはり今までの懇談会というものは毎月一回以上必ずやっておりますから、やはりそういう風に組合から今度は選挙された委員が出てきまして、相手として常によく接触を保って懇談をしてゆきたいと考えております。」（労働省編『資料労働運動史昭和二〇—二一年』、700頁）。

以上のような労務法制審議委員会での審議を受けて、いわゆる末弘嚴太郎案（「労働組合法」の原案）が作られたわけです。

末弘嚴太郎は、第二回労務法制審議委員会（1945年10月31日）の席上、「末弘案」を配布するに至った経過を次のように説明しています。

「前回から色々皆さんより御考えを承り、これならば此の会の仕事も順調に進んで参ると云ふ感じを持つて居ります。実は此の間内閣で斯う云うこと

の方針を決められる前に、厚生省事務当局の方で労働組合法が問題になりさうだからと言われたので二、三の方と一諸に三回程労働組合法の問題に付て色々意見を換わしたのであります。其の時に大体こんなことではないかと云う皆さんの話と、前回の御話と可なり重要な点で符合して居るように思われますが、その時に話した結果を纏めて見ましよう、それでこれは私の意見と云うよりはそれを纏めたものなので、此の会の何等かの御参考になるかも知れないと思つて刷つておいたので御配り致し、それに付て御話したいと思います。」(「労働組合立法に関する意見書」、労働省編『資料 労働運動史 昭和20－21年』、労務行政研究所、1951年、705頁）。

こう前置きをして配布、説明された意見書には、組織形態、とくに企業別組合に関わりのある次の三項が含まれています。

① （基本方針、二、（ロ））「今後少くとも過渡的には現在の単位産報的の協調組合の存続をも許し、これをして労働組合に代る機能を営ましむるも一案なるべし。但しこの種組合は飽く迄も労働組合にあらずとする立前を堅持し、特に企業主が労働組合を回避する目的をもつて有名無実の協調組合を作りこれえの加入を被傭者に強要する弊を避くるが為立法上特別の注意を払う必要あるべし。」

② （「労働組合の定義」の項の冒頭の一節）「労働組合が自然発生的団体なる現実を基礎とし、強いて一定の型によりて組合を組織するが如き立法態度をとらず、唯法律の規定する一定の要件を充たしたるものに対して与えらるべき法的取扱を規定するに止むること。」

③ （「登録を申請し得る要件」の項の（1））「企業単位の組合にありては、当該企業の被傭者の大多数（例えば三分の二以上）が加入せること」

こうして、労務法制審議委員会の法案づくりは、当初から、一方で「単位産報」（類似組織を含む）の存続を認めつつ、結局は「企業別組合」を含む多様な形態を「労働組合」として法認するという明確な方向性をもっていたのです（各委員の発言を含む労務法制審議会の議事録は『労働組合法立法史料研究Ⅲ』〈労働政策研究・研修機構、2016年〉に収録されています）。

当時、1945年法の背後にあって、拘束力をもつ占領軍の政策としては、次頁に再録する極東委員会の「日本の労働者組合奨励に関する16原則」

の、組織形態に関して規定した第9項がありました（極東委員会16原則は1946年12月18日、ワシントンの極東委員会で決定、同24日発表された）。第9項で確認された「法律で一定の組織形態を強制せず、『労働組合が自然発生的団体なる現実』を尊重する」という原則。下記引用は宮前忠夫訳）。これは「一企業、一トレード・ユニオン」原則（"one enterprise – one trade union" principle）、つまり、「一企業の労働者は同一の職業別・産業別組合に加入するという原則」、を明記すべきとのソ連委員提案を退けて採択されたもので、第9項の第一文の内容に「会社別、工場別」（組合）が明記されたことと併せ、「いかなる基礎によるを問わず」、「単位組合」に含まれることとなり、「企業別組合」を極東委員会が、事実上、公認したことを意味します。

「九、労働組合の組織に当たつてはそれが職業別、産業別、会社別、工場別、地域別〔territorial〕などいかなる基礎によるを問わず、組織形態を選ぶのは日本人の自由とする。

日本に於ける将来の労働組合活動のためには、特にしつかりとした単位組合（local basis）の上に立つことが強調されねばならぬ。しかし労働組合は、たとえば同一地方または関係産業、または全国的基礎に立つて連合体その他の集団を形成することを許さるべきである。」

こうして、日本の財界・資本家側は旧「労働組合法」の制定をつうじて、第二次世界大戦前からの目標であった「企業別組合」＝「会社組合」（より正確には、「日本主義化された会社組合」）の、「労働組合」としての「法認」を達成したのでした。私たちの問題意識との関係で、とくに重要なことは、日本最初の「労働組合法」において、前田一らが第二次世界大戦前から追求してきた「会社組合の労働組合としての法認」が実質的に実現されたという事実です。

(2) 公務員労働者に「職員団体」制を強制——国家公務員法、地方公務員法

日本の支配層は、45年労働組合法の制定過程を通じて「企業別組合」の法認を確保したのに続いて、公務員（労働者）の領域でも、国家公務員法と

地方公務員法の制定過程を通じて、「企業別組合」型組織形態の法制化を確保していきました。

まず、国家公務員法の制定過程を検討しましょう。

第二次世界大戦直後の公務員の諸条件は勅令による官吏制度によっていました。公務員労働者の団結権に関しては、1948年7月1日の国家公務員法（昭和二十二年法律第百二十号）施行までの間は労働組合法が適用されていました。

この48年国家公務員法の制定作業は、新憲法の公務員規定による要請とＧＨＱの意向に迫られて日本政府が要請する形で46年11月来日した、米フーバー顧問団の指導、とくに、同顧問団の国家公務員法草案にもとづく制定作業として進行しました。法案策定折衝では、労働条項をめぐるＧＨＱと政府の対立が続きましたが、日本政府側はフーバーの一時帰国中の代理・マーカム代将から「現行労働組合法の規定を維持しようと欲するなら反対はしない」との言質を取り、実際に、草案から関係条項が削除され、労働条項は「ブランク」（該当条項無し）の立法となりました（ただし、附則16条で労働組合法不適用を規定）。結局、日本の支配層は、思惑通り、アメリカ型公務員制度の導入を回避し、国家公務員分野での既存の「企業別組合的組織形態」（省庁別などの組合）の継続を確保したのです。

しかし、国家公務員労働者の組合（官公庁労組）が組織的にも実践的にも強化されるなかで、1948年7月22日、マッカーサーが芦田首相に書簡を送り、国家公務員法の全面的改定、公共企業体制度の導入、公務員の団体交渉及び争議権を制限禁止することなどを要求したのです。これに対して、政府は政令第201号（48年7月22日）を制定し、12月には国家公務員法の改正を行い、公務員の団体交渉及び争議行為を禁止しました。政令の効力は、さらに、国有鉄道、専売局を公共企業体とするとともに公共企業体（等）労働関係法の制定・改定、地方公務員法の制定へと続きました。

日本の支配層と政府・官僚はこれらの諸法の制定・改定過程においても、それぞれ、「企業別組合的組織形態」を条文化することに「成功」したのです。その法制上の方法は、「国家・地方公務員法では、労働組合法不適用を規定し、『職員団体』の結成権を保障。併せて、『職員団体の構成員』を『（当該省庁の）職員のみ』に──当初は法律の運用上で限定し、次いで、1965年改定法で

の明文化（108条の3第4項）によって——限定し、職員以外の関与を排除する、というものです。

以下において、3人の関連「証言」を見ておきましょう。

★佐藤達夫〔日本政府専門調査員、内閣法制局長官〕「国家公務員法 成立の経過（1）～（2）」（『レファレンス』、(1) No.138、1962年7月、(2) No.139、1962年8月）は、労働組合法の改定にやや先行して、「極秘立案」された国家公務員法案の策定に当たって、アメリカ側顧問団の当事者から「現行労働組合法〔45年労働組合法〕の規定の維持」——これには、事実上、当時の企業別組合体制法認が含まれる——を承認する言質を取り、「労働条項」なしの国家公務員法の制定に至った経過を次のように「証言」しています。

「〔1947年8月4日、〔フーバー顧問団長不在中の代理役、中佐〕マーカムと日本政府法制局長官佐藤達夫との会談におけるマーカム発言〕

『次に組合結成に関し警察監獄職員にも其の権利を認めてよいと思ふが日本政府に於て現行労働組合法の規定を維持しやうと欲するなら反対はしない。』

〔中略〕

公務員の労働条項については、一応政府案では空白にして提出したものの、前述のマーカムの発言もあり、日本側ではあれこれと代案を考慮する一方、一九四六年一二月六日極東委員会決定の《日本労働組合に関する原則》（当時いわゆる一六原則）を挙げて、それとのむじゅんを指摘するなど、苦心を重ねたのであったが、最後の段階において、これを全面的に削除することになり、社会党内閣としてはその目的を達しえたわけであった。」（28～29頁）

★亀山悠（人事院東北事務局長）『職員団体制度詳解』（帝国地方行政学会、1970年2月）は、「〔人事院による〕解釈運用」という方法による組合構成員限定を再確認しています。

「旧法〔1947年制定の国家公務員法〕においては、構成員の資格は現職職員のみに限られるとして解釈運用されてきた。」（35頁）

★鶴海良一郎（人事院法制局審議課長）は自著「職員団体に関する諸問題(㈠、㈡)」（『人事行政』、㈠No.2 (5)、1951年5月、㈡No.2 (8)、1951年8月）のなかで、人事院が改定国家公務員法の現場での施行段階で、労働組合法の

改定とほぼ同時期の1949年8月以降、職員団体の構成員を「職員のみ」とする解釈（「消極説」）を設定し、強引に実行したことを「証言」しています。

「昭和二十四年六月三日制定施行された人事院規則一四—二（職員団体の登録）においては、登録申請書の記載事項として、『理事、代表者その他の役員の氏名及び住所並びに国家公務員である者については、その官職』を掲げ、理事、代表者その他の役員の中に、国家公務員以外の者、従つて職員以外の者のあることを認めるような規定があつたのであるが、昭和二十四年八月十七日に至つて、この規定は、『理事、代表者その他の役員（これらの者で職員団体の業務にもつぱら従事するための休暇を与えられている者を含む）の氏名、住所及び官職』と改められ、その後においては、人事院は、一貫して消極説をとり、また、その後において人事院に登録された職員団体の規約も、すべて、その構成員を職員に限定する立場をとつている。」（㊁20頁）

1950年に制定された地方公務員法（昭和二五・一二・二三法律二六一号）にも、国家公務員法と同じ「職員団体」制度が明記されました（第58条で「職員」への労働組合法不適用を規定、第53条4項で「構成員は職員のみ」を規定）。

(3) 公共企業体労働関係法をめぐる巧妙な策略 ── 「交渉単位制導入」の下で

民間、そして、公務員の領域での「企業別組合的組織形態」の法制化に次いで、公共企業体労働関係法の制定による「公共企業体」制度と「企業別組合的組織形態」の導入が実行されました。

公共企業体労働関係法（昭和二三・一二・二〇法律二五七号）の制定は、マッカーサー書簡の示唆に端を発し、ＧＨＱの指導下で、本来はアメリカ型の交渉単位制を取り入れ、実施することとなったにもかかわらず、日本政府側は、そこでも、ＧＨＱの方針に抗して、企業別組合（日本型会社組合）の維持・存続を貫いたのです。その法律（公共企業体労働関係法）と関連法令をめぐる日本政府の対応を検討しましょう。なお、同法は1952年の改定までは、日本国有鉄道と日本専売公社のみを適用対象としていました。

まず、労政局労働組合課長としてＧＨＱと直接、交渉にあたった飼手眞吾の「証言」です。飼手眞吾は労政局労働組合課長を務め（1951年3月まで）、

ＧＨＱとの交渉に携わった、労働組合法規に関する日本政府側の実務的責任者の一人なので、多数の関係文献があり、それらにおける「証言」は具体的事例・事実を多く含んでおり、きわめて重要です。ここでは、ＧＨＱが勧告した「交渉単位制」を、形式的には導入しながら、実際は、それを変質させて、「企業別組合」制を承認させたとする「証言」を、証言研究会の聞き取り記録である『戦後日本労働組合運動史への「証言」』(日本労働研究機構、1998年6月)から紹介します。

　「飼手　〔……〕『従業員でなければ組合員になれない』なんてこと〔ユニオン・ショップ制とワンセットの企業別組合、を指す〕も、結社の自由に対する侵害であるなんて、そういう発想は全然だれにもなかった。関係者だれにもない。だって、指令部〔ＧＨＱ〕自身も気がつかないであの法律〔1948年12月制定の「公共企業体労働関係法（国営企業労働関係法）」〕が出たんだから。

　〔中略〕

　飼手　ぼくら、企業別組合以外のものは全然想念に及ばなかったですからね。〔……〕交渉単位制の交渉なんか、初めにつくった施行の政令なんか見てごらんなさい。〔国鉄の〕管理局と管理局の組合と、駅と駅長と、そういうふうに交渉単位を決めるといって書いてありますよ。およそ交渉単位というものについてわからない書き方ですよ。その当時は——松崎君〔松崎芳伸。当時、労政局法規課長。後に日経連専務理事〕がアメリカに行ってたのかな——何かでぼくが法規課長を兼務しておったんだ。それで、そういう政令を書いて持ってきたんだ。そしたらブラッティ〔ＧＨＱ労働課班長〕が、これはおかしいじゃないかって言うんだよね。これで交渉ができるのかって言うから、いやこれが日本の実情に合って、日本ではこれでなきゃだめだと言ったら、ああそうかと言ってすぐパーッとサインした。」(59〜60頁)

　飼手真吾は「〔座談会〕公労委二十年——公労法下の労使関係——」(『官公労働』、官業労働研究所、No.23 (12)、1969年12月) などでも、上記の公共企業体労働関係法とその施行令の制定をめぐるＧＨＱとの交渉経過をより詳しく述懐しています。この「座談会」では、「公共企業体の職員でなければ、その公共企業体の組合の組合員又はその役員となることができない」と定めた「四条三項」が、日本側によって「司令部の原案」に盛り込まれた

第4章 企業別組合は誰が、どのように創り出したのか（その2）

いきさつを、司会者・柳下奏一の質問に答えて、次のようにのべています。

「柳下　それから、もう一つお聞きしたいのですが、あとでＩＬＯ問題と関連して問題になる四条三項ですね。あれはさっきの交渉単位制の問題と反対に、非常に日本的な企業別労働組合というものを前提とした考え方だと思うのですが、あれはこちらで入れたものか‥‥。

飼手　実は私があるところで確かに、吾孫子さん〔吾孫子豊、運輸省職員〕があれを熱心に主張されて、その材料をしかるべき筋から司令部に持ち込んで、司令部の原案に入れたんだ、その限りにおいて吾孫子さんのあれは非常な成功だ、というふうなことをしゃべった。

〔中略〕

さっき言ったように、公労法は向こうから来たんだといっているけれども、実はその前に、ほんとうに少数の、われわれも含め、吾孫子さんも含め、アッペル〔レオナード・アッペルＧＨＱ法務局立法担当官〕なんかと話し合ったことは事実ですよ。しかし、書いたものが出てきてからでないと直さんと向こうはがんばって、出てきたときにはすでに四条三項はあったのですよ。」

以上における飼手真吾「証言」は、日本政府とＧＨＱの間での、49年（昭和24年）労働組合法の法案策定交渉の直前期に、飼手真吾ら日本側が、「交渉単位制」を「企業別組合的組織形態」によって代替することを、ＧＨＱの担当者に認めさせたという歴史的重大事の「証言」なのです。なぜなら、これは、一方で横断的組織形態を前提とした交渉単位制の導入を規定しながら、同時に「企業別組合的組織形態」（公労法では、事業所・部局別組合）という縦断的組織形態を維持するという、組合組織形態の「すり替え」の承認・公認を意味するからです。

次に、吾孫子豊『公共企業体労働関係法制定経過概要』〈調査研究資料第7号〉（公共企業体等労働問題研究センター、1971年）は、その題名のとおり、公労法の制定経過について、英文資料も引用しつつ、より詳細に説明していますが、そのなかで、「四条三項」について、それが日本政府当局の意図によって盛り込まれたことを、次のように「証言」しています。

「この第四条第三項が何故に本法に規定されるようになつたかということについては、ＧＨＱの当初の示唆の中にも労働省の原案の中にも無かったこ

とからも想像し得るように色々な経緯があったのである。
　ただ当時の運輸省としては、立案の当初からこの規定を設けることに絶対の重要性を認めていたのであつて、そのことは以下の資料に記されているとおりである。」(14 頁)
　それに続く「絶対の重要性」の説明の個所では、根拠として、「公共企業体の労働運動を健全なものであらしめるため」(17 頁) が挙げられています。

(4) ＧＨＱの介入・指示を突破して「企業別組合法認」を維持・継続
　　――「1949 年労働組合法」(新法) 制定交渉と交渉単位制の「削除」

　日本初の労働組合法である 45 年法の施行は当時の労働者組合運動を大いに激励し、組織化も促進しましたが、それも束の間、ＧＨＱとアメリカ政府、日本政府、財界をはじめとする当時の支配勢力側から、激しい非難と攻撃を受けました。そして、ＧＨＱが 48 年 12 月初旬、「労働組合法の改正準備」を日本政府に指示し、ＧＨＱの複雑で曲折を伴った介入過程を経て、45 年法は「全部改正」され、新たな「労働組合法 (昭和二四・六・一法律一七四号)」として 1949 年 6 月 1 日公布、同日施行されました (以下では、49 年労働組合法、49 年法、あるいは、新「労働組合法」と呼ぶことがあります)。49 年法は――その後、数次の改定を経てはいますが――今日 (2016 年末現在) なお、現行法です。
　ＧＨＱ当局は「改正」に際して、企業別組合 (日本型会社組合) を排除して、アメリカ型の交渉単位制を採り入れるように指示しましたが、日本の財界と政府当局は、この「全部改正」(49 年法の制定) の過程においても、巧妙・狡猾な策を弄し、ＧＨＱ側の隙をついて、ついに介入・指示を突破し、新「労働組合法」においても、「企業別組合」の法認を確保したのです。その「改正」過程を、二人の当事者の「証言」を通じて見て行きましょう。
なお、49 年労働組合法の制定 (45 年労働組合法の改正) の経過と解題、条文史料に関しては、下記文献が詳しいので、あらかじめ、参照をお勧めします。
　① 　労働関係法令立法史料研究会著、労働政策研究・研修機構編『労働組合法立法史料研究 (条文史料篇)』(労働政策研究・研修機構、2014 年)
　② 　労働関係法令立法史料研究会著、労働政策研究・研修機構編『労働組

合法立法史料研究（解題篇）』（労働政策研究・研修機構、2014 年）
③　労働関係法令立法史料研究会著『労働組合法立法史料研究Ⅲ』（労働政策研究・研修機構、2016 年）
④　日本労働法学会編『労働組合立法史の意義と課題』（日本労働法学会誌 125 号）『（法律文化社、2015 年）〔とくに、「《シンポジウムの記録》労働組合立法史の意義と課題」〕

★賀来才二郎（労働省労政局長）
　賀来才二郎は労働組合法改定に際して、労働省労政局長としてＧＨＱとの折衝に当たった経験を複数の文献において「証言」しています。とくに、賀來才二郎（勞働省勞政局長）『改正労働組合法の詳解』（中央勞働學園、1949 年）では、以下の引用に見る通り、交渉単位制の導入をめぐるやり取りのなかで、ＧＨＱが交渉単位制導入を指示し、公共企業体労働関係法には導入させたが（ただし、この時点では未施行）、49 年労働組合法では断念した経過と背景を、その問題点とともに具体的に指摘しています。飼手真吾、松崎芳伸の「証言」との密接な関連において見るべき重要な諸文献です。

　「この改正案〔3 月 18 日の第六次案〕について〔……〕經濟九原則の實施の上から、又公聽會の意見を更に大幅に取り入れること特に公聽會の意見よりみて我が國の現實と、過去の經驗から今日一擧に全面的に革新の制度を導入する必要のないものは、これを見合せ、重點を今日必要な限度にとどめ、專ら勞働組合の自主性、民主性を特に強調することにより、なによりも先ず、組合の自主的自己反省の自律性に委ねることにし、然し勞働爭議についても公共の福祉との調整上必要なものは、これを取り入れることに總司令部と政府との意見が一致するにいたつた。このため、試案において新しい制度として團體交渉の圓滑なる發達のために取り入れられた團體交渉の單位制はその採用が中止された。
　この單位制は、然し法律的には我が國において全く新しい制度ではなく、公共企業體勞働關係法第九條から第十四條までにこの制度がやや違つた形ではあるが取り入れられており、この法律は未だ施行されていないので、その國内における實績は不明ながら、米國においては、ワグナー法以来今日最も

大きな功績を擧げているもので、勞働組合が漸くいろいろ複雜な形となろうとするとき、まことにこの導入は、我が國勞働法規史上重要なポイントを形造るものと一部識者には期待されていたが、既述の方針の確立をみたので、この團體交渉の單位制、交渉組合制は、勞働組合法案から姿を消すにいたった。

かかる方針の變更の確認は、三月七日發表されたドッヂ聲明の極めて嚴重な經濟政策の遂行と相當の關連性を持つたようである。即ち勞働法の全面改正が一般の心理的に及ぼす大きな影響にかんがみ、今日の必要な限度にのみとどめられるにいたつたものと推測される。この方針に基き、これら兩法の施行の經驗を再度檢討し、公聽會その他の意見特に勞働組合側の意見を併せ尊重して改正案について愼重な改訂を加えることとした。

右の方針の結果、三月十八日案までは、從來の條文の配列等にこだわらず自由に條文の整備を行つたが、これを中止し、改正前の勞組法の條文の配列を極力尊重して案を作成することとした。」(56～58頁)

★松崎芳伸

次に、ＧＨＱ指導下での一連の労働法制の制定に関する全体（1952年公共企業体労働関係法改訂まで）を概括的にのべた松崎芳伸の『改正公共企業体労働関係法の解説』（時事通信社、1952年）によって見ていきましょう。49年労働組合法制定以降、70年近くの年月を経た21世紀の日本では、労働組合法の内容や制定過程に疑問や矛盾を感じる人はほとんど見かけられない程、同法は「定着」したかに見えます。ところが、制定過程における当事者の一人松崎芳伸は同法の諸規定間の矛盾を指して「木に竹をついだような形」と表現しているのです。

「要約すると、わが国の労仂組合法においては、まず労仂組合の結成ということが考えられ、その活動形態として団体交渉ということがでてくる。ところが交渉単位制においては、まず団体交渉ということが考えられ、その方便として労仂組合の結成ということが考えられる。思考の順序がまさに逆なのである。昭和二十四年六月に改正された現行の労仂組合法は、丈字どおりＧＨＱの強力な指導下に誕生した。その原案として示されたＧＨＱの英語の改正案のなかには、交渉単位制が曆として存在したのである。しかし、これは、当時のいろんな事情から削除されたのであるが、その考え方の断片は、

木に竹をついだような形において現行の労仂組合法にのこつている。労仂組合法の目的を書いた第一條第一項がその適例である。そこには、『労仂者がその労仂條件について交渉するために自ら代表者を選出することその他の団体行動を行うために自主的に労仂組合を組織し、団結することを擁護すること』という文字がある。これはまさに団体交渉の方便として、労仂組合を結成するのだという交渉単位制の考え方を端的に表明しているものであり、団体交渉は、労仂組合の動的形態なりとした労仂組合法第六條の思想といちじるしくかけはなれているものといえよう。」(118頁)

松崎芳伸は、さらに、「勞働組合法の問題點——交渉単位制はなぜ問題になるか」(『日労研資料』、No.4 (30)、1951年7月25日) において、同法はその内包する矛盾のゆえに、遠からず「改正」を迫られると予想していました。松崎芳伸は「ドイツ法と英米法とがこんぐらかつて、消化されずにでている」、「泥沼に入ったようで訳が分らなくなる」などと言って、結局、「労働組合」という概念、法規定があいまいになったことに噛みついています。これらの松崎芳伸流の混乱は、私たちの研究課題の視点からみれば、「ドイツ法と英米法」を折衷した上に、企業別組合（日本型会社組合）の法認を押し込んだことに起因するものです。

「労働法規の改正問題について、一昨年の労働組合法、労調法の改正は、当時私達もいつたようにドイツ法と英米法とがこんぐらかつて、消化されずにでているという点において非常に思想的な統一がなされていない面が多い。将来若し改正するようなことになれば、そういう点はいじらなければならぬと思われる。

〔中略〕

かように〔49年労働組合法〕第六条と第七条二号という思想的に統一の取れない条文を二つ並べて考えて見ると、結局泥沼に入ったようで訳が分らなくなる。

いま労働省では労働協約締結促進運動をやつているが、このような論理構成をそのまゝ是認すると、折角企業連合〔企業・事業所別組合の企業レベル連合体〕との間でようやく労働協約を結んだその翌日、化繊連〔産業部門別連合体〕と労働協約について団体交渉をやらなければならぬ、それもつと結

んだら、全繊〔産業別連合体〕が出てきて、これも断われない。
　〔中略〕
　労働組合とは何ぞやというようなことは、大学の社会学者乃至法律学者、そういうような先生方にお委せして置けばよい問題でないか。況んや第二条の但し書きをわざわざ書いてそれに該当しなければ労働組合法にいう労働組合ではないのだ、更にモッと突込んで行くと、現に労働組合そのものでないのだというような偏見的な思想を抱かせる必要は毛頭ない。
　要するに労働組合という言葉を使いたい者は使うがよい。これは団体交渉をする手段として労働者の団結権を認めるという程度でよいのではないか。」(8～11頁)

(5) 政府・官僚が企業別組合法認・制度化を措置
──対ＧＨＱ交渉と通牒行政

　私たちが以上で検証してきたとおり、日本政府は、第二次世界大戦直後、当初は、極東委員会の決定やＧＨＱの指示にもとづいて、諸指示の周知、「労働組合」や労使関係に関するアメリカの制度の――主に諸文献の翻訳、講演会開催をつうじての――紹介をつうじて、「労働組合」組織化を支援・促進しました。しかし、政府はやがて、統計的資料をも利用しつつ、企業別組合と企業別組合主義の定着を「公認」し、その延長線上での「健全なる」発展を指導・誘導しました。財界の働きかけを受けて、とくに、新「労働組合法」の準備段階の時期には、露骨に「企業別組合（体制）」の制度化、法制化の政策・措置をとるようになったのです。

　先に紹介した飼手眞吾らの「証言」に見る「公共企業体労働関係法」(49年6月1日施行）の交渉単位制規定の「企業別組合的組織形態」への変質、1949年労働組合法策定交渉を通じての交渉単位制導入回避もその実例ですが、とくに、同法の成立に前後しての労働次官通牒を乱用した行政的指導・措置（いわゆる通牒行政）によって、それが潜行的に実行されました。

　例えば、労働省は、1948年12月に、ＧＨＱの指示にもとづいて、労働協約・組合規約是正の指針として「民主的労働組合及び民主的労働関係の助長について」という次官通牒を発しました。この通牒は、「労働運動の根底を

なすものは単位組合である」という認識に立つものだとして、「自主的且つ民主的な単位労働組合の確立」を指導の重点にしたものでした。そして、同通牒とその後の一連の通牒の中心目標は、企業別組合という意味での「単位労働組合」を労資・労使関係の基本に据える制度化にありました。具体的には、とくに、「労働組合」規約、労働協約の内容についての「指針」・「教育」などをつうじて、組合規約や労働協約に、「尻抜けユニオン・ショップを伴う企業別組合」を事細かに規定させました。

1957年1月14日の労働事務次官通牒「団結権、団体交渉その他の団体行動権に関する労働教育行政の指針について」、および、添付文書『団結権、団体交渉その他の団体行動権について』(労働省、昭和三十二年一月)には、当時の日本政府の対応が如実に姿を現しています。

「三権通牒」とも呼ばれるこの労働事務次官通牒は、「労働組合運動の基礎的問題たる団結権、団体交渉その他の団体行動権に関して、今なお労使をはじめ国民一般において、その考え方に明確ならざるものがあり、これがため関係法令の解釈についても混乱があることに鑑み、今般、これに関し別添のとおり労働省の体系的見解を明らかにし、今後における労働教育行政の指針とすることとした」として、パンフレット(B6判)にして150頁に及ぶ『団結権、団体交渉その他の団体行動権について』を添付文書としています。同パンフレットは、「企業別組織が根幹」になった、「企業別に組合結成、争議、賃上の過程を繰り返しているうちに、個々の企業の特殊性は即ち労働組合の特殊性となり、賃金その他の労働条件の企業別格差は拡大の一途を辿り、もはや超企業的組織の生成を容易には許さないほどのものとなってしまった」と確認しています。

先に触れたGHQから指示された交渉単位制導入方針に関しては、政府当局は導入のための「手引き」を発行するなどしたものの、労資双方からの猛烈な反対を受け、結局、当初、「公共企業体労働関係法」にのみ導入し、同法改定〈1952年〉による公共企業体等労働関係法施行後は、いわゆる三公社五現業に適用しました。しかし、1956年には、公共企業体等においても交渉単位制を廃止しました(〔昭和31〕五・二一公布、法律第一〇八号)。この「法制上の交渉単位制の廃止」は先に飼手眞吾の「証言」のところで触

れたように、日本政府がＧＨＱに対して、その当初指示に反して交渉単位制を拒否し、「企業別組合」を継続し制度化することを、公然と、最終的に宣言したという意味をもつ出来事です。というのは、ここで企業別組合「法認」の決定的突破口が開かれたからです。逆に、もし、ＧＨＱ側が譲歩せず、交渉単位制の一般的導入を強行していれば、日本の労働者組合の主要な組織形態は、アメリカ型の職業別・産業別組合に――少なくとも、法制上は――なったはずだからです。

　これまで見てきた法制化とそれに関する支配層側の「証言」をつうじて、資本家側（とくに、当時の基幹産業である紡績・炭鉱両産業の大企業経営者）が、当時、すでに、自ら築き上げてきた「『労働組合』＝企業別組合」が支配的実態・状況であることを盾に、政府をして、ＧＨＱを巧妙に「説得」あるいは欺瞞して、民間と公務・公共部門の労働者に関して、「企業別組合」を法認・法制化させてきたことが明らかになりました。これは、「企業別組合」とその体制化という現実を追認させる形での、「日本の『トロイの木馬』」の法認・法制化の骨格形成史です。これを一覧的に概括したのが資料4です。

資料4
民間・公務・公共部門を網羅する「企業別組合法制」の網

法律と公布・施行年月日	法制化の核心的事項とその意義
1945年労働組合法 　昭和20・12・22法律51号 　1945年12月22日公布、1946年3月1日施行 1949年労働組合法 　昭和24・6・1法律174号 　1949年6月1日公布、同6月10日施行	★45年法（旧法）は、ＧＨＱの指導・命令なしに立案・制定。日本史上初めて「労働組合」を――「企業別組合」も団結（体）から排除せずに包含する形で――法認。実態として当時すでに支配的であった「企業別組合」とその「体制化」の史上初の法認・公認である。 ★49年法（新法）は、ＧＨＱの指導・介入の下で45年法を形式的に「全部

第4章　企業別組合は誰が、どのように創り出したのか（その2）

	改定」したものだが、結果的には部分改定。 GHQはアメリカ型の職業別・産業別組合と一体の交渉単位制の導入を勧告・指導したが、日本政府側は巧妙に工作し、草案から交渉単位制を削除させ、旧法と同様、「企業別組合」法認を維持し、新法とその施行法・政令、通牒などを使用して、その後の企業別組合体制の精密化・完成へのテコとした。
国家公務員法 　昭和二二・一〇・二一法律一二〇号 　1947年12月23日公布、1948年7月1日施行 　（附則第16条で一般職職員への労働組合法不適用を規定） 同1948年改定法（職員団体制度の成立） 　昭和二三・一二・三法律一二〇号 　1948年12月3日公布、施行 同1965年改定法（職員団体の「企業別組合的組織形態」を明文化） 　昭和四〇・五・一八法律六九号 　1965年5月18日公布、同7月3日以降、段階的施行 　1968年12月14日改定職員団体制度の全面適用	★第二次世界大戦直後の公務員の諸条件は勅令による官吏制度とその改定によっていた。また、団結権については、国家公務員法（昭和二十二年法律第百二十号）施行までの間は、公務員労働者にも45年労働組合法が適用されていた。 　GHQの意向を汲んでの日本政府の要請で、米フーバー顧問団の来日（46年11月）、同顧問団の国家公務員法草案にもとづく制定作業へと進行。労働条項をめぐるGHQと政府の対立が続いたがフーバーの一時帰国中の代理・マーカム代将から「現行労働組合法の規定を維持しようと欲するなら反対はしない」との言質を取り、草案からも関係条項が削除され、労働条項は「ブランク」（条項無し）の立法となった。結局、日本の支配層の思惑通り、既存の「企業別組合的組織形態」の国家公務員分野での継続を容認したことになる。 ★48年改定は、同年7月22日のマッカーサー書簡にもとづくもの。この、いわゆる「第一次改正法」により、公務員に対

	する労働三法の適用が排除され、「労働組合」に代わる職員団体制度が成立した。改正法は第98条で「職員の団体」について「職員は、組合その他の団体を結成し、若しくは結成せず、又はこれに加入し、若しくは加入しないことができる。職員は、これらの組織を通じて、代表者を自ら選んでこれを指名し、勤務条件に関し、及びその他社交的厚生的活動を含む適法な目的のため、人事院の定める手続に従い、当局と交渉することができる」などと定められたものの、同団体の「構成員の範囲」については規定されなかったが、1949年8月17日改定の人事院規則（一四―二、職員団体の登録）以降は「職員のみ」とされるなど、運用上で、省庁ごとの「企業別組合」型が図られた。 ★65年改定法は、労働者は事前の許可なしに団結権をもつ旨を定めたＩＬＯ87号条約批准にともなっての改定。第108条の3第4項で、職員団体の登録要件に、規約に「構成員の範囲及びその資格の得喪に関する規定」することを義務づけて、職員団体構成員を、「警察職員及び海上保安庁又は監獄において勤務する職員」以外の職員のみに限定。職員団体の「企業別組合的組織形態」を明文化し、強制することになった（この条項は21世紀の今日まで引き継がれている）。
公共企業体労働関係法（52年、「公共企業体等労働関係法」に） 昭和二三・一二・二〇法律二五七号 1948年12月20日公布、1949年6月1日施行 公共企業体等労働関係法1956年改定（交	★公共企業体労働関係法も、マッカーサー書簡のうち、国有鉄道事業と専売事業に関する指示を法律化したもの。ＧＨＱの指示・指導にもとづいて法文上で「交渉単位制」を導入する一方、日本政府側

渉単位制の廃止） 　昭和三一・五・二一法律第一〇八号 同 1965 年改定（第四条 3 項の廃止） 　昭和四〇・五・一八法律六八号	が交渉・折衝を通じてGHQの指導方針を変質させ、実質的には交渉単位制の実施を拒否。また、第四条3項に「公共企業体の職員でなければ、その公共企業体の職員の組合の組合員又はその役員となることはできない」と明記。実質的に「企業別組合的組織形態」を法制化した（52年改定で法律名を公共企業体等労働関係法に変更、56年改定で法制上でも交渉単位制を廃止）。 ★65年改定は、国内外でのＩＬＯ87号条約批准要求・闘争の高まりに迫られて、1965年5月17日、批准関連法案の成立、6月14日批准、日本に対して1966年6月14日発効、が行われるなかで、本条約と抵触する規定（公共企業体等労働関係法4条3項、職員でなければ組合員になれない旨の規定）を削除する法改定が、批准と同時に行われたもの。
地方公務員法 　昭和二五・一二・二地方三法律二六一号 （第58条で、「職員」への労働組合法不適用を規定） 1950年12月13日公布、1951年2月13日施行	★地方公務員法では、制定当初（50年）から、国家公務員法に倣って、職員団体の登録要件として、規約に「構成員の範囲及びその資格の得喪に関する規定」することを義務づけて、職員団体構成員を、「警察職員及び消防職員」以外の職員のみに限定。職員団体の「企業別組合的組織形態」を明文化し、強制した。この条項は21世紀の今日まで引き継がれている）。

なお、上表の諸法律を施行順に並べ替えると次のようになります。
1. 労働組合法1945年（1946年3月1日施行）
2. 国家公務員法（1948年7月1日施行）
3. 国家公務員法1948年改定法（職員団体制度の成立）（1948年12月3日施行）
4. 公共企業体労働関係法（1949年6月1日施行）
5. 労働組合法1949年改定法（1949年6月10日施行）
6. 地方公務員法（1951年2月13日施行）
7. 公共企業体等労働関係法1956年改定（交渉単位制の廃止）（1956年5月21日）
8. 公共企業体等労働関係法1965年改定（第四条3項の廃止）（1965年5月18日廃止）
9. 国家公務員法1965年改定法（職員団体の「企業別組合的組織形態」を明文化）（1968年12月14日改定職員団体制度の全面適用）

（6）櫻田武の企業別組合「勝利宣言」――この節のまとめをかねて

　私たちのこれまでの検証をつうじて、1945〜50年代初頭期、日本の支配層によって、労働組合法改定と並行して、集中的、相互補完的に、日本の団結権法制が「企業別組合」法認・法制化を軸に進行したことが明らかになりました。個人加盟・職業別・産業別労働者組合による労働者の横断的組織（形態）を妨げ、縦断的組織に閉じ込めて分断する「労働組合」組織形態が制度化・法制化されたのです。

　以下に引用する賀來才二郎「〔講演記録〕勞働法改正の經過と問題點」（『日労研資料』、No.5（32）、1952年8月）は、当時の労働組合法改定を「一貫性のない法體系」と捉え、交渉経過のなかで日本政府側がとった対応姿勢を、「不即不離」という表現で、「本音」を吐露しています。なお、ここで賀來才二郎が言う「労働法改正」は、主に、「サンフランシスコ講和条約」（1951年9月8日調印、1952年4月28日発効）発効に伴って必要となった「改正」のことです。

　「ＧＨＱとしては二十四年（1949年）の改正をあれだけ指導してやつた結果、考えてみますと無理があつた。即ち後でよく読んでみるとドイツ法に英米法をつないだような点もあつたと思う。殊に一番彼等がやろうと思つていた点は〔昭和〕二十四年の改正の際に交渉単位制を採用しようとしたことで

第４章　企業別組合は誰が、どのように創り出したのか（その２）

す。吾々もその指示に従つて、御記憶があるかと思いますが、初めの労働省議案〔試案〕には交渉単位制というものが出ていた筈であります。ところが国会に出ました法律にはそれが出ていなかつた。これは途中で司令部が削つたのでありますが、その後化学繊維の問題にしても、或は石炭も関連があつたが、綿紡所謂全繊維と会社との問題にしても色々団体交渉の形式について問題が生じて来ている事実をみて、司令部としては吾々に対して再度今度の改正に当つては交渉単位制を採用すべきであるといい、これはメモランダムでありませぬけれども、しつこく而も強く示唆して参つたのであります。これに対して吾々としては公共企業体労働関係法による国鉄の交渉単位制の問題及びこれが実施の結果に鑑みて、現在日本労働組合に対して、或は現在日本の会社の給与状態からみて、交渉単位制を直ちに全面的に採用することは不適当でないかという意味で反対しました。従つてできるならば改正案は若し作るにしても所謂独立後、司令部の指導力がなくなつたところでこれをやろうという考え方から、司令部に対しては不即不離の立場を執つて来たのであります。」（5 〜 6 頁）

　こうして、1949 年 4 月 28 日、政府の労働組合法案（1945 年労働組合法の全部改正法案）が国会に提出されましたが、同法案では「交渉単位制」は最終的に消去されていました。そして、同法案が 5 月 22 日可決され、改正労働組合法（1949 年労働組合法）が成立しました。4 月 30 日に行われた鈴木正文労働大臣の改正趣旨説明のなかでも「交渉単位制」に関しては一切触れられませんでした。こうして、49 年労働組合法は結局、45 年労働組合法の基本的枠組みを維持・継続するものとなりました。

　こうした結果になったことについて、ブラッティＧＨＱ労働課労使関係係長は、1951 年 2 月 16, 17 日、ＧＨＱ労働課が労資代表を招いて、東京・丸の内のエデュケーション・センターで開催した説明会での講演のなかで、次のように、再度の交渉単位制導入勧告を行いつつ、警告したのでした。ヴァレリー・ブラッティはＣＩＯ（産別会議）の組合幹部としての経歴を持つ人物です。

　「この制度はアメリカでは労働者が何年もかゝつて獲得したものである。この様な歴史を知つているから、私は日本の労働組合の〔交渉単位制導入〕反対が驚きであり、恐ろしくもなるのである。

113

先づ労組法改正の時、我々は単位制の採用を勧告した。当時は総司令部が強力であつたので立法化は容易であつた。数年前よりは今日の方が、又今日よりは数年後の方が立法化が困難であることは明らかである。何年か先に交渉単位制を採用せんとしても相当の闘いなくしては不可能であろう。我々の経験によれば交渉単位制がなければ、使用者による組合弱体化が容易となろう。〔……〕交渉単位制を法律化する事を勧める。
　日本の労働組合はこの制度を受け得る程に成長していないという議論は、日経連や政府官吏の言としてなら考えられるとしても、組合の主張としては考えられない。労働者は自分達自身の決定をする権利を持つている。労働者がこの権利を持たない限り労働組合運動はいつになつても成長しないであろう」（「交渉単位(ユニット)と交渉代表者(エージェンシイ)について──ＧＨＱブラッテイ氏、労使代表に語る──」、『鉄鋼労務通信』、No.247、1951年2月26日、11～12頁）

　ここまで、私たちは、いささか複雑な検証と「証言」巡りをしてきましたが、以上で検討してきた「証言」とそれに関する史実は私たちの企業別組合（日本型会社組合）研究にとって、どのような意味を持つのでしょうか。
　私たちの研究課題との関係で、まず、注目しておかなければならないことは、ＧＨＱが導入を勧告し、指導したのは、「企業別組合」ではなくアメリカ型交渉単位制──この場合の労働者組合の組織形態は職業別・産業別組合──だということです。この事実確認は、日本の労働者組合活動家、あるいは、研究者のなかに、ＧＨＱが企業別組合を導入させたと「確信」している、あるいは、漠然とそのように思い込んでいる人々が少なからずいるという問題との関連でも重要です。
　次に、検証結果、結論として、最も重要なことは、日本政府側が、最終的に、交渉単位制の導入を回避し、企業別組合（日本型会社組合）の法認体制を守り抜いたことです。これは、日本で「労働組合」といえば、実体的には企業別組合（日本型会社組合）を指すことを考慮すれば、「『労働組合』＝企業別組合」という実態の法認・法制化を意味します。このような意味での「労働組合」法制化は、「企業別組合」制を絶対視する日本財界側から見れば、45年労働組合法制定の際に「企業別組合」を法認したのに次いで、それを再確

第 4 章　企業別組合は誰が、どのように創り出したのか（その 2）

認・確定した、いわば、二度目の「歴史的勝利」でした。例えば、日本の大企業の経営者団体としての日経連（日本経営者団体連盟）が、時期尚早との理由で交渉単位制に反対した意見「日經連勞働法規委員會『交渉單位制に關する意見案』」も、それを裏付けています。

「代表組合が單位内のすべての勞働者を代表することになれば、交渉單位の決め方によつては所謂職員組合、工員組合の區別が廢止されるのみでなく臨時工等もすべて交渉單位に包括されて協約の一般的適用をうけること、なり易い。そのため勞使關係や勞務管理面に少なからぬ混亂と不合理を來たすことは明白である。」（（『社會運動通信』、No.263－264、1951 年 3 月 28 日掲載。13 頁）

こうした事態――とくに、ＧＨＱが職業別・産業別組合制を意味する交渉単位制の導入を貫徹できなかった、あるいは、しなかったこと――の政治的背景には、当時、朝鮮戦争が勃発し（50 年 6 月）、アメリカがすでに「冷戦」体制強化に戦略の重点を移し、反共的立場からの総評（日本労働組合総評議会）結成（50 年 7 月）の支援、サンフランシスコ条約と（旧）日米安保条約の同時調印（51 年 9 月）などを急ぐ中で、日本の民主化よりも日本を従属的同盟国化する諸政策を実行しつつあったという事情があります。実際に、ＧＨＱの各部署の担当者の入れ替え――ＣＩＯ系出身者の排除を含む――が頻繁になり、マッカーサーも 1951 年 4 月 11 日には、トルーマン大統領によって連合国軍最高司令官（極東全指揮権）を解任されるにいたりました。

エドウィン・マーティン『連合国の日本占領』（1948 年）（原書は Edwin M. Martin, "The Allied Occupation of Japan", American Institute of Pacific Relations, 1948。Edwin M. Martin は、元米国務省・占領地域経済問題局長）が指摘する「『民主主義的な背景条件を持たない日本人』とアメリカとの差異」も、ＧＨＱ側が交渉単位制導入を断念した思想的背景にあった可能性があります。（以下の引用は宮前忠夫訳）。

「本当の労働者組合活動の歴史をほんの僅かしかもたないまま、急速に増大したので、日本の労働者組合が誤りを犯したとしても、驚くに及ばないことである。

〔……〕アメリカの使用者と労働者（employers and workers）の何十年にもわたる経験と教育も、われわれを完全というにはほど遠い状態に置いてい

る。〔ましてや、〕われわれのような基礎的、民主主義的な背景条件を持たない日本人は、これを獲得することが至難の業であると気づくであろう。」(83頁)

AFL（アメリカ労働者総同盟）のパルプ・亜硫酸塩労働者組合副委員長（1937年～1952年）の経歴をもつキレンGHQ経済科学局労働課課長（第3代、1947年5月～1948年7月）――在任中、日本の公務員から団体交渉権、ストライキ権をはく奪した「マ書簡」（48年7月22日）に抗議し辞任し、帰国した――も、日本の「労働運動」を次のようにみています。

「日本の労働運動は雇い主側からほとんどなんらの反対をも受けないで一晩で開花した。彼らはかつてアメリカがその自由な労働組合主義を樹立し、発展せしめるまでにあれほど大きな役割を演じた、催涙ガス、私設探偵、差別待遇、工場閉鎖、ブラック・リストには出会わなかった。アメリカの労働者は過去一世紀の間に、われわれの運動の永久性が、がっちりと打ち立てられている根強い、基礎的な知識を獲得した。

日本の労働者が、その新しく得た特権に対して、果たして他國の経験から学びとるか、それとも、彼らの適当な地位を作り上げ、自由にして平和的な日本のために彼らの必要な役割を果すために、彼らもまた同じようにあの苦難な経験の課程を踏まなければならないであろうか。

時のみがこれに答えるであろう。」（ゼームス・キレン著、大倉旭訳「日本の労働組合運動に関する報告」〈『前進』、No.16、1948年11月号〉36～40頁）

一方、櫻田武は、新・旧労働組合法による「企業別組合」の法認を、1968年のイギリス視察に関連して、次のように歴史的成果として述懐し、評価しているのです。

「〔イギリスは〕日本のようにカンパニーユニット・ユニオンでないので、職種別にストをやられると対抗できない。このことから、やはり日本で労働組合法を作るとき、カンパニーユニット・ユニオンを本来あるべき姿として実現したのは大事な点だったと痛感した次第である。」（『櫻田武論集（上）』、日本経営者団体連盟、1982年、255頁）

この櫻田武発言は、日本財界代表による「企業別組合体制化の勝利宣言」というべきものです。

第 4 章　企業別組合は誰が、どのように創り出したのか（その 2）

3. 日本の労働者たちに届かなかった世界労連の「勧告」

（1）　世界労連の勧告内容と、日本の当事者たちの「理解」

　欧州で第二次世界大戦が終結局面に向かっていた 1945 年 2 月に、ロンドンで開かれた世界労働者組合会議を受けて、同年 9 月 25 日〜 10 月 8 日、パリで開かれた世界労働者組合会議の中で、後半の一週間が結成大会に充てられ、世界労働者組合連合（世界労連、ＷＦＴＵ）が結成されました。この結成大会で、日本とドイツに視察団を派遣することが決議されました。そして、1946 年 6 月にモスクワで開催された世界労連第一回執行委員会で、日本、朝鮮などへの視察団派遣を具体化する決定がなされ、同 12 月、ルイ・サイヤン書記長を団長とした視察団員が任命され、調査が発令されました。日本への視察団派遣は、当時の日本の置かれた状況下で、ＧＨＱによる介入・妨害をはじめ様々な障害を克服しなければならなかったため、訪日が実現したのは、結局、47 年 3 月でした（訪日中も介入・妨害は続きました。この間の経過に関しては、訪日調査団歓迎委員会の実務的責任者を務めた渡辺三知夫、および、1949 年以降数年にわたってプラハの本部で世界労連執行委員を務めた金子健太がそれぞれ、当時の報告記事・論文、その後の追想記などのなかで明らかにしていますので、参照してください）。

　視察団は、視察終了後、日本視察に関する公式報告のために、まず、ルイ・サイヤン団長名の「予備報告」（案）を、同年 6 月 2 〜 14 日、プラハで開催された執行局会議および世界労連総理事会（General Council〔「総評議会」とも訳される〕）に提出。予備報告（案）は同総理事会で審議の後、採択されました。

　予備報告は「日本の労働者組合の現状について」の部分で、日本の労働者組合が当面達成すべき目的、組織化の方針などを示した後、「厳粛に勧告する」内容をまとめています。

　そこで言われている内容は、要するに、既存の労働組合法（1945 年法）を活用して、情勢の要請に応える労働者組合組織を、「産業別組織化（industrial organisation）を基礎として」確立することが、日本の労働者組合運動の「義

務」である、ということです。

「産業別組織化を基礎として」労働者組合組織を確立する、というのは、予備報告の言葉通りに言えば、次の3段階を統一的に実現する、ということを意味します。

1) 各企業の（in each concern）労働者たちに、地域または地方ごとに（in each locality or each province）、職業別あるいは産業別の単一の労働者組合、労働者組合を提供する。
2) 日本全土をカバーする、同一の職業または産業別の諸労働者組合の連盟を持つ。
3) 民主的に形成された、日本の全労働者組合の代表としての単一労働者組合本部を持つ。

これは要するに、①地域ごとに（つまり企業の外に）職業別あるいは産業別の組合の単位組合を作る、②全国規模の職業別あるいは産業別労働者組合を作る、③職業別あるいは産業別組合の全体を代表する単一の全国本部（労組ナショナルセンター）を結成する、ということであり、それを実現することが「義務」だと言うことです。

予備報告はさらに、「義務」達成に向けた組織化にあたっての注意事項として、次のように述べ、とりわけ、「有機的な労働者組合の統一」を強調しています。

「分裂工作——そのおそろしい結果は、日本の労働者階級の歴史によって実証されているが——によって、現在の労働者組合の独立および現在の自由にたいする侵害が、労働者組合運動の隊列のなかに浸透しえないようにするために、<u>労働者組合の有機的統一（organic trade union unity）</u>によって、労働者組合の独立と自由を将来にわたって保障する」（下線は原文のもの）。ここで強調されている「有機的（労働者組合）統一（organic trade union unity）」とはどのような意味なのでしょうか。

「有機的」とは一般的には、「有機体のように、多くの部分が集まって一個の物を作り、その各部分の間に緊密な統一があって、部分と全体とが必然的関係を有しているさま」（新村出編『広辞苑』）を言います。これを世界労連の予備報告に即して言えば、「有機的統一」とは、単にあるレベルに統一的

組合組織が存在する表面的・形式的「統一」ではなく、企業レベルから、産業（別）レベルを経て、全国レベル、さらには、国際・世界レベルに至るまで一貫した、「部分と全体とが必然的関係を有している」統一、ということになります。繰り返しになりますが、一つ一つの組織の「統一」に関してだけでなく、労働者組合（トレード・ユニオン）の組織・機関が存在する――職場組織から国際組織までの――すべてのレベルの組織と組織間を貫いて適用されるべき原則についての「勧告」なのです。

　しかし、当時およびその後の日本における議論、文献等で、世界労連あるいはサイヤンの言葉として言及・参照されるのは、上記の「報告」よりも、世界労連第三回大会（1953年）におけるサイヤン書記長の「活動報告」および「結語」における「トレード・ユニオンの有機的統一」原則をのべた部分です。それは、次のようなものです（引用は宮前忠夫訳）。
　「統一をめざすわれわれの闘いは、以下の諸事項の達成をめざす。
各企業においては、単一のトレード・ユニオン。
各産業あるいは各職業においては、単一のトレード・ユニオン全国連合体。
各一国においては、すべてのトレード・ユニオンを代表する単一のナショナル・センター。世界のトレード・ユニオンの単一組織。」
　サイヤン書記長はこれに続けて、「労働者による統一行動という問題と、トレード・ユニオンの有機的統一という問題を、一緒くたに〔……〕しない」と断ったうえで、当面の任務である「世界のいたるところでのトレード・ユニオンの統一」をめざす「労働者の行動の統一」の緊要性を訴えたのでした。

　以上のような世界労連の諸文書とサイヤン書記長による諸原則・規定・定義――これらは、日本には存在しない、存在したこともない、「有機的統一」を体現した組織機構についての、文言による説明ですが――これを、日本の労働者・活動家たちは正確に理解することができたのでしょうか。
　関連する諸文献を参照しながら、検証してみましょう。検証する際のチェック・ポイントには、次の二つが欠かせないと考えます。
　a 世界労連の組織原則における「一企業一組合」を正しく理解しているか否か。世界労連の言う「一企業一組合」は、先に見たとおり、「各企業（in

each concern)の労働者たちに、地域または地方ごとに(in each locality or each province)、職業別あるいは産業別の単一の労働者組合、労働者組合を提供する」、すなわち、「一企業に属する組合員は全員が、(企業の外にある)同一の単位組合に所属する」というものです。

　b 組織原則論としての「有機的統一」を理解しているか否か。

　1947年春の世界労連日本視察団をめぐる日本側の動きに関しては、関係文献が多数ありますが、私たちの研究テーマとの関係で、特に検証対象とすべきと考えられるのは、例えば、次の①〜⑨の文献的資料とそこに含まれる諸所説です。資料名と検証ポイントにかかわると思われる特徴点を、順次、見ていきましょう。

①日本共産党第四回大会（1945年12月1日）決議

　日本共産党第四回大会において、神山茂夫が報告し、採択された「勞働組合に関する決議」には、次のように書かれています。

　「勞働組合運動の再出發に當つて、われわれが掲げるところの大目標は、かつての如く一企業一組合のキソの上にたつ、全國的單一的産業別組合の結成である」（神山茂夫『民同派勞働組合論批判――山川均・細谷松太理論の正體――』（曉明社、1948年、奥付には「著者　日本共産黨中央委員會教育宣傳部」とある）。

②吉田資治の証言

　産別会議の結成に参加し、産別会議議長を務めた経歴をもつ吉田資治は、法政大学大原社会問題研究所編『証言　産別会議の誕生』（総合労働研究所、1996年）に収められた「証言8　産別会議の結成と組織・指導」の中で、次のように「証言」しています。

　A　「戦前に労働運動の経験がある人はごくわずかです。その人たちは、ロゾフスキーの理論や方針を勉強し、他方では福本和夫の理論を勉強していました。だから、言ってみれば赤色労働組合主義で頭がかちかちになっているのです。勉強したあとすぐつかまって、そのまま出てきているのですから、

第4章　企業別組合は誰が、どのように創り出したのか（その2）

いまから考えると、ずいぶんえげつないことを言っていたのだろうな、と思っています。つまり赤色労働組合主義が是正されていない。
　〔……〕プロフィンテルンがロゾフスキーを批判して統一戦線方式に変えて、それが日本に来ていたのですが、受け皿の方が壊滅状態で、残っていたものが入れようとしたけれど、やられてしまったということです。
　だから、日本の労働者には是正の方針が入っていないひとつの証拠だと思います。もちろん私も監獄に入っていますから、是正もなにもない。ですから戦後労働組合に関係した人の頭は、ロゾフスキーの頭であったと思います。」（法政大学大原社会問題研究所編『証言　産別会議の誕生』の証言8）
　B　「全労連は世界労連に加盟していましたが、五〇年八月に全労連が解散されましたので、そのあと産別会議が世界労連に加盟し、向こうもそれを認めました。
　ところが、国内では総評なだれ込み方針がでていました。世界労連では、そのような国内事情を話すわけにはいきませんので、私は次のような表現で報告しました。『日本では分裂工作で産別会議の加盟団体は少なくなって、世界労連の方針を責任をもって日本の労働運動の中には入れられない困難な条件になっている。こういう時にいつまでも加盟の旗を我々だけがもっているということは、はたしていいかどうか疑問に思っている』と述べました。
　そうしたら世界労連の執行委員のひとりが、いともかんたんに『労働組合はいかなる困難があろうとも、敵前でみずから解散することはありえない』という返事をしました。そこで私はハッとして、とんでもないことを質問したと思いました」（同上）

③斎藤一郎の著作
　A　「共産党は世界労連方式をとりいれながら、赤色労働組合主義をすてさることができなかった」（斎藤一郎『戦後日本労働運動史』（上巻、41頁）
　B　「このころ労組は一企業、一経営の全労働者が一つの組合をつくっているところから労働組合は工場委員会の役割をも果たしているという見解が流布され、労働組合と工場委員会とが混同させられていた」（同上、129頁）
　C　「〔共産〕党内における世界労連路線と赤色労働組合路線との『闘争』

はながく底流し続けていた。その「闘争」はまた党の政策にも反映して、統一方式にもいくたびかの転換となってあらわれた」（斎藤一郎『（斎藤一郎著作集　第一巻）戦後日本労働運動の発火点——二・一スト前後』、108 頁）

④松江澄（日本共産党広島県委員）の論文「日本労働組合の統一と分裂——いわゆる『統一行動論』への批判——」

　『前衛』（No.135、1957 年 12 月号）掲載のこの論文は、「第三回大会サイヤン報告」の組織目標の部分（訳文出典は示されていないが、五月書房版とほぼ同文）を引用した後、「日本の労働組合は企業別＝企業内労働組合である。世界労連の提唱する統一の目標の中で土台ともいうべき、『一企業・一労働組合』という目的は形式的には達成されている。しかしそれはあくまで形式的であって内容的には達成されていない」とし、「一企業・一労働組合」を「企業内あるいは企業別の組合組織」の意味に理解しています。

⑤日本共産党十回大会六中総決議

　この決議の正式名称と出典は次のとおりです。「労働戦線の階級的統一をめざす、労働組合運動のあらたな前進と発展のために——わが党の当面する諸任務——〈第十回大会〉第六回中央委員会総会決定　一九六八年三月四日」。日本共産党中央委員会労働局編『労働組合運動基本文献集　決議・決定編』から引用）。以下では、「（共産党）10 大会 6 中総（決議）」と呼ぶ場合があります。

　「わが党は、現在、中央組織においても、産業別にも、いくつもに分かれているわが国の労働組合戦線が、米日独占資本の搾取と抑圧に反対する闘争と徹底した組合民主主義にもとづいて統一し、広範な未組織労働者をも結集して、文字どおり、『一工場一組合、一産業一産業別組織、一国一中央組織』の原則を実現し、労働者階級の組織された強大な部隊として、労働者階級の階級的利益を擁護し、人民と民主勢力の政治的、経済的な闘争のなかで大きな積極的役割をはたす状態をつくりだすために、意識的な努力をおこなわなければならない。」

　10 大会 6 中総決議が、とりたてて強調している「文字どおり」というこ

との由来や意味については、決議中にとくに説明がありませんが、「一工場一組合」に一つのカギがありそうです。

荒堀広によれば、「企業連（労組）」を可能にする「一企業一組合」ではなく、「一工場一組合」（工場単位の組合）を組織し、「それを産業別に結集する」のです。これを、少々、咀嚼しようとすれば、まず、ある工場・事業所で全工員、全職員を同一の組合に組織する（工職混合、工職一体の工場別組合）、次いで、その工場・事業所が属する産業の「産業別労働組合」に「結集」する、ということになります。

こうした組織化を「広範な未組織労働者をも結集して」「文字どおり」そのようにする、というのですが、a 個人加盟によるのか、ユニオン・ショップなど強制加盟にするのか、b 大企業の工場・事業所のみを対象とするのか、中小零細企業もふくむのか、c 既存の「企業別組合」（一工場・事業所しかもたない企業の「工場＝企業」別組合や企業連をも含む）をどのようにして「産業別労働組合」に「結集」（転換・移行）するのか、d かつて主張されていた「〈産業別〉工場代表者会議」との異同はどういうものなのか、などについては言及がありません。

以上の咀嚼と疑問点は、以下で見る、⑧宮本顕治の「一職場（工場）一組合」論にも共通するものです。ここで検討している「一工場一組合」論は、結成当時の世界労連が唱えた組織原則である、「有機的統一としての産業別労働組合」における「一企業一組合」とは異なるものです。歴史的視点からは、かつての「赤色労働組合主義」における「一工場一組合」論との異同が問われる表現です。ここでは、とりあえず、既存の「日本型産業別労働組合主義」（「企業別組合」の連合体としての産業別労働組合）や他国の産業別労働者組合主義と区別するために、「宮本顕治・一職場一組合説」と名づけておきます。

⑥荒堀広の論文「労働組合運動の現状と課題（その１）」などにおける組織原則としての「一工場一組合」と「日本型・新産業別労働組合主義」

荒堀広は1960年代末から70年代初期に、「一工場一組合」と「産業別労働組合」を直結する方式・戦術での「企業別組合の弱点克服あるいは脱皮＝産業別組合主義」を提起していました。まず、1969年の論文、荒堀広「労

働組合運動の現状と課題（その１）」から見ましょう。この荒堀広の論調は、上記の引用文献、日本共産党「10大会6中総」を下敷きにしていると考えられます。

「労働組合の組織原則は、『一工場一組合、一産業一産業別組織、一国一中央組織』です。ここで注意していただきたいことは、『一工場一組合』ということと『一企業一組合』ということは基本的な違いがあることです。『一工場一組合』というのは、工場ごとに、あるいは事業所ごとに単位組合をつくり、それを産業別に結集する方向のことをいいます。ところが、『一企業一組合』ということになりますと、企業連が単一化された場合、それが単位組合ともなります。つまり、企業別＝資本別に単位組合をつくるということになるわけです。」（荒堀広編『労働組合読本』、新日本出版社、1969年、272～273頁）

次に、荒堀広『労働組合運動論』（新日本新書、1972年）から3ヵ所を引用します。

「わが国の労働組合も発達した資本主義国における労働組合と同じように一応、かたちとしては産業別組織の形態をとっている。しかしそれは、諸外国のように単一組織としての産業別組織ではなく、企業別組合の産業別連合という特殊な形態をとっている。（もちろん海員組合のように単一組織も部分的にはある。）単一組織は、一つの労働組合規約によってその産業全体の組合員の権利、義務が規定され、組合の運営がなされている。これにたいして、企業別組合は企業ごとに規約をもち、組合員の権利、義務が規定され、その結果、産業別組織も企業別組合が加盟の単位となっており、企業別組合の共闘組織的な性格をもたざるをえなくしている。」（84頁）

「こうして資本は、『民同派』が指導権を掌握した組合のもとで、産業別の統一団体協約を破棄し、企業別の労働協約に変え、今日のような企業別組合を育成したのである。

ここから導きだされる結論は、こうである。戦後の政治的激動期につくりだされた工場の全員組織という組織形態をとった戦闘的な企業別組合が産業別組織に発展していくか、それとも企業別組合に封じ込められてしまうかという問題は、まさに全階級闘争と不可分に結びついているということである。そして、

それは同時に個々の企業のなかで労働者のどの部分がその組合の指導権を掌握するか、つまり、全員組織という形態をとっているばあいに労働者統轄組織を土台にした層か、それともそれを孤立させた組合員大衆かのいずれかによって、資本に追随する企業別組合か、企業別の組織形態をこえて産業別組織へ発展していくかの分水嶺になる問題だということである。」(87頁)

3ヵ所目は「2　企業別組合の弱点の克服」という項からのものです。

「したがって、今日の労働組合の組織問題をめぐる情勢は、企業別組合を脱皮して真の産業別組織への発展をめざすか、それともすでにのべたように企業別組合の再編強化の方向を許すかというあらたな転換点にたっているといえる。そして、それは全階級闘争の発展と不可分に結びついている。」(89頁)

荒堀広は、この時点では、「階級的・民主的潮流の企業別組合」の強化、あるいは、階級的・民主的による企業別組合の主導権の掌握をつうじて、「真の産業別組織への発展」をめざしていました。しかし、荒堀広の「産業別労働組合」主義は、「戦闘的な」一工場一組合形態を基礎としながら、「企業別の組織形態をこえて産業別組織へ発展していく」という非現実的なもので、かつ、「個人加盟の」という基本的条件を無視した、誤解された「産業別労働組合」であり、ルイ・サイヤン訪日調査団および当時の世界労連（WFTU）が示した「有機的統一」における職業別・産業別組合主義とは、全く異なるものでした。

⑦戸木田嘉久の、ルイ・サイヤン定義の「理解」

A　戸木田嘉久は「周知のように『一企業一組織、一産業一単産、一国一中央組織』は、労働組合組織の基本原則である。かつて世界労連書記長ルイ・サイヤンは第三回世界労働組合大会でつぎのようにいった」としつつ、サイヤン書記長の「活動報告」の一部分を引用しています（戸木田嘉久「日本における『企業別組合』の評価と展望」、『巨大企業における労働組合』、大月書店編集部編『現代の労働組合運動』第7集、1976年所収）。戸木田嘉久が「一企業一組合」に関して、少なくとも形式（定式）上は、世界労連が行った規定に依拠していることは明らかです。

B　戸木田嘉久はまた、新聞単一、全日本機器などを除き、全体としては

企業別組合を基礎として構成されていた産別会議について、次のような評価を下しています。「一九四六年八月に結成された全日本産業別労働組合会議(「産別会議」)は、ストライキを中心とする産業別統一闘争による産業別統一労働協約の締結を提起し、完全な産業別労働組合の確立を達成しつつあった」(同上、10 頁)。

　C　戸木田嘉久は「企業別組合」の「積極的側面」を次のように展開しています。「ところで、階級的・民主的潮流が主導権をにぎっている『企業別組合』についていえば、この組織形態の積極的側面がむしろ生かされ、企業ないし事業所レベルの活動に限定すると、フランスの水準をぬきんでているという評価も不当ではないように、私には思われる。

　第一に、労働者階級の唯一の武器は『数の多数』であり、『数の多数』は団結しなければ無であるといわれるが、階級的・民主的潮流が主導する『企業別組合』のばあい、企業内に限定するかぎり『一企業・一組合』の組織化の原則を達成しえているということがある。」
(同上、28 頁)。

　D　戸木田嘉久は、次に示す通り、「企業別組合」を世界労連が言う「組織原則にかなった組織」だ、とも評価しています。

　「『企業別組合』の消極的側面と積極的側面とはいわば表裏の関係にあり、そこにおける階級的・民主的潮流の力量いかんが、あるばあいには消極的側面を前面におしだし、またあるばあいにはその積極的側面を前面におしだすことになるということ。したがって、『企業別組合』(それは組織形態上は資本と賃労働の対峙する直接的な場を基礎にした、『一企業・一組合』の組織原則にかなった組織ということになる〔……〕」(『労働運動の理論発展史 戦後日本の歴史的教訓』(下巻、新日本出版社、2003 年、176 頁)

⑧宮本顕治の「一職場(工場)一組合」説

　「労働組合というのは、私どもはある職場、ここでは一組合であるべきである、そしてそれがかりに反動的な、右翼幹部が指導権を持っていても、そのなかで忍耐強く組織の統一を守って、そういったところでその指導方針が気にくわないというかたちで分裂はすべきではないと考えております。労働

組合の基礎組織、職場の組織においては、反動的な方針が出ていても、やはりそこの職場の大衆といっしょに根気づよくよくするために奮闘する。しかしナショナルセンターというのは次元の違った問題であって、そういういろいろな労働組合が、その国の労働運動全体の問題をあつかうこのセンターを自由意思でつくるわけであります。〔……〕この中央組織を選択するということは、職場で反動的な指導部であってもがまんしてその組織の統一を守るということとは別個の問題です。」（宮本顕治「革新のエネルギーと革新勢力の新しい構築の展望──〔1980 年〕三月一三日、日本記者クラブでの講演」、『前衛』1980 年 5 月号に掲載）

　この「一職場一組合」説はその論拠がのべられていません。しかし、この発言だけを言葉通りに受け取れば、宮本顕治（党幹部会委員長）が、1) 工場・職場レベルの組合組織を、企業・工場内にある「労働組合」の「基礎組織」形態と位置づけていること、さらに、2) 職場レベルと、ナショナルセンター・レベルの組織統一問題を、当面、切り離して「別問題」扱い──つまり、両レベルを、少なくとも当面は切り離す、という非有機的理解──を、「私ども」（日本共産党）の見解として表明したものです。

　そして、この見解だけを強調し、有機的理解と接続・統合することなしに固執すれば、その意図が何であるかにかかわらず、「職場の労働組合」という言い方で、既存・現存の「企業別組合」（その実体は「尻抜けユニオン・ショップ付きの企業別組合（体制）」を、事実上、積極的に肯定することになります。

⑨「一工場一組合」主義とその帰結
──典型としての全造船機械労組石川島分会事件

　上記⑤〜⑧は、「一工場一組合」、「一職場一組合」、「一企業一組合」など、呼び方の違いはありますが、それらを至上・不動のものとして絶対視する、あるいは、積極的に評価する点で一致しています。ここでの「工場」、「職場」、「企業」の区別は、実際には全く相対的なものにすぎないので、ここでは、⑤〜⑧を一括して、「一工場一組合主義」と呼ぶことにします。

　現在の日本において、職業別・産業別組合主義と切り離して、「一工場一組合主義」の立場を絶対視するならば、企業別組合（日本型会社組合）とい

う組織形態、あるいは、企業別組合体制（いうまでもなく、荒堀広が言う意味での「企業別組合」も、これに含まれる）そのものを容認し、さらには、「擁護」することにならざるをえません。私たちは、その典型的な一例を1970年に起きた全造船機械労組石川島分会事件にみることができます。

　まず、「事件」の経過を、1953年以降、長期にわたって全造船（全日本造船機械労働組合）本部に勤務し、組織部長などを務めた小川善作の論文「造船産業における少数派運動」（『労働法律旬報』No.1186, 1988年2月25日号）によって、概観しましょう。

　小川善作論文の基調は、とくに、石川島播磨重工での分裂攻撃との闘いの経験を踏まえつつ、大企業においては、「企業別組合の枠内では、長期的には勝ち目はない」として「体制内反対派」にとどまり続けるのではなく、少数派を形成してでも団結権を行使する道を選ぶべきだとの主張です。そこには、「個人加盟の産業別労働組合」に対してかけられた、「企業別・全員加盟方式組合」への移行・分裂攻撃、という組織原則問題も含まれています。

　小川善作は、産業別労働者組合である全造船への、「脱退・同盟系へ加盟」という分裂攻撃が石川島播磨重工に及ぶまでの過程を次のように概説します。

　「石播重工の場合はどうであったか。この間六八年に日本鋼管部門の脱退問題があり、いったんは全造船が大衆投票で否決する。ところがまた翌年やられるというようなことを繰り返していますが、一九七〇年になって、石播や川重、名古屋、舞鶴といったところが、一斉に全造船脱退の火の手をあげてきました。」（22頁）

　続いて、石川島での分裂攻撃とそれへの応戦のなかで、左派勢力内部に「分列」が及んだ過程です。なお、ここで「階級左派と言われた人たち」とは、事実関係から判断して、日本共産党員である石播労働者を指しています。

　「この時期、石播の執行部の指導権は右派が握り、かれらは一九七〇年一一月に全造船脱退の提案を行ないました。石播の規約に基づく選挙規程には、一般投票に付議する事項については告示期間は一週間とする、と明文化されています。にもかかわらず右派執行部は告示期間は三日間とし、ただちに一三日には投票するという発表をしました。これに対して左派系の有志が東京地裁に差し止めの仮処分申請をしました。東京地裁は、たしかに選挙規

程違反ではあるが、現に進行しつつある明日に迫った投票を差し止めるほどの違反ではない、というような変な解釈で仮処分申請を却下するのです。そして一三日に投票を行ない、脱退賛成七五〇〇、反対二九〇〇という結果で全造船の脱退が決まったのです。

このとき全造船〔本部〕は、いままで全造船を守る会をつくって反対してきた左派の諸君に対して、この脱退は選挙規程違反の投票で、正しい手続きによる脱退決定とはみなしがたいとして分会組織の維持指令を出すのですが、石川島分会に三〇名ほどの人しか結集しえないという結果に終わりました。

ここで階級左派と言われた人たちが、この脱退をあるがままに承認して、全造船と袂を分かっていくという経過をとっています。」(22頁)

以上のような「事件」が「一工場一組合」主義とどういう関係にあるのかが、私たちの当面の研究テーマです。

「事件」当事者の一人、佐藤芳夫は自著『あたりまえの労働組合へ』(亜紀書房、1973年)の中で「事件」の経過を、ビラなどの資料も添えて、詳細にのべています。そのなかで、「一企業一組合」主義が「同盟」加盟策動の一環としての分裂組織づくりに利用されたことを以下のようにのべています。

なお、佐藤芳夫は上記自著で経歴を詳述していますが、1948年、石川島播磨重工入社。1952年以降、全造船石川島分会執行委員、同委員長を経て、石川島播磨重工労連委員長、全造船委員長などを務めた後、48年9月、再び石川島分会(当時、石川島分会は産業別労働者組合である全造船の分会であると同時に、企業別組合の連合体である石川島播磨重工労連の加盟組合)に戻り、「事件」当時、分会執行委員長、社会党員でした。

「ぼくらの所属する石川島分会は、当時、石川島播磨重工内にある五つの単組で組織された〝石幡重工労連〟という企業連合に加入していた。同時に産業別組織としての全造船機械労組の有力分会であった。連合会の中には、東京と名古屋の二組合(約一万五千)が全造船機械傘下であり、横浜、相生(兵庫県)、呉(広島県)の三組合(一万八千)は、同盟傘下の組合であった。相生と呉の両組合は、造船総連(同盟)の有力組合であることから、石幡労連は、全造船機械と造船総連の統一・合同の〝懸け橋〟的役割を担う方針を掲げていたのだ。

しかし、表面上のスマートさは別として、現実の力関係は、統一・合同、そして一括・同盟加入への策動がつづけられたのである。その上、『一つの会社に一つの組合』という（誤った）組織方針にもとづき、石播労連五単組の単一化（合同）の準備が行われ、その目途を昭和四六年一〇月と設定したのである。いうまでもなく、単一化は、必然的に両上部団体からそれぞれの有力組合が離脱することになる。ところが、その内実では、石幡重工資本によって長い間、培養されてきた御用勢力である、石川島民主化運動総連合（全造船・二八会と称する分裂主義右派集団の中心勢力）は、全造船機械を、彼らのめざす御用組合化に失敗するや、昭和四三年八月、公然と『全造船機械解体』を宣言し、全造船機械内の右派、二月会と造船総連を糾合し『造船重機共闘』という新組織の結成を掲げるにいたった。また、この分裂組織の方向を、同盟加入に求め、彼らのはじめから持っていた意図を、あからさまにしたのであった。」（167〜168頁）

　佐藤芳夫は、さらに、産業別労働者組合である全造船を守る闘いにおける現場での「社共共闘」において、日本共産党の側が「石播労連の単一化（合同）」──これは、この場合、「一企業一組合」主義と同義──という立場をとって、決定的な瞬間に「共闘」から「逃亡」した、として次のように説明しています（文脈を整合するために、引用頁が逆転します）。

　「日共の柳沢君〔柳沢純＝分会執行委員〕は、『党〔日本共産党〕中央の荒堀労働部副部長の指示によって、全造船に残らないことに決めた。』といってきた。江村本部中執（日共）も前言をひるがえし、党の決定に従わざるをえないことを明言した。ただし、日共は、全造船の旗を守ろうとする社会党に、中傷誹謗はしないことを申しあわせたそうだ。」（181頁）

　「このような中で、ぼくと唐沢の両執行委員は、『分会執行委員会』の名によるビラまきの〝決定〟を断乎拒否し、闘った。一一月一三日の全体投票で『可決』された〝脱退〟以前までは、日共石川島委員会は、態度あいまいのまま。〝脱退反対〟運動をつづけていたが、この日を境にして、動揺が始まった。

　もっとも、日共は、この日以前の態度として、①脱退反対運動は行う、②原則として多数で決ったときは、その決定に従い、同盟に入って闘う、③ただし、現地、石川島の事情を配慮の上、最終的な結論を出す、というもので

あった。投票の前日（一一月一二日）になると、日共は『分裂』してしまった。この日の夜、全造船機械本部で、社共両党系の〝合同会議〟が開かれたが、その中で、

 佐藤〔芳夫〕『規約違反と不当労働行為は明白だ。今の力関係からいうと〝脱退〟デッチあげが行われることは確実だと思う。この分裂攻撃を、組合解体攻撃とみて、ぼくらは、労働組合を残して闘うべきだと思う。』
 柳沢純（石川島分会の執行委員であり、日共石川島の責任者）『まだ投票は終っていない。明日の投票をみてから、残るかどうかを決めたっていいじゃあないか。はぐくみ会は、石播労連の単一化（合同）を支持しているんだ。ただし、上部団体については、別に考えてもいい。まだ努力すれば脱退を阻止する可能性も残っていると思う。』」（178頁）

　なお、日本共産党東京都石川島委員会が「事件」の翌年（1971年）発表した「石川島労組の全造船脱退とわれわれの立場」（『石川島ニュース』特集号）の関連部分３ヵ所を参考までに、以下に、採録しておきます。

「石川島では、わが党組織は全力をあげて全造船脱退阻止のために奮闘してきましたが、すでにのべてように脱退は全員投票によって決定されました。しかも、全造船は個人加盟の単一組織でなく企業別組合を加盟単位とする連合体という組織形態をとっています。これらの条件のもとでは全員投票にしめされた組合員の意思を尊重し、ひきつづき石川島労組の階級的強化のために奮闘する態度をとることが、石川島１万２千人の労働者に真に責任をおう原則的立場であることはあまりにも明らかです。」

「こうした全造船脱退が大衆的に決定された現実を直視してひきつづき石川島労組の階級的民主的強化のために奮闘する立場は、具体的なあらわれ方に違いはあっても三菱の長崎造船、横浜造船などで全造船の分会を守って奮闘しているわが党組織の態度と本質的には同じものです。横浜造船の場合は、上部団体への加盟・脱退問題が全員投票によって決定すると規約に明記してあるにもかかわらず、右翼的幹部がこれを無税してクーデター的に脱退強行という暴挙をおこなったとき、わが党組織は団結の保障である組合民主主義を擁護する見地にたって、全造船分会組織を守って断固たたかってきました。

このように労働組合の統一の旗じるしをにぎっているかぎり、たとえ一時的には少数組合になったとしても必ず広範な労働者大衆の支持を得て、労働者と労働組合の統一を達成する正義の旗じるしとなるものです。事実、全造船を脱退した同盟三菱重工の右翼的幹部が民社党から参院選に立候補する柴田氏（三菱重工労組委員長）の推薦をきめ、それぞれの支部に選挙資金カンパ一人600円を強制しようとしましたが、同盟横浜造船支部は職場労働者の抵抗にあい委員会で賛成39、反対62でカンパを否決するという事態がおきています。これは、三菱の右翼的幹部の組合民主主義を無視した方針の破綻をしめすものであるとともに、困難な条件のもとで統一の旗を守りながらたたかってきた横浜造船分会への労働者の支持の高まりとからみあっておきたものです。」

「したがって、石川島でとったわが党の態度は、大局的見地からみるならば全造船を守り拡大強化する立場となんら矛盾するものではありません。反対に原則的で道理のあるわが党の立場を非難する人々こそ、主観的にはともかく、客観的には全造船の組織を守り発展させる立場にたっていないものといわざるをえません。

わが党は、全造船が1946年に結成された以後、今日まで一貫してその強化、発展のために奮闘してきました。そしてこの数年間につよまっている右翼的幹部の分裂策動に反対して全造船を守るためにたたかうとともに、全造船と造船総連（同盟）の共同闘争の実現、すべての金属労働者と労働組合の団結と統一闘争の強化のためにあらゆる努力をかたむけてきました。今後ともわが党組織は、全造船にたいしてつよまっている右翼的幹部の分裂策動を粉砕し、その組織の強化、拡大のためのたたかいの先頭にたつものです。」

私たちが、以上で検討してきた組織形態、組織原則に関する文献、所説、実例などは、いずれも、ルイ・サイヤン書記長の説明、世界労連の諸文献が解説し、日本の労働者組合関係者に「勧告」した組織原則、特に、先に挙げた二つのチェック・ポイント（「一企業一組合」の意味・位置づけ、および、「有機的統一」原則の理解・実行）を理解していない、あるいは、無視や誤解をしている、と言えます。そうであれば、世界労連の「勧告」は、結局は、日

本の労働者、労働者組合活動家、研究者たちに「届かなかった」——物理的に届かなかっただけではなく、内容的に理解されなかった——ということになるのではないか、という懸念が生じます。

(2)「勧告は届かなかった」——二人の指摘と諸原因
①白石徳夫の場合

　私たちの「懸念の目」を凝らして、さらによく見ると、「届かなかった」のが現実なのだと指摘した人物と文献がいくつか存在することがわかりました。

　白石徳夫『立ちすくむ労働組合』（日本評論社、1988年）もその一つです。同書は「理解されなかった世界労連勧告」という一節を設け、その中で、「組織機構」の改革と並んで「賃金決定方法」の改革が不可欠なことが強く勧告されたが、この後者の勧告が「理解されなかった」ことの重大性を、「企業別組合」体制化にも関連する問題として、次のように指摘しています。

　「いまとなっては、その存在さえも知られていないであろうこの報告書は、誕生まもない運動に、基礎づくりの重要さを明確に勧告していた、と私にはみえる。①日本の労働組合の現状、②社会情勢、③賃金と労働条件、の三項目から成るこの報告書が、『運動組織の弱点』と考えるのは『軍国主義・帝国主義の下で培われた社会的恐怖』である。つまり、運動主体の基礎である『個人』に問題がある、とまず指摘し、これを守り、『運動の自由と独立』を保持していくために、『産別整理とその中央統合』をめざし、『組織機構の改革』をただちに検討するよう、『厳粛に勧告』している。

　ここまでは、いわば常識である。報告書の構成と文脈から、この組織機構の改革とかかわってくるのが、③の『賃金と労働条件の決定』方法である。代表団にとってこのありかたは、危惧に耐えなかったらしい。歯に衣着せず、といわんばかりに、指摘は痛烈である。報告はいう。『(日本の決定方法は) 職業能力、仕事の性質、なされた仕事の質や量に基礎を置かず、勤労者の年齢や勤続によっている。〔……〕代表団全員は、かかる賃金決定方法を批難した。このような方法は、雇主の意志のままに誤用され、差別され得る道を開く〔……〕方法そのものが非合法的であり、非経済的〔"irrational and anti-economic"。「非合理的かつ非経済学的」が正しい訳である。なお、直前二ヵ所の傍点は英語原文には無い〕である。賃金は勤労者の（社会的に認知された）資格と能力に基礎を置かなければならない。』

　報告書の論旨は、（個人の）賃金決定方法が、雇主の意志のままの差別を許すならば、組織機構の足許をゆるがし、運動の自由と独立を脅やかし、労働者個人を社会的恐怖にさらす、というように、構成とは逆に読み換えたほうがはっきりする。ここで強調されているのは、賃金決定における思想性であり、組織と運動への波及効果であろう。そのように読みとるべきであろう。〔……〕

　世界労連の『勧告』は、どう受けとられたか。産別会議『小史』はいう。『(この）貴重な示竣は、ほとんど無視されるような状態であった。流布されることも、宣伝されることも、研究されることもなかった。』なぜ、どのように貴重なのかについては、いっこうに言及がない。要するに、わからなかったのであろう。わかりようもなかったのであろう」（53～55頁）。

②金子健太の場合
——内容を理解し、打開策も提起していた

　白石徳夫の上記の指摘は重要な問題点を衝いており、一般的には、私たちがルイ・サイヤン訪日調査団の関係文献に関して見てきた問題点とも合致しています。しかし、「勧告」の貴重さについて、わかっていた、そして、打開策も示していた人物が少なくとも一人はいたのです。それが金子健太です。

　金子健太の様々な場面・文献での発言も——直接的に世界労連からのメッセージが「届かなかった」と断言しているわけではありませんが——多くの歴史的事実や出来事の背景事情の説明をとおして、「届かなかった」という事実関係だけでなく、その原因や打開策も含めて解明しています。金子健太は第二次世界大戦前および直後における労働者組合役員（全国金属労働組合中央執行委員・国際部長など）、世界労連執行委員（プラハ駐在を含む）、日本共産党中央委員会労働組合部副部長などの経歴をもつ人物にふさわしく、その言説は経験や事実に裏づけされ、包括的かつ具体的です。また、職業別・産業別組合の組織原則、および、初期の世界労連が掲げた有機的組織原則をよく理解し、それを日本に適用し具体化しようとした希少な存在でした。先

第 4 章　企業別組合は誰が、どのように創り出したのか（その 2）

に挙げたチェック・ポイントなどに論点を絞って、金子健太の理解・見解を検討していきましょう。

1）ルイ・サイヤン訪日調査団受け入れ事情――ＧＨＱなど当局の妨害

　金子健太「産別会議の初期の活動――関東労協結成から全労連解散まで」（労働運動史研究会編『産別会議――その成立と運動の展開』、労働旬報社、1970 年）は、次のような当局の妨害があった事実を暴露しています。

　「世界労連が日本の労働組合に調査団を派遣することを知らせる手紙を送ったのですが、その手紙は、産別会議にも全労連にもついていませんでした。その手紙は、二・一ストの後しばらくしてから運輸省に保管されていることを、電工の書記長で産別会議から全労連幹事に派遣されていた渡辺〔三知夫〕君が、運輸省の組合員から聞き、それをうけとってはじめてわかったのです。日本の労働者の大多数は、この手紙によってはじめて世界労連の存在を知ったわけです。」（76 頁）

2）職業別・産業別組合の原則と戦後日本の「労働組合」の位置、「一企業一組合」の意味

　金子健太「日本労働者の賃金闘争とその問題点」（『世界労働組合運動』、世界労連日本出版協会、No.205、1959 年 10 月）は、尻抜けユニオン・ショップとワンセットの企業別組合体制の決定的欠陥の一つを次のように指摘しています。

　「日本においては、真に階級的立場にたって労働運動を指導する指導者が、ひとたび職場を追放された場合は、労働組合の組織のなかに存在することがほとんど許されない。それはまた、闘争の経験の蓄積によって、労働者階級の闘争力を強化することをはばむことである。」（17 頁）

　次に見る金子健太「未組織労働者の組織は当面の重要課題である」（『前衛』、日本共産党中央委員会、第 197 号、1962 年 5 月）は、「多くの活動家が〔……〕労働組合を正しく理解していない」という言い方で、「企業別組合（連合体を含む）」を「労働組合」や「産業別労働組合」の一形態と見る「組織概念」を改めるべきだと主張しています。

「われわれは〔……〕戦後日本の労働組合運動を支配している、労働組合の組織概念をあらためる必要がある。戦後、日本の労働組合運動の発展の過程は、すべての労働組合が企業を中心として組織された。したがって、現在全国的組織をもつ産業別労働組合でも、その実質は前述のごとく企業別組合の連合体である。それだから、多くの労働組合の活動家は、労働組合とは、企業や工場のなかにつくるものであり、したがって、その企業なり工場のすべてが、少なくともその大部分の労働者が加入しなければ、労働組合は組織できないものと考えている。これは労働組合を正しく理解していないからである。このような思想は、わが党のなかでもつよく存在している。

労働組合の活動とたたかいの場は、いうまでもなく工場内にその中心がある。しかし労働組合は本来、工場のなかにつくられるものではない。」(122～123頁)

金子健太「階級的民主的労働組合建設のために」(日本共産党中央委員会労働組合部編『今日の労働組合運動の諸問題』、日本共産党中央委員会出版部、1966年)」も上記と同趣旨の誤りを指摘しています。

「現在、わが党のおおくの党員がいだいている労働組合にたいする考え方を改めることが必要である。それはわが党員のおおくの同志たちもまた、戦後の企業内労働組合の活動のなかで成長した同志たちである。したがって、労働組合は企業あるいは工場単位に組織されるものであり、労働組合を組織する場合は、その工場の全員もしくは絶対多数の参加がなければ組織できぬものだと考えている。これは、労働組合にたいする正しい認識ではない。」(65頁)

3) 個人加盟の職業別・産業別組合に向けた「打開策」
――「労働組合」概念の転換闘争

金子健太「未組織労働者の組織問題の重要性について」(『前衛』、日本共産党中央委員会、第241号、1965年10月)は、1)で指摘したような状況の打開を訴えています。

「未組織労働者のなかに個人加盟の産業別単一労働組合を組織する活動は、多くの困難がともなうことは当然である。しかしこの困難にうちかってはじめて成功をかちとることができるのである。同時に、労働組合は企業内に組織するものであるという、戦後日本の労働組合運動において支配的になって

第4章　企業別組合は誰が、どのように創り出したのか（その2）

いる労働組合にたいする思想上の概念を改める闘争、すなわち、労働者の思想を階級的にたかめ、労働組合にたいする正しい認識をうえつけるための思想闘争をぬきにして、その成功をかちとることはできない。」（138頁）

「企業内労働組合であるため、会社が倒産などで事業所を閉鎖すると、炭鉱合理化によって炭鉱が閉鎖されるたびに、労働組合も解散してしまうという例にみられるように、労働組合も消滅してしまうのである。これは、労働組合が独立した労働者の自主的な社会的団体になっていないことを示している。たとえ企業が倒産し、会社が消滅しても、労働者は存在するし、団結してたたかわなければ、生活も権利もまもれないのである。したがって、労働組合の存在は、資本家の浮沈によって左右されるものであってはならないのである。このような労働組合は、労働者が企業の枠をこえて、社会的団体として地域的、地方的、全国的に結合して、はじめて実現できるのである。」（138頁）

「われわれが未組織労働者のなかに労働組合を建設する活動をおこなう場合、今後は企業内労働組合を組織するのではなく、はじめから、個人加盟の原則にもとづいて、地域的、地方的な産業別の労働組合を組織するために努力しなければならない。そして、この労働組合は、企業別労働組合のように本雇いの労働者だけを組織の対象とするものではなく、本工、臨時工、社外工、就業者、失業者の区別なく、同一産業の労働者であるならば、すべて加入することのできるものでなければならない。」（138〜139頁）

③理解を妨げた一要因――英語 "organic" の不適訳問題

　この節を終わるの当たって、以上のルイ・サイヤン訪日調査団に関する観察を通じて浮き彫りになったもう一つの問題点を指摘しておきたいと思います。それは、調査団の産業別労働組合という組織形態についての真意と「勧告」が、日本の労働者組合当事者に「届かなかった」原因の一大契機としての「誤訳・不適訳」問題です。とりわけ、先に見てきた「有機的（労働者組合）統一（organic trade union unity）」の理解の欠落が関係していると考えられます。そう考える理由を説明してみましょう。

　私たちは先にルイ・サイヤン訪日調査団の予備報告を私（宮前忠夫）の訳文によってみてきましたが、当時、広く利用されたのは、『世界勞働情報』

第一輯（全勞連・世界勞連加入促進委員會書記局編集・發行、1947年）に掲載された訳文でした（以下、『世界勞働情報』版、とよぶ）でした。『世界勞働情報』版では"organic trade union unity"は「組織的統一」と訳され、しかも、"organic trade union unity"が下線によって強調されていることを「無視」しています。この訳では、"organic"と"organisational"の区別と連関があいまいになり、単なる「組織的統一」と理解され、結局は、世界労連が最も重視し、力を込めて「勧告」している本質的内容である「労働者組合の有機的統一（organic trade union unity）」という考え方が、日本の労働者組合運動に伝わらないことになります。

具体的にいえば、世界労連視察団が京都の工場視察の結果に立脚して、トレード・ユニオンを基本単位（単位組織）としつつ、企業内労働者組合支部を有機的統一の基礎として、しっかりと位置づけることが、極めて重要であるとした「勧告」の核心――有機的統一――を捉えられず、いくつかの個所で混乱・矛盾した訳文を生み出す結果となったのです。

ちなみに、この「勧告」を含む当時の世界労連の報告類を収録した他の諸文献（「天達忠雄、高島喜久男、風間龍、草光實編『世界と日本における勞働組合の任務』、青木書店、1955年）」などでも、"organic trade union unity"は、「有機的統一」ではなく、「組織的統一」と訳出されています。

本節を終わるに当って結論的に確認できることは、予備報告に象徴される世界労連の日本労働者組合運動に対する「勧告」と警告は、その本質においては、日本の当事者たちに「伝達」されなかった、したがって、そうした意味でも、日本の労働者階級は、この時点（1953年）までに世界労連に集約された世界の労働者組合運動の教訓を正確に学び取ることができなかったという事実です。しかも、それらを基本的に正しく理解し、正面から、「個人加盟の産業別労働組合」に向けての転換を主張していた金子健太の諸見解――とくに、「企業別組合」を「労働組合」と見る組織概念そのものの転換の必要性――は、その後の日本共産党の労働者組合政策においては、引き継がれませんでした。

同党のその後の「労働組合」運動に関する基本政策路線となる日本共産党

「10大会6中総」は、「企業別組合という特殊な組織形態をとっていることと結びついた弱点」を指摘し、「未組織労働者の組織は〔……〕労働者の要求と闘争にもっとも適した組織形態として、全体として、個人加盟および産業別結集という方向をたてまえとしながら、同時に、これを機械的に絶対化する画一主義におちいることなく、必要と条件によって地域別、企業別に結集する」などとする一方、「一部には、既存の労働組合がはたしている役割をみず、その企業別組合の弱点だけを強調し、不必要に対立したり、共同してたたかう努力をしないセクト的傾向が存在している」など、当面する問題点や対応策については詳しくのべています。しかし、日本の「企業別組合」とその体制化という問題について、その歴史および本質の分析、世界の労働者組合運動における位置づけなどは行っていません。

4. 企業別組合の生成と体制化——資・労の認識と論調

　以上の諸章、特に第3章と、第4章の本節までの部分を振り返り、総括しながら、日本における企業別組合（日本型会社組合）の歴史的生成とその体制化の「秘史」、そして、それをめぐる、当時（20世紀末日本）の資本家・財界側と労働者側の認識および論調をまとめておきおきましょう。

(1) 企業別組合（日本型会社組合）生成を自賛する財界
　第一次世界大戦後の世界・国際関係のなかで「労働組合」承認を避けられなくなった日本の支配層、とくに、財閥系を先頭にした財界はさまざまな労資協調策を弄して、労働者の団結体の実現闘争と法認を妨害し、あるいは、遅らせ、その一方で、先手を打って、欧米などの労働者組合運動および労働法制の調査・研究を徹底して行い、労働者組合の法認（「労働組合法」制定など）に反対し、それが無理とわかるやイギリス型の職業別組合（trade union）を拒否・否定し、当時アメリカ大資本が職業別・産業別組合（運動）破壊の手段として編み出した「会社（別）組合（company union）」（工場委員会、労使協議会など多様な呼称と形態を持つ）を素早く自社に移入・移植し、会社（別）組合の法認を実現するための諸運動——とくに、政府への働

きかけ——を強力に展開しました。

 20世紀入りと前後しての世界的・国際的「会社（別）組合」攻勢は、一般的には仏、独、英、米の順に発生・移転し、さらに米から日本に移植されました。これは、国際的な大企業（当時のいわゆる独占資本）による労働者運動への反撃であり、その重要な一環でした。

 その後、天皇制軍国主義・日本帝国主義の侵略的戦争政策と結合した支配強化が労資関係分野にも及び、労働者組合の「日本主義化」が進められ、ついには、労働者組合が解散を余儀なくされ、事実上、産業報国会体制に一本化されていきました。当時の日本独占資本（財閥系大資本）は、この間も職場レベルの産業報国会組織に潜行・変装する形で「会社（別）組合」の維持・強化につとめ、第二次世界大戦終結後、ただちに、「企業別組合」の法認——「労働組合法」に、「企業別組合排除」を規定させないこと——に八方、術策を弄し、それに成功したのです。兵藤釗『労働の戦後史』【上】は、「新労組法は〔……〕労働組合の自主性・民主性、民主的労働関係の確保を名分とした改訂措置をテコとして、単位組合たる企業別組合を労使関係の基底にすえなおそうとするものであった」（81〜82頁）と解明しています。

 こうして、現行労働組合法である1949年労働組合法の下で、企業別組合（日本型会社組合）の体系化・体制化が「完成」に向けて、支配層の狡猾な戦略として、陰に陽に、しかし、系統的に追求されてきたのです。

 例えば、鹿内信隆と櫻田武は、「カンパニー・(ユニット・)ユニオン」（企業別組合）について次のように言っています。

「**鹿内** ……総評はカンパニー・(ユニット・)ユニオンというものを否定して、業種別の労働組合の結成を大きな理想に掲げておりましたけれども、結局、日産の争議〔1953年〕によって日本の労働組合運動の主体はカンパニー・(ユニット・)ユニオンの性格が非常に鮮明になった。その代表的なものでしょうね。
櫻田 まあそうだ。カンパニー・ユニット・ユニオンだね。カンパニー・ユニオンというと御用組合だな（笑）。
鹿内 日本の労働運動史上でも、日産の労組が変わって今日の日産というものの基礎ができたというのは、やっぱり大きいな…。」（櫻田武・鹿内信隆『い

ま明かす戦後秘史』上巻、250頁）

　大槻文平は1984年に、現役の日経連会長として、「賃金正常化へさらに前進を」(1984年5月16日、日経連第37回定時総会での会長あいさつ)のなかで、企業別組合とその路線の「コペルニクス的転換」を次のように絶賛しました。

　「本年の労働問題研究委員会報告の序文の中で、私は、第一次オイルショック後の十年の動きを振り返り、その間の賃金決定の正常化を支えた労使関係の進歩、とくに、企業別労働組合であるからこそ逸早く可能になったと思われる、労働組合の、経済・経営に対する認識における長足の進歩にも触れたわけであります。〔中略〕

　この間、特筆すべきことは、わが国の民間労働組合が、世界の労働組合にさきがけて、経済実態に合った賃上げという、いわゆる経済整合性路線を打ち出したことであります。

　この、労働組合としては、いわば、コペルニクス的な転換によって、日本経済は、世界主要国の中で、逸早く第一次オイルショックを克服し、ジャパン・アズ・ナンバー・ワンと称されるまでになりえたのであります。」

　「ご承知のように、わが国の労使関係の改善進歩は、民間労使が自主的に、先駆的立場をとってリードして来たものでありまして、アメリカ〔レーガン政権〕、イギリス〔サッチャー政権〕のような政府の政策、指導によるところが多いものとは、いささか趣を異にするのでありますが、この相違の基底には、さきほども触れました、わが国の労働組合は、企業別組合を基盤としているという特徴点があると思うのであります。」

　1960年10月の三池争議終結を指して、櫻田武が（櫻田武・鹿内信隆『いま明かす戦後秘史』上巻などで）「労働運動における戦後の終り」といっている1949年労働組合法体制、あるいは、「55年体制」＋「総評・安保下の労働組合体制」という枠内で、日本の企業別組合主義的労働組合運動の全体像を捉えるとすれば、この時期までに、「企業別組合（主義）の体制化」がその基礎（骨格・骨組み）を据える段階（礎石）――とりあえず、ＩＭＦ・ＪＣ（全日本金属産業労働組合協議会）の結成（1964年）をその重要な道標、画期としてあげることができる――を終え、1960年代半ば以降、「内・外装」

などの仕上げ作業にとりくみ、日本の「労働組合」、および、労資関係における社会的支配的体制として確立させ、さらには、「企業別組合」の「輸出」を始めるまでに至ったのです。

(2)「企業別組合」をめぐる労働者側の認識と論調――戸木田嘉久説を中心に

次に、労働者側の認識と論調として、いわゆる階級的・民主的潮流を選び、そのなかで、代表的で、典型的と見なしうる研究者である戸木田嘉久の所説を検討しましょう。戸木田嘉久は九州産業労働科学研究所〈九産労〉事務局長、立命館大学教授、労働問題総合研究所〈労働総研〉代表理事などを歴任し、それぞれの在任中および退任後、「労働組合」に関する多くの著作を発表しました。検討対象とする著作・文献は、発表された当時（1970年代後期）以来、21世紀に入った今日まで、一定の反響と影響を及ぼしています。以下では、戸木田嘉久の「労働組合」論のうち、企業別組合に関する所説を戸木田嘉久説と呼ぶことがあります。

なお、参照文献の指定を簡素化するために、検討対象とする戸木田嘉久の主な著作・文献を発表順に番号をつけて、ここに一覧として掲げ、以下では、それらを、戸木田嘉久①、戸木田嘉久②などの形で指示することにします。

①戸木田嘉久「フランス労働組合運動を見聞して」（『季刊　科学と思想』No.19、1976年1月）

②戸木田嘉久「日本における『企業別組合』の評価と展望」（『巨大企業における労働組合』〈大月書店編集部編『現代の労働組合運動』第7集、大月書店、1976年〉）

③戸木田嘉久『戸木田嘉久著作集』（第1巻）（労働旬報社、1988年）

④戸木田嘉久『労働運動の理論発展史　戦後日本の歴史的教訓（上）』（新日本出版社、2003年）

⑤戸木田嘉久『労働運動の理論発展史　戦後日本の歴史的教訓（下）』（新日本出版社、2003年）

①戸木田嘉久の基本的見地とその問題点

戸木田嘉久は「企業別組合」というものについて、独特の見地に立脚して

第4章　企業別組合は誰が、どのように創り出したのか（その2）

自論を展開しています。

　私たちがここで言う「独特の見地」とは、「一九四五年八月の太平洋戦争の敗戦」を画期として、「日本資本主義発達史、日本労働運動史」の戦前と戦後を、事実上、分断してしまう「非連続性史観」です。

　戸木田嘉久の「日本労働運動史」を見る際の「歴史観」は、次の戸木田嘉久④からの引用中で断言しているとおり、「一九四五年八月の太平洋戦争の敗戦」を画期として、「日本資本主義発達史、日本労働運動史」の戦前と戦後を、事実上、分断あるいは「断絶」してしまう「非連続性史観」です。

　まず、「序章　本書を執筆するに当たって」の「二　日本労働運動史における戦前と戦後」からの引用です。

　「敗戦と『戦後改革』による日本資本主義の構造的変化（農地改革、財閥『解体』、『労働改革』、新憲法による『国民主権と国民の権利の確立』）は、戦前にたいする戦後日本社会と戦後労働運動の、非連続性を基本的に示すものということであろう。したがって、その連続性を問題にするとしても、それは非連続性の基本的な枠組みのなかで論ぜられるべきであろう。〔中略〕

　労使関係政策、とりわけ労働運動政策は、戦前との非連続性がもっとも鮮明な分野である。〔……〕こうして労働運動は、戦前とは非連続的な新しい段階にあって、紆余曲折の戦後史を刻むことになる。」（戸木田嘉久④、24〜26頁）

　次に、戸木田嘉久は「第八章　『企業別労働組合』と『総評賃金綱領』」の中でも、企業別組合生成に関する、いわゆる「出稼型賃労働」説を批判し、「『戦後改革』によって戦前の日本資本主義の構造は基本的には『断絶』的な変化をとげたのであって」（同前237頁）と強調しています。

　戸木田嘉久のこうした「歴史観」と研究方法は、「労働組合」運動はもちろん、労働運動、労使関係政策から社会運動全般、さらに、日本資本主義全般にいたる広範な問題・研究領域を挙げながら、そこに含まれるいかなる問題も、何一つ自ら検証することなく、「非連続性の基本的な枠組み」に押し込み、「『戦後』（第二次世界大戦終了）以前」を「断絶」、捨象・無視してしまうもので、単に、研究者として怠慢であるだけでなく、結局は日本の財界・支配層の狡猾な支配戦略・政策を捨象し、見逃すという点でも、学問・研究の名に値し

ない独断です。それは、私たちが本書において検証・確認を行ってきた方法および諸結果——とくに、第3章、第4章と、その検証結果としてえられた歴史的「連続性」——と根本的に対立するものです。

②戸木田嘉久の「企業別組合論」

戸木田嘉久の、企業別組合に関する「非連続性」的所説を、生成論、本質論、対応論の順に見て行きましょう。

(ア)「非連続性史観」にもとづく生成論

戸木田嘉久は、戸木田嘉久②の、「労働組合の組織形態と内容を規定する諸条件」の項で、6条件を列挙したのち、「いわゆる『企業別組合論』について」の項に移り、その冒頭で、「いわゆる『企業別組合論』論」とは、戦後の『企業別組合』の形成についての「大河内一男氏を筆頭に展開されてきた一連のいわゆる『企業別組合論』」(47頁)、および、「戦前における企業・事業所を単位とした組合組織の存在を検証するといった所論」(同)をあげ、「これら『企業別組合』論が、『企業別組合』の形成要因を階級闘争の全条件から解明しようとせず、出稼型賃労働、封鎖的労働市場など労働力の供給側あるいは需要側の条件に一元化したり、あるいはまた年功的労使関係とか年功的熟練に一元化したりすることによって、『企業別組合』という組織形態を、多かれ少なかれ宿命化する傾向におちいっていたことは否定しがたい」(同48頁)と断定します。併せて、この部分に付した注釈で、戦前検証に関しては、再び、次のように断言しています。

「戦後の『企業別組合』の『源流』を戦前にもとめ、『戦前における企業別組合の展開』を実証的にあつかおうとする研究もあらわれてきたが(たとえば、小松隆二『企業別組合の生成』、一九七一年、お茶の水書房)、それらは形態上の『源流』をさぐる点で一定の意味をもちうるとしても、戦前と戦後との日本資本主義の構造的な変化を無視しており、科学的分析方法とはいいがたいように思われる。」(同48～49頁)

具体的論証・反証を抜きにして、「階級闘争の全条件」や「日本資本主義の構造的な変化」といった一般的・抽象的な「条件」、とくに、非連続性説

によって「批判」する戸木田嘉久の乱雑な、「いわゆる『企業別組合論』」非難には、驚くほかはありませんが、どちらが「科学的分析方法とはいいがたい」かという問題に注意を払いつつ先に進みましょう。

戸木田嘉久は同書で、続けて、自らの企業別組合「生成論」を次のように展開します。

「第一に『企業別組合論』は、戦後『企業別組合』の成立が、第二次大戦後の帝国主義体制の再編、日本資本主義の戦後体制の構築、この歴史的課程をめぐる階級闘争の所産であることをみおとしている。

敗戦によって解放された日本の労働者階級は、まず企業・事業所単位に労働組合を結成したが、ただちに戦闘的な産別会議を結成し、産業別労働協約闘争をつうじて、産業別単一労組の結成へと組織形態を発展しつつあった。こうした労働者階級の組織化の方向を阻止し、『企業別組合』とその"勢ぞろい"といわれる産業別連合会という形態に労働組合組織を封じこめたのは、アメリカ帝国主義とそれに主導された日本独占資本の反動的な攻撃の結果であった。これは、戦後の資本主義世界体制の再編成、アメリカ帝国主義を盟主とする国際的な軍事機構・経済機構の構築、マーシャル・プランを契機とする世界労連の分裂（国際自由労連の結成）発達した資本主義各国における労働戦線の分裂と運動の後退と軌を一にするものであって、わが国だけの問題ではない。わが国のばあい、米日独占の反動的な攻撃を労働者階級としては反撃するだけの力量を蓄積しえておらず、サンフランシスコ体制の構築をゆるし、『企業別組合』に封じこめられることになった。このように『企業別組合』が、戦後階級闘争の所産であるということは、『企業別組合』から産業別労働組合の確立の道も、階級闘争の過程をとおしてきりひらかれることを意味している。

第二に、『企業別組合論』は、労働組合の組織の諸形態が、資本主義の発展段階によって基本的に規定されざるをえないことを棚上げしている。

産業資本主義段階から独占資本主義段階への発展が、階級闘争を媒介として職業別組合から産業別組合を、必然的な方向としてうみだしたのは周知のとおりである。今日、国家独占資本主義が全面的な展開をみせ、搾取領域がいちじるしく拡大し、したがってまた闘争領域が拡大した状況のもとでは、

労働組合運動が市民権を獲得しているかぎりでは、労働組合の組織形態も企業・事業所レベル、産業別レベル、全国レベルと、またそれに照応した展開をみせざるをえない。

　敗戦直後、日本の労働組合運動が、まず企業・事業所単位の労働組合として出発し、産別会議の結成を槓杆として産業別労働組合の確立へすすもうとしたのも、国家独占資本主義の搾取形態にたいする闘争の必要性から規定されたものであった。米日独占資本は、こうした労働組合運動の階級的前進を阻止しようとして、いちおうその目的を達成したのであるが、それは、二・一ストの弾圧、官公労働者のスト権剥奪、ドッジ・ラインによる大量解雇、レッド・パージによって産別会議の『解体』をせまる反面、中央組織として総評を育成し、『企業別組合』を定着させ、産業別組織を『企業別組合』の"勢ぞろい"といわれる産業別連合会の段階にとどめることによって達成された。」（同49〜50頁）

　以上の戸木田嘉久型の「企業別組合生成論」は、要するに、日本で第二次世界大戦後に企業別組合が形成され、定着したのは、「国家独占資本主義の搾取形態にたいする闘争の必要性から規定された」、「〔当時の〕歴史過程の所産である」というものです。

　私たちの検証結果では、会社組合（企業別組合）の世界史的生成が、20世紀の開始と前後する時期に、米欧各国の基幹産業の支配的大企業（いわゆる独占資本）によって強行されたものであることが確認されています（第5章参照）。論点の具体的な検証・論証抜きの、戸木田嘉久の断定がいかに一面的な、非科学的なものかは、①私たちが行ってきた検証作業とその結果（一言で言えば、日本の「企業別組合とは、支配層によって1920年前後にアメリカから移入され、その後の日本主義化を経て、第2次世界大戦後に法認、そして、日米安保体制の一支柱となった会社組合」である、という結論）、②第二次世界大戦後、類似の「条件」から出発したドイツ、イタリアは企業別組合から再出発しなかったという事実、③主要資本主義国のなかでは日本のみが「企業別労働組合体制」になったという事実、を考慮するだけでも明白でしょう。

（イ）「企業別組合」の定義と評価
――「積極的側面」と「消極的側面」というトリック

　戸木田嘉久は、企業別組合を、次のように定義し、それが「積極的側面」と「消極的側面」をもつ、と規定します。

　「『企業別組合』とは、特定の個別企業、または事業所別に、主としてその企業の本雇いの従業員だけを構成員として成立する労働組合組織であり、この単位組合が独立した規約、財政、役員をもち、三権を行使している組織形態のことである。そして、こうした『企業別組合』という組織形態は、一面では、その事業所の労働者の多数を単一の労働組合に結集することを容易にする積極面をもつが、その反面、資本の労務管理が浸透しやすく企業意識がひろがりやすいとか、会社と結託した職制によって御用組合化されやすく、官僚的・形式的運営におちいりがちだとか、要求や闘争が企業内に限定されやすく、また企業主義・労資協調主義におちいりやすい、ともいわれてきた。」（同前・戸木田嘉久②、3頁）

　「『企業別組合』の消極的側面と積極的側面とはいわば表裏の関係にあり、そこにおける階級的・民主的潮流の力量いかんが、あるばあいには消極的側面を前面におしだし、またあるばあいにはその積極的側面を前面におしだすことになるということ。したがって、『企業別組合』（それは組織形態上は資本と賃労働の対峙する直接的な場を基礎にした、『一企業・一組合』の組織原則にかなった組織ということになるわけだが）の弱点の克服というとき、階級的・民主的潮流のそれへの意欲は、この組織の積極的側面を現実化するというはっきりした目標と結合されるならば、より促進されることになるであろう。

　しかも、大河内教授が提示されている『企業別組合』の積極的側面（それは階級的・民主的潮流の主導下においてこそ発揮されるわけだが）は、経済民主主義と企業の民主的規制における労働組合の役割が問われてきている今日、ますます重要な意味をもってくる。すなわち、階級的・民主的潮流の主導下では、企業別に組織された『工員』・『職員』一本の『混合組合』は、臨時工・社外工は別としても、企業内に当初から多数者を組織して有利な地歩をしめ、生産点である職場で組合活動をおこない、企業内の主要な労働条件

について職場交渉をもふくめて団体交渉権を確立し、経営者側に強力な圧力を発揮しえたばかりか、『生産管理』戦術さえもしばしばとりえたこと。また、職制労働者や技師・技術者・管理職員なども多くの場合に組合員に結集しえたことから、企業内部の『秘密の匣』をうかがい知り、それらを分析する『頭脳』をも擁することができ、経営の民主化をすすめえたこと、など。」
（同、15〜16頁）

　以上に引用・紹介した戸木田嘉久の「企業別組合」に関する定義と特徴づけは、いくつかの重要な論理的トリックを含んでいます。
　第一のトリックは、「定義」に挿入されている「三権を行使している」という規定です。
　戸木田嘉久の定義は、「『企業別組合』とは〔……〕三権を行使している組織形態のこと」と、「三権を行使している」いう「機能とその発揮」というべき条件を定義に含めています。「三権」とは、いうまでもなく、団結権、団体交渉権、団体行動権（とくに、ストライキ権）のことです。
　戸木田嘉久のこの「定義」は二重の意味で混乱し、誤っています。
第一に、戸木田嘉久の定義では、すべての企業別組合がこの三権を「行使している」ということになりますが、日本の現実はどうでしょうか。たしかに、法制上は公務員労働者を除くすべての労働者・「労働組合」に三権が付与されており、第二次世界大戦直後の一時期には、それを実践しましたが、中・長期的に見れば例外的な条件下での実践であり、一般化はできない現象です。その後の今日に至る状況を見れば、労働協約、あるいは、就業規則でストライキ権の行使を制限している企業別組合が相当数あり、実際に、ストライキ権を行使していない「労働組合」が圧倒的多数を占めています（国際統計によっても、日本は世界一ストの少ない国の一つです）。
　このトリックは――私たちが第5章で検討・検証することになりますが――世界の常識では、「三権」、つまり団結権を行使するのに適した「団結体としての（個人加盟、職業別・産業別を原則とする）労働者組合」と、そうではない、日本の企業別組合（会社組合）とを混同させ、誤解させるものです。フランス、ドイツにおいても企業別組合は存在できるし、実在

しますが、法制上は、「三権」（団結権）を認められていません。戸木田嘉久の「定義」は、①米欧主要国においても企業別組合（会社組合）が「『三権を行使している』労働組合として法認されている」と誤解させる危険がある、②日本の「企業別組合」を、米欧主要国の労働者組合（「団結体としての〈個人加盟、職業別・産業別を原則とする〉労働者組合」）と同格・同列視させることになる、という混乱要因を孕んでいます。

　第二のトリックは、企業別組合の「積極的側面」と「消極的側面」、および、両側面の「表裏関係」という把握、特徴づけにかかわるトリック、すなわち、論題を、次々に制約条件をつけて制約し、「階級的・民主的『企業別組合』」に焦点を合わせた自らの「企業別組合」観の枠内・土俵に読者を連れ込み、組織論、組織形態論を視野・論点から外すという手のこんだトリックです。このトリックの基本点を以下a、bで解明しましょう。

　a戸木田嘉久は戸木田嘉久①および②の中で、自らの課題と問題意識、それとの関係で「企業別組合について」の「積極面」見直しの必要性をのべています。その論述の中で、「（企業別組合の）弱点」を「消極面」と言い換え、その流れに乗じて、「企業別組合の積極面」という独自概念の導入を開始します。「弱点」は基準にもとづく客観的な評価ですが、「積極面」、「消極面」は主観的な評価です。

　「わが国の労働組合運動にかんしていえば、産業別統一闘争、全国的統一闘争の弱さと関連して、いわゆる従業員丸がかえの企業別組合の弱点がうんぬんされてきた。しかし、企業別組合についてその消極面だけをとりあげていて、それでよいのであろうか。企業内に多数の未組織労働者をかかえ、企業内で組合員が四ないし五の労働組合に分断されているフランスの状況からすれば、企業別組合についても、その積極面を見なおしてみる必要があるのではないだろうか。現に、臨時工・社外工は別として、本工のほぼ全員を一つの組織に結集し、階級的・民主的立場を堅持して統一戦線を支持する先進的な企業別組合も、けっしてすくない数ではない。私たちは、会社組合に類する協調主義的な企業別組合とともに、階級的立場にたつ企業別組合の現存することを見なおし、いまや新しい企業別組合論をくみたてる必要があるのではないだろうか」（戸木田嘉久①、184〜185頁。戸木田嘉久②、172〜173頁）

この引用の中には、いくつかの矛盾を無視しつつ、「積極面」の「見直し」の必要性を説くトリックがのぞいています。
　例えば次の例です。「企業内に多数の未組織労働者をかかえ、企業内で組合員が四ないし五の労働組合に分断されているフランスの状況からすれば企業別組合についても、その積極面」、「現に、臨時工・社外工は別として、本工のほぼ全員を一つの組織に結集し、階級的・民主的立場を堅持して統一戦線を支持する先進的な企業別組合」——この引用中には、フランスにおける「企業内分断」を根拠にして、日本の「企業別組合」、つまり、「一企業一組合」を「積極的」とする戸木田嘉久独自の観点が埋め込まれています。しかも、「臨時工・社外工は別として」の「一企業一組合」を、「階級的・民主的立場を堅持」とか「先進的な」というような無理な「積極面」を仕立てのトリックです。
　b 次は、大河内一男説を利用した「積極的側面」概念の補強と、「企業別組合」への視野「狭窄」です。
　「企業別組合」概念は第一義的には、組織形態の一つとして一般的に規定され、その形態（加盟方式、組織範囲・機構など）、および、「生成・成立」、「機能・活動・運営」、「役割」などの一般的特徴が、一体的に規定されるのが常識です（例えば、棚橋泰助『戦後労働運動史』〈大月書店、1959年〉は「企業別組合という組織形態の機能的特徴」〈242頁〉というとらえ方をしています）。そして、個々の企業別組合の「実態」や「展開」、時代や状況による諸変化の間の差異、相違は——それが、大きく、激しい場合も含めて——「概念」、あるいは、組織形態の枠組みを「超える」ものは含まれません。超えた場合はまず、「例外」として扱われ、「超えた場合」、あるいは、該当組織数・量が一定程度に達すれば、別概念あるいは新概念が使用され、適用されるはずです（更に詳しくは、白井泰四郎『企業別組合』増訂版〈中央公論社、1979年〉、河西宏祐『企業別組合の理論——もうひとつの日本的労使関係』〈日本評論社、1989年〉などを参照してください）。
　ところが、戸木田嘉久説の場合は上記引用にみるとおり、「『企業別組合』の弱点、その消極的側面」については常識どおりに一般的に論じるものの、続く、「組織上の長所、積極的側面」については、いきなり、大河内一男「労働組合における日本型について」（『（一橋）経済研究』、第二巻四号、1951

年10月）からの引用（戸木田嘉久②、14〜15頁）を行った上で、実は、それは「階級的・民主的潮流の指導下にある『企業別組合』」の活動・機能のことであり、「こうした『企業別組合』のもちうる積極的な側面」（傍点は宮前忠夫）であると言い換えるのです。しかも、戸木田嘉久は、「この『企業別組合』の積極的側面にかんする大河内教授の論述」とか、「大河内教授が提示されている『企業別組合』の積極的側面」と強調し、あたかも、大河内一男が「積極的側面」と呼んで評価したかのように論じていますが、大河内一男は「積極的側面」と言う表現はしておらず、とくに積極的評価を下してはいません（戸木田嘉久は、それに言及していませんが、「企業別組合は一面では、〔……〕積極面をもっているが、その反面〔……〕」という表現は、日本共産党10大会6中総決議で使われています）。そればかりでなく、大河内一男は、以下に検証するとおり、当該部分を、第二次世界大戦直後のほんの一時期における日本の企業別組合の特徴の論述にあて、すぐに続けて、企業別組合という組織形態が逆の、マイナス効果となっていく過程をのべ、「今日においてこそ，日本の企業別組合は，『會社組合』的なものに轉落する危機に當面しているのである」と結論しているのです。そもそも、戸木田嘉久の大河内一男論文引用は、論文全体の趣旨・論旨とは真逆の一部分のみを抜き取り、自己弁論に利用するトリックに仕立てられているのです。

　まず、戸木田嘉久の大河内一男論文引用全3節の内の最初の一節（便宜上cと呼ぶ）を見ましょう。小文字で始まる「この時期においては」の前の部分は戸木田嘉久の説明です。ただし、小文字文の最初の「この時期においては」は戸木田嘉久によるもので、引用文の前の説明にある「時期」を指します（引用中の太字は原文のものです）。

　c「大河内氏はこの論文のなかで、日本社会の民主的変革が階級闘争の主題をなし、労働運動の主導権を階級的・民主的潮流が掌握していた時期（ドッジ・ライン以前）における、企業別に組織された『工員』・『職員』一本の『混合組合』が果たした積極的側面について、つぎのように論じている。

　　　この時期においては、『このような形態において却って組合はよく活発に動き得たのだし、また企業別の全員組織であることがよく経営側に圧力を加え得たのであって、職業別の横断組合が〔，〕謂わば工場の出入口のところで経営側と折衝しなければならなかったのに比

較して、かなり有利な地歩を、経営の内部に、最初から占めることができた点を忘れはならない。初期の労働争議手段〔原文には「労働」はなく、争議手段〕として生産管理や業務管理がしばしばとられたのも、・・・企業別の全員組合〔全員組織〕として、最初から個別企業の枠の中に組合が全体として這入り込んでいたことの結果であり、単に『経営権』.『労働権』の抽象論でその合法・違法を論ずべきで問題ではない。』」(戸木田嘉久②、13～14頁)

　次に、上記引用部分に該当する大河内一男の原文（便宜上 d と呼ぶ）です。「インフレ期」までの部分は戸木田嘉久が引用していない部分です。「インフレ期」は「終戦直後から昭和 23 年末『九原則』が發表されるまでのインフレーションの昂進」期としています。

　d「以上のように，戰後の勞働組合の特殊性は，それが例外なしに全員加入の企業別組織として結成され，而も多くは『混合組合』形態をとっている點に求められるが，これは一見して明らかなとおり，勞働組合の一般原則からみるなら，著しく變形された組合組織だと言わなければならない。もちろん，インフレ期においては，このような形態において却って組合はよく活溌に動き得たのだし，また企業別の全員組織であることがよく經營側に壓力を加え得たのであって，職業別の横斷組合が，謂わば工場の出入口のところで經營側と折衝しなければならなかったのに比較して，かなり有利な地歩を，經營の内部に，最初から占めることができた點を忘れてはならない。初期の爭議手段として生産管理や業務管理がしばしばとられたのも，これに對する解釋法學上の問題はしばらく別として，企業別の全員組織として，最初から個別企業の枠の中に組合が全體として這入り込んでいたことの結果であり，單に「經營權」.「勞働權」の抽象論でその合法・違法を論ずべきで問題ではない。」（大河内一男「労働組合における日本型について」、『経済研究』、No.2（4）、1951 年 10 月、270～271 頁）

　ｃとｄを比較すると、最初の状況説明に相違があります。大河内一男は「企業別組織」＝「混合組合」が「労働組合」の一般原則から「著しく變形された組合組織」だと断ったうえで、それでも「インフレ期〔1945 年の第二次世界大戦終戦から 1948 年末頃まで〕においては」と、特別の状況下で、かつ、一時的に生じた「局面」の論述だということを明確にしています。戸木田嘉

久の説明は「企業別組合」と「インフレ期」という用語・表現を避けた言い換えになっています。

戸木田嘉久の大河内一男論文引用は、「全員加盟の企業別組合」の「インフレ期」における活発な動きの部分のみで終わっていますが、論文は、戸木田嘉久による引用の終わった次の行から始めて、以下に引用する e, f, g のように論じ、最後に、企業別組合＝混合組合が「会社組合（的なもの）」に転落する危険に注意を喚起しているのです。

e「けれども，他面で，企業別組合においては，何人もが直ちに看取するように，個別企業または個別經營がそのまま組合組織の基準として選ばれているのであるから，形態上は，例えばアメリカの『會社組合』companyunion と著しく似通っている。〔……〕問題は，この組織が，時によっては，組合の活動を著しく脆弱なものにし，結果において，勞働組合を『會社組合』や黄色『御用組合』に轉落せしめる可能性と，そうでない場合においても，『企業別』組合という組織形態それ自體が，或は，全員加入の企業別『混合組合』という形態そのものが，勞働組合としての活動の限界をそれ自らのうちに藏している，と言う點なのである。」（271 頁）

f「これらは，何れも，全員加入の企業別組織の闘争力が旺盛であったことを物語るものであるが，而も全員加入の形が例外なくとられていると言うのは，産報の場合にみられたような納得的でない，上からの組織への屈從なり順應なりという要素が單位組合の結成について多分に働いていたことをも物語るものではなかろうか。個人個人が，勞働組合の必要や效用を感じ，それに納得し，進んで會費を負擔して加入する，という形を通してでなく，最初から，謂わば受け身で加入する，と言うより，加入を拒絶しない，と言う形で，忽ちの間に全員組織がつくられる。〔……〕

〔中略〕

〔全員加入の脆弱性〕のみならず，「混合組合」的形態そのものが，また，組合の上昇期＝戰後のインフレ期においては，組合活動にとって大きなプラスであったものが，今日においては，逆にそのマイナスになろうとしている點も注意せらるべきである。戰後數ヵ年のインフレによる混亂期においては，經營組織も確立せず經濟の再建についての經營責任者の見透しもつかない段

階においては，職員は彼らの生活の窮迫化におされて，そしてまた多分に奮い經營秩序に對する反撥として，組合活動の第一線に立っていた。けれども，『九原則』以後，日本經濟のデフレへの急激な轉換と經營秩序の恢復とは，職員を再び經營補助者としてのその本來の立場に引き戻したようにみえる。組合員から『從業員』へと，職員は雪崩を打って轉換して行く。」(272頁)

g「さて，企業別組合を中心とする日本の勞働組合組織は，今や深い危機の中に立っている。〔中略〕

〔……〕かくして，全員加入の企業別組合＝『從業員組合』が，經營の中に深く楔を打ち込み得る條件をもち，その意味で，外國の勞働組合が**經營外的**なものであるのに對して，日本のそれが著しく**經營内的**な性格を持って成立し，活動して來たことが，即ち，かくして勞働組合の立場で經營體に壓力を加え，これを民主化して行こうと努力して來たことが，今日においては，却って，勞働組合が經營の中に埋沒し，その主體性を喪って，經營の立場の虜になる危険を多分に現わしつつある。換言すれば，今日においてこそ，日本の企業別組合は，『會社組合』的なものに轉落する危機に當面しているのである。全員加入の，企業別の，『混合組合』という，組合の日本型それ自體が，すでに，この危機を充分内包していたのである。」(273頁)

こうした、「企業別組合＝混合組合」の本質をついた大河内一男論文の文脈と結論にもかかわらず、戸木田嘉久は「なかなか興味深い内容を含んでいる」と目を付けて、大河内一男の論述の一部だけを切り取って、もっぱら、自らの「積極的側面」説の補強具として取り込んだのです。

戸木田嘉久の「積極的側面」補強トリックは、続けて、「消極的側面」と「積極的側面」の表裏関係説に進化します。

戸木田嘉久の論法によれば、「積極的側面」とは、企業別組合全般に備わる「側面」ではなく、企業別組合の一部に、あるいは、ある企業別組合が「階級的・民主的潮流の主導下」にあるかぎりで発現・発揮されうる機能である、ということになります。それにもかかわらず、戸木田嘉久は「『企業別組合』の消極的側面と積極的側面とはいわば表裏の関係にあり、そこにおける階級的・民主的潮流の力量いかんが、あるばあいには消極的側面を前面におしだ

し、またあるばあいにはその積極的側面を前面におしだすことになる」（傍点は宮前忠夫）と、あたかも、企業別組合一般に関して、「表裏関係」、つまり、表と裏が選択可能、達成可能であるかのように説明しています。これが一般的には成り立たないことは、数ある日本の企業別組合のうち、「階級的・民主的潮流の主導下」にある組合はごく一部であること、かつて「階級的・民主的潮流の主導下」にあったが現在は「指導下」にない組合が多いことを考慮するだけで分かる事実です。しかも、続く文脈で、「『企業別組合』（資本と賃労働の対峙する直接的な場を基礎にした、『一企業・一組合』の組織原則にかなった組織ということになるわけだが）の弱点の克服というとき、階級的・民主的潮流のそれへの意欲は、この組織の積極的側面を現実化するというはっきりした目標と結合されるならば、より促進されることになるであろう」といって、突然、カッコ（　）付の小文字の長い注釈の形で、「企業別組合」が「資本と賃労働の対峙する直接的な場を基礎にした、『一企業・一組合』の組織原則にかなった組織」とのべて、「一企業一組合」ドグマをくり返し誇示しているのです。

　この「表裏関係」論法は、もともと、「企業別組合」というものに一体的に帰属する諸特質を、自らの観点から、「消極的側面」と「積極的側面」とに分離して見せ、後者に属する部分のみを「見直す」ことの必要性を強弁する手法です。しかも、「見直し」をしたからといって、それは、「『企業別組合』＝『一企業一組合』」という枠組み・組織形態そのものを越える、あるいは、脱却することはできず、むしろ、それを維持し、長命化させることになる仕掛けなのです。

(ウ)　「『企業別組合』の階級的・民主的強化」、そして、「管制高地」へ
――対応論と「新しい企業別組合論」

　次は、戸木田嘉久の企業別組合への「対応論」、それを軸とした「新しい企業別組合論」の骨格です。それは、大まかにいえば、以下の $a \sim \delta$ に引用するとおり、「労働組合運動の階級的・民主的強化」という大枠のなかで、「『企業別組合』の階級的・民主的強化」を要（かなめ）としつつ、一方では、「先進的な階級的・民主的企業別組合」による「企業別組合の積極的側面」の全

面展開、他方では「労使協調主義の右翼的潮流が主導権をにぎる後進的な『企業別組合』」の主導権を奪取する「管制高地」戦、です。

　α「私たちは、会社組合に類する協調主義的な企業別組合とともに、階級的立場にたつ企業別組合の現存することを見なおし、いまや新しい企業別組合論をくみたてる必要があるのではないだろうか」(戸木田嘉久①、184～185頁)

　β「労働組合運動の階級的・民主的強化をすすめるにあたって、わが国の労働組合がいわゆる『企業別組合』を基本単位とするという組織形態上の独特な特徴をもっているとすれば、やはり『企業別組合』の階級的・民主的強化が問題のかなめをなすのではないか、ということである。」(戸木田嘉久②、1頁)

　γ「私たちは、これまで労働運動の階級的・民主的強化というとき、階級的・民主的な産業別労働組合の確立とともに、『企業別労働組合』の前述した弱点、その消極的側面の克服というように課題を提出してきた。だが、『企業別組合』の弱点の克服というとき、それこそ『企業別組合』の積極的側面を生かすことになるということが、はっきりと目的意識化されてきていたとはいえないのではないだろうか。『企業別組合』の消極的側面と積極的側面とはいわば表裏の関係にあり、そこにおける階級的・民主的潮流の力量いかんが、あるばあいには消極的側面を前面におしだし、またあるばあいにはその積極的側面を前面におしだすことになるということ。したがって、『企業別組合』(それは組織形態上は資本と賃労働の対峙する直接的な場を基礎にした、「一企業・一組合」の組織原則にかなった組織ということになるわけだが)の弱点の克服というとき、階級的・民主的潮流のそれへの意欲は、この組織の積極的側面を現実化するというはっきりした目標と結合されるならば、より促進されることにもなるであろう。」(戸木田嘉久⑤、176頁)

　δ「このことからつぎの結論が引き出される。独占資本の管制高地である民間巨大企業の労働組合にあっては、階級的・民主的強化のためには職場における文字どおり地道な粘りづよい活動をさけてとおることはできない。またそのような地道な粘りづよい活動は、全国的な階級的・民主的潮流のたたかいと結合することによってこそ、巨大企業別組合における右翼的潮流の主導権をゆるがし始めることができるだろう。そしてこうした職場における階

級的・民主的潮流の地道な活動の蓄積が、『二〇年を一日に圧縮した』ような緊迫した情勢のもとで、全国的なたたかいの高揚とむすんで、巨大『企業別組合』の主導権をもしにぎるようなことになれば、大企業・財界の管制高地は、労働者階級の強大な城塞に転化しうることになる、と。」(戸木田嘉久④、181〜182頁)

　この「管制高地」説は「職場における階級的・民主的潮流の地道な活動の蓄積」を言うものの、「管制高地」争奪戦に至るまでは、企業外に単位組合をもつ本来の"trade union"(「団結体としての〈個人加盟、職業別・産業別を原則とする〉労働者組合」)の建設・強化を追求して社会的力関係を転換していくというのではなく、「後進的企業別組合」勢力の支配体制が存続する、と想定する立場です。

　しかも、その「管制高地」説は、自ら「もしにぎることになれば」(傍点は宮前忠夫)などと断っているとおり、抽象的な仮説にすぎません。「主導権をにぎる」とは、どのような状態を言うのか、それは、誰が、どのようにして、どの時点で「握った」と言えるのか、などの戦略的要件や戦術的段取りが示されなければ、実践・行動の指針とはならないでしょう。また、「独占資本の管制高地は、たちまち労働者階級の強大な城塞に転化する」と言いますが、現代資本主義の拠点・牙城を、一挙に「労働者階級の城塞」にできる根拠は、組織構成・組織形態に関しても、それを担う人的・主体的条件に関してもありません。「たちまち〔……〕転化する」などはありえないことです。「管制高地奪取」自体が仮想・願望の域を出ていないものです。

　ちなみに、戸木田嘉久は、こうした「管制高地」説を、発表・初出の論文(1976年)では、「もし」を付けずに書いたものを、『労働運動の理論発展史　戦後日本の歴史的教訓』(新日本出版社、2003年)に「要約」して再録する際に、「もし」を加筆したのです。

　戸木田嘉久は「新しい企業別組合論」を、それ自体として完成し、実証することなしに他界してしまいました。また、「管制高地」説については、原論文の執筆から、同論文の「要約・紹介」までに約27年が、そして、今日までには、すでに約40年が経過しましたが、「労使協調主義の右翼的潮流が主導権をにぎる後進的な『企業別組合』」は、依然として保持され続けており、

「階級的・民主的潮流」が「管制高地の指導権を掌握」する展望は開かれていないのが現実です。

　以上で、戸木田嘉久論法による「労働組合」強化説の骨組みが浮き彫りにされました。それは、「二〇年一日」を待って管制高地（大企業「企業別組合」の主導権）奪取を期し、それまでは、「積極的側面」を見直していく――要するに、階級的・民主的「一企業一組合」の積極的評価に立って活動を蓄積をする――というものです。

　実際、日本の企業別組合（日本型会社組合）は、資本家・支配層と、「正統派左派（の星）」と推定される研究者――つまり、対峙する両陣営の代表的見解を通じて、少なくとも表向きは「積極的」評価・位置づけを与えられ、定着・深化され、延命され、今日に至ったのです。

　ここで、戸木田嘉久の「企業別組合論」に関する検討を一区切りし、ここまでの検討の結果に、これまで検討対象としなかった、戸木田嘉久説をめぐる「批判」と「反批判」を加えて総括し、戸木田嘉久説の歴史的・理論的位置を測定しておきましょう。

③戸木田嘉久の「企業別組合論」の歴史的・理論的位置

　まず、戸木田嘉久説に含まれながら、私たちがこれまで検討してこなかった主な論点あるいは問題点のうち、私たちの研究テーマとの関係で、とりわけ重要と考えられるものだけを選び、以下、(ア)～(ウ)まで、順次、検討し、それをも含めて、(エ)で総括することにしましょう。

(ア)「一企業一組合」ドグマと「企業別組合」

　ここでとりあげる戸木田嘉久流の「一企業一組合」は、表記は同じでも、世界労連（WFTU）の組織方針の一環として言われたそれとは似て非なるものだということです。

　私たちはすでに、第4章3節において、その意味と、世界労連原文の邦訳問題などを検証してきました。それとの対比を行いつつ、戸木田嘉久の「一企業一組合」に関する所説を検討しましょう。

第一は、「一企業一組合」の訳語・訳文と原義との関連の問題です。世界労連第三回大会でのルイ・サイヤンによる活動報告の該当箇所は「各企業においては、単一の職業別・産業別組合」（宮前忠夫訳）となっています。戸木田嘉久は、どの邦訳文献からかの出典を明示しないまま、これを「一企業一組合」と表現し、かつ、日本の「企業別組合」もこれに該当すると解釈しているわけです。しかし、宮前訳を見ても明らかなように、これは、職業別・産業別組合体系においては、「企業（事業所）レベルの全組合員が単一の組合に所属する」、つまり、「全組合員が、通常、地域単位に存在するある特定の職業別・産業別組合の、一つの単位組合の組合員である」という意味です。

第二は、訳語の正誤は別としても、この一句（a single trade union in each enterprise）を、他のレベルを含む全体から切り離して捉えるのではなく、他のレベル（州などのより広域の地区、そして、とくに全国レベル）をも含む職業別・産業別組合体系の一環（体系の基礎としての単位組織）として、すなわち、「有機的統一」において捉えなければならないという問題です。戸木田嘉久も引用しているように、当時の世界労連とルイ・サイヤンは企業レベルから世界レベルまでの4レベルの「単一組織」を列挙していますが、私たちが第4章3節において検証してきたとおり、その4つのレベルを貫徹する「職業別・産業別組合としての有機的統一（organic trade union unity）」をこそ重視しているのであって、全国レベルの単一組織などと切り離して、「企業・事業所レベルの単一組織」だけをとりだして「単一」を論じるのは誤りです。

第三は、「企業別組合」を、（　）内の小文字で「資本と賃労働の対峙する直接的な場を基礎にした、『一企業一組合』の組織原則にかなった組織」と「註解」している例が証明するとおり、戸木田嘉久の「一企業一組合」は、「職場を基礎に」というスローガンと一体の「一企業一組合」主義であり、これを理論的説明抜きに潜行させ、自己の論理を正当化するためのキーワードとして利用しているという問題です。

上記の三つの論点に照らしてみれば、戸木田嘉久の「一企業一組合」をキーワードとした「企業別組合の積極的側面」の強調は、非常に主観的な強弁だということが分かります。

当の世界労連とルイ・サイヤンが、訪日調査結果に立脚して、日本の企業別組合に関して警告したことを無視し、事実上、反対の主張に陥っています。戸木田嘉久はこの独特の「一企業一組合」説を、その論拠も示さずに強弁し続けるので、「『一企業一組合』ドグマ」と呼ぶことにします。

(イ) 基本的諸条件の相違を無視した日仏「比較」

　戸木田嘉久は「一九七四夏から七五年六月の間」の約一年間、フランスに留学し、帰国後、①「フランス労働組合運動を見聞して」(『季刊　科学と思想』No.19、1976年1月)、および、②「日本における『企業別組合』の評価と展望」(『巨大企業における労働組合』〈大月書店編集部編『現代の労働組合運動』第7集、大月書店、1976年〉)を発表しました。①、②の両論文には、日仏「比較」の結論に至る論行の途上に、フランスの労働者組合(運動)と企業レベルの従業員代表制(企業委員会、従業員代表制)の関係、制度史、当時の状況の簡単な説明が織り込まれ、「わが国の労働組合運動では、産別会議の一時期をのぞき、階級的・民主的潮流は運動の主導権をにぎれないままに今日にいたっている。したがって、フランスの労働組合運動にくらべると、全体として一段階おくれた位置にあることはあきらかである」(②、28頁)などの比較・判断がのべられています。ところが、「しかしながら」と——開き直りとも受けとれる急転をして——「〔日本の〕企業や事業所レベルの労働組合」、とりわけ、「階級的・民主的な企業別・事業所別の労働組合」に話題を転じ、「階級的・民主的潮流が主導権をにぎっている『企業別組合』についていえば、この組織形態の積極的側面がむしろ生かされ、企業ないし事業所レベルの労働組合活動に限定すると、フランスの水準をぬきんでているという評価も不当ではないように、私には思われる」(②、28頁)と結論づけているのです。「階級的・民主的立場を堅持して統一戦線を支持する先進的な企業別組合」(②、185頁)とも評価しています。

　「全体として一段階おくれた位置にある」と言っておきながら、その内容的説明もせず、「階級的・民主的主導権」など様々な限定条件を付して、急転直下、「企業・事業所レベルに限定」した「比較」というものが、理論的に成り立つのでしょうか。

第４章　企業別組合は誰が、どのように創り出したのか（その２）

　戸木田嘉久は、②と同一巻所収の田端博邦「フランスの企業内における労働組合の権利」（『現代の労働組合運動』第７集）を参照指示するなどしていますが、田端博邦論文でも説明されている企業内労働組合代表制には言及しておらず、比較の基本的前提条件である、日仏の「労働組合」法制にも言及していません。フランスの労働者組合の基本的法制は憲法と労働法典（とくに、労働者組合法）から成り立っています（詳しくは、例えば、労働省労政局労働法規課編『フランスの労使関係法制』〈日本労働研究機構、1992 年〉参照）。労働者組合法（通称「職業組合法」あるいは「職業別・産業別組合法」）は「職業別・産業別労働者組合」のみに団体交渉権を付与しています。企業別組合はフランスの法制では団結体として法認はされていないのです。もちろん、（団結体としてではなく）結社としての「企業別組合」の設立・存立は可能であり、実際にも多数が存在しています。また、CGT（労働者総同盟）の現行規約にも、ＣＧＴの法認単位組合としての「企業内組合」（syndicat d'entreprise）が謳われていますが、これはあくまで、企業・事業所レベルの職業別・産業別組合組織（syndicat professionnel）であって、日本のような「全員加入の工職混合組織」ではありません（詳しくは、第五章３節（3）を参照）。こうした法制上の相違だけからも、戸木田嘉久流の「企業・事業所レベルに限定」した日仏「比較」が合理性を欠いていることは明白です。しかも、こうしたフランスの実情については、「論争」相手の一人である中林賢二郎が、「熱い春の闘い」とよばれた「ゼネスト→グルネル協定→ 1968 年法」という大闘争を紹介した論文「一九六八年五・六月ゼネストとフランス労働運動」（中林賢二郎、井出洋、小森良夫、坂本満枝編訳『ドゴール体制下の労働運動と五月ゼネスト――国家独占資本主義下の政治闘争と経済闘争――』、労働旬報社、1969 年）」の中で「フランス労働組合の組織形態と企業内における組合活動の権利」という一節を設けて、「職場を基礎に」した「産業別労働組合主義」と「労働組合」法制との関係を、次のように――有機的関係において――指摘していたのにもかかわらず、です。

　まず、当時のフランスにおいて、職場を基礎にすることの緊急・重要性と、職業別・産業別組合しか法認しない「労働組合」法のズレを、ＣＧＴ発行の機関誌『ル・プープル』（"le Peuple"）から引用しつつ紹介しています。

「労働条件は変わってきているのに、労働組合法は、それに対応して変化してはいない。現代社会では、労働組合組織がその役割をはたす活動を正常におこなうことができるのは企業内部の職場である。

経営者は、現行の法律でみとめられている労働組合の諸権利と自由が効力を発揮するのを妨げようとするばかりでなく、企業内での労働組合の結成を阻止し、これ以上労働者に権利を与えないよう、全力をつくしている。」（同誌〔ル・プープル〕八〇四号）

次いで、そうした状況の打開の闘争と「獲得された権利」についての包括的紹介です。

「フランスの労働組合は、これまでも、当面する新しい諸条件に組合の組織形態を適応させ、企業内における組合活動の権利を獲得するために、努力しなかったわけではない。それどころか、フランス労働総同盟は、戦後この問題を重視し、その解決のために一貫して取りくんできた。企業の枠にとらわれずに、産業別に団結するフランス労働組合運動のすぐれた伝統を維持する一方で、とりわけ大企業では、一企業や一事業所に一つの『組合』（サンジカ）をつくる方針をうちだし、事実ルノー自動車工場その他で、すでにそれを実現していた。しかし、企業側は、一九三六年に労働者と労働組合が獲得した労働組合法が、こうした企業内における組合活動の自由を保障していないことをたてにとって、労働者が企業内に組合事務所をもうけたり組合活動をおこなうことを、妨害しつづけたばかりか〔……〕配転や首切りの攻撃をくわえていたのである。

だが、六八年五〜六月の闘争で、こうした権利の獲得を重要な目標にかかげることによって、フランス労働者はまさにフランス労働者の団結権の歴史にとって画期的ともいうべき、大成果をおさめることができた。

闘争の結果、企業内における労働組合活動の自由の権利が、多くの全国的団体協約や企業内協約で認められ、すでに実行にうつされている。国有、公有部門でもこれらの重要な権利が獲得された。また、企業内における労働組合の権利の行使を保障し、労働組合幹部を企業側の攻撃からまもる法案〔通称「1968年法」案〕を議会に提出することを、政府に約束させることができたのである。」（39〜40頁）

以上で見た中林賢二郎の指摘するフランスの労働者組合の組織的・法的

構造は21世紀の今日も、基本的に継続されています。例えば、大和田敢太『フランスにおける労働組合の代表機能の動揺と再生』(滋賀大学経済学部、2015年)は「団結権と結社の自由との関係」の節の「企業内労働組合支部の法的性格」の項で、次のように説明しています。

「1968年12月27日法は、企業内における労働組合の活動の権利を承認し、『企業内労働組合支部』の存在を合法化した。

〔中略〕結局、企業内労働組合支部は、企業内における労働組合権の法的主体として、位置づけられるべきものではないのである。企業内における労働組合活動の権利は、労働組合自身によって(あるいはそれによって任命される組合代表によって)直接行使されるべきものだからである。」(53〜54頁)

戸木田嘉久は日仏比較をさらに進めて、①日本の、「労働三権」を含めて団結体として法認されている「企業・事業所レベルの労働組合＝企業別組合」と、②フランスの、「従業員利益代表制諸機関＋企業・事業所レベルの職業別・産業別労働者組合諸機関」という、二つの質的に異なるものの相違――とりわけ、フランスの場合の重層的構造・機能とその歴史的到達点という特質――を無視し、両者を同質的に扱って、機械的に「比較」するという誤りに陥っています。しかも、「階級的・民主的潮流が主導権をにぎっている『企業別組合』についていえば」とか、「企業ないし事業所レベルの労働組合活動に限定すると」とかの選別的条件を付け、職場から全国レベルに至る団体交渉をはじめとする労資関係、政労使関係の現実と実態から切り離し、なおかつ、具体的な比較事例・例証を一つも示すこともしないまま、「フランスの水準をぬきんでている」との一般的結論を下しているのです。

戸木田嘉久のこうした日仏「比較」の手法は、科学的な比較研究の初歩的前提条件を満たしていないので、当然のことながら、その結論は正当性がありません。

ちなみに、不破哲三はフランスにおける「一企業一組合」ではない「労働組合」と、企業・職場レベルの労働者代表制のしくみとその「有効な役割」について、次のように説明しています。

「こういう問題〔労働密度の規制〕での職場の意見を、どういうしくみで

反映させるかということが、日本では、大きな問題になります。ヨーロッパでは、ドイツの経営評議会のことはすでに話しましたが、フランスでは、工場評議会〔正しくは、企業委員会、および、従業員代表〕があります。ここは、日本のように、一企業一組合ではなく、組合は個人加盟が原則で、どこの経営にも、いろいろな系統の組合が組織をもっており、無所属の労働者もいます。工場評議会は、組合の系統や組織・未組織のちがいをこえて、その職場のすべての労働者が参加する選挙で職場の代表をえらび、その職場の代表が全体で工場評議会をつくる、というしくみになっています。ですから、労働条件をきめるときに、職場の労働者の意見を反映するうえで、有効な役割をはたすことができます。

　ドイツの経営評議会も、フランスの工場評議会も、法律で定められた国の制度ですが、日本には、そういう制度がまったくありません。その日本で、労働条件の問題で、どういうしくみで職場の意見を反映できるようにするか、これは、工夫のしどころです。ぜひ、職場のみなさんの知恵をお借りしたいところです。労働者の合意といっても、労働組合のトップだけの交渉ですべて決めてしまうといったやり方では、職場の意見を効果的に反映させることはできません。」(不破哲三「労働基準法を考える(その二)」(1992年4月11日、日本共産党委員長の講演)(市田忠義監修『これが人間らしい働き方のルール──日本共産党の立法提案』、新日本出版社、2008年)

(ウ) 中林賢二郎、下山房雄との「論争」における組織（形態）論の回避

　戸木田嘉久の「労働組合」運動論に対しては、いくつかの論点に関して、中林賢二郎、下山房雄らによる文献（論文）を通じての批判が行われ、議論が交わされました。この論争の全体についての決着をつけること自体は本書の課題ではありませんが、「企業別組合」に関する非常に重要な論争を含んでいますので、その点を中心に検討します。

(ウ)-① 中林賢二郎の企業別組合論

　中林賢二郎は日本と世界の労働者組合（運動）に関して、「階級的・民主的潮流」の側に立って、最も系統的に研究した一人です。その研究内容の要

第4章　企業別組合は誰が、どのように創り出したのか（その2）

点をあらかじめ知っておくことが、戸木田嘉久との論争をより正確に、公平に検証するために不可欠と思われるので、ここで、中林賢二郎の企業別組合関係の所論の要点を紹介しておきます。

　本項でとりあげる文献は次のとおりです。文献番号は参照指示（例えば、中林賢二郎①、○頁）に使用するために、便宜上、付したものです。
　①中林賢二郎「資本主義のもとでの労働組合運動についてのマルクス、エンゲルス、レーニンの理論」（『労働組合運動の理論』（第1巻）、大月書店、1969年）〔以下の引用中、〔　〕内のロシア語原文・原語は宮前忠夫が原典から引用・挿入。

　　ただし、「用語・概念」としての引用の場合は、便宜上、「主格」で表示〕
　②中林賢二郎『労働組合入門』（労働旬報社、1974年）
　③中林賢二郎『現代労働組合組織論』（労働旬報社、1979年）
　④中林賢二郎「企業別組合と現代労働組合運動の組織論的課題」（『日本の労働組合運動　5　労働組合組織論』、大月書店、1985年）〔5冊シリーズの第五巻。同シリーズは、中林賢二郎、戸木田嘉久、下山房雄ら15人が編集委員を務め、第五巻に関しては、「本巻の編集は、他の四巻の編集と同様に、一五名の編集委員の責任においてすすめられたが、直接には戸木田嘉久、辻岡靖仁両氏の協力をえて筆者〔中林賢二郎〕が担当した」（6頁）とされています。

★労働者組合は職業別組合でなければならない――レーニン『何をなすべきか』から
　中林賢二郎①は、イギリスをはじめとする国際的経験と教訓、科学的社会主義の先人たちの労働者組合論を踏まえつつ、日本の労働者組合論を研究・分析し、「企業別組合」批判を論じました。とくに、労働者組合の組織形態論を重視しましたが、その際、レーニン著『なにをなすべきか？』の中の、以下に引用する部分を自身の説明の裏付けとして紹介しています。
　「『経済闘争のための労働者の組織は職業的組織でなければならない。〔Организации рабочих для экономической борьбы должны быть проф

ессиональными организациями.〕社会民主主義的労働者は、だれでもできるだけこれらの組織に協力して、そのなかで積極的に活動しなければならない〔……〕だが『同職』組合〔《цеховой》союз〕の一員になるには社会民主主義者でなければならないと要求することは、けっしてわれわれの利害〔「利益」が正しい：国民文庫版により訂正〕にならない。そうするとわれわれの大衆にたいする影響範囲をせばめることになるからである。雇い主と政府にたいして闘争するために団結が必要であることを理解している労働者なら、だれでも同職組合〔цеховóй союз〕に参加させるがよい。もしこれらの同職組合〔цеховые союзы〕が非常に広範な組織でないなら、同職組合の目的そのものが達せられないであろう。そしてこれらの組織が広範なものであればあるほど、それにたいするわれわれの影響もいっそう広範になるであろう。この影響は、経済闘争の『自然発生的』発達によってあたえられるだけでなく、組合員中の社会主義者がその同志たちに直接に意識的にはたらきかけることによってあたえられるのである」（同前〔国民文庫『なにをなすべきか』1953年版の訳文〕、一七三──一七四ページ）。」（244頁）

　なお、中林賢二郎は引用していませんが、レーニンは上記引用の数頁後で、「『秘密の職業的組織の道』を進んでいる当時の現状についてのべ、そうした組織の規約のうち『組合労働者組織規約』（1900年10月）を批判して次のようにのべ、ここでも「職業別の組織」を強調しています。

　『労働者階級の政治的解放』や『ツァーリ専制』のことを論じながら、こんな組織規約を書くというのは、社会民主主義の真の政治的任務をまるでなにも理解していない証拠である。一五〇の条項のどれ一つとして、ロシアの絶対主義のいっさいの側面、ロシアの種々の社会階級の全体の姿をあきらかにするような、もっとも広範な政治的煽動を大衆のあいだでおこなう必要を理解しているらしい片影でもあらわしたものはない。このような規約では、政治的目的はおろか組合主義的な目的でさえ実現することはできない。なぜなら、そういう目的のためには**職業別の組織**（организации *по профессиям*）が必要であるのに、それについてはなにもいわれていないからである。（同上国民文庫版179頁）

次に、「企業別組合」に関する所説に進みます。中林賢二郎②～中林賢二郎④を検討対象としますが、④を中心に据えて、中林賢二郎の企業別組合論の要点を検討していきましょう。

★中林賢二郎の企業別組合生成論
　中林賢二郎④は「はじめに」において、日本の企業別組合の生成を戦前・戦後を通じての問題として把握し、それを研究課題とする理由を次のように述べています。
　「わが国の労働組合組織の大部分は、西欧的規準からみるかぎり『御用組合』ともみられる企業別組合という組織形態、しかも日本の資本が戦前・戦後をつうじて奨揚してきた組織形態をとっており、この組織形態と、現在進行中の民間大企業労働組合の資本への癒着、労働組合運動主流の右傾化、全民労協結成という、資本による統合政策の結果としての諸事実とは、ふかい因果関係をもっているとみられるのである。
　組合組織形態の問題をあらためてとりあげる主たる理由はここにある。」(8頁)
　次いで本論部分で、「歴史にみる資本と企業別組合」と題する一節を設け、第2次世界大戦前にさかのぼって日本の財界と政府、労働者組合の動向をとりあげ、かつ、アメリカにおける会社組合攻勢と労働者組合の反撃について、次のように概括しています。
　「現在、労働組合の企業別分断のために、企業別組合のもつ組織形態上の欠陥を利用して、陰に陽に資本の介入がおこなわれているが、歴史的にみても、資本が労働組合運動の存在そのものを否定することができなくなると、洋の東西を問わずそれが企てるのは、企業の枠をこえた横断的な労働組合から労働者を切りはなし、労働者の組織を企業内化することであった。〔中略〕たとえばそれは、一九二〇年代に急成長をとげつつあったアメリカ独占資本が、アメリカン・プランの名のもとにおこなった、従業員代表制による労働組合しめだし＝オープン・ショップ運動にみられる。この運動は、企業内福利施設の飛躍的な拡充政策と、激しい資本の組合弾圧政策——ブラックク・リスト、労働スパイ、スト破り、黄犬契約など——をつうじて、しだいに労働者を企業内に封じこめ、企業帰属意識をたかめることで、やがて広範な会

社組合カンパニー・ユニオンの培養に成功した。そして、こうした会社組合がくつがえされ、大企業に労働組合がついに侵入し、労働市場を横断的なものに変えていったのは、一九三五年以後におけるＣＩＯ（はじめはＡＦＬ内の産業別組織委員会、のち三八年に独立して産業別組織会議となる）の戦闘的な組織化運動があってはじめてえられた成果であった（高橋洸『日本的労資関係の研究』、未来社、五六ページ）。

　日本の歴史的経験も同じことをしめしている。日本では、①第一次世界大戦後、労働者階級の成長度からみても、またＩＬＯの成立という国際的事情からみても、労働組合運動にたいして弾圧政策だけにたよっているわけにはいかなくなり、労働組合法の成立さえ検討しなければならなくなると、政府と独占資本がまっ先に考えたのは、①工場委員会による組合運動のしめだし、もしくは骨抜きと、②労働組合法による、組合組織の企業別化であった。」（22～23頁）

「他方、労働組合法を制定しようとする動きも、工場委員会設置の動きと同じ時期の、一九一九年にはじまる。法案としては、一九二〇年の農商務省案、内務省案いらい、一九二六年政府案にいたるまで八つの法案が作成されたが、すべて議会に上程されないままにおわるか、上程されても、資本を代表する議員たちの反対により、審議未了で葬り去られた。

　だが、ここで注目されるのは、発表された政府案にたいする資本家諸団体の意見である。日本工業倶楽部、東京鉄工機械同業組合、電気協会、名古屋商業会議所など、その多くが、『組合の単位は一事業所とす』べきであるとか、『組合員は同一事業所において共同の利益を有する労働者』にかぎるべきだとのべており、また横断的な組合のオルグの『潜入』を警戒して、組合員を一年以上の在勤者に限定するよう要求していたのである（協調会『最近の社会運動』、八三三ページ以下）。

　こうした政府と資本の側の企図にたいしては、左右を問わず、当時の労働組合運動のすべての潮流が、その本質を見抜き、抵抗した。」（24頁）

「政府と資本の側がこの段階で構想し、実施に移した工場委員会は、すでに研究者のあいだで指摘されているように、企業の枠をこえて組織された労働組合に代わる、『今日の企業別組合の原型』であったが、これに評議会が

対置したものは、名称こそ同じ工場委員会であるものの、性格はまったく別のものであって、それは、今日のイギリス労働組合運動にみられる、労働組合の補助組織としての職場委員会（ショップ・スチュワード委員会）の性格をもつものであった。考えられるかぎりできわめて正確な後者の方針にもとづく運動は、しかし翌二八年の評議会にたいする弾圧＝解散命令で、一応終止符をうたれたのち、さらに全協の運動にひきつがれたが、これまた、いっそうきびしさをました弾圧のもとで、三四年までに運動は解体されてゆく。その結果はこうであった。左派、右派、中間派を問わず自主的労働組合運動のすべてが大企業からしめだされ、組合は中小企業労働者を組織するだけになっていった。軍工廠や一部の大経営に『労働組合』を名のる組織が残存していたが、その実体は、ＩＬＯ労働代表の選出母体を主な役割とする、とうてい自主的労働組合とはいえないものであった。『多くの大経営では、労働組合にかわるものとして共済組合や工場委員会、あるいは両者を兼ねた「会社組合」が組織されていた』。

『会社組合』の主な機能は、労資の意思疎通であり、それは一労働者の不満のはけ口、安全弁であり、自主的労働組合運動が企業内に侵入するのを阻止する防波堤であり、また大企業労働者を企業へまるがかえにする役割もなっていた』（労働運動史研究会編『日本の労働運動の歴史と課題』、労働旬報社、一九六九年、六二－六四ページ）。

そしてそれは、その後にはじまる戦時下での産業報国運動へとつながってゆくのである。」（25～26頁）

以上に見てきたように、中林賢二郎は、企業別組合の「歴史」を第２次世界大戦前の財界と政府の「工場委員会」策動にまでさかのぼって、しかも、アメリカにおける会社組合攻勢を睨みながらとらえ、「企業の枠をこえて組織された労働組合に代わる、『今日の企業別組合の原型』であった」と規定しています。戸木田嘉久を含む多くの研究者が戦前との継続性を無視あるいは軽視しているのと対照的な、厳正な検証作業です。

中林賢二郎④は「戦後企業別組合の成立」の項においては、主に、大木一訓説に依拠しつつ、次のように述べています。

「大木一訓は本シリーズ第一巻の論文で、戦後における企業別に組織され

た組合の『三つの発展段階』を区別し、敗戦直後の労働組合運動がゼロから出発してたちまち五〇〇万人以上の組織化に成功した時期の事業所別の組合を、その後の時期の企業別組合と質的に異なるものとしている。」(29頁)

「この年〔1947年〕、憲法が発効したし、労働組合法はすでに制定されていた。だが、ここで、超憲法的存在としての占領軍がのりだし、その直接の介入と当時再建過程にあった独占資本への援助をつうじて、天皇制権力下でかつてみられたように、こうした組合運動をおさえ、それを企業の外にしめだしたのである。そのことは、四六年の労働関係調整法制定、四七年の二・一スト禁止、四八年の全逓ストの禁止と政令二〇一号による公務員のスト禁止、四九年におけるドッジ・プラン実施下での大量首切りによる戦闘的組合活動家の追いだし、五〇年のレッド・パージと占領軍指令による全労連解散という一連の違憲的弾圧と、他方における占領軍、政府、独占資本一体となっての『民主化同盟』育成やその総括としての五〇年における総評結成を想いおこすなら、だれの目にもあきらかである。

そして、企業の枠をこえた階級的団結を求める運動が後退させられるのと並行して、『労働市場は、大企業における本工ないし常用労働者の封鎖的市場とその下層における臨時工、社外工、下請・中小企業労働者、日雇労働者というかたちの階層別市場に分断され、事実上独占の統制下にくみこまれてゆく軌道がひかれたといってよいし、企業規模別の賃金格差が形成されはじめた』。年功制は手なおしされ、能率給、職務評価、人事考課などが導入されていった。

組合は、本採用労働者に組合員資格をかぎり、組合の組織単位は一部の例外をのぞいて企業別・企業連となり、日常的要求事項の多くは労使協議会にゆだねられ、職場労働者の組合決定への参画は形骸化されてゆく。こうして企業組合主義という思想と行動様式が生まれ、戦後型企業別組合が確立し定着するのである。」(29〜31頁)

以上に見てきたとおり、中林賢二郎は、戸木田嘉久の戦前・戦後分断とは対照的に、「日本の資本」・財界の戦前・戦後をつうじての企業別組合「奨揚」と、「戦後型企業別組合が確立し定着する」ものとの「因果関係」を指摘しました。ここまでは、私たちの検証結果と一致しています。しかし、「因果関係」そ

のものの解明は追究されず、結局、企業別組合を「戦前型」と「戦後型」とに、事実上、分断し、かつ、「企業別労働組合」と呼んで、企業別組合を「労働組合」の一形態に数え、その枠内で、実践的対応論を展開したのです。

★中林賢二郎の企業別組合本質論
　中林賢二郎④は「企業別組織形態の特異性」と題する一章を設け、「企業別組合というものが、労働組合組織として、いかに、特異なものであるかということは、まず第一に、これを、それ以外の組合組織形態と比較することによってあきらかになる」（15頁）とし、ついで、「それ以外の組織形態」との比較に移ります。
　「労働組合の目的は、一般的には資本に対抗して賃金・労働条件を守り改善することにはじまって、最終的には未来社会への展望をきりひらくことにあり、労働組合はこうした目的で労働者が団結する組織であるが、その団結の仕方＝組合組織形態は、資本主義の発展段階や組合運動を構成する主体のちがいに応じて、さまざまのあり方をしめしてきた。」（15頁）
　そして、「職業別組合」、「一般労働組合」、「産業別労働組合」の順に各項目を立てて、それぞれの「組織原理」を中心に解説した後、「企業別組合」で、企業別組合の定義とも言える次のような「特異性」を規定しています。
　「これらの組合組織形態とくらべてみたときに、企業別組合のきわだった特異性として目につくのは、これが、企業の枠をこえて、企業の外につくられる組合ではなく、企業の内部に、その企業（もしくは事業所）の正規従業員だけでもって組織された組合だということである。
　それは、規約でもって、企業の正規従業員だけに組合員資格をかぎっているのであるから、その組合が産業別組織に加盟しているばあいにも、組織の優先的団結原理は、雇用される企業の同一性にあり、『その企業の正規従業員だから』と『その企業の正規従業員だけ』ということで団結しているのである。」（18頁）
　この組織形態上の「特異性」規定に続いて、企業別組合の5項目の特徴ともいうべきものを列挙。5項目には、（組織）形態上の特徴とともに、機能・性格上の特徴も含まれますが、企業別組合の本質規定にかかわると見られるのは、第一項目です。

「まず第一に、職業別組合、一般労働組合、産業別労働組合は、すべて組合が企業の外に、それとは無関係にまったく独立してつくられている。組合員は、企業に雇用されていようと、失業していようと、組合員である。ところが、企業別組合では、従業員であることが組合員資格の前提になるから、従業員であることが先で組合員資格が従となり、組合の企業からの独立がさまたげられる傾向をもつ。」(18頁)

　「以上みたように、労働組合が現代日本に特異な企業別組織の形態をとると、組合員の構成からいって、その組合は本来的に企業意識を内にひめたもの、そうした意識を代表するものが組合の主流を占める可能性をつねにもつものとなり、資本のゆるす範囲内でその企業の正規従業員の利益を守る『企業エゴ』をもった組織になりやすい。そして、経済の高成長、独占企業の利潤のいちじるしい増大、そのもとでの実質賃金の上昇というような、協調主義的傾向を促進する要因がこれにくわわると、組合の指導権は企業主義的勢力の掌握するところとなる。また、インフォーマル組織などをつかって、企業が直接介入をつよめると、組合指導部は企業に癒着し、組合組織は企業の労務管理組織と一体化されることにもなる。」(20頁)

　この「会社組合化」という規定も、「独立がさまたげられる傾向」という先の第一項目と同様に、中林賢二郎の本質規定と言える叙述です。

　以上に見てきたように、中林賢二郎は「企業別組合」というものを一組織形態として捉える点は明確ですが、団結体としての労働者組合を結社一般とは区別する観点を欠いています。そのために、「企業別組合」を、ここでも、他の3組織形態と共に「労働組合の一形態」として並列視しています。

★中林賢二郎の企業別組合対応論
　中林賢二郎は文献③においても、日本の企業別組合体制についての対応論を述べていますが、④において、「組織いじり」に陥らないよう警告しつつ、はるかに深く広く展開しています。後者からの引用を行いつつ、内容を検討していきましょう。
　中林賢二郎④は「企業別組合克服の組織論的課題」の章を設け、当時の状況、条件について説明しつつ、「組織論的課題」の項で課題について展開し

ています。

　「現在の諸条件と組織化の状況が以上にのべてきたごとくであるとするならば、今日、階級的民主的労働組合と自覚ある労働者が追求しなければならない組織論的課題とは、どのようなものであろうか。もとより組織論的課題が要求的課題ときりはなされ、それ自体として追求されるならば、それはたんなる組織いじりにおわり、成功することはおぼつかないであろう。これらの課題は、自民党政府と独占資本の八〇年代戦略を正面にみすえ、組合運動をその戦略によって企業別に分断し資本の要求に従属させる右翼的指導に対抗しながら、諸闘争を展開するなかで、すなわち、『経済整合性』による賃金抑制と『合理化』に反対する闘争、労働強化に反対し時間短縮を要求する闘争、臨調『行革』路線に反対し福祉と教育を守る闘争、独占資本の利潤追求を規制し国民の生活を守る闘争、軍事化に反対し平和・民主・中立の日本をめざす闘争をすすめるなかで、これとむすびつけて追求されなければならないものであることはいうまでもないことである。

　それは一口でいって、資本から独立した本来の労働組合が追求しなければならない企業の枠をこえた団結の拡大・強化であり、その団結を組織的に定着させることであり、そうした団結の力で、企業に癒着した運動を包囲し圧倒することである。そうすることでまた自民党政府と独占資本にたいする広範な統一戦線をきずくための条件もつくりだすことができるのである。

　具体的にいえば、その第一は、これまで企業別組合が、一部を資本の支配構造のなかに組みいれてきた以外はまったく放置してきた、二〇〇〇万人以上におよぶ小零細企業労働者を、一般労働組合、職業別労働組合、産業別組合などに大量に組織化してゆくことである。

　第二には、大企業に雇用される臨時雇労働者、社外工、パートタイマー、高技能をもつ移動型労働者等を、それぞれの条件に応じて、企業の枠をこえた一般労働組合、もしくは職業別組織に組織することである。

　これらの組織化には、階級的民主的労働組合によってつくられる地域共闘組織や労働組合合同地域センターなどが役だつことはいうまでもない。

　なお、独占資本主義段階を代表する労働組合は産業別組合であるということを機械的に理解し、今日では職業別組織や職能別組織は時代おくれであり、

職業エゴにとらわれやすいとして、これらを軽視したり無視しようとする傾向があるとすれば、それは誤りであろう。資本主義経済の不均等発展の法則は、労働力の質、雇用関係の発展にもあてはまるのであって、今日でも職業別・職能別組織に適合性をもつ労働者は多数存在しており、企業の枠をこえた団結をつくりだすために、こうした組織形態は産業別組織とならんで全面的に活用されなければならない。

　第三は、企業別組合の連合体としての既成単産ですすめる活動の問題である。一口(ひとくち)に単産といっても、労働組合本来の任務を追求している統一労組懇傘下、もしくはこれと連携している組合から、純中立、そして全民労協傘下で資本に癒着して御用組合化しつつあるものまで、さまざまであるが、これらの組合内で一般的に追求されなければならない課題は、『産業別勢ぞろい』を真の『産業別組織』に移行させるための諸課題であろう。それは①空洞化した企業別組合の職場組織の再確立、②産業別組織内での企業の枠をこえた地域的交流にはじまって、産別内に自主的地域組織を確立するにいたるまでの、下からの組織づくり、③単産内での企業の枠をこえた、業種別、職種別団結——業種別・職種別部会のかたちをとる——の組織化、④地域ならびに全国のレベルでの産業別統一交渉と産業別協約締結の追求、⑤企業・産業の枠をこえた諸課題、とりわけ地域最低賃金の引上げと全国一律最低賃金制の要求、週四〇時間、完全週休二日制の時間短縮要求にもとづく、産業別闘争の展開である。

　以上の要求をかかげて活動をすすめるさいに、資本と完全に癒着した企業別組合や企業連では活動にたいしての、また単産レベルでは民主的組合にたいしての、処分問題が、そうして、さらに組織分裂の問題が、表面化するということは大いにありうることである。

　そのさい、活動家が心得ておかなければならない組織論上の問題点は、つぎの二つである。

　その一は、一般的に産業別組合運動がかかげ、第二次大戦後には世界労連がかかげた、『一工場一組合、一産業一産業別組合、一国一ナショナル・センター』というスローガンであるが、このスローガンは、資本とたたかうためには、一事業所内に多数の組合が組合員をもつ職業別労働組合の組織形態

第 4 章　企業別組合は誰が、どのように創り出したのか（その 2）

をあらためて、産業別に統一し結集することをよびかけたものであって、一事業所内で御用組合とたもとをわかつ自由を否定したものと誤解してはならない。むしろ、西欧的常識からいえば、御用組合をはなれて、これとはべつに階級的団結をすすめることこそが、労働者に求められているのである。

　その二は、第一次大戦後に西欧諸国でも日本でもみられた、階級協調派と階級的立場をとるものとのあいだの思想と運動方針の相違にもとづく組織分裂の反省に出発し、組合戦線の統一を追求する立場から、資本と組合の双方からどのように不当な攻撃をうけようとも組合内にとどまるべきではないのかといった危惧である。

　この問題については、企業の枠をこえて社会的に形成される労資協調主義的潮流指導下の横断組合と、会社に癒着した幹部が支配する企業内組合とは、まったく別のものであることを確認する必要がある。前者は、協調主義的行動をとるにもかかわらず、労働組合運動であることにちがいなく、これとの組織分裂は原則としておこなうべきではない。だが後者は御用組合であり、その時期、条件を戦術的に考慮する必要はあるが、組合運動をすすめるためにはそれからの離脱とあらたな組織への参加を考えることも必要になるであろう。

　第四に、一－三の課題を追求するにさいして、組織された力として、また組織された部隊の中心として、企業のそとから活動家と個々の組合に方向をあたえ、援助の手をさしのべるなど、重要な役割をはたさなければならないのは、資本からも政党からも独立した、ありうべきナショナルセンターとローカルセンターであり、その傘下の産業別、職業別の全国組織であって、さしあたりは統一労組懇とその地域組織ならびに傘下諸組合がその役目を担ってゆかなければなければならないであろう。」（中林賢二郎④、40 ～ 43 頁）

　中林賢二郎の企業別組合体制への対応論として、とくに注目されるのは、次の 2 点です。

　第一点は、「資本から独立した本来の労働組合が追求しなければならない企業の枠をこえた団結の拡大・強化であり、その団結を組織的に定着させることであり、そうした団結の力で、企業に癒着した運動を包囲し圧倒する」という戦略的方向を提示し、その、いわば「包囲戦略」を 4 項目にわたって

詳論していることです。

　第二点は、上記4項目の「第三」で、「企業別組合の連合体としての既成単産ですすめる活動の問題」を提起し、世界労連が掲げた組織原則に関して、「一事業所内で御用組合とたもとをわかつ自由を否定したものと誤解してはならない」と注意を喚起したうえで、「資本と組合の双方からどのように不当な攻撃をうけようとも組合内にとどまるべきではないのかといった危惧」に応える形で、「企業の枠をこえて社会的に形成される労資協調主義的潮流指導下の横断組合と、会社に癒着した幹部が支配する企業内組合とは、まったく別のものであることを確認」しつつ、「前者は、協調主義的行動をとるにもかかわらず、労働組合運動で〔……〕これとの組織分裂は原則としておこなうべきではない。だが後者は御用組合であり〔……〕組合運動をすすめるためにはそれからの離脱とあらたな組織への参加を考えることも必要になるであろう」と――「会社に癒着した幹部が支配する」との条件付ではあるが――既存の企業別組合の一部を「労働組合運動」とは別物（御用組合）と規定し、それとの「離別とあらたな組織への参加」の必要性を提起したことです。この点を、私たちの検証結果との比較で言えば、私たちが各種「横断組合」と企業別組合（会社組合）との最大の分水嶺を「労働者階級の団結体であるか否か」、「団結体か一般結社か」と「（法制を含む）団結体にふさわしい組織形態」という客観的基準での相違としたのに対し、中林賢二郎は「社会的に形成される労資協調主義的潮流指導下の横断組合」と「会社に癒着した幹部が支配する企業内組合」とを対比し、「横断組合」と「企業別組合」との「分水嶺」に、「社会的に形成」と「企業内組合」という組織形態上の客観的相違のほかに、「労資協調主義的潮流指導下」と「会社に癒着した幹部が支配」という政治的で、かつ、幹部や指導方針が変わればそのたびに転換する、客観的判断をすることがが困難な基準を加えていることです。

★中林賢二郎の『現代の労働組合運動』第7集『巨大企業における労働組合』
　（戸木田嘉久ら6人の6論文収録）に対する批判
　中林賢二郎③は「第六章　わが国労働組合運動の組織論的課題」の中の一章のほとんど全部を、次項（(ウ)-②）でとりあげる戸木田嘉久らへの批判

に充てています。これは中林賢二郎の企業別組合対応論に属すべき内容であり、長い引用になりますが、次項との関連上、ここで紹介しておきます。
「五　産業別組織内における地域的団結の強化の課題
　資本主義的蓄積にともなう労働組合運動の法則的発展という場合に、労働者数の増大プラス貧困化による運動の発展の必然性というように図式化するのでなく、それに労働者組織化の具体的諸条件の発展という組織論的視点を加え、この条件のもとで資本と労働とのあいだにたたかわれる闘争をつうじて労働組合運動が発展するものととらえることは、既存の労働組合組織を階級的・民主的に強化するうえでも、重要な意味をもつ。
　私のたいへん仲のいい、またたいへん尊敬している友人たちの論文を批判することにたるので、まことにいいにくいことなのだが、運動を前進させることが何にもまして大切であるので、その点おゆるし願えるものと信じ、この際あえていうのであるが、たとえば、巨大企業労組の問題をあつかった論文集『現代の労働組合運動』第七集でもいまのような観点が薄いために、つぎのような主張が展開されている。日本の企業別労働組合についてはさまざまな欠陥が指摘されているが、しかし、同時にもし、この企業別労働組合が真に階級的・民主的に強化されるならば、これは極めて強力な組織——労働組合と工場委員会を一つにしたような、そういう極めて戦闘的な、あるいは革命的な組織に転化しうるものとして考えていくべきであって、したがって、この企業別組織からわれわれは出発しなければならないというのである。この指摘自体に間違いないが、問題は現在そこにとどまっていいのかという点にある。
　というのは、わが国の独占資本は、労働運動内の右翼的潮流を維持し、労働組合運動を階級協調主義の枠内にひきとめておくために、組合の企業別形態を利用することにますます努力を傾けているからである。日本に比べて労賃の格段に安いアジア地域諸国に、円高の条件を全面的に利用して、わが国の巨大資本は大々的な進出をとげ、国内では投資をへらすだけでなく、過剰施設を破壊し、減量政策という名の首切り『合理化』政策をますます強めているので、その口にすることと、現実にとられる政策とのあいだには乖離があるが、それにしても、わが国の大企業が口をそろえて、資本と癒着しやす

い企業別組合組織の資本側にとってのメリットを数えたて、これをくずさぬよう、生涯雇用、年功賃金、社内福祉制度などをできる限り維持しようとする志向を示しているのはそのためであろう。

そのうえ資本は少なくとも労働者階級に対抗する点にかんする限り、従来からきわめて国際主義的であり、現代のヨーロッパ諸国の大資本は、わが国の企業別組織の資本の側にとっての利点をいち早く察知し、企業ごとの賃金ドリフトの増大や労働条件の差別拡大などを背景に、企業別協約の締結や組合組織の企業別組織化をすすめることにつとめているのである。

そうだとすると、われわれは、組織論的な観点に立って、企業別労働組合組織のもつ特徴、欠陥、そうした組織形態がうみだす特有の傾向、弱点を徹底的に洗い出して、どうすればその弱点を克服していけるのかを明らかにするとともに、その問題と、労働組合を階級的・民主的に強化するための思想闘争の問題——もちろん、階級的・民主的強化というのは、思想闘争だけをいっているわけではないが、そのなかに含まれている思想闘争的な側面——とを統一的にとらえながら闘争をすすめていくという観点を、現在われわれはどうしても明らかにしなければならないものと思われるのである。

ところが、いま例に引いた論文集のなかではそれがなされないで、たとえばイタリアの例を引いて、イタリアでは六〇年代末に工場別の工場評議会ができ、これが現在のイタリアの労働組合の戦闘化と組織統一をおしすすめている。だから日本でも、大企業の労働組合の組合員を戦闘化しさえすればよいのだ、というように論議がすべっていってしまっている。確かに大企業労組を戦闘化できればそれにこしたことはないが、しかし現在われわれの問題はどうやってそこに到達するのかということであり、それについてはいくつかの観点があるが、そのなかに組織論的な観点を抜かすことはできないことであろう。

たとえばこの工場評議会問題でも、イタリア労働総同盟やイタリア共産党はその点についてきわめて敏感であって、工場評議会が工場別につくられていくと、この工場評議会の地域ごとの連絡組織、連携組織をつくるように指導している。工場評議会をそのままひとつの工場のなかにとじこめておいてはならないという観点をたちまち打ち出している。

第4章　企業別組合は誰が、どのように創り出したのか（その2）

　ひとつの工場のなかに工場評議会を作って、その工場全体の従業員組織と資本の側が一定の労資関係をももっていた場合に、労働者たちは同時に産業別組織に属しているのだから、産業別の団結という観点はそのなかにある程度つらぬかれるかもしれない。しかし、工場評議会が個々の工場評議会にとどまっている限り、そこでは同じ工場、同じ企業のなかで働いていることから労働者が企業別にだけ団結するという傾向がどうしてもでてくる。つまりその視野は工場内に限られ、経営が赤字であるとか黒字であるとか、そういう企業側の経営状態が、賃金・労働条件改善の闘争をやる場合に労働者たちの頭のなかにでてきがちになる。それを放置するなら、工場評議会の資本との癒着という事態さえ招きかねない。それを防ぐためにはどうしたらいいかといえば、工場評議会を地域的な共闘組織にまとめていく。つまり、工場評議会を階級的・民主的に強化するための思想闘争にとりくむだけではなくて、企業意識を大衆的に弱め克服するために産業別団結の原理と企業の枠をこえた地域別団結の原理とをくみ合わせて、労働者が階級的に団結するための組織的な方法を実際に講じているのである。

　残念ながら先の論文集のなかでは、こうした、企業の枠をこえた労働者の団結を保障する組織上の措置の問題が無視され、一つひとつの工場での工場評議会における労働者の戦闘化という問題だけが強調される傾向にあるが、これでは理論的に間違ってくるのではないかと思われる。

　日本では産業別組織といわれているものの大部分は、企業別に作られた組合が産業別に連合したものである。そのなかにたとえば全国金属のように、地本の下に地域ブロックをもうけ、企業の枠をこえた地域別団結をおしすすめるような手段が講じられているものもないわけではない。しかし、それは補助的な組織にとどまっていて、現在わが国の労働組合の大部分の行動を実際に規定しているもっとも基本的な原理は、同一企業もしくは同一事業所で働くものが団結するという原理と、同じ産業だから団結（連合）するという原理であり、これらの二つ原理が基本的な原理になっていて、しかも二つのうちで前者の原理が優先している。だから産業別組織からの労働者の脱退は、ほとんどの場合に、企業別支部の全体か、もしくは支部組合員の大多数が脱退するというかたちをとる。もちろん、それにもかかわらず産業別団結の原

理がそのなかに働いているので、階級的な意識を強くもった組合員たちが、少数ながら産別組織に残留することがある。たとえば、プリンス自工が日産自動車に統合され、一九六五年に全金プリンス自工支部と日産自動車の組合の統合問題が起こったときに、七〇〇〇人の支部組合員の大部分が全国金属を脱退し、全企支部に残ったのは約二一〇名であった。

　ところがフランスやイタリアの産業別労働組合は、産業別団結と地域別団結の二つの組織原理を基礎にして、組織されている。『一工場一組合、一産業一産業別組織、一国一中央組織』というのが、そのスローガンである。『一工場一組合』というのは何を意味しているのかというと、一九世紀のヨーロッパでは一つの工場のなかにさまざまの職業別組合が組織をもっていた。そういう伝統が強く残っているイギリスでは、今日でも、たとえば百何十人かの労働者が、一年半におよぶ大ストライキをたたかったロバーツ・アランデール工場を例にとってみても、たしか一〇いくつかの組合が関係をもっている。一九世紀から二〇世紀にかけて、ヨーロッパ諸国でこういう状況が一般的に存在するなかで産業別労働組合をつくろうとした場合に、一工場一組合のスローガンが掲げられたのであって、それは一工場のなかに一つの企業別組織をつくるという意味ではなく、一工場の労働者を一つの産業別組合の地域組織に結集するという意味であった。

　わが国だと、一つの工場のなかに一つの企業別組合をつくったから一工場一組合の目標は自分たちのところでは実現しているというふうに思い込んでしまう。そして、こうした企業別組合を産業別に結集したのだから、一産業一産業別組織のスローガンも実現したのだなどと考えたりするならば、それは、とんでもない間違いである。一工場一組合という場合、フランスやイタリアでは、組合（サンジカ、いわゆる単位組合、すなわち執行機関、三役をもつ、組合の最基底をなす組織）は同一産業の労働者を企業の枠をこえて地域的に結集したもの、たとえば金属産業を例にとれば、その地域にあるいくつもの金属工場の労働者を組織化しているのがサンジカなのである。もちろん、数万人の労働者が働く巨大工場では、一工場でサンジカをつくる例が最近でてきてはいるが、それはむしろ例外的なものといってよいであろう。

＊一つのサンジカに属する同一地域の同一産業の労働者は、工場もしくは職場ごとに班（セクション）をつくっているがここには執行部はない。組合としての行動はサンジカの執行部の指導下で行なわれる。

　日本ではこのあたりのところがはっきりしていないので、企業別組合では駄目だということになると、産業別の単一組織をつくるということで、何々工場の組合に入るのではなくて、全国組合に一個々人がまず加盟して、どこどこの支部に所属するという手続きを規約のうえでとる。しかしこうした規約上、手続上の変更が、それだけにとどまる限り、その効果は限られたものにとどまる。その支部が企業別につくられた単位組合のかたちをとっている限り企業別組合に特有の弱点が働きつづけるだろう。

　ついでにいえば、産業別組合のスローガンのうち『一産業・一産業別組織』という言葉は、フランス語や英語をそのまま訳すと一産業・一産業別連合である。産業別、地域別の原理にしたがってできた組合の基本組織としてのサンジカ、それが県で連合したものが産業別の県連合、全国的に結集したものが、全国連合（National Confederation）なのである。だから、フランスの労働組合運動ではサンジカの連合体としての全国組織が、上から、何月何日に一斉ストライキに入れというスケジュール闘争的な指令を出すことはまれである。基本的な組織である地域のサンジカが、自分たちの判断にもとづいて要求を組み、闘争を準備する。県連合や全国連合はそうした闘争をするのに有利な状況にあるかどうかについての情報をあたえ、他のサンジカとの行動の調整をはかる。運動をそこから拡大していったり、あるいは、そこだけが孤立する状況にあるならば、一時闘争をのばさせる。そこに攻撃が集中した場合には、全国組合の力で、弁護士その他を送り込んで、あらゆる援助の手段をつくすというような役割を果たすのであって、そうした機能のうえでも全国組織とか県組織はサンジカという基礎組織（単組）の連合体としての性格が強い。

　要するに、フランスやイタリアの労働組合は、日本のように、産業別、企業別の原理にしたがって単位組合ができ、それが産業別に連合して産業別組織がつくられているのではなくて、同じ産業の労働者で、同じ地域に働いている者がひとつの単位組合に企業の枠をこえて結集し、それが県で連合をつ

くり、さらに全国的に連合していくというかたちで産業別の組織をつくるとともに、さまざまの産業の単位組合が同一地区で結集して地区労をつくり、地区労が集まって県連をつくり、県連と各種産業別全国組織が総結集して、総同盟全国中央組織をつくっているのである。

　このように下から上まで一貫して地域的な原理と産業別の原理、同じ地域の労働者だから団結するという原理と、同じ産業で働いているから団結するという二つの原理を、基本的な団結の原理、組織上の原理にしているから、したがって、総同盟の大会にも、二つの経路をたどって組合員が代議員を送る。一つは、産業別連合の側から代表を全国大会に出す。片方は他産業の組合とともつくられた県連合から選ばれて、県の代表として総同盟の大会に出て行く。同じ組合から二つの経路、地域の経路と産業別の経路との二つを通じて代表が大会に送られるようになっており、しかもその両者が同数、同等の権利をもって大会に参加するのである。

　そしてまた、長年にわたってこのように企業の枠をこえて団結するという組織形態をとってきたがために、組合員のなかにそうした団結の仕方と意識が定着し、一つの習慣・伝統の力にさえなっていることも見逃してはならないだろう。大工場に組合の工場別支部をつくった場合にも、支部と資本のゆ着をさまたげている一つの力は、そのようにしてつくりだされている意識と習慣であると思われる。

　しかし、日本の労働組合の基本的な組織原理は、これとはちがった、企業別と産業別の二つの原理のくみ合わせのうえに立っている。そこから、わが国の労働組合運動は資本とのゆ着を強めやすい状況のもとにおかれ、七四年の後半以降、世界経済恐慌が構造的危機とからみながら深刻なかたちで進展しはじめるという時期に、そうした状況のマイナスの影響をもっとも強く受けることになりやすいし、資本の側とゆ着した会社派幹部が、労働者の利益を無視して、協調主義政策や組合員にたいする思想・信条にもとづく差別政策をとったり、特定政党支持を機関決定で組合員におしつけるなどのこともやりやすくなっている。

　以上のようにみてくると、わが国の労働組合運動を階級的・民主的に強化し、組合の資本とのゆ着や特定政党への従属をたちきるために、われわれが

とらなければならない組織論上の方向は、おのずと明らかになってくるし、たとえば総評の組織方針に何が欠落しているかも明らかになってくる。構造不況・円高不況のもとで『政治・経済・社会の枠組みを独占本位から労働者・国民重視のものへと変革』するために、企業別組合の限界をこえた地域・産業・全国レベルでのたたかいを職場のたたかいと並行しておこない、国民春闘路線をつらぬくためには、企業別組合の限界をこえるための初歩的・具体的な組織方針が具体的に提示され、それが一貫して追求されなければならないのであるが、それはなにも示されていないのである。

では、職場のたたかいを基礎に産業別レベルと地域レベルの統一闘争を真に発展させるためにいま必要とされている具体的な方針、具体的な課題とは何か。

それは、『企業別組織の産業別勢ぞろい』の実態をとるわが国の産業別組織のなかで、まずもって企業の枠をこえた団結を強化するために目的意識的に活動することであり、そのために、産業別組織内で、企業の枠をこえた（大企業・中小企業を問わず）地域交流・地域共闘・地域的統一闘争を活発かつ多面的に行なうこと、下部労働者の要求を相互に支持し高めあうこと、そのうえに立って同一産業組織内の地域ブロック組織を強化し、一部の組合でやられてきたように地域ブロックごとに統一要求・統一交渉・統一妥結の方針をつらぬくところまでたたかいを前進させることである。

一口でいえば、それは、企業別と産業別の二つの組織原理に立つわが国特有の"産業別組織"のなかに、企業の枠をこえた団結の原理——したがってそれは、資本から独立した団結の原理ということになるのだが——を組織方針としてもちこみ、そうすることによって、企業意識にとらわれない、資本から独立した産業別労働組合の強化・発展を、組織的に保障するということである。

この環をぬきにして、職場を基礎に産業別統一闘争と他産業組合とのあいだに行なわれる地域共闘とを発展させようとしても、その両者の統一的発展はのぞめるものではないし、未組織の組織化も大幅にすすむはずはなかろう。産業別組織の闘争は、企業意識に左右される支部組合とそのうえに立つ会社派幹部の指導のもとに、形ばかりのスケジュール闘争をくむことで職場労働

者の不満をそらす役割は演ずるとしても、労働者の要求をまもる役割を果たさないであろうし、また、そのことを見抜いた職場活動家は、産業別組織内でのたたかいには背を向け、職場でのたたかいをはなれて地域共闘にのみそのエネルギーのはけ口を求めることになる。これでは、労働組合の闘争は分散し、労働者階級以外の中間層をもそのまわりに結集する国民的闘争をくめるはずはない。

　しかし、そうはいってもこれはいうはやさしくて、実践するとなればたいへんむずかしいことであるにちがいない。とりわけ巨大企業組合を結集した右派組合のなかで、地域的な組織をほんとうに階級的・民主的な立場から強めていく──職場を基礎にしてそれをやっていく──ということになれば、おそらく活動家は長期にわたるたいへんな努力を要求されるだろう。だがそのことをやっていかなければ、産業別組織を真に強化していくことはできないのである。」（199〜207頁）

（ウ）-②　中林賢二郎との間での批判と反批判
★事の経過

　両者間の批判・反批判の経過は次のとおりです。

　まず、中林賢二郎が文献③（1979年6月）のなかで、次のように弁明しつつ、大月書店編集部編『現代の労働組合運動』第7集『巨大企業における労働組合』（大月書店、1976年）の内容を「組織論的視点」から批判しました。同論文集には戸木田嘉久を含む6人の著者による6本の論文が納められていますが、中林賢二郎はどの著者の名前も、論文名も挙げずに批判を述べる形をとりました（批判内容は後述）。

　「私のたいへん仲のいい、またたいへん尊敬している友人たちの論文を批判することにたるので、まことにいいにくいことなのだが、運動を前進させることが何にもまして大切であるので、その点おゆるし願えるものと信じ、この際あえていうのであるが、たとえば、巨大企業労組の問題をあつかった論文集『現代の労働組合運動』第七集でもいまのような観点が薄いために、つぎのような主張が展開されている。」（199頁）

　戸木田嘉久は、こうして中林賢二郎が展開した批判を、自らの論文に対す

第 4 章　企業別組合は誰が、どのように創り出したのか（その 2）

る批判と受け止め、「反批判」を、9 年半後の 1988 年 12 月に発刊した『(戸木田嘉久著作集・第一巻) 日本の労働組合運動』に収めた「日本における『企業別組合』の評価と展望」の「解題」として発表し、ついで、同解題を、24 年後に発刊された戸木田嘉久『労働運動の理論発展史　戦後日本の歴史的教訓（下）』、新日本出版社、2003 年）に、「第 27 章　労働組合運動にみるフランスと日本」の「二　論文「日本における『企業別組合』の評価と展望について」への【付論】再版『企業別組合論争』——中林賢二郎、下山房雄両氏の批判に答える」という形で再録しました。批判・反批判の内容は、引き続き以下で紹介しますが、ここでは、戸木田嘉久が「付論」を「企業別組合論争」題して、「　」付きながら「論争」と認めていることを確認しておいてください。

★遅ればせ「反論」に関する戸木田嘉久の弁明
　ここからは、戸木田嘉久の、反論経過についての弁明と、「反論」の内容を、数項目に分けて、見て行きます。
　まず、反論経過についての弁明です。弁明は次のとおりで、これが戸木田嘉久によるまとまった反論としては、遅れ馳せながら、初めてのものということになります。
　「右に紹介した私の論文『日本における「企業別組合」の評価と展望』は、フランスにおける事業所・企業内における労働組合運動の弱点を見聞したことが、きっかけとなっている。日本の『企業別組合論』では立場のいかんをとわず、例外なくもっぱらその弱点・消極面が論じられてきたが、それでよいのか。日鋼室蘭、王子製紙、三井三池などの諸闘争で発揮された、『企業別組合』の団結と戦闘性、統一労組懇支持労組を中心とする階級的・民主的潮流の『企業別組合』にみる事業所・企業内外にみる階級的・国民的視野にたった運動など、現実の『企業別組合』にみられる積極面も正当に評価するべきでないか。私はそういう問題意識から気負ってこの論文を書いた。
　しかし、私の論文は説得力に欠けるところがあったのか、同学の尊敬する先輩・友人である中林賢二郎、下山房雄両氏からは批判的な意見もみられた。この批判にたいする私の回答を、時間的なずれがあるがここでは一括整理し

ておきたい。
　中林賢二郎氏による批判は、同氏の遺著『現代労働組合組織論』(一九七九年、労働旬報社) のなかでとりあげられていたが、ただちに反論はおこなっていない。この中林氏の論評にたいして私が意見を述べたのは、問題の私の論文を『著作集』第一巻・『日本の労働組合運動』(一九八八年) に第四章として収録するにあたり、その解題にあたってであった。再録するからには一言しないわけにはいかなかったからである。本書では、この『著作集』の『解題』を収録しておこう。
　また、下山房雄氏による批判は、私の右『著作集』第一巻への書評『日本の労働組合運動の論点』(『賃金と社会保障』第一〇一七号、一九八九年九月) のなかで論及されていた。私はこの下山氏の批判にも反論を保留してきていたのだが、いつまでも黙して語らずというのもどうかと思い、ここではさしあたり『企業別組合論』にかかわる部分にかんして反論させてもらうことにした。」(戸木田嘉久⑤、186〜187頁)

★中林賢二郎への反論 (1) ——戸木田嘉久による、「批判」の引用紹介と反論
　上記に続く中林賢二郎への反論の全文 (以下、「戸木田による対中林反論」) は次のとおりです。
　「(1) 故中林賢二郎氏の所論に答える (戸木田『著作集』第一巻「解題」による)
私の右論文は、私の尊敬する友人であり、同学の先輩であった中林賢二郎氏の遺著『現代労働組合組織論』の第六章『わが国労働組合運動の組織論的課題——未組織の組織化と地域共闘』で、つぎのような批判を受けている。
　『資本主義的蓄積にともなう労働組合運動の法則的発展という場合に、労働者数の増大プラス貧困化による運動の発展の必然性というように図式化するのでなく、それに労働者組織化の具体的諸条件の発展という組織論的視点を加え、この条件のもとで資本と労働とのあいだにたたかわれる闘争をつうじて労働組合運動が発展するものととらえることは、既存の労働組合組織を階級的・民主的に強化するうえでも、重要な意味をもつ。
　・・・たとえば、巨大企業労組の問題をあつかった論文集『現代の労働組合運動』第七集でもいまのような観点が薄いために、つぎのような主張が強

調されている。日本の企業別労働組合についてはさまざまな欠陥が指摘されているが、しかし、同時にもし、この企業別労働組合が真に階級的・民主的に強化されるならば、これは極めて強力な組織——労働組合と工場委員会を一つにしたような、そういう極めて戦闘的な、あるいは革命的な組織に転化しうるものとして考えていくべきであって、したがって、この企業別組織からわれわれは出発しなければならないというのである。この指摘自体に間違いはないが、問題は現在そこにとどまっていいのかという点にある』（一九九ページ）

　『というのは、わが国の独占資本は、労働運動内の右翼的潮流を維持し、労働組合運動を階級協調主義の枠内にひきとめておくために、組合の企業別形態を利用することにますます努力を傾けているからである。・・・そうだとすると、われわれは、組織論的な観点に立って、企業別労働組合組織のもつ特徴、欠陥、そうした組織形態がうみだす特有の傾向、弱点を徹底的に洗い出して、どうすればその弱点を克服していけるのかを明らかにするとともに、その問題と、労働組合を階級的・民主的に強化するための思想闘争の問題——もちろん、階級的・民主的強化というのは、思想闘争だけをいっているわけではないが、そのなかに含まれている思想闘争的な側面——とを統一的にとらえながら闘争をすすめていくという観点を、現在われわれはどうしても明らかにしなければならないものと思われるのである』（二〇〇ページ）。

　『では、職場のたたかいを基礎に産業別レベルと地域レベルの統一闘争を真に発展させるためにいま必要とされている具体的な方針、具体的な課題とは何か。

　それは、『企業別組織の産業別勢ぞろい』の実態をとるわが国の産業別組織のなかで、まずもって企業の枠をこえた団結を強化するために目的意識的に活動することであり、そのために、産業別組織内で、企業の枠をこえた（大企業・中小企業を問わず）地域交流・地域共闘・地域的統一闘争を活発かつ多面的に行なうこと、下部労働者の要求を相互に支持し高めあうこと、そのうえに立って同一産業組織内の地域ブロック組織を強化し、一部の組合でやられてきたように地域ブロックごとに統一要求・統一交渉・統一妥結の方針をつらぬくところまでたたかいを前進させることである。・・・この環をぬ

きにして、職場を基礎に産業別統一闘争と他産業組合とのあいだに行なわれる地域共闘とを発展させようとしても、その両者の統一的発展はのぞめるものではないし、未組織の組織化も大幅にすすむはずはなかろう』(二〇六－二〇七ページ)。

中林論文について長い引用になったが、当時は活動家のなかで中林・戸木田論争がおこるのではないかと期待するむきもあったときくので、必要なかぎりで引用させていただくことにした。

ところで、この中林論文にたいして私の方から反批判の論文を書くことはしなかった。それは、つぎの二つの理由による。

第一に、組織論的観点をもっと重視することは、私には何らの異論はなく、産業別の地域共闘、地域統一闘争の強化にしろ、今日の資本主義の発展と労働者構成の変化に照応し、一般組合という組織形態で『未組織の組織化』を進めることにしろ、私じしん、きわめて重要な提起だと考えていたからである。

第二に、私の論文は、『わが国労働組合運動の組織論的課題』を全面的に扱おうとしたわけでなく、いわゆる『企業別組合論』批判の上に立ち、主として階級的・民主的『企業別組合』の評価と限界について新しい観点を提示したものだが、そこで展開している理論的枠組みは中林氏の主張を吸収しうるものだし、矛盾・対立するものではないと考えたことによる。

だが、ここにあらためて私の論文を再収録するにあたっては、日本労働運動の階級的・民主的強化を進めるにあたり、中林理論と私の全所論(右論文および本『著作集』所収の全論文)とのあいだの微妙なニュアンスの差を指摘しておく必要があろう。それは、中林理論が総じて組織論に重点がかかるのにたいして、私の所論では、国家独占資本主義と反共・労資協調主義との対抗、『民同』指導の限界、これに対抗する階級的・民主的強化の内容はなにかという点に、重点がかかっているということであろう。このような微妙なニュアンスの差を確認したうえで、二、三のことを追加的に指摘しておきたい。

第一、私たちが『資本主義的蓄積にともなう労働組合運動の法則的発展という場合に、労働者数の増大プラス貧困化による運動の発展の必然性というように図式化』したとされているが、これは正確ではない。そのような土台

の上で階級闘争をつうじて、二つの潮流の対抗をとおして、結局のところ労働組合運動は発展せざるをえない、と定式化されていたはずである。

　第二に、産業別の地域共闘、地域統一闘争についていえば、私じしんは、九州炭労による地域共闘、地域統一闘争、失業反対共闘のそれなりの発展をみてきたうえで、国家独占資本主義下の『合理化』反対闘争における『民同』左派指導の限界を階級的にどう克服するか、階級的統一要求をたたかえるような日本労働運動の階級的・民主的強化をどう進めるかに、最大の関心をむけてきた経過がある。

　第三に、このような観点からすれば、統一労組懇運動の発展と、組織論的には、階級的なナショナルセンターとローカルセンターの確立の課題に関心が傾斜してきたともいえる。

　いま、あらためてこうしたことを指摘するのは、最近一部の研究動向として労働組合の階級的・民主的強化という内容がやや稀薄化し、組織論に一段と傾いた発想がみられることを懸念するからである。

　　　　　　　　（一九八八年一二月、戸木田記）」（同、187〜190頁）

　以上に見た「戸木田による対中林反論」には――反論内容の分析は別項で行うことにして――論争形式に関する二つの重大な問題があります。

　第一の問題は、戸木田嘉久は中林賢二郎による批判の対象を誤解しており、誤解を前提とした反論の枠組みと内容になっている、という事実です。

　「事の経過」の項でみたとおり、中林賢二郎③は、「戸木田による中林引用」の始まる直前で、「友人たちの論文を批判する」こと、「論文集『現代の労働組合運動』第七集」の全体を批判の対象とすること、つまり、戸木田嘉久論文だけでなく6人の著者による6本の論文の全体を対象とすることを明言しています。戸木田嘉久は、これを自らの論文のみに対する批判であると誤解し、弁明と反論を展開したのです。したがって、戸木田嘉久の反論は、6人を代表して一人で行うというのでもなく、戸木田嘉久一人で全批判に対応する形に陥っています。

　次は、こうした誤解にもとづく枠組みのなかでの、戸木田嘉久の弁明の問題です。

「戸木田による対中林反論」は、「戸木田による中林引用」に続いて、「反批判の論文」を書かなかった「二つの理由」をあげ、その中で、中林賢二郎からの批判内容に「異論」はなかったとしたうえで、（第七集の自分の論文のみについて言及しつつ）「中林氏の主張を吸収しうる」、「矛盾・対立するものではないと考えた」と弁明し、反論を書かなかったことを正当化しています。これらの弁明は、戸木田嘉久が、論争への「期待」を知りながら、組織論・組織形態論に関する両者の「矛盾・対立」を封じ込め、公然とした論争を回避したことを裏付けています。

　戸木田嘉久はさらに、自分の著作集への当該論文再収録に当たって、「中林理論と私の全所論（右論文および本『著作集』所収の全論文）とのあいだの微妙なニュアンスの差を指摘しておく」と言って、突然、両者の「全論文」・理論全体の間の比較をもちだし、「微妙なニュアンスの差」と強調し、「確認」しています。しかし、両者の理論の対比は「微妙なニュアンスの差」ではなく、厳しい対立関係にあることは明白であり、「微妙な差」とするのは対立関係を隠すことになります。

　しかも、戸木田嘉久はそれに続いて、「追加的に指摘」を加筆しているのです。「戸木田による対中林反論」は、論争相手が死去した後に、相手が生存中の論文に関する自己弁護・弁明に加え、新たな反論・反批判を三項にわたって「追加的に指摘」をするという、「二重の弁明」なのです。

　第二の問題は、二重の弁明は、実は組織論争回避とそれを通じての自己弁護であるという事実です。

　「戸木田による対中林反論」が二重の弁明から成ることは上記で見た通りですが、その本質は、「中林理論」との「矛盾・対立」を極力、封じ込め、とるに足りない小さなものであるように主張して、中林賢二郎との正面からの組織論論争を回避してきたことを「理由」づけ、組織問題に関する自論を決定的な批判にさらすことなく主張し続け、弁護することにあります。例えば、「戸木田による対中林反論」の結びの一節——「いま、あらためてこうしたことを指摘するのは、最近一部の研究動向として労働組合の階級的・民主的強化という内容がやや稀薄化し、組織論に一段と傾いた発想がみられることを懸念するからである」——が、それをよく物語っています。

第4章　企業別組合は誰が、どのように創り出したのか（その２）

★中林賢二郎への反論（２）──「批判」受け流しの自己弁護（１）
　次に、中林賢二郎による第七集の内容への具体的諸批判に対して戸木田嘉久がどのように「回答」しているかを、「戸木田による中林引用」に含まれる主な批判、および、「引用」に含まれない（省略された）主な批判、とに分けて検証してみましょう。
　「引用」で見たとおり、戸木田嘉久は「中林論文について長い引用になったが、当時は活動家のなかで中林・戸木田論争がおこるのではないかと期待するむきもあったときくので、必要なかぎりで引用させていただくことにした」と説明しています。「引用」は戸木田嘉久の著書（Ａ５版）で約1.5頁分相当で、「引用」した中林賢二郎著書（Ｂ６版）の該当箇所199頁〜207頁は約８頁分です。
　まず、「戸木田による中林引用」に含まれる「批判」（批判的指摘・意見）について、「戸木田による中林引用」を読みながら順次──便宜上、「回答」しているものは○番号、していないものは●番号を付けて──挙げてみます（下線は宮前忠夫）。
　①「資本主義的蓄積にともなう労働組合運動の法則的発展という場合に、労働者数の増大プラス貧困化による運動の発展の必然性というように図式化するのでなく、それに<u>労働者組織化の具体的諸条件の発展という組織論的視点を加え</u>、この条件のもとで資本と労働とのあいだにたたかわれる闘争をつうじて労働組合運動が発展するものととらえること」、❷「この企業別組織からわれわれは出発しなければならないというのである。この指摘自体に間違いはないが、<u>問題は現在そこにとどまっていいのかという点にある</u>」、❸「組織論的な観点に立って、<u>企業別労働組合組織のもつ特徴、欠陥、そうした組織形態がうみだす特有の傾向、弱点を徹底的に洗い出して、どうすればその弱点を克服していけるのかを明らかにする</u>とともに、その問題と、労働組合を階級的・民主的に強化するための<u>思想闘争の問題</u>〔……〕<u>とを統一的にとらえながら闘争をすすめていくという観点</u>を、現在われわれはどうしても明らかにしなければならない」
　以上の三件の指摘について、戸木田嘉久が、一応、「反論」しているのは①のみです。しかし、それも、「反批判の論文を書くことはしなかった〔……〕

二つの理由」という形式でのものです。それでも、「第一」は批判内容に対応するものですが、「第二」は、中林賢二郎が第七集６論文を批判対象としたのに対して、「私の論文」のみ（しかも、その内容・文面ではなく「理論的枠組み」）をもちだして、「吸収しうる」、「矛盾・対立するものではない」と「回答」したものであって、全く見当違いの、自己弁護にすぎないものです。

　次は、「戸木田による中林引用」に含まれない（省略された）主な批判について、中林賢二郎③を読みながら、同様に挙げてみましょう（下線は宮前忠夫）。

　❶「残念ながら先の論文集のなかでは、こうした、企業の枠をこえた労働者の団結を保障する組織上の措置の問題が無視され、一つひとつの工場での工場評議会における労働者の戦闘化という問題だけが強調される傾向にあるが、これでは理論的に間違ってくるのではないかと思われる。」、

　❷「フランスやイタリアの産業別労働組合は、産業別団結と地域別団結の二つの組織原理を基礎にして、組織されている。『一工場一組合、一産業一産業別組織、一国一中央組織』というのが、そのスローガンである。『一工場一組合』というのは何を意味しているのかというと、一九世紀のヨーロッパでは一つの工場のなかにさまざまの職業別組合が組織をもっていた。そういう伝統が強く残っているイギリスでは、今日でも、たとえば百何十人かの労働者が、一年半におよぶ大ストライキをたたかったロバーツ・アランデール工場を例にとってみても、たしか一〇いくつかの組合が関係をもっている。一九世紀から二〇世紀にかけて、ヨーロッパ諸国でこういう状況が一般的に存在するなかで産業別労働組合をつくろうとした場合に、一工場一組合のスローガンが掲げられたのであって、それは一工場のなかに一つの企業別組織をつくるという意味ではなく、一工場の労働者を一つの産業別組合の地域組織に結集するという意味であった。

　わが国だと、一つの工場のなかに一つの企業別組合をつくったから一工場一組合の目標は自分たちのところでは実現しているというふうに思い込んでしまう。そして、こうした企業別組合を産業別に結集したのだから、一産業一産業別組織のスローガンも実現したのだなどと考えたりするならば、それは、とんでもない間違いである」

中林賢二郎によって指摘された、以上の二つの「間違い」は戸木田嘉久説にとって致命的とも言える、決定的に重要なものです。中林賢二郎が指摘する「一企業一組合」は、私たちが、前節で、世界労連（WFTU）の勧告を検討したなかで確認してきた「一企業一組合」の真意と同趣旨です（前節、とくに、「⑦戸木田嘉久の、ルイ・サイヤン定義の『理解』」を参照してください）。そして、戸木田嘉久の「一企業一組合」の理解が間違っているということは、戸木田嘉久のドグマであり、戸木田嘉久説の主柱である「一企業一組合」主義が成り立たない、という批判なのです。戸木田嘉久は、この重大な批判に反論していないのです。

★「中林賢二郎への反論」の小括

戸木田嘉久は、当初、中林賢二郎への反論をしなかった「二つの理由」をあげたなかで、「異論」はなかった、「矛盾・対立するものではないと考えた」と弁明し、次いで、論文再収録に当たって、「中林理論と私の全所論（右論文および本『著作集』所収の全論文）とのあいだの微妙なニュアンスの差」を指摘・確認しています。はたして、両者間の「差」は「微妙なニュアンスの差」でしょうか。

以上において検討してきた結果からみれば、戸木田嘉久と中林賢二郎の間の観点の差は「微妙なニュアンスの差」ではなく、「顕著な相違」あるいは「大差」であることは明白です。さらに、一つだけ「追加的に指摘」しておかなければならないことがあります。戸木田嘉久は中林賢二郎③の著書を中林賢二郎の「遺著」と呼び、木下武男は中林賢二郎④の論文を「遺言」と位置づけています。私たちが先に「中林賢二郎の企業別組合論」の項でみてきたとおり、中林賢二郎④こそは、最もよく整理された組織論・企業別組合論であり、「遺言」と呼ぶにふさわしい作品です。しかし、戸木田嘉久は同論文を収録した書籍の編集委員でありながら、自らの反論においてそれに言及していません。しかし、戸木田嘉久は「中林理論」とか「故中林賢二郎氏の所論に答える」と称して反論しているのですから、相手の最終的所論を除外したまま反論するのは、研究者間の論争としては、甚だしく公平さを欠くといわなければなければなりません。

なお、戸木田嘉久と中林賢二郎の「論争」を扱った文献は少数ですが、例えば、浅見和彦「労働組合組織論のスケッチと提言――運輸・建設部門労組の組織合同を機に」(『賃金と社会保障』、No.2283、1996年8月上旬号)のなかの「企業別組合の評価をめぐる戸木田＝中林論争」があります。

(ウ)－③　下山房雄との「論争」――「批判」受け流しの自己弁護(2)

　次は、下山房雄との「論争」です。(ウ)②の中林賢二郎との「論争」の場合と同様の手続きによって、下山房雄との「論争」の内容を検討しましょう。

★事の経過

　文献によって確認できるかぎりでの戸木田・下山間論争の経過は次のとおりです。

　戸木田嘉久が1976年に、論文「日本における『企業別組合』の評価と展望」(以下、本項(ウ)－③内では、戸木田嘉久論文とよぶ)を、『巨大企業における労働組合』〈大月書店編集部編『現代の労働組合運動』第7集、大月書店〉所収の一論文という形で発表し、同論文を1988年発刊の『戸木田嘉久著作集　第一巻　日本の労働組合運動』(労働旬報社)に収録しました。一方、下山房雄は1989年に、『戸木田嘉久著作集第一巻』全体を対象とした書評論文「日本の労働組合運動の論点――『戸木田嘉久著作集第1巻　日本の労働組合運動』を読む」(『賃金と社会保障』、No.1017、1989年9月)」(以下、本項(ウ)－③内で、下山書評)を発表し、同書評論文を1997年発刊の下山房雄『現代世界と労働運動　日本とフランス』(御茶の水書房)に収録しました。これに対して、戸木田嘉久は、2003年発刊の「論争史的ノート」と自称する、戸木田嘉久『労働運動の理論発展史　戦後日本の歴史的教訓(上、下)』、新日本出版社、2003年)の下巻で、初めて下山書評に対する反論文(以下、「戸木田による対下山反論」)を執筆・発表しました。

★下山房雄への反論――戸木田嘉久による、「批判」の引用紹介と反論
　「戸木田による対下山反論」の全文は次のとおりです。
　「(2)　下山房雄氏の批判に答える

第4章　企業別組合は誰が、どのように創り出したのか（その2）

　下山房雄氏は、私の著作集第一巻『日本の労働組合運動』（一九八八年）にたいして、早い時期に『日本の労働組合運動の論点』（『賃金と社会保障』第一〇一七号、八九年九月上旬）というかなり長文の論争的な書評を発表された。この論評にたいする反論は今日まで保留してきたが、本書では、前出した私の『企業別組合論』（七六年）を批判された核心部分に絞って答えておきたい。

　まず、下山氏による右該当箇所への書評の中心部分を紹介しておくと、つぎのようなものであった。〔次の二重カギカッコ（『　』）内を、以下では、「下山書評紹介部分」と呼ぶ〕

　『戸木田氏がフランス留学後の七六年に、わが国階級的民主的「企業別組合」の企業・事業所レベルの活動は「フランスの水準をぬきんでている」、企業別労働組合の「積極面を見直せ」といった論文を発表された時、私の周辺では悪評さくさくであった。しかし、戸木田氏はその代表的論文を自信をもって本書に収められた。

　言われている企業別組合のメリットは次の三点である（二二九〜二三二頁）。第一――フランスが達成してない「一企業・一組合」を達成している。第二――東京争議団に典型的にみるような企業横断的行動が定着している。第三――民主的規制路線の闘争経験を蓄積しつつある。――だが、これらのうちの後二者は「企業別組合の組織形態の優位性」といえるのであろうか。特に、第二についていえば企業別組織の制約からの脱却の努力として評価すべきであって、このような「コロンブスの卵」（二五三頁）は頂けない。

　東京争議団に即していえば、戸木田氏の引いている当初の「十五年」は、主として中小企業の企業別組合即争議団運動主体の時期であった。しかし続いて、大企業の大きな企業別組合に対立する大企業労働者の少数派争議団が運動主体となる時期が到来した。そこでは、争議団運動と企業別組合の対立はより明確になってきたのである。争議団が大衆的支持を獲得するために行う労働組合機能の発揮と事業所をこえた社会的結集が、当の「会社派」執行部からだけでなく、「一企業・一組合」に固執し「右翼幹部が指導権をもっていても、その中で忍耐強く組織の統一を守る」とのテーゼを文律として遵

守させようとする左翼的指導理念の側からも、分裂行動と非難される場面も生まれた。これをめぐる論争は、「赤旗評論特集版」臨時増刊号八七年一一月一〇日若林明論文・一一月一七日島紀男論文に片鱗的に伺うことができるが、戸木田氏の「企業別労働組合」評価論は、私がいくたびか遭遇した東京・神奈川の争議団活動家の苦渋を想起すると、あまりにも現実超越的議論である。

戸木田氏は、「赤旗」八九年七月二九日紙上でのインタビューで労働者の中に「大学に入ってからは出かけなくなったなあ」と述懐されているが、立命館大学退職後の新しい仕事の条件のもとで、ぜひ争議団の活動家の息吹を吸収して組織・運動論を発展させて頂きたいと願うものである。一方では、争議団は組合でないからとの理由でその活動への抑制が運動の内部（というより上部）からあるのであるが、「空洞化・合理化」に反対する統一労組懇シンクタンク（準）の政策文書では、戦後日本の労働組合の解雇反対闘争として、近年の少数派争議団の勝利的闘争の事例が挙げられている。このような食い違いをきちんと解明できる理論展開が望まれるのである』（下山前出『賃金と社会保障』、のちに下山『現代世界と労働運動－日本とフランス』一九九七年、御茶の水書房に再録、同書二一一──二一三ページ）。

私は、くりかえしになるが、これまで下山氏の論争的な書評にたいしてなにも反論してこなかった。しかし、本書は、戦後労働運動において私の問題関心であった論点を歴史的に整理しようと意図したところもあり、率直に反論させてもらうことにした〔「戸木田による対下山反論」のうち、以下の部分を「戸木田の反論内容部分」と呼ぶ〕。

第一に、私の論文には、その前段に『フランス労働組合運動を見聞して』という、留学報告ともいうべき論文がある。また当該の『企業別組合』にかんする論文でも、フランスの企業内における労働組合の権利の実態、企業・事業所を基礎とした労働組合運動の実態との対比で、わが国の階級的・民主的な『企業別組合』の到達段階を再評価すべきではないか、と問題提起している。下山氏はこれらのことを承知であるはずだが、問題なのは肝心の私の所論の前提である、企業・事業所内および企業・事業所を基礎とした、フラ

ンスの労働組合運動にたいする私の認識と評価については、一顧もされていないと思われることである。

　第二に、それではわが国の階級的・民主的な『企業別組合』の到達水準を積極的に評価すべきだとして私が提起した三点について、下山氏はどう評価されているか。この肝心の点でも下山氏は、前出紹介した文章にもみられるように、全体として私の主張を正確には紹介しないで、論評をされているように思う。

　まず、下山氏は『言われている企業別組合のメリット』といわれているが、私は階級的・民主的『企業別組合』の企業・事業所レベルでの活動を積極的に評価すべきだとしている。その積極的評価の指標として、第一に『一企業・一組合』の組織化達成、これについて下山氏は異議はさしはさまれていないが、私はここではその『組織的・財政的力量』を強調している。第二に、企業・事業所を基礎にした自主的・主体的に企業の枠をこえた統一行動・統一闘争へのとりくみ（日炭高松、古河目尾闘争、東京争議団共闘以降の、目的意識的に職場を基礎に『統一行動・統一闘争』を組織したたかう方向の定着がある）、第三に、職場・企業を基礎とした公務・教育、交通、マスコミなど、国民的・民主的改革、民主的規制の課題の追求。ところが、下山氏は、この第二・第三の指標を、『企業別組合の組織形態の優位性』といえるのかと疑問を呈したうえで、特に第二は『企業別組織からの脱却の努力として評価すべきだ』とされている。

　下山氏はそこでは、階級的・民主的『企業別組合』の到達水準の評価にかんしては、『一企業・一組合』の達成といった組織形態だけを問題にすべきで、その階級的な行動を評価するのは、階級的・民主的『企業別組合』論からの逸脱だと考えておられるようである。だが、組織とは目的をもって行動するための組織であり、行動の評価をぬきに組織の評価はできないのではないか。私の論文の主眼は、フランス労働組合運動の見聞に照らして、私じしんの反省をこめてわが国の階級的・民主的『企業別組合』の到達水準を正当に評価すべきではないか、ということであった。

　私はこの一九七六年時点における私の評価を、今でも変えるつもりはない。もちろん、そのことは階級的・民主的『企業別組合』が、真の産業別組織の

確立・強化にむけての脱皮を期待するものである。また、他方に『会社派幹部』に牛耳られる巨大企業の『企業別組合』の存在が、わが国の運動にとって大問題であることはいうまでもない。私の階級的・民主的『企業別組合』の再論は、この巨大企業の『企業別組合』の問題をいささかも軽視するものではない。

しかしながら、どうして私とのあいだにそういう意見の相違がうまれるのか。この点については、私の著作集第一巻全体にたいする下山氏の論評への批判との関連で、別にふれる機会がもてればと思っている。』(戸木田嘉久『労働運動の理論発展史　戦後日本の歴史的教訓（下）』、新日本出版社、2003年。186～194頁。同書「第27章　労働組合運動にみるフランスと日本」の『二論文「日本における『企業別組合』の評価と展望について——付・中林賢二郎、下山房雄両氏の批判に答える』の部分からの引用)」(戸木田嘉久⑤、191～194頁)

★下山房雄への反論——組織・組織形態論回避のトリック
　次に、下山房雄による第一巻の内容への諸批判に対して戸木田嘉久がどのように「回答」、あるいは、「反論」しているかを検証してみましょう。
　まず、下山書評の目次によって批判内容の概要を確認した上で、「戸木田による対下山反論」による反論と両者間の論争点についての私たちの検討を加えましょう。
　『現代世界と労働運動　日本とフランス』の目次の内、下山書評の部分は次のとおりです。

日本の労働組合運動の論点——『戸木田著作集第一巻』書評
　(1) 戦後日本労働組合運動総括の現段階的意義
　(2) 「連合」組合機能の基本把握諸類型と戸木田・下山の位置
　(3) 戸木田氏の展開に対する私の疑問・批判
　(4) 戦後運動史総括上の理論的論点
　　労働運動・組合運動発展の合法則性／階級的ナショナルセンターの「階級的」の意味

(5) 戦後運動史総括上の歴史的論点
　時期区分と総評運動の評価／産別会議の評価
(6) 戦後運動史総括上の現状分析的論点
　「企業別組合」の評価／「右傾化」の原因

　下山書評は『戸木田著作集第一巻』全体を対象としたもので、当該書籍（A5版）の約 18 頁を占めています。
　戸木田嘉久が「私はこの下山氏の批判にも反論を保留してきていたのだが、いつまでも黙して語らずというのもどうかと思い、ここではさしあたり『企業別組合論』にかかわる部分にかんして反論させてもらうことにした」、「この論評〔下山書評〕にたいする反論は今日まで保留してきたが、本書では、前出した私の『企業別組合論』（七六年）を批判された核心部分に絞って答えておきたい」と、くりかえし、「反論保留」の解除と反論範囲の限定を宣言した後に引用した「下山書評紹介部分」は、上記の目次の「(6) 戦後運動史総括上の現状分析的論点」の内の「『企業別組合』の評価」の項で、当該書籍の約 1.5 頁分です。戸木田嘉久は対下山反論を「保留」してきたこと、および、反論範囲を「企業別組合論」部分に限定することの理由についてはふれていません。
　なお、下山房雄は下山書評以前にも、論文「労働組合の原点的機能へのチャレンジ」（『賃金と社会保障』、No.837、1982 年 3 月上旬号）において、戸木田嘉久を名指ししてはいませんが、次のように指摘していました。戸木田嘉久は、この下山房雄論文の指摘には言及していません。
　「昭和四〇年代の第二次高成長期になると高蓄積＝相対的剰余価値生産主軸の高利潤を背景に各企業組合の『生産協力・分配対立』的な賃金闘争の経済的成果が一定程度みられることになり、産業別組織強化の課題は背景におしやられることになってしまった。産別組織は実権を保持しつづける企業連の集合体という性格を強めたのである。この大勢のもとで、論壇・講壇においても『企業別組合』の積極性をいう議論が有力になった。すでに六〇年代の前半から、世に東大社研グループといわれる研究者集団のなかから、企業別組合が独占段階の典型的組織形態であり、日本の組合はこの意味で先進的

典型だという議論が登場していたのであるが、七〇年代に入ると正統的左派の星とみなされていた理論家までが、従業員全員を包括的に組織している点での企業組合の積極面の評価を行なうようになった。」(8～9頁)

　以上の事情をふまえたうえで、「戸木田による対下山反論」を参照しながら、a「下山書評紹介部分」に含まれている批判と反批判（反論）、b「下山書評紹介部分」には含まれていない、その他の批判と反批判、の順に検討しましょう。
　a「下山書評紹介部分」に含まれている批判と反批判（反論）
　まず、私（宮前忠夫）が、下山房雄からの「批判」（疑問、皮肉なども含む）と思う諸点を番号をふりながら箇条書き風にしてみましょう。
　　ⅰ　戸木田嘉久が「フランスの水準をぬきんでている」、企業別労働組合の「積極面を見直せ」といった論文を発表した時、悪評さくさく。しかし、その論文を自信をもって本書に収めた
　　ⅱ　「企業別組合のメリット」3件のうち、2件は「企業別組合の組織形態の優位性」と言えるのか。「コロンブスの卵」は頂けない。「企業別労働組合」評価論はあまりにも現実超越的議論。
　　ⅲ　争議団の活動家の息吹を吸収して組織・運動論（とくに争議団と「労働組合」との関係の解明）の発展を。
　これに対する戸木田嘉久の反論は「第一」、「第二」と区切って論述されています。「批判」のどの点にどのように反論しているかの細部にわたる両者の比較検討は煩瑣になるので、反論全体の中で重要と思われる点のみを挙げてみます。
　第一は、「〔戸木田嘉久の〕所論の前提」を顧慮せず、「全体として私〔戸木田嘉久〕の主張を正確には紹介しないで、論評」している、など――批判内容というより――批判の方法、議論の枠組みに関して注文をつけていることです。
　第二は、「下山氏は『言われている企業別組合のメリット』といわれているが、私は階級的・民主的『企業別組合』の企業・事業所レベルでの活動を積極的に評価すべきだとしている」など、評価する基本的視点の相違を指摘

していることです。「積極的側面」と強調したのを、下山房雄が「企業別組合のメリット」とか「企業別組合の組織形態の優位性」とかに「解釈」して受け取ったのは、戸木田嘉久からみれば埒外の、下山房雄による勝手な「解釈」ということになるのでしょう。しかし、ここで図らずも現出したのは、議論の枠組みやテーマに関して、下山房雄が「(他の組織形態との比較も含む)企業別組合という組織形態一般」を議論するという前提に立っているのに対し、戸木田嘉久は、「階級的・民主的『企業別組合』」と限定し、さらに、その「企業・事業所レベル(の活動)」に限定するなどして、議論の対象を「企業別組合」内部問題に、かつ、「その積極的側面」に絞り込んでいる、という両者間の基本的立脚点・観点の相違です。

　第三は、第二と関連しますが、「積極的評価の指標」としてあげた三指標に関する両者の評価の相違です。これについて、戸木田嘉久が解釈し説明しているわけですが、「第一に『一企業・一組合』の組織化達成、これについて下山氏は異議はさしはさまれていない」としているのは、身勝手な「誤解」です。下山房雄は、(「下山書評紹介部分」の) 続く一節の中で、「『一企業・一組合』に固執し『右翼幹部が指導権をもっていても、その中で忍耐強く組織の統一を守る』とのテーゼを文律として遵守させようとする左翼的指導理念の側」と述べているように、『一企業・一組合』に固執することを強く批判しているのです。

　b「下山書評紹介部分」には含まれていない、その他の批判と反批判

　戸木田嘉久は「書評の中心部分を紹介する」と言って、「下山書評紹介部分」では、下山書評の「(6) 戦後運動史総括上の現状の分析的論点」を構成する2項 (1「企業別組合」の評価、2「右傾化」の要因) の内、前項のみを「紹介」しています。しかし、下山書評における批判は前項と継続する論調であり、最後の部分で、組織論に関して、次のように「注文」しています。

　「ナショナルセンター再編という組織問題が課題となった七九年以降、わが階級的民主的運動の内部では『組織問題を先行さすべきではない』との言い方が支配的であった。組織が問題になっているのになぜ組織問題を大衆的に議論しないのかというのが私の率直な疑問だったが、漸く昨年ころから『ナショナルセンター選択は組合員ひとりひとりの課題』という言い方がされる

ようになった。前掲の電機あり方懇の政策では公然と『組合選択の自由』が宣言されている。しかし戸木田さんは、本書でなお『最近一部の研究動向として労働組合の階級的民主的強化という内容がやや希薄化し、組織論に一段と傾いた発想がみられることを懸念する』と述べて（三一五頁）<u>組織的チャレンジへの規制に与しているかのようである。この戸木田さんに対して私は賛成しない。『組織論に深入りせよ』と再度注文するものである。</u>」（下線は宮前忠夫。『現代世界と労働運動　日本とフランス』、214〜215頁）

　この「注文」は、その文面を見ただけでも、非常に激しく、強い批判です。aで見てきた「下山書評紹介部分」に含まれる「ⅲ　争議団の活動家の息吹を吸収して組織・運動論（とくに争議団と「労働組合」との関係の解明）の発展を」と共通する「注文」でもあります。しかし、戸木田嘉久は組織論に関しては、いずれにも反応・反論していません。「反論」しないまま、「私はこの一九七六年時点における私の評価を、今でも変えるつもりはない」と、2003年に、改めて、「開き直り」ともとれる宣言をしたのです。

　「戸木田による対下山反論」は結局、「どうして私とのあいだにそういう意見の相違がうまれるのか。この点については、私の著作集第一巻全体にたいする下山氏の論評への批判との関連で、別にふれる機会がもてればと思っている」との、本格論争先延ばしで終わっています。

（エ）小括——戸木田嘉久説の歴史的・理論的位置

　私たちの、以上における戸木田嘉久説の検討結果を総括しつつ、戸木田嘉久の「企業別組合」論の歴史的・理論的位置・役割を確認しておきましょう。

　第一は、「企業別組合」論を含むあらゆる理論分野における、第二次世界大戦前・戦中と戦後の分断、断絶です。戸木田嘉久のこの立場・観点は、戦前・戦中の労働者階級の組織化闘争（例えば、渡邊政之輔らの場合）の実践と教訓も、それを理論的に——直接的あるいは間接的に——支えた研究者たちの実績と成果をも、事実上、捨象し、無視する不見識に導くものといわなければなりません。

　第二は、「フランスとの比較」をも含む「階級的・民主的『企業別組合』の到達点の積極的評価」、「日本の『企業別組合』の積極的側面」を前面に立

てた「一企業一組合」ドグマの擁護および守株です。

　第三は、第一、第二を一面的に強調し、貫き通すことを通じての、「労働組合」組織論・組織形態論——とりわけ、「企業別組合」そのものの本質、真の産業別組合主義とその実現の道など——の正面からの、科学的かつ全面的検討に直進することの、事実上の回避あるいは先送りです。

　最後に、戸木田嘉久説を全体としてみるならば、「階級的・民主的『企業別組合』の到達点の積極的評価」・見直しを前面に押し立てて、そこに人々の注意を集中させ、労働者組合の組織・組織形態問題を正面から議論することを回避しつつ、「一企業一組合」ドグマを守株するトリックを構成し、その役割を果たしているということです。このことは、以下に引用するとおり、戸木田嘉久②が最後の一節で、「本稿の主題」に関して、「一言いえばすむこと」を「多くの枚数をついやす結果」となったと言い訳しつつ、「『コロンブスの卵』のたとえに類する意味あい」だと述べて、戸木田嘉久自身も、事実上、認めているのではないかと思われます。

　「本稿の主題は、労働組合運動の階級的・民主的強化をすすめるにあたり、『企業別組合』の弱点・消極的側面ばかりに眼をむけずに、その階級的・民主的強化がいかに『企業別組合』の積極的側面をおしだすことになるか、そのことをもっとはっきりと意識しておいた方がよいのではないか、この一点にしぼられている。しかし、考えてみれば、これはひとこと言えばすむことであって、それなのに多くの枚数をついやす結果となり、いささかおもはゆい感じがしないではない。ただそうだとしても、この論文が新しい視点からの『企業別組合』論として、いわゆる『コロンブスの卵』のたとえに類する意味あいをいささかでももちえているとすれば、私にとっては幸いだといわねばなるまい。」（戸木田嘉久②、56頁）

第5章

米欧主要国の団結権と労働者組合
――世界の常識と「企業別組合」

5

米欧主要国の団結権と労働者組合
——世界の常識と「企業別組合」

　本章では、現在に至るまでの米欧主要国における労働者組合法制の推移の概容と、そこでの「企業別組合」の位置づけを理解し、そこで得られた「世界の常識」に照らして、企業別組合（日本型会社組合）の評価と位置づけをしておきましょう。

1．ＩＬＯ報告が明らかにした労働者組合に関する常識

　まず、第一次世界大戦直後の 1919 年に設立されたＩＬＯ（国際労働機関）が 1920 年代後半に実施した本格的調査にもとづく報告、国際勞働局編『各國法制上より見たる勞働團結の自由』（巖松堂書店、1927 年）によって、当時までに歴史的に獲得され確立された労働者組合に関する世界の常識を確認することから始めましょう。

　『各國法制上より見たる勞働團結の自由』は、ジュネーヴに本部を置く国際労働（事務）局が、第 10 回国際労働総会（1927 年）の主要議題の一つであった「団結の自由——報告と〔各国政府に意見を求めるための〕質問趣意書案」（Freedom of association: report and draft quetionnaire）の審議のために用意した文書（英文）の「報告」部分の邦訳です。この文書は、ＩＬＯが行った世界各国における「結社の自由」の歴史と現状に関する本格的調査を基礎としたもので、同調査結果も「調査研究と報告」（studies and reports）シリーズ（全 4 巻）として、1927 ～ 1930 年に発表されました。

　なお、前章で見てきたとおり、日本では当時、「労働組合法案」をめぐる議論が国会（衆議院、貴族院）内外で盛んに行われていました。第 10 回国際労働総会と、それへの日本の対応などに関しては、例えば、花見忠『ＩＬＯと日本の団結権』（ダイヤモンド社、1963 年）が参考になります。

第 5 章　米欧主要国の団結権と労働者組合

　『各國法制上より見たる勞働團結の自由』のなかで、とくに注目されるのは、①「序」で述べられている「労働組合」と「労働組合法」に関する原則的見地、②団結権と結社権の間の、区別と連関、③「一企業内組織」には、独立の保障が全くない、の３点です。それらの該当個所を順次、見ていくことにしましょう。

(1)「労働組合」は実力であり、国家と法律は労資間闘争をフェア・プレーとして規律

　浅利順四郎（農商務省鉱務官であったが、1921 年ジュネーヴ国際勞働局派遣、1923 年初代東京支局長に就任）による巻頭の「序」では、労資関係と「労働組合」に関する次のような解説が述べられています。

　「勞働組合は資本と同樣に實力である。凡そ實力は社會理想の準繩を無視して、恣に跳梁することを許さるべきではない。若し假に勞資の問題が資本家と勞働者との實力的闘爭のみに因て解決せらるべきものであるとすれば、資本家がその現在の優越なる地位を維持發展せしめんが爲めに、法律上事實上一切の手段に訴ふることが極めて當然であつて、從つてその權威失墜の原因となるべき勞働組合の發展に對して、凡ゆる妨碍と破壞とを試むることも亦寔に尤なりと云はなければならぬこと、なる。之と同時に、第三者の立場に立つ國家が、この實力闘爭に於ける勞働者の立場を擁護せんが爲めに、勞働組合法を制定するが如きは、無用の業であると云はなければならぬこと、なる。けれども勞資の問題は單に勞資の實力的闘爭に委せらるべきものではなく、必ずや社會理想を準繩として規律せられ、指導せられ、解決せられなければならぬ。勞資間の實力闘爭が所謂フェアー・プレー（公正なる競技）の精神に於て行はるべしと説くが如きも、要するに社會に於ける實力の發揮は、道徳的理性、社會正義の觀念に反せざる方法と道行とに於てのみ許容せらるべきものなることを主張するに外ならぬ。」（序６頁）

(2) 団結権は闘争によって獲得された
——団結権と結社権の区別および保障の方法

　以下は、『各國法制上より見たる勞働團結の自由』の本文、つまり、国際

労働（事務）局の「報告」部分からの引用です。ここでの「職業的団結権」は「職業別団結権」と同じことです。

「この権利〔労働者側および雇用主側の職業的団結権〕の法律上容認せらるゝ態様の様々なることは、主として歴史的理由に依る。人民の各種自由が國家に依て容認せられた様式は國々により様々であつて、多くの場合に於ては、困難なる闘爭の結果として贏ち得られたものである。或る少数の國々に於ては、此等の自由は法律進化過程上默々裡に獲得せられたけれども、他の多くの國々に於ては、此等の自由は公文書に宣言せられ、最高法と認められて嚴かに儀式的に確認せられたのである。

〔中略〕

(1) 暗默的容認

例へばノールウェー及びスウェーデンに於ては、職業的團結權は、暗默裡に容認せられて居る。此等の國々に於ては、結社の自由は太古以來人民の享有する一般的自由の當然の結果である。然し乍ら此等の國々の立場は例外的なものである。

(2) 法制に依る容認

（イ）一般的の結社權〔The right of association in general〕——職業的團結權は其の本質上一般的の結社權の一部を成すものである。それ故結社權と集會權とをも含めて若干の根本權利を明白に保障する憲法を有する數個の國々にありては、職業的團結權も此等の諸權利中に包含せられて居る。オーストリア、ベルギー、チリー、デンマーク、イタリー、日本、リトアニア、オランダ、ポーランド、スペイン、スウィス（聯邦及び諸州）、ヴェネズェラ、其の他多くの國々に於ては、憲法が結社權と集會權とを保障して居るから、その當然の結果として職業的團結權をも容認して居るのである。ラトヴィアに於ては團結權は結社に關する一般法律に依て認められて居り、ベルギーに於てはこの權利は憲法に於て容認せられたるに止まらす、更にこの問題に關する法律に依て容認せられて居る。

（ロ）特殊なる職業的團結權〔The particular right to combine for trade purposes〕——けれども既に述べたる如く、多くの國々に於ては勞働者又は雇傭主の職業的團結權は、一般的の結社權中に必然的には包含せられずし

第5章　米欧主要国の団結権と労働者組合

て、この職業的團結權は一般的の結社權、集會權より獨立したる一の基本權として考へらるゝやうになつた。この思想は或る近世的憲法に現はれて居る。例へばドイツ、ポーランド、セルブ・クロート・スロヴィーン王國、チェコスロヴァキアの諸憲法の如きはそれである。職業的の團結權を一般的の結社權より區別することは、オーストラリア、フランス、イギリス等に於ても、憲法中ではないまでも、少くとも職業的團結權の容認を基礎とする勞働組合に關する特別法中に之を發見することが出來る。ブラジルとチリーに於ては、結社權は憲法に依て保障せられて居るが、職業的團結權は更に勞働組合に關する特別法制に依て保障せられて居る。」（16 〜 19 頁）

(3) 協約締結能力から見た企業別組織と会社組合

　「恊約を締結する勞働者の能力の關する限りに於ては、（イ）團體協約の締結權は勞働組合に與へられざることがあり、（ロ）此の權利は他の型の團結と相並んで、勞働組合にも與へらるゝことがあり、最後に、（ハ）此の權利は勞働組合のみに與へらるゝことがある。

　第一の場合は、團體協約の根本概念に或程度迄反してゐるが、吾人の知る限り、是は如何なる國の法制にも規定せられてゐない。

　之に反し、勞働組合に〔in a trade union〕組織されざる一群の勞働者に依つて結ばれた恊定を、一國の法制が團體協約と見ることは、屢、起るのである。デンマルク、フランス、ドイツ、及びスウィスに於て、法律は此の問題に就て明文の規定を有する。イギリスに於て、一般に、此の型の恊約は容認されてゐる。アメリカ合衆國に於て、一雇傭主が所謂『オープンショップ』團體と爲した契約は、勞働組合と個々の雇傭主との間に締結された團體協約と同等の效力を有する。

　然し乍ら、一企業に於ける勞働者團體〔workpeople's organisations in an establishment〕の權利は屢、法制に依つて制限され、勞働條件を規制する能力は職業的團結に對して與へらることがある。蓋し、一企業内の勞働者の團體は獨立の保障を少しも有しないからである。

　獨逸に於ては、工場委員會自身は團體協約を締結することを得ない。（ドイツに於ては、單一企業に付締結された契約は、實際、團體的性質を有する

けれども、而かも團體協約 [Tarifvertrag] ではないのである。)

是はオーストリア、チュコスロヴァキアに於ても、同様であつて、企業從業員の代表機關は、現存團體協約を補足する協定をその雇傭主と爲し得るに過ぎない。

之に反し、チリーに於ては、一九二四年九月八日附法律に依つて、一企業内の勞働者が設立することを要する一會社組合（Company union）は〔the company unions, which workpeople in an establishment are obliged to set up ＝「企業内の労働者が設置を義務づけられている会社組合というものは」〕、團體協約を結ぶ無制限の能力を有する。タスマニアに於て、團體協約に關する法律は、雇傭主とその傭使する勞働者との間に締結される契約のみを取扱つてゐるが、しかも、雇傭主は一定の最低數の勞働者を傭使すべき旨を規定してゐる（一九二〇年の賃金裁定會法。一九二四年三月十三日附法律にて改正）。

最後に、團體協約締結權が勞働組合のみに與へられる場合、即ち第三の場合が殘つてゐる。此の旨の法的措置は、フィンランド、イタリー、ノールウェー、オランダ、クヰーンスランド、及びロシアに之を見る。同じ観念は、オーストリアの法律にも存在し、之に依れば、賃金稼得者並に俸給被傭者の職業的團結に依つて締結された協定のみが團體協約である。但し、『仲間』の會（the Assembly of "Companions"）と職業ギルドとの間の協定に依つて採擇された規定、及び工場委員會に許された上述せる形態の規則は同法に依つて、團體協約と同様に『看做さ』れる。

純粹に實際的な観點よりすれば、法律上の状態は何所も可也齊一なる如く見受けられる。何故なら、事實上、團體協約は何所に於ても職業的團結の事業であるからである。

誰が團體協約の當事者たり得るか、を決定する問題と密接に關聯して、雇傭主のそれたると勞働者のそれたるとに拘らず、すべての職業的團結が、體協約を締結するを得る爲に具備すべき、法律上の要件の問題がある。

論理上、團體協約は或る程度迄、契約的性質を有するが故に、當事者は互に獨立せる群にして、相互間に何等の關係なく、一方は勞働者に依り、他方は雇傭主に依つて、構成され居るべきであると論結し得るであらう。」（158

〜160頁）

「チリーに於て、一九二四年九月八日附法律に依つて設けられたる會社組合（Company union）は、勞働組合と競争する團體と見らるべきである。此の會社組合は或る大企業に於ける勞働者を強制的に組織せるものであるが勞働組合と同樣に民法に依つて容認せられ、又勞働組合の如く、團體協約を締結し雇傭主と協議交渉するに當つて勞働者の代表者として行動し、此の資格に於て調停手續に參加し、又、時に、當該企業に於ける勞働者の爲に保險施設を設立することを得る。此の會社組合が勞働組合と異なる點は、最初から法人格を付與され居るを以て、之を取得するの義務を有せざること、及び、勞働組合と同程度迄に當局の監督を受くる如きことがないことに存する。〔中略〕

イギリスの各種産業部門の可也多數に於いて、現に運用されつゝあるホィットレー協議會（The Whitley Council）制度は、之と異なれる基礎に立つ。その主要な機關は全國協議會であつて、原案によれば、その斡旋に依つて地方協議會並に工場委員會も亦設立さるべしと規定せられて居たけれども、是は二三の産業に於て實行されたに過ぎない。ホィットレー案に基いて設立された一切の協議會は、雇傭主と組織勞働者との各同數の代表を有する聯合組織である。此等は勞働者が組織せられてゐる産業にのみ存在し、雇傭主團體及び勞働組合と密接に聯結せられてゐる。〔中略〕

アメリカ合衆國に於ても、大戰後、各種形態の工場委員會を積極的に設立せんとする運動が可也行はれてゐる。此等委員會の大部分は、勞働組合の組織されざる産業に於いて、雇傭主に依つて設立せられ、多くは、勞働組合の組織を阻止せんと企圖されたものである。アメリカ勞働組合聯合（The American Federation of Laour〔ママ〕）は、斯る委員會に就て、勞働者代表が雇傭主の意の儘になること、從つて勞働者の意見が自由に代表されることを許さないことを理由として之を非難してゐる。」（180〜183頁）

ここでも、「（チリの）會社組合（Company union）は、勞働組合と競争する團體と見らるべき」と指摘されていますが、「調査研究と報告」（staudies and reports）所収のチリの項（『団結の自由』、第5巻、国際労働事務局、1930年）では、その内容が詳しく述べられています。

以上に見たように、ＩＬＯの報告と関連文献による重要な解説、紹介——とりわけ、労働者組合、あるいは職業別組合と団結権などに関する「世界の常識」、および、工場委員会および会社組合（事実上、企業別組合も含まれる）の国際的な広がり状況など——が、わが国において、1920年代から30年代にかけて、邦訳され、市販されていたのです。1920年代には、このほかにも「工場委員会」とその運動について研究し、紹介する文献も多数出版され、「工場委員会」に関する議論が盛んに行われました。たとえば、『工場委員会制度研究』（南滿洲鐵道㈱東亞經濟調査局・東京堂書店、1925年）は、英、独、米、露、その他諸国（計10ヵ国）の工場委員会を解説し、特に「アメリカに於ける工場委員会制度」に関しては、ＡＦＬが一九一九年の大會に於て、「會社組合は勞働者の利益代表には不適當なり」（106頁）として、これを排斥し、「労働組合」によってのみ団結権が行使できるとする決議を採択したことを紹介しています。また、南滿洲鐵道株式會社編纂『勞農露國研究叢書』（第五編）（大阪毎日新聞社、1926年）は、1917年のロシア革命と前後しての、工場委員会と職業別組合の相互連関的な発展を解説しつつ、「第一回全露職業組合大會は工場委員會は各地の當該職業組合の機關たるべきものと決議」（198頁）するに至る必然的な過程を紹介しています。

2.　アメリカにおける「会社組合」攻勢と労働者の闘い

　では、主要諸国の具体例を見ていきましょう。まず、日本から見た場合の、「移入」の「親元・蔵元」であるアメリカの「会社組合」について、です。
　私たちは、第3章で、日本の財閥系大企業が1920年前後に、揃って、アメリカ型の会社組合（「会社労働組合」とも呼ばれる）という組織形態を日本に「移植」し、「移植」された「会社組合」が「企業別組合」の源流の一つとなった事実を確認しました。
　アメリカの現在の労働者組合法制は、労働者組合運動が団結権を守るために、当時の大企業による「会社組合」（工場委員会などを含む広義の会社組合）攻勢と闘った到達点を反映して制定されたものなのです。
　ここでは、アメリカの現行法制について説明する前提として、まず、アメ

リカにおける会社組合の歴史と会社組合反対・克服闘争について、説明しておきましょう。なお、「会社組合」("company union") という用語・概念――「企業別組合」という言い方にならって、「会社別組合」と訳しても意味は同じなので、本書においては「会社（別）組合」と表記する場合もあります――について注意すべき一点があります。日本では、この用語が、しばしば、「御用組合」と訳されたり、解釈されますが、これからの引用、説明などを見ても明らかなように、「会社（別）組合」は元来は、従業員を**組織する形態あるいは方式**を言うのであって、「御用組合」というような**組織の機能や方向性・政治的特徴**を言う概念ではない、ということです。「御用組合」と同一視されるようになったのは、「会社（別）組合」("company union") という組織の形態がその機能において御用組合に陥りやすいからです。「御用組合」というのは、あくまで、ある組合組織の機能面の特徴を指す概念であることは、歴史上の実例が証明しているとおりであり、さらには、職業別・産業別組合であっても、御用組合になる場合があることからも明らかです。

(1)「会社組合」は 19 世紀末のヨーロッパに生まれ、アメリカに移入・展開された

「会社（別）組合」とはどのようなものなのか――まず、その意味と生成史について見ておきましょう。

ハリー・A・ミリス、ロイヤル・E・モンゴメリー『組織労働者』（マグローヒル、1945 年）は、「会社組合」という用語を使う理由とその由来を――この用語が公式の用語でもあることも示しながら――次のように述べています（以下の引用は宮前忠夫訳。ただし、組織の名称は原語のまま紹介）。

「従業員組織の多様な類型に対する満足のえられる呼称に関する一般的合意は存在しない。しかしながら、広く用いられている用語『会社組合』("company union") は、"employee-representation plan"、"friendship association"、"shop committee"、"shop council"、"Leitch Plan"、"industrial democracy"、"employee industrial association"、"good-will club"、"protective association"、"cooperative association"、"joint conference plan or committee"、"works council"、"company union" と、さまざまに呼ばれ、

さらには、汚された"independent union"とさえ呼ばれている諸組織を説明するために、この議論全体をとおして使用できるであろう。この『会社組合』という用語は、広く知られ、一般的に理解されており、また、公の議論および政府の出版物において、最も共通して用いられている。すなわち、この用語は、1933年および1934年の破産関係諸法、1933年の全国産業復興法、1935年の瀝青炭保全法、米国労働統計局の各種定期報告書、全国労働関係委員会の諸報告および諸決定の索引に使用されてきた。したがって、本書では、労働統計局の場合と同様に、『会社組合』と言う用語を『包括的に、かつ、予断なしに』用いる。

　会社組合運動は、その大部分は、比較的最近の起源をもつアメリカ特有の展開とされている。しかしながら、"shop committee"（職場・事業所・工場・企業委員会）というアイデア（着想）は19世紀半ばに遡り、会社組合は大陸ヨーロッパでは19世紀の最後の4半期中に設置されていたというのが真実である。」（830～831頁）

　同書は続いて、ドイツ、ベルギー，イタリア、イギリスの「会社組合」の事例を列挙しています。

　中山三郎『米國の勞働法制と勞資關係――ワグナー法を中心として――』（新書出版社、1946年）は、会社組合生成の国際的同時性とアメリカの会社組合の特徴を、次のように捉えています。

　「この會社組合は米國に固有のものではなく、既に一八九〇年代に獨逸においてシュタム（Stamm）の如き反組合主義の雇主の主唱によつて出現し、英國でもこれを設置せんとする企てがあつたが、さすがに勞働組合の祖國だけに、大した進出を遂げずに終つた。米國における起源は一九〇四年に遡るが、一般的の問題となつたのは、第一次世界大戰の末期であつて、大戰中米國の勞働爭議の調停機關であつた戰時勞働局（United States War Labor Board）によつて、軍需品生産事業における被傭者の積極的協力を求め爭議を豫防解決するために、工場委員會の形でこの種の施設が設けられ、大戰後戰時勞働局が解散せられると同時に、多數の事業主は勞働組合の進出を防ぐために、勞働組合による團體交渉機關の代りに、會社組合等の被傭者代表制度を急いで設けやうとした。この會社組合の設置は獨占的性質の産業におけ

る大事業會社が最も多く、ゼネラル・エレクトリック會社等の公共事業會社、ベスレヘム製鋼會社（Bethlehem Steel Company）等の大會社が續々會社組合を組織してその代表者と團體交渉を行つた。その後戦後の不況期に入るや、勞働組合の衰へると共に、大戦中及びその直後に設けられた會社組合もまた消滅するものが少くなかつた。」（26〜27頁）

アーサー・ショスタク『アメリカの忘れられた労働者組織』（Princeton University 労使関係科、1962年、邦訳書なし）も、1920〜33年のアメリカにおける、会社組合というものの歴史的位置について、「使用者が労働者組織を妨害あるいは破壊するために利用した最後の、そして、ある意味で最も重要な手段は会社組合である」（56頁）と規定しています。

(2) ロバート・ダンの「会社組合」論①
——実態、定義、アメリカへの導入事情

次に、当時、アメリカ共産党員として、会社組合問題の系統的な実践と理論研究を行ったロバート・W・ダンの諸著作（いずれも邦訳書なし。以下の引用文は宮前忠夫訳）によって、会社組合の歴史と実態、定義、当時のアメリカ共産党とその影響下にあった労働者組合の会社組合をめぐる闘争、などを包括的に紹介します。ロバート・ダンの諸著作（別掲参照）は、第二次世界大戦前も戦後も、日本を含む各国において、多くの研究者によって、参照・引用されてきました。

ロバート・ダンの会社組合に関する主要文献
① Robert W. Dunn, William Z. Foster（conclusion and a program for the fight against company unionism），"American Company Unions"，(Trade Union Educational League, 1926)〔ロバート・W・ダン、ウィリアム・Z・フォスター（結論および会社組合主義反対闘争綱領）『アメリカの会社組合』(Trade Union Educational League、1926年)
② Robert W. Dunn "The Americanization of Labor—The Employers' Offensive Against the Trade Unions—"(International Publishers, 1927)〔ロバート・W・ダン『労働のアメリカ主義化——労働組合に対する経営者の攻

撃』（1927 年）〕

③ Robert W. Dunn, "Company Unions――Employers' "Industrial Democracy", Vanguard Press,1927）〔ロバート・W・ダン『会社組合――雇主らの「産業民主主義」』（1927 年）〕

④ Robert W. Dunn, "Company Unions Today", International Pamphlets No.43, Union Labor, 1935）〔ロバート・W・ダン『会社組合の現状』（1935 年）

まず、ロバート・ダンが紹介する当時の会社組合の実態――会社組合の量的側面――を見ておきましょう。

ロバート・ダンは文献④『会社組合の現状』（1935 年）のなかで次のように、「会社組合の『組合員数』」を批判的にとらえる必要性を説いています（太字は原書では斜字体）。

「会社組合**内の**〔＝会社組合に**加入している**〕労働者の数について語るのは明らかに、妥当なことではない。なぜなら、組合型の組織（訳注）に加入している場合以外は、従業員（employees）はある労働者がある労働者組合（a trade union）の組合員になるのと同じ方法で会社組合に**加入する**（*join*）のではないからである。彼らはある種の制度の**適用下に置かれる**（*covered by a plan*）にすぎない。彼らは、自社の労働者を欺くために設けた何らかの方式に参加していると、会社が見なす人数に含まれるにすぎない。

（訳注）著者ロバート・ダンは会社組合には、「組合」型（"association" type）、「（労使）共同委員会」型（"joint committee" type）、「従業員委員会」型（"employee committee" type）の三種があるとしている。

現時点では、このようにして従業員代表制度の適用下に置かれているアメリカの労働者（被雇用者）数の正確な記録は存在しない。そして、ときどき作成されてきたこの種の推計は、こうした制度を運用している会社のおおまかな発表にもとづくものである。これらの会社は、通常、こうした制度を推進するための大企業の主要研究機関である全国産業会議所（National Industry Conference Board）が送りつける定期的な調査質問事項に回答してきている。N.I.C.B は『従業員代表制度の下にいる労働者の合計数字は、

産業の小部分をカバーしているにすぎず、同会議所の数字に含まれていない従業員代表制度が多数存在することは、疑問の余地がない』と認めている。

1934年実施のN.I.C.Bの最新の調査は、177万人の従業員が、この調査機関に回答した会社の従業員代表制度の適用下に置かれていることを示している。1935年に20世紀財団（the Twenty Century Fund）の委託で実施された調査〔別表参照〕は、労働者組合員総計420万人と比較しつつ、250万人が会社の従業員代表制度の適用下に置かれていると推計している。

アメリカにおける会社組合員数と労働者組合員数

年　　度	（A） 会社組合員数	（B） AFL組合員数	（C） 全労働者 組合員数	（A）／（C） ×100
1919	403,765	3,260,068	4,125,200	9.8
1922	690,000	3,195,635	4,027,400	17.1
1924	1,240,704	2,865,799	3,502,400	35.1
1926	1,369,078	2,803,966	3,536,100	39.1
1928	1,547,766	2,869,063	3,479,800	44.5
1932	1,263,194	2,532,261	3,144,300	40.1
1935	2,500,000	-	4,200,000	59.5

Millis and Montgomery, "Organized Labor"、877頁、第17表

NRA〔全国産業復興局〕の下での、これらの諸方式の大幅増大は、最近のすべての調査に反映されている。N.I.C.Bは、同所のある調査のなかで、対象とされた653の「制度」のうちちょうど400が〔1933年の〕**NIRA（全国産業復興法）施行後**に導入されたことを発見している。この制度の増大は金属産業において、とくに著しい。全国金属業協会（National Metal Trades Association）の最近の調査は、こうした制度をもつ94社（従業員総数218,625人）

のうち、75社（80％）（従業員総数198,000人、91％）が『NIRA実施後に』自社の制度を設けたことを明らかにしている。同報告は、『これらの事実は、**NIRA実施以降、わが協会員会社のプラントにおいて、制度運用の驚くべき増加**があったことを示している』〔強調部分は引用者＝ロバート・ダン〕とのべている。

『従業員代表制度の適用下にいる』と報告された労働者の最大部分は、鉄鋼、金属、ゴム製品、自動車、金属鉱業、石油精製〔の各部門〕で占められている。」（5〜6頁）

上記の表を見てわかるように、会社組合員数はピークであった1935年には、全労働者組合員数対比で約60％にまで達していたのです。

次は、ロバート・ダンによる「会社組合」の定義です。

ロバート・ダンは文献①『アメリカの会社組合』（Trade Union Educational League、1926年）の冒頭に「会社組合とは何か？」の章を立てて、会社組合の「定義」を以下のとおり与え、若干の敷衍を行っています（なお、本書においては、ウィリアム・Z・フォスターが「結論」および「会社組合主義反対闘争綱領」の部分を書いています）。

「このパンフレットの中で使用される**会社組合**（company union）という用語によって、われわれが意味するのは、ある特定の会社または工場・事業所（company or plant）の労働者たちに適用され、かつ、これらの労働者を雇用する会社のイニシアチブによって設置された、あらゆる種類の職場委員会（shop committees）、〔従業員〕代表制方式、事業所協議会（works councils、〔労使協議会と訳されることが多い〕）、労使協議委員会（conference boards）、生産現場委員会（boards of operatives）、生産企業〔従業員〕代表制組織（industrial representation schemes）である。このパンフレットの中では、労働者組合運動関係者が理解している用語としての『職場委員会』（"shop committees"）は議論に含まれず、経営者によって創始、管理、支配され、労働者組合運動（trade union movement）とは別離している職場委員会のみが含まれる。」（4頁）

さらに、文献②『労働のアメリカ主義化——労働者組合に対する経営者の攻撃』（1927年）の「第6章　会社組合」の冒頭でも、「会社組合」をその

諸形態（諸類型）においてとらえ、オープン・ショップ制、あるいは、「非労働者組合型従業員代表制」と同一視しつつ、その外観上の特徴を次のように描いています。

「労働者組合に対抗するために利用される『新手の策略』の中で、最も重要なものは、『従業員代表制方式』（"employee representation plans"）、『工場評議会』（"works councils"）〔工場委員会、（職場）労使協議会などとも訳される〕、『労使役員協議会』（"conference boards"）、『工場委員会』（"plant committees"）等々として知られる『会社組合』（the company unions）である。

会社組合は、まるで、本物の『代替物』であるかのような外観をとるので、もっとも重大である。そういうわけで、会社組合は、真の組合に対して、本編で後に論じる他のいくつかの仕掛けとは比べものにならない大きな脅威になっている。会社組合に反対する最初の決議が、アメリカ労働総同盟（the A.F. of L〔ＡＦＬとも略称される〕）の 1919 年大会で採択されて以来、会社組合は多くの議論の的になってきた。わが国〔アメリカ〕の巨大な大量生産工場を訪れる他の国々の労働者組合や使用者の代表者たちは、いかなる関係が労使間に存在し、いかなる種類の合意が結ばれ、いかなる種類の団体交渉が行われているのかと質問する。わが国の多数の大工場――鉄鋼、電気機器、ゴム、公共企業、繊維といった分野の――において、彼らは『労務部長』（"labor manager"）の部屋に案内され、『工場（職場）労使共同委員会』（"works joint committee"）のメンバーに紹介されて、質問の回答を得る。この委員会は通常、労働者側代表と経営者側（management）代表で構成される。彼らは訪問者たちに、会社組合を通じて実施された様々な福祉事業について説明する。訪問者は通常、繁栄するアメリカ産業においては、労使が、歩み寄り、両者の利益が完全に一致していると同じ様に考え、共同で彼らの諸問題を解決しているので、『労使関係』を含む全てが順調なのだと理解して、工場を後にする。

これが、わが国の、『代表制』を実施している、〔労働者組合への攻撃手段としての〕オープン・ショップ制をとる大工場のいずれかを、ざっと見て回った者が、通常、受ける印象である。これこそが、〔工場の〕広報部が与えたがっている印象――『外部』の労働者組合の扇動者に妨害されず、全ての労働者

が完全に満足して、経営者と協力している、幸福な『友愛会』("Brotherhood")という印象——である。この誇大宣伝された印象に異議を申し立てるのには、数例の、現行の会社組合のしくみを、より詳細に検証することが、役立つであろう。

会社組合という言葉で概括される非労働者組合型（non-labor union type）の従業員代表制は、〔第一次〕世界大戦中にアメリカに登場した。1917年以前には、この制度を導入していたのは1ダース足らずの主要な工場であり、そのトップは、ロックフェラー財団が支配するコロラド石油・鉄鋼会社（Colorado Fuel and Iron Co.）であった。会社組合は、ラドローの虐殺[1]の後、『労働秩序』("labor peace")を確保するために、同社によって創設された。」（127～128頁）

〔訳注1〕"Ludlow Massacre"。1914年4月20日、コロラド州南部のラドローの炭鉱採掘現場で発生した大規模な争議行動に対して、コロラド州政府軍が機銃掃射を行い、女性2人・子供11人を含む20人（25人との説もある）が殺された。

ロバート・ダンは、続けて、会社組合が第一次大戦後、さらに勢いを増した事情を説明しています。

「戦争が終結し、これら委員会の一部は、使用者によって廃止されたが、多くは、この委員会を、真の労働者組合を工場から追い出し、同時に、会社が『団体交渉』を行っていることを世間にアピールする術（手段）として利用した狡猾な経営者たちによって存続させられた。戦時中、工場（職場）委員会の設置を求められなかった他の使用者たちも、ほかの会社の成功に注目し、この委員会を導入した。」（128～129頁）。

（ここで、「会社組合」を諸類型の包括的概念と捉える点は、当時、日本に「会社組合」を「移入」する先頭に立った前田一も同様であることを想起しておきましょう。また、後で検討することになる小川泰一〈元日経連専務理事〉が「使用者団体における労働政策形成への関与」〈『労働政策と経営者団体』、法政大学大原社会問題研究所、2005年〉において、「その頃の言葉で会社組合、工場委員会とか共済組合というような言葉も使ったようですが、当時は総括して会社組合と言っていたようです」と述べていることも付け加えておきま

す。)

　ロバート・ダンはこの後、会社組合の諸類型は、この制度を導入する各大企業ごとに独自性をもつため、「ブランド（品）」は存在しないとしつつ、二社の典型例を詳細に紹介。その上で、経営側が会社組合を導入する「目的」——導入案内の実用書などがあげる名目的目的は別とした真の目的——を次のように概括しています。

　「1.　経営者たちは、労働者組合を差引勘定ゼロにしたい〔対抗策で労働者組合の影響力を最終的にゼロにしたい、排除したい〕。もし、経営者たちが、これまで、労働者組合を相手にしてきている場合なら、将来において、労働者組合に対処しなければならない必要性を排除したい。もし、労働者組合の脅威の可能性が間近にあるというだけの場合なら、労働者組合を『承認しなければならない』という不測の事態に対する防壁を築きたい。

　2.　経営者たちは、自分の会社の労働者たちが、実態はなくとも、団体交渉に似たものをもっている立場に、また、『経営に参加している』ように見える立場——最も完全なオープン・ショップ制労使関係のもとでと同様に、労働者たちは、実際上、奴隷状態なのだが——に置いておきたい。

　3.　経営者たちは、是が非でも、いわゆる、会社に対する労働者の『忠誠』を保持したい。〔会社組合の〕いずれかの『方式』によって、労働者を人事部に、より固く縛りつけることは、実態としては社長への盲従とほとんど変わらないこの『忠誠』を維持する、最も確実な方法のひとつである。

　4.　経営者たちは、賃金引下げ、生産能率促進計画の受入れ、あるいは、いずれかの『（雇用者にとって）制限的・制約的な』規則の撤廃など、直接的なものを求めている。会社というものは、労働者たちの支持や同意が無くともこれを実践する経済力を持っているが、より『啓発された』使用者たちは、問題に対して時間をかけた議論を交わすことにより、労働者にその問題に関して規則・制度を策定しているような感覚をもたせることが、会社の提案を『理解してもらう』助けになることを知っている。この方式〔会社組合〕というものは、経営者の専制的独裁にかすかな民主主義の香りを与えるに過ぎないものである。」(137〜138頁)

(3) ロバート・ダンの「会社組合」論②――「会社組合」の本質

　ロバート・ダン（『労働のアメリカ主義化――労働者組合に対する経営者の攻撃』）はさらに、「組織労働者と会社組合の関係」をとりあげ、「会社組合」の特徴を 10 項目に「要約」して紹介したなかで、最後の「10」で会社組合の本質について次のように総括しています。

　「10. 最後に、会社組合運動は、まさに、その本質によって、労働者（階級）の政治的団結のみならず、あらゆる種類の経済的（要求に関する）または産業別的団結の確立を阻んでいる。〔……〕一言で言えば、労働者運動の心臓部と、現代工業化世界における労働者運動の意義全体に対する一撃である。会社組合が打倒されるまでは、アメリカには、労働者組合と呼べるようなものは、決して存在しえない。」(141 〜 142 頁)

(4) ロバート・ダンの「会社組合」論③
――労働者組合の「会社組合」反対闘争

　アメリカにおいて、会社組合と労働者組合とは両立不可能である、と断言するロバート・ダンは、会社組合の「打倒」をどう実現しようと言うのでしょうか。

　ロバート・ダンは、文献③『会社組合――雇主らの「産業民主主義」』（1927 年）および『労働のアメリカ主義化――労働者組合に対する経営者の攻撃』（1927 年）の中で、この問題を、より包括的に展開しています。

　ここでは、前者によって、実例を含む、やや詳しい説明を聞いてみましょう。

　同書において、ロバート・ダンは「労働者組合は会社組合に関して何ができるか」に一章（原書 194 〜 202 頁）を割いて、その冒頭で次のように問いかけます。

　「職業別組合（trade union）の停滞を批判する者は、当然のことながら、会社組合（company union）と闘う意欲をもつ労働者組合のための活動指針を提出することを求められるであろう。指導部が会社組合主義の危険を認識し、それに反対していこうと決断した場合、労働者組合は何ができるであろうか？」

そして、この問いかけに自ら答える形で、「内部からの切崩し」、「外部からの闘争」、「職業別組合の合同」、「未組織労働者の組織化」の四つの戦略分野をあげて解明し、「必要とされる真の組織活動」で締めくくっています。

四つの戦略分野の大要は次の通りです。

「内部からの切崩し」

最も明白な、かつ、広く支持されている方法は『内部からの切崩し』(boring from within) であろう。これは、労働者組合運動のすべての部門で、少なくとも、リップ・サービスでは、行われている。フォスター（William Z. Foster）は製鉄工場およびその他の一連の大工場において、それを提案し、実践した。グリーン（William Green）ＡＦＬ会長は"American Federationist, October, 1925"で、次のように書いている。

『賃金労働者たちは、彼らが会社組合を攻め取り、それを本当の労働者組合に転換する場合、自分たちと大工場に対して偉大な奉仕をしている。会社組合の機構（machinery）はそのような戦術のための戦略的利点を提供している。この機構を本当の組織化の基礎として利用しなさい』

上述した、この『内部からの切崩し』は、デリケートな、危険な作戦である。この作戦は無分別には、また、関連する全要因の完璧な理解なしには、着手することはできない。グリーン会長は切崩し推進者が、職場（shop）から完全に排除され、ブラックリストに記載される可能性が非常に高いという事実を、おそらく認めるであろう。グリーン会長自身の労働者組合員たちが、ケンタッキーにあるロックフェラー氏の石炭会社統合体（Consolidation Coal Company）の一部の会社組合を奪取しようとしたときに、少なくとも、それが起こったのである。この事件は米国石炭委員会の報告に次のように記されている。

〔中略〕

会社組合を鉱山の完全組織化への橋渡し〔仲介手段〕にしてしまおうとした、こうした闘いの結果として、アメリカ合同炭鉱労組のこれらの組合員は、即座に犠牲を迫られ、会社は今や労働者組合員たちを会社所有地から排除している。（1923年4月25日付、米国石炭委員会宛書簡第3号）

もっと大きな成功を収めた内部からの切崩しの闘いが、『アメリカ合同衣

料労働者』(Amalgamated Clothing Workers of America)によって行われた。現在では、わかっている一連の工場において、かつては、同労組員を会社の諸委員会の重要ポストに就けることが強制された。これらの労組員は次第に諸委員会の支配権を獲得し、合同労組の完全勝利と使用者が設置した労使協議会（works council）の破壊を達成した。同労組のエネルギッシュな闘いによって、同じ方法によって、衣料会社のニセ福祉工作の多くが一掃された。

〔中略〕

労働者たちが、製鉄工場などの生産部門事業所の会社組合内部から切崩しをしようと闘った場合、労働者たちは通常、自分たちの選挙民（組合員）のための本当の要求の実現をめざして、隠然と、あるいは、公然と闘うことを、『代表たち』に誓約させることから始めた。労働者たちは時々、これらの候補者の支援労働者たちを糾合し、時々は彼らを選出した。彼らはまた、『労資共同評議会（労使協議会）』の廃止と労働者のみで構成される評議会への代替を主張した。言い換えれば、彼らは、労働者の代表のみによって構成される代表機関に代えることによって、会社組合の基本的性格を変えようとしたのである。これまでのところ、これらの個々の闘いは一つも注目に値する成功を収めていないが、若干の例において、会社に計画を完全に断念させ、労働者組合抜きの個人的交渉に戻させた。切崩し推進者たちはまた、使用者たちが、職場における労働者生活の、より重要なその諸問題から委員の注意をそらそうとして持ち出した無数の細かい問題ではなく、死活の諸問題に関して要求することの重要性を強調してきた。

活動家がそれを活用して、会社組合の占拠計画を実行し、会社組合を本当の労働者組合に転換できるような労働者組合が現存しないところでは、労働者はしばしば、労働者（共産）党と結びついたインフォーマル小集団(informal nuclei) を組織してきた。たとえば、インターナショナル・ハーヴェスター社ディーアリング工場（International Harvester Company Deering Works）〔モルガン財閥傘下のインターナショナル・ハーヴェスター社のシカゴ市内にある工場。Deering は International Harvester に合併される前の Deering Harvester Company の創立者名から採ったもの〕で、労働者たちに接近するために、ある小集団の機関紙 "*The Deering Workers*" 1926年11月号は、1

月に選挙が実施される予定であり、特定の人々——その氏名を挙げて——が改選のため立候補していると伝えた。同紙は次のように続けている。

『これらの人々は、われわれの利益を代表し、われわれの諸条件改善のために闘うことを誓っている。

｜もちろん、これは、非常に大きな責任を負うことである。編集者｜　今こそ、彼らが、われわれのために何をしようとしているのかを、われわれに語るべきときである。本紙 "*The Deering Workers*" は12月号に、これらの人々がわれわれに送る所信表明を掲載する予定である。投票日2日前に候補者指名・発表というのはお笑いである。だからこそ、われわれはこれらの代表たちに、今すぐ、一緒に、自分たちの部局の人々に呼びかけ、改選に向けた公約を発表するよう求めるのである』

　もちろん、経営者側は、こうしたやり方を最後まで許さないであろう。選挙は、『アウトサイダー』が引き起こそうと仕掛けるような、意見が対立する諸問題に関する討論のために行われるものではない。労使協議会（works council）という制度をもつ会社で、『賃金引上げ、労働者のための休暇、浪費時間への支払、疾病および死亡手当の引上げ』、および、『切崩し推進者たち』が規定するその他の諸問題など、といった問題に関して質問攻めにされる会社『代表』を見たいと望む会社は一つもない。会社は、労使関係担当幹部がこれらの諸問題を諸委員会に説明することは気にしないが、それらを選挙戦での争点としたこと、および、それらに関して労働者を刺激したことは、労使協議会を労働者の行動を抑えるための手段として利用しているどの会社も意図しなかったことだった。この種の行動は会社の好まざるものなので、会社組織を説得し、それを本当の労働者組合に転換しようと、真剣に闘っている労働者は、相応の熱意をもって行動を推進しなければならない。

外部からの闘争

　内部からの切崩しが問題にならず、職場を直接に労働者組合に説得できる機会がある場合、多くは、『外部からの攻撃』政策が推奨できる。若干の鉄道労組はこの方法で、より多く成功を収めてきた。それらの労働者組合は会

社のやり方の弱点と不面目を暴露し、そして、上述したように、どの労働者組合が労働者を代表すべきかを決定するために行われる選挙で多数を獲得してきた。鉄道労働問題の交渉に関する特別の統治機構が、こうした戦術をとらせたことは、もちろんである。他の産業では、労働者が、会社組合の対極としての労働者組合への支持を表決する機会に直面したことはなかった。労働者たちは通常、最初に、本当の労働者組合の敗北というものに打撃を受け、その後、『団体取引』（"collective dealing"）のための何らの制度（plans）なしという状態への唯一の代案としての会社組合に直面してきた。プルマン式車両のポーターと、類似の戦闘的労働者グループも、自分たち自身の労働者組合の組織化と会社側のやり方への非難・攻撃によって、それまで、大敵に抗して、会社のやり方を労働者の利益になるように変えるための努力において、内部からの切崩しの闘いによって獲得できたものよりも多くを獲得しつつある。

　その他の労働者組合は、可能な場合には、会社のやり方を現実的に利用し、他の場合には、外部からそれを攻撃あるいはボイコットするなどして、柔軟な政策に力点を置いてきた。置かれた状況の下でのより効果的な戦略は、大方は、直接的な環境によって決定されている。

職業別組合の合同

　弱小な、慣習に縛られたクラフト・ユニオン（craft unions。〔職業・職種・職能別諸組合〕）の、強力な産業別労働者組合への合同は、会社組合の敵が推進しなければならない、もう一つの戦略である。われわれはすでに、分散し、抗争しているクラフト・ユニオンの宿命的な影響に注目したが、アメリカ大企業の労働者の組織化への備えをしているクラフト・ユニオンは一つもない。会社組合を打倒するために闘っている労働者たちは、正当にも、これらの小組合のすべてが、工場内（in the plant）のすべての労働者を加入させ、使用者が未組織労働者に接近する際に用いる主要な論調の一つを使用者から奪い取る権能を備えた一つの組合へと合流することを支持している。逆向きのクラフト・ユニオンは会社組合に対抗していささかの前進さえなしえないということ、この一事は確実である。その戦術がどんなに戦闘的であろうと

も、この古風な労働者組合のタイプは、会社のやり方に反対する闘争における武器としては無価値である。

未組織労働者の組織化

分散主義の終焉とクラフト・ユニオンの合同という、この長期に支持されてきた基本方針（program）とともに、未組織労働者の組織化のための宣伝と活動が推進されなければならない。もし、本当の労働者組合によって、未加入労働者を獲得するための活発なキャンペーンが行われないならば、使用者が何の負担や支払もしないで、一種の見せかけ優遇策の提供をするという方策によって、未加入労働者を誘い込むのは容易なことである。力強い労働者組合キャンペーンを展開し、労働者組合の経済的権力が未加入労働者のためになしうることを証明できる労働者組合によってのみ、これらの労働者を加入登録させることができる。労働者はわれわれの一部にある、弱小な、元気のない、想像力のない、組合費が高い、非熟練労働者を組織する努力をしないクラフト・ユニオンを凝視しているので、きっと、そうした組合に加入する気にならないのである。能力ある指導者のいる労働者組合と大攻勢が身近なところで展開された場合にのみ、今はそうした会社組合のもってこいの人材になっている未組織労働者が本当の労働者組合のために確保されうるのである。1926年に、パセイック市〔Passaic、ニュージャージー州〕で実行された、こうした大攻勢の一環としての例は、一定の産業諸部門でどんなことが起こりうるかを示唆している。ＡＦＬ（アメリカ労働者総同盟）によって長年、無視されていたパセイック市の労働者たちが、真の大衆組織への加入呼びかけによって突然、奮起させられたのである。労働者たちは、すべての人々を驚かすほどの意志と熱情で応えた。もし、産業が好況であり、かつ、あの大攻勢を発憤させたのと同様な何かが継続されうるなら、これらの労働者の大多数が全米繊維労働者組合の下にとどまって、使用者が折々、彼らに提供し続ける会社組合に入らずにいることは疑いない。しかしながら、もし、繊維労組役員らが、ある時期、彼らの特徴であった、幾分、冷笑的で怠惰な態度に逆戻りするなら、パセイック市の労働者たちが長期にわたって、善意の労働者組合運動に忠実なままであり続けるはずがない。」（194～201頁）

ロバート・ダンは、「必要とされる真の組織活動」の項（201～202頁）では、「会社組合は未組織労働者を産業別労働者組合に組織するエネルギッシュなキャンペーンによってのみ、アメリカの産業におけるその地位から引き下ろされると確信している」と書き出して、「未組織労働者の組織化」と結合し、それを労働者組合運動の産業別労働者組合への結集、発展させる必要を訴えて、次の一節で結んでいます。

　「大規模な製鉄工場、公共サービス（施設）、肉類包装工場、一般的加工諸産業の労働者というものは、時代遅れになった小規模労働者組合には加入したがらないであろう。そうした労働者は、いずれかの適切な産業別労働者組合に——しかも、集団で——加入しようとするであろう。そうした労働者が、大量に結集されなければならないのである。それがアメリカ労働総同盟（ＡＦＬ）傘下の労働者組合の、次なる、そして最高の使命である。」

　ここで、20世紀初頭のアメリカにおける会社組合問題の概括という意味も含めて、労働者組合運動指導者、政治家としてロバート・ダンらとともに闘い、「アメリカにおける赤色労働者組合主義者としての闘士」と評されたウィリアム・フォスターによる「会社組合」の歴史的位置づけを見ておきましょう。以下の引用は、フォスター著、塩田庄兵衛ほか訳『世界労働組合運動史』（上・下）（大月書店、1957年）の下巻、「第三三章　統一戦線と労働組合の統一とをめざすたたかい（一九一九——一九二六年）」からのものです。とくに、フォスターが、①雇用主（資本家）が労働者組合運動を妨害するために組織した「いろいろな組合の型」のなかに「会社組合」を位置づけていること、②「会社組合」が組織された諸国に、「日本」も挙げていること、が注目されます。

　「労働者の統一のこみいった問題は、雇用主自身が、真の組合〔real unions〕の結成にたいする防壁として、直接『労働組合』〔"trade unions"〕を組織したことによって、いっそう混乱させられた。そのような組合の型はいろいろであった。ドイツ（および他のいくつかの国）には、直接ブルジョア自由主義政党によって組織されたヒルシュ＝ドゥンカー組合が、そういう組織としてあった。たとえばチェコスロヴァキアには、じっさい、資本家の

諸党もふくむすべての政党が、それぞれ自己の労働組合をもっていた。ロシアでは、ツァーリの警察さえもが、『労働組合』の設立に手をつけた。しかし、資本家の組織したもっとも重要な型の組合は、いわゆる『会社組合』であった。これは、多かれすくなかれ、すべての主要な資本主義国――イギリス、ドイツ、日本、フランス、ベルギー等――で見うけられた。とはいえ、それの本場はアメリカ合衆国であった。」(78～79頁)

3. 主要国の労働者組合法制の特徴――米、独、仏を例に

　ここでは、第二次世界大戦直後にＧＨＱ（連合国最高司令官総司令部）をとおして、日本の「労働組合」法制の形成に深いかかわりをもったアメリカ、日本の企業別組合（日本型会社組合）体制と対照的な職業別・産業別労働者組合体制をとっているドイツとフランス、以上の３ヵ国を例として、主要国の労働者組合法制の特徴を見ていきましょう。

(1) アメリカ
　私たちが第４章で見てきたとおり、日本の現行「労働組合」法制、とくに、1949年「労働組合法」が制定される際に、ＧＨＱ、日本の財界、政府・関係省庁などの介入をつうじて、直接的に「手本」とされ、参照されたのが当時の――そして、基本的に現行法制として機能している――アメリカの労働者組合法制です。それを正しく理解することは、日本の現行法制の生成を分析し、把握するためのカギ――不可欠な前提条件の一つ――となるものです。しかし、それが、日本の現行法制との関連、対比において日本の「労働組合」活動家たちに理解されているかと言えば、アメリカで企業別交渉・協約締結が顕著であることなどにとらわれて、「アメリカは企業内組合が主流」との誤解が拡散する傾向さえ見られ、「否」と言わざるをえないのが実情です。

　まず、アメリカの現行法制を組織形態の視点から、日本との関連と比較を、多少なりとも取り上げている文献を列挙してみます。〔　〕内は書名の邦訳も含めて宮前忠夫の補足です。

① 中窪裕也『アメリカ労働法』（弘文堂、1995年）
② 櫻林誠『勞働經濟學序説』（有斐閣、1957年）
③ 平田隆夫『現代の米國勞働法――タフト・ハートレー法の成立――』（關書院、1948年）
④ 鹿内信隆『アメリカの労使関係――特に労務管理を中心として――』（日本経営者団体連盟、1952年）
⑤ 田中愼一郎（十條製紙㈱勤労部長）「アメリカ紙パルプ産業の労働事情に就いて」（『十條製紙株式会社　調査と研究』、No.14、1951年10月）〔1951年3月6日～6月13日、訪米調査（正味57日間）結果の報告講演〕
⑥ 労働省大臣官房労働統計調査部、国立国会図書館調査立法考査局編集兼発行『アメリカ労働法令集【一】連邦法の部』(外国労働法令集第六集)(1955年)
⑦ 津田眞澂『アメリカ労働組合の構造――ビジネス・ユニオニズムの生成と発展』（日本評論社、1967年）
⑧ 津田真澂『アメリカ労働運動史』（総合労働研究所、1972年）
⑨ 大野喜実「アメリカの会社組合」（『社会労働研究』、法政大学社会学部学会、No.15（1）、1968年9月）
⑩ 中馬宏之「"日本的"雇用慣行の経済合理性論再検討――1920年代の日米比較の視点から――」（一橋大学経済研究所編『経済研究』、岩波書店、No38（4）、1987年10月）
⑪ リース著、田村剛訳『労働組合の経済学』（1989年第3版、1962年初版）（日本生産性本部、1991年）（Albert Rees, "The Economics of Trade Unlons" (Third Editlon) ,The Universlty of Chicago Press, 1989）
⑫ 米田清貴「『交渉単位』の概念とその決定基準――アメリカの労使関係の理解への一助として――」（一）～（三）（『日本労働協会雑誌』、（一）No.18（5）、1976年5月、（二）No.18（7）、1976年7月、（三）No.18（10）、1976年10月）
⑬ 岡崎淳一『アメリカの労働』（日本労働研究機構、1996年）
〔本書では、以下の諸点が説明されている。①アメリカの労働者組合は職業・産業別組合。②組織化の法制上の手続き。③組織化と労働者組合の承認が日本ほど簡単な国はない。〕

⑭　S.M. ジャコービィ著、荒又重雄、木下順、平尾武久、森杲訳『雇用官僚制──アメリカの内部労働市場と"良い仕事"の生成史──』（北海道大学図書刊行会、1989年）（Sanford M. Jacoby, "Employlng Bureaucracy：Managers, Unions, and the Transformation of Work in American Industry, 1900-1945（Columbia University Press, 1985））
⑮　S.M. ジャコービィ著、内田一秀、中本和秀、鈴木良始、平尾武久、森杲訳『会社荘園制──アメリカ型ウェルフェア・キャピタリズムの軌跡──』（北海道大学図書刊行会、1999年）〔原書にはない「日本語版読者への序文」を付加〕（Sanford M. Jacoby, "MODERN MANORS: Welfare Capitalism since the New Deal"（Princeton University Press, 1997））
⑯　Arthur B. Shostak, "America's Forgotten Labor Organization"（Industrial relations Section　Princeton University, 1962）
〔アーサー・ショスタク『アメリカの忘れられた労働者組織』（Princeton University 労使関係科、1962年〕

　上記諸文献の中から私たちの課題に応える主な内容を検討していきましょう。
　先ず、中窪裕也『アメリカ労働法』によって、現行法制の概要、特に、「交渉単位制」の理解をすることから始め、その後、「企業別」問題に係法の概略を次のように紹介しています。尚、引用文中に法律名とその条項名が頻出しますが、とりあえず読み飛ばしてでも、当該個所の内容とアメリカの法制の概容の理解に重心を置いて読み進むことを、お勧めします。
　「全国労働関係法（National Labor Relations Act）〔略称NLRA〕は、いわゆるワグナー法として1935年に制定された連邦法である。この法律（以下では「ＮＬＲＡ」と略称する）は、その後、1947年のタフト・ハートレー法、1959年のランドラム・グリフィン法などにより修正を受けたものの、現在に至るまで一貫して、アメリカ労使関係法の根幹をなしている。
　ＮＬＲＡの核心は、被用者の権利を定めた7条である。7条によれば、被用者は、次のような権利を有する。〔ただし、スト権は別項で規定〕
　①「団結する権利、労働団体を結成・加入・支援する権利、自ら選んだ代表者を通じて団体交渉を行う権利、および、団体交渉またはその他の相

互扶助ないし相互保護のために、その他の団体行動を行う権利」(the right to self-organization, to form, join, or assist labor organizations, to bargain collectively through representatives of their own choosing, and to engage in other concerted activities for the purpose of collective bargaining or other mutual aid or protection)

②「それらの行動のいずれかを、またはいずれをも行わない権利」(the right to refrain from any or all of such activities)

①は、いわば積極的な労働3権を保障する規定であり、1935年の制定時からNLRAの支柱となってきた。他方、②の、団結活動への参加を拒否する『消極的権利』は、タフト・ハートレー法による改正で付加されたものである。なお、適法要件をみたしたユニオン・ショップ協定についてはこの消極的権利の例外となることも、7条で明記されている。」(33～34頁)

次いで、交渉現場での労働者組合の組織・機能の柱をなす「排他的交渉代表制度」——「交渉単位」における「排他的交渉代表」のみが実権を備えた労働者組合として認められるという現実——の説明です。

「NLRAのもう1つの柱は、団体交渉における『排他的代表』(exclusive representation)の制度である。すなわち、9条(a)は、『団体交渉のために、同目的のために適切な単位の被用者の過半数によって、指名または選出された代表者は、・・・雇用条件に関する団体交渉の目的について、その単位のすべての被用者の排他的な代表となる』と定めている。いわゆる『交渉単位』(bargaining unit)における多数決によって、単位内の被用者全員を代表する『排他的代表』(exclusive representative)を選ぶのである。〔この「代表」の決定方法・手続きについては、すぐ後で説明されます〕

交渉代表に選出された多数組合は、その組合を支持しない被用者も含めて、単位内の全被用者のために団体交渉を行う権限を有する。同組合が使用者との間で労働協約を締結すれば、やはり単位内の全被用者に適用される。非組合員も他組合員も、こと団体交渉に関する限り、多数組合の代表権限を逃れることはできない。

9条(a)の排他的代表権限は、対使用者の団体交渉権に直結しており、

使用者がこのような交渉代表との団体交渉を拒否することは、8条（a）（5）違反の不当労働行為となる。また、排他的交渉代表が使用者との団体交渉を拒否することは、8条（b）（3）によって不当労働行為とされており、9条（a）の代表権限は自らの団体交渉義務をも意味する。

その反面で、排他的代表権限を有する組合がない場合には、使用者は団体交渉義務を負わない。つまり、いずれかの組合が単位内の多数被用者の支持を得れば、単位全体に関して強力な排他的代表権限にもとづく団体交渉が開始されるが、多数の支持を得る組合が現われなければ、その単位の被用者に関して団体交渉を行うことはできないのである。

もっとも、厳密にいえば、排他的代表が存在しない場合に、少数組合が自組合員のみを代表して団体交渉を行うことはＮＬＲＡの予定する本来の団体交渉ではなく、使用者はこれに応じる義務を負わないとはいえ禁じられてはいない。しかし、現在では、団体交渉とは、多数被用者の支持を得たうえで、単位内の全被用者を代表して行うもの、という観念が定着しており、かかる少数組合の団体交渉の例は皆無に近い。

このような多数決原理にもとづく排他的代表制度は、1935年のＮＬＲＡの制定時以来のものであり、アメリカの団体交渉における著しい特徴となっている。7条で保障された『自ら選んだ代表者を通じて団体交渉を行う権利』とは、個々の被用者が自由に交渉代表を選ぶことを意味するものではなく、あくまで多数決（majority rule）による選択の自由なのである。」（35～36頁）

次に、使用者による支配・介入の禁止という原則と、その重要な柱としての「会社組合の排除」の問題です。アメリカのかつての会社組合のなかには、団体交渉権やストライキ権などを備えたものまで存在しました。そして、アメリカの会社組合は、実際に日本の「企業別組合」の事実上の歴史的源泉となったわけですが、次にみる解説のとおり、アメリカではワグナー法によって禁止されていったのです。

「ＮＬＲＡ８条（A）（2）は、使用者が、労働団体の結成・運営に対して『支配もしくは介入すること、または、財政上もしくはその他の援助をこれに与えること』を禁止している。」（56頁）

「このようなＮＬＲＡ８条（a）（2）の規定は、ワグナー法制定当時にはびこっ

ていた従業員代表制（employee representation plan）や会社組合（company union）を一掃するために設けられたものである。2条（5）の広い定義も、立法者の強い意図を示している。

　従業員代表制は、1920年代に、労使協調、帰属意識の醸成などの手段として、同時に労働組合への防波堤として、多くの企業に普及した。真正な労働組合との対比で、かかる制度は広く『会社組合』と呼ばれた。それらは通常、使用者の発案で導入された労使合同委員会（joint Committee）であり、様々な事項につき労使で協議を行うが、最終的決定権は使用者に留保されていた。もう1つのピークは、1933年の全国産業復興法の制定後である。同法7条（a）により活発化した労働組合の侵入を防止するために、使用者は会社組合を設立して対抗した。この時期のものは、規約によって、組合員資格、役員選出手続、議決機関などを定め、独立の組織構造を整えたものが多かった。しかし、メンバーや役員は当該企業の被用者に限定され、また実態としても使用者の関与・支援は大きなものがあり、会社組合が団体交渉を行って協約を締結することは稀であった。

　このような状況のもと、会社組合を排除して、真正な労働組合との団体交渉を促進することが、ワグナー法の最も重要な目的の1つとなった。

　NLRBは、かかる法目的に忠実に、8条（a）（2）の適用にあたって厳格な態度をとり、連邦最高裁もそれを支持した。たとえば、1939年のNewport News Shipbuilding事件では、使用者が、従業員代表委員会について、労働者委員への手当支給廃止、使用者委員の廃止などの措置をとり、もはや具体的なコントロールの証拠は見あたらなかった。しかしNLRBは、制度そのものが使用者により設計され、使用者の同意なしには変更しえないことを指摘して、労働団体の『支配』にあたると判断し、制度全体の廃止を命令した。連邦最高裁もこれに同意し、使用者がたとえ支配介入の意図を有していなくても、また被用者の大多数がそれを支持していても、このような制度は違法としている。

　なお、ワグナー法時代のNLRBは、企業内で組織した組合に対して特に厳しい態度をとり、かかる組合が使用者の支配を受けていた場合には、交渉代表としての永久追放を意味する『廃絶』（disestablishment）を命じていた。

他方、全国組合（ないし国際組合）に所属する組合の場合は、使用者による支配が改められ、選挙で被用者の支持が確定すれば、なお交渉代表となりうるとしていた。しかし、タフト・ハートレー法による改正で設けられたＮＬＲＡ10条（c）は、このような区別を禁止した。したがって現在では、全国組合への所属の有無にかかわらず、使用者の行為が『支配』の域に達していたか否かによって、廃絶命令か、より軽度の救済かが決められる。」（57〜58頁）

　次に、以上のような労働者の権利を、労使関係の現場で具体化・実現する方法・手続きの問題に移りましょう。
　決定的な要因は、先にみた「交渉単位」（bargaining unit）とそこにおける多数（過半数）の獲得ですが、その前提となるのが「交渉単位」の形成であり、そこでの「交渉代表権」の獲得です。通常は、当該組合（具体的には、ある職業別・産業別組合の単位組合＝ローカル）が、適切と考える交渉単位を記載し、「単位内被用者の30％以上の支持の証明（通常は授権カード）をＮＬＲＢに提出して「認証」を得ます（複数の組合が代表権を争う場合も多い）。
　こうした「交渉単位（制）」の意義とその類型について、中窪裕也『アメリカ労働法』は、次のように続けています。
　「【交渉単位の意義】
　交渉単位（bargaining unit）は、交渉代表の選出について多数決を行ううえでの基礎となる単位である。また、選出された組合の代表権限を画するのも交渉単位であり、単位内の全被用者が、その組合によって排他的に代表される。
　〔……〕交渉単位は、団体交渉の目的のために『適切な』（appropriate）ものでなければならないとされている。しかし、適切な交渉単位が複数存在することもあり、そのような場合、いずれの単位を選ぶことも可能である（『最も適切な』単位を選ぶ必要はない）。
　適切な交渉単位の決定にあたって最も重視されるのは、被用者の『利害の共通性』（community of interest）、つまり雇用条件、職務内容、労務管理等における共通性・相互関連性である。そのほか、過去の団体交渉の歴史、被用者集団の希望、組織化の対象範囲なども、考慮要素となりうる。

【交渉単位の類型】
　最も代表的な交渉単位の類型は、1つの工場で生産および保守の業務に従事する被用者全員を包括する『生産・保守単位』(production and maintenance unit) である。生産労働者のうち特定の熟練職種だけを1つの単位とする『熟練職種単位』(craft unit) も、伝統的に多く見られるが、ＮＬＲＢは、新たな組織化の場合、できるだけ生産・保守単位に包括する態度をとっている。『部課単位』(departmental unit) 単位についても同様で、生産・保守単位に包括される傾向にある。
　専門職被用者については、その過半数が賛成しない限り、専門職被用者とそれ以外の被用者とを同じ単位に含めることはできない（ＮＬＲＡ9条(b)(2)）。専門職被用者の多数決による自己決定で、独立の『専門職単位』(professional unit) を設ける権利を保障しているのである。専門職被用者と一般被用者との中間に位置する技術的被用者については、そのような権利は認められていないが、諸般の事情から独立性が高いと認められて『技術的被用者単位』(technical employees unit) が設けられることも少なくない。事務員は、工場の生産過程に統合されている場合には生産・保守単位に含められるが、明確に切り離されたオフィス事務であれば、『事務員単位』(clerks unit) が独立に設定されうる。
　警備員は、9条(b)(3)により、常に他の被用者と切り離して、独立の『警備員単位』(guards unit) としなければならない。また、警備員以外の被用者の加入を認める（または、そのような上部団体に所属する）組合は、警備員単位の交渉代表となることができない。
　いくつかの工場・事業所を包括して『複数事業所単位』(multi-plant unit) が設定される場合もある。それが使用者の全事業所をカバーするものであれば、『使用者単位』(employer unit) ないし『会社単位』(company-wide unit) となる。最近ではチェーン・ストアに関して問題が生じることが多いが、ＮＬＲＢは、単一事業所単位を基本としながら、複数事業所単位のほうが適切となるような事情の有無を考慮する、という立場をとっている。
　港湾、建設、印刷、被服などの産業では、伝統的に『複数使用者単位』(multi-employer unit) による団体交渉が行われることも多い。」(107～109頁)

次に、「交渉単位」との区別と関連において、ぜひともはっきりと理解しなければならない課題として、アメリカにおける「単位組合」（英語 local union、日本では、しばしば「ローカル・ユニオン」とカナ書きされる）があります。各「交渉単位」での交渉を行い、団結権を行使するのは、通常、各職種別・職業別・産業別組合の「単位組合」だからです。

鹿内信隆『アメリカの労使関係――特に労務管理を中心として――』（日本経営者団体連盟、1952年）は実態や実例と結合して――しかも、日本の場合と比較しつつ――説明しています。その「単位組合」についての説明を見ておくことにしましょう。

「わが国では単位組合で上級組合に加盟していない独立組合がかなり多いが、アメリカでは工場又は会社を単位とする組合で全く独立している組合は殆どなく、大抵は産業別または職業別の全国的な中央組織に加盟している。これはわが国の終戦後の組合は通例、会社なり工場なりの従業員が内部で組合を結成して、然る後適当な上部組合があればこれに加盟するというような、まるで温室の中で育ついわゆる企業的組合の結成経過を辿つているのに反し、アメリカの組合は全国組合のオルガナイザーが工場内に働きかけて、対立組合、また時には経営者側の妨害戦術に対抗しながら、苦闘のうちに漸く組合員を獲得し、この新しく加盟した組合員でもつてその全国的組合の支部組合を設けるという、組合運動本来の過程を経ているからである。その場合に全国的組織の基礎単位となるのが単位組合 local union であつて、わが国の支部組合に当るものである。各単位組合には番号がついていて、例えば国際紙パルプ一般工組合ＩＢＳ＆ＰＭＷの Local 100 といえば、クラウン・ゼラバック製紙会社 Crown Zellerbach のキャマス Camas 工場の組合ということになる。産業別組合の場合は工場を単位として単位組合が作られることが多いが、小工場が多い地域では同種産業の工場の労働者が集つて一つの単位組合を組織することがある。職業別組合の場合も特に大きな工場ではその工場内だけで一つの単位組合を結成することもあるが、一般には都市又は小地区を単位とする場合が多い。特に大きな工場ではいくつもの職業別組合が併存していることがあるので、例えばテネシー流域開発会社ＴＶＡの事業場では十四の職業別組合があるし、フォード自動車会社には社内に六百をこえ

る組合があるという。単位組合は組合として殆んど完全に独立した機能をもち、役員の選挙、組合費の徴集その他の組合活動を行うが、常に加盟している地域の連合体なり全国組合と密接な連絡をとつていることは勿論で、全国組合と単位組合との関係は必らすしも一様ではなく、ある場合には中央に強い権限のあることもある。ＣＩＯ系の組合は一般に全国組合本部に引廻される傾きがあるようである。」（174 〜 175 頁）

　田中愼一郎（十條製紙㈱勤労部長）「アメリカ紙パルプ産業の労働事情に就いて」（『十條製紙株式会社　調査と研究』、No.14、1951 年 10 月）〔1951 年 3 月 6 日〜 6 月 13 日の訪米調査（正味 57 日間）結果の報告講演〕は、クラウン・ゼラバック製紙会社 Crown Zellerbach のキャマス Camas 工場の組合（支部組合）の「団体交渉」を、その制度、参加者構成の解説とともに、交渉の場面・情景を具体的に、かつ、生き生きと描写しています。労使各 13 人の代表とそれを傍聴する 200 人以上とが一堂に会して行う団体交渉は、21 世紀の今日でも、ヨーロッパの主要国では通常の方式ですが、日本ではほとんど見られなくなっているだけに、興味深い、貴重な記録です。「会議の模様」の部分のみを以下に紹介します。

　「次に会議の模様を申上げますと、ホテルの大きな室を借り受けまして机を三角形に並べます。これは何処から発言しましても直ぐその顔が見えるようにしているのであります。それから会場の正面にアメリカ国旗を掲げておりまして、交渉に入る前に両方が誠実に会議を進めるという宣誓をいたします。
　宣誓が終りますとお互に自己紹介をして、それから交渉に入ります。
　今年度の交渉におきましては、組合側から 18 項目、会社側から 15 項目の要求が提出されております。その中から 2、3 の主なる条項について申上げますと、組合側は時間給の一律 20 仙〔セント〕増の要求を提出しました。これに対して経営者側は 12 仙半という回答をして、組合側もこれに同意したのでありますが、合憎〔ママ〕と賃金統制を受けておりますので、実際には 5 仙半しか上げることが出来ません。残りの 7 仙は政府の承認を得なければ支払うわけには行きませんから、経営者、組合共同で認可申請を提出することに決定しました。又ナイト・シフト・デファレンシャル（Night Shift Differential）夜間割増給については現在 4 仙になっておりますが、組合側は

4 仙増額の 8 仙を要求しました。そしてこれは中間をとつて 6 仙ということに落着きました。このようにしまして、約 10 日間の交渉期間中に 30 以上の項目を審議して決定するのでありますから、余程能率的に会議を進めねばならないわけでありますが、偶々日曜日に交渉することはありましても、我々のように徹夜で交渉するようなことは絶対にありません。又感情的な理由で交渉を紛糾させたりすることもなく理屈に合い明瞭な証拠があれば、相手方の主張もよく聞き入れるという態度であります。兎に角この交渉で一旦決定いたしますと、1 年間は 35 ヶ工場の労仂条件が整然と決つてしまうわけでありまして、その間に物価の変動がありましても、会社側も組合側もどうすることも出来ないのであります。それで 1 年間に生ずる問題は全て苦情処理手続きに委せるという方法を採つているのが、アメリカでは普通のようであります。」(29 〜 30 頁)

　津田眞澂『アメリカ労働組合の構造——ビジネス・ユニオニズムの生成と発展』（日本評論社、1967 年）は、「ローカル組合」（単位組合）の類型を一覧表も添えて例示しています。

　「第 43 表はローカル組合の組織単位、組合員加入資格、加入金および組合費、ローカル組合内の分割組織、組合大会についてみたものである。これによってみると、それぞれについていくつかの特徴をひきだすことができる。まず第一に、組織単位についてみれば、職種別ローカル組合の組織単位は地理的に境界線を引いてローカル組合の管轄領域をきめ、その中で全国組合規約に定めた管轄内の労働者を組織している。そして、屋根葺工組合のローカル組合や機械工組合ローカル 289 の場合には、単純職種別ローカル組合の典型を示しており、また独立洗濯人組合、塗装工組合のローカル組合や大工組合のローカル 329 は、混合職種別ローカル組合の例を示している。他方、産業別組合の場合には、醸造業労働組合やパン製菓業労働組合では地域別ローカル組合組織をとっており、ゴム・コルク労働組合および硝子・窯業労働組合では企業別・工場別ローカル組合組織をとっていることがわかる。さらに、交通労働組合のローカル 100 は企業別、トラック運転手組合のローカル 618 は地域別の組織をもち、アメリカ組合連合のローカル 5 は職種別・企業別組織をとっている。組織単位と組合員加入資格の二つの欄から看取される特徴は、以上のとおりである。」(188 〜 190 頁)

第43表 ローカル組合の単位・組合員・組合費・組合大会

〔ローカル組合名、組織単位、組合員加入資格、の3欄のみ引用、「出典」欄を省略〕

全国組合	ローカル組合	組織単位	組合員加入資格
屋根葺工組合	ローカル 8	ニューヨーク市、ニューヨーク州ウェストチェスター・ロックランド郡、ニュージャージー州東ハドソン郡の全国組合規約の管轄権内の職人・徒弟	管轄権内職種従事者；アメリカ、カナダ国民；非使用者、非破壊分子；組合員1名の推薦
	ローカル 41	1944年結成：コロラド州デンバーの全国組合規約の管轄権内の職人・徒弟	同上
独立洗濯人組合	ローカル 24	ワシントン州シアトル市の洗濯企業・ドライクリーニング・染料職場・タオル配送企業の雇用者	アメリカ市民・非破壊活動分子でない一切の左欄の労働者
	ローカル 46	イリノイ州シカゴ市の同上の労働者	同上
塗装工組合	ローカル 113	ニューヨーク州オーバーン市の全国組合規約の管轄権内の労働者	全国組合規約による
大工組合	ローカル 329	オクラホマ州オクラホマ市で近接ローカルとの距離の中間までの大工、製材工場、杭打ち機作業者	同左に該当する作業の労働者
	ローカル1913	カリフォルニア州バンナイズ市で近接ローカルとの距離の中間までの全国組合で定める管轄権内の労働者	同左該当作業者；全国組合規約による
	ローカル1033	ミシガン州マスキガンの工場労働者	同左による
機械工組合	ローカル 289	ワシントン州シアトルの自動車修理工	徒弟4年終了者及びこれと同等の者；徒弟
醸造労働組合	ローカル 157	ルイジアナ州ウェストウェゴの製粉業労働者	同左による
	ローカル 205	ミネソタ州ミネアポリスの醸造・麦芽製造非アルコール飲料の労働者	同左による
	ローカル 248	イリノイ州シカゴ市のビール瓶詰労働者	同左による
パン・製菓労働組合	ローカル 342	イリノイ州ブルーミントンのパン・製菓労働者	同左による
ゴム・コルク労働組合	ローカル 5	オハイオ州アクロンのB.F.グッドリッチ四工場、売店の労働者（7,000名）	同左による
	ローカル 110	U.S.ラバーのインディアナポリス工場労働者（1,000人）	同左による
	ローカル 336	ファイアストン・タイヤのペンシルバニア州ポッツタウン工場労働者（3,100名）	同左による
硝子・窯業労働組合	ローカル 45	カナダ ７U.S.セラミック社の煉瓦タイル製造労働者（590名）	同左による
交通労働組合	ローカル 100	ニューヨーク市電鉄会社従業員（29,000名）	クイーンズバズ部門、ステイトンアイランドバスを除く
トラック運転手組合	ローカル 618	ミズーリ州セントルイス市の倉庫、運送；自動車および部品の販売・保全；石油およびその副成品の販売その他；駐車場；部品製造、モーター再生などの従事者	同左の従業員一切
アメリカ組合連合	ローカル 5	ウイスコンシン州ミルウォーキー市のカトラー・ハンマー社の職員	事務および専門職員

　私たちはここまでの過程において、アメリカの労働者組合法制とその現実の理解にとっての要点解説をたどってきました。いくらか具体的なイメージが持てたでしょうか。

　以上で、学んできたアメリカの労働者組合法制とその現実についてのイ

第5章　米欧主要国の団結権と労働者組合

メージをしっかりとしたものにするために、ここで、「おさらい」——総括的に整理しておく——という意味を兼ねて、二つの文献に依って、全体像を再確認しておきましょう。

　まず、米田清貴「『交渉単位』の概念とその決定基準——アメリカの労使関係の理解への一助として——」（一）～（三）（『日本労働協会雑誌』、（一）No.18（5）、1976年5月、（二）No.18（7）、1976年7月、（三）No.18（10）、1976年10月）によって——日本の当事者・研究者が認知しにくく、しばしば、日本の企業別組合交渉システムと、それとは対照的なアメリカの交渉単位システムとを区別できずに、組合構造・組織形態までも両者同一と誤解していることも考慮して——「交渉単位」と「組合構造」の関係（第45表で言えば、「組織単位」と同「全国組合＋ローカル組合」の関係）を明快に対比し、強調している点を踏まえておきましょう。すなわち、米田清貴は、アメリカの制度における交渉単位というものの重要性を具体例に沿って丁寧に解説した後に、次のように指摘しています。

　「わが国の企業別組合制度では、きわめて少数の例外があるが、一般的に、交渉単位と団体交渉構造と組合構造とが一致しているということができる。アメリカの場合では、これもごく僅かの例外を除いて、交渉単位と組合構造とが一致することはない」（（一）22頁）。

　次に、岡崎淳一『アメリカの労働』（日本労働研究機構、1996年）によって、アメリカの労働者組合の——単位組合から労組ナショナルセンターに至る——（同書が書かれた時点における）全体的組織構成・構造と、その下での職場・労働現場における「交渉単位」の確立（事実上の団結権・交渉権の承認・獲得）を有機的・総合的に捉え直しておきましょう。

　「米国においては，ＡＦＬ－ＣＩＯ（アメリカ労働総同盟・産業別組合会議）が唯一のナショナル・センターであり，全米教育連合などを除き，ほとんどの有力な産業・職業別組合が加盟している．

　ＡＦＬ－ＣＩＯは，79の産業・職業別組合の連合体であり，これらの組合を通じて約4万5000のローカルが加盟しているほか，少数の独立のローカルが直接ＡＦＬ－ＣＩＯに加盟している．その加盟組合員数は，約1300万人である．」（209頁）

「1　組織化に関する制度
排他的交渉単位制度
　ＮＬＲＡ〔National Labor Relations Act＝全国労使関係法〕は排他的交渉単位制度を採用しており，それぞれの交渉単位ごとに，そこに属する労働者の選択により，唯一の労働組合が当該交渉単位の労働者を代表して使用者と交渉をする．ひとつの交渉単位において複数の労働組合が存在することはない．また，労働者の過半数の支持がない場合には，当該交渉単位では労働組合による団体交渉は行われない．
　交渉単位は，団体交渉の目的に照らしてその範囲が定められるものであり，基本的には労働者間の利害が共通であり，一緒に交渉することが適当である範囲である．実際には，職種，仕事場所等のほか，当該職場における団体交渉の歴史等を考慮して定められる．
　交渉単位について，労働組合は組織化を容易にするためより狭い範囲を主張し，使用者はより広い範囲を主張する傾向がある．労働組合による組織化をめぐる争いの第一段階として，交渉単位の確定が問題になることがかなり多い．労使間で決着しない場合には，全国労働関係委員会（ＮＬＲＢ：National Labor Relations Board）が裁定する．

　選挙
　それぞれの交渉単位における代表の決定は，その公正を期するため，原則としてＮＬＲＢの管理のもとでの選挙によって行われる．
　選挙が行われるのは次の場合である．
①新たに組合が代表権の証明を求めるとき．
②労働者が既存の組合の代表権の否定を求めるとき．
③使用者が既存の労働組合の代表権の否定を求めるとき．
④労働協約の適用を受ける組合員以外の労働者が組合に負担金を出している場合に，その負担金の支払いの中止を求めるとき．
⑤組合の合併等の組織変更があった場合に，使用者または組合が証明を求めるとき．
⑥使用者または組合が交渉単位の確認を求めるとき．

選挙がみだりに行われることを防止するため，①〜④の場合には，当該交渉単位の労働者の 30% 以上の署名を添えてＮＬＲＢに代表権の証明，否定等を求めることとされている．

　ＮＬＲＢは申請内容の審査をした上で，申請が要件を満たしていれば，期日，場所等を定めて選挙の告示を行い，その管理のもとに労働者全員による無記名秘密投票を実施する．

　新たな組織化の選挙においては，一般に労働組合側は，選挙の申請のための署名集めの勢いがあり使用者側の巻き返しがないうちに，早く選挙が実施されることを主張する．一方，使用者側は交渉単位の範囲，署名の有効性など様々な事項で争い，選挙の実施を引き延ばそうとする場合が多い．

　ＮＬＲＢの管理の下で選挙が実施され，労働者の過半数がその組合により代表されることを望めば，当該組合の代表権が証明される．

　なお，複数の組合が同一の交渉単位に関し組織化を進めている場合には，そのすべての組合を含めて投票が行われる．たとえば，２つの組合が参加している場合には，労働者は，Ａ組合，Ｂ組合，組合なしの３つの選択肢で投票し，いずれの選択肢も過半数を獲得できなかった場合には，上位２者による決選投票が行われる．

　また，次の場合には選挙を行うことなく組合の代表権が証明される．
①過半数の組合支持の署名があり，使用者が自主的に組合を認めたとき．
②使用者による組合組織化への妨害が激しく，選挙をしても労働者の自由な意思の表明ができないとＮＬＲＢが認定したとき．

　組合の組織化活動

　米国の排他的交渉単位制度においては，組合が組織化をしようとする場合には，労働者の 30% 以上の賛成の署名を集めるとともに，選挙において過半数の支持を得ることが必要である．

　このため，組合は職場内にオルガナイザーを労働者として入り込ませ，あるいは職場外で労働者に接触して，労働者に対して組合ができた場合のメリットについて様々な形で浸透を図り，その支持を求める．労働者の支持を確認する方法としては，署名簿に署名させる方法，署名したカードを集める方法などがある．

一方，使用者は組合ができることを嫌い，組合の組織化活動に対して，対抗措置を講じる．すなわち，職場内での組織化活動を禁じるとともに，従業員に対して組合ができた場合のデメリットについて宣伝をする．
　労使双方とも，虚偽，脅しなどは許されず，また，使用者は組合が組織化活動に入った後に労働条件の引き上げを約束することなどは不当労働行為として禁止されているが，それぞれ適正な枠内での組織化活動及びこれに対抗する活動をすることは自由である．」（218～220頁）

　以上を振り返って、大まかに言えば、アメリカでは、ＡＦＬ（アメリカ労働者総同盟）が会社組合攻勢との闘い、「労働者組合」として法認させない闘いを強化し、やがて、ＣＩＯ（産別会議）が結成されて産業別労働組合路線を追求するなかで、曲折を経ながらも、闘いの成果が反映され、ワグナー法によって会社組合が基本的に法認から排除され、タフト＝ハートレー法によって現行の労働者組合法制が基本的に確立されたのです。ただし、念のために注意しなければならないのは、米田清貴が指摘したように「きわめて少数の例外がある」ということです。例えば、「事実上の会社組合」の存在・潜在がそれにあたります。具体的な例を一つあげておきましょう。
　全米統一電気・ラジオ・機械労働者組合（ＵＥ）が1950年に発行したパンフレット『大企業の武器…会社組合運動』は、ゼネラル・エレクトリック（ＧＥ）、ウェスチングハウス、ゼネラル・モーターズ（ＧＥ）などの大企業と、ＵＥを分裂させて結成された国際電気・ラジオ・機械労働組合（ＩＵＥ）の名をあげつつ、次のようにのべています（宮前忠夫訳）。
　「大企業は今日、労働者組合への攻撃において、ある主要な武器、会社組合、を持っている。」（3頁）
　「今日の会社組合は——*労働者運動そのものの内部*に組織されてはいるが——過去の会社組合と少しも異ならない。今日の会社組合は、依然として、本当の労働者組合のふりをしているが、会社の言いつけどおりのことをやっている。」（5頁）
　こうしたアメリカの現行労働者組合法制に至る過程とその下での労働者組合（運動）の現実と、日本の現行法制に至る過程とその下での現実——とく

に、両国における大企業における組織実態について――を比較し、一言で表現するなら、「似て非なるもの（似非）」と言えるでしょう。

(2) ドイツ

次に、ドイツの現行労働者組合法制に至る歴史的過程と、現行法制の特徴を、諸文献に依拠しながら、見て行きましょう。

①第二次世界大戦前の到達点

グスタフ・シュトルパー著、坂井栄八郎訳『現代ドイツ経済史』（竹内書店、1969年）は、ドイツの労働者組合運動の第二次世界大戦前の到達点、法制上の「労働者組合」の条件と権限、国家の役割などを、要領よく整理しています。シュトルパーは、イギリスの労働者が団結権を獲得した歴史と比較しながら、ドイツのそれを紹介した後、次のように解説しています。

「〔1890年に〕社会主義鎮圧法が撤回された後、労働組合の間断なき興隆が始まった。自由労働組合の組合員数は、一八九〇年から一九一四年までに約三〇万人から二五〇万人に上昇し、他の系統の労働組合も似たような発展を遂げた。表7は大戦直前期における労働組合員の総数を示すものである。

表7　ドイツの労働組合　1913年
（組合員数　単位　千人）

自由労働組合	2,525
キリスト教労働組合	342
ヒルシュ＝ドゥンカー労働組合	107
独立諸団体	319
総　　　計	3,293

労働組合の結成と並行して、経営者側からも同じようなことが企てられ、彼らもまた中央組織を設立したのである。労使関係は、戦前においては常に、これら労使グループがみずから処理すべき問題とされていた。全ての他の種類の契約と同様に、産業関係の協定も民法による保護を受けていたが、これ

以外の関係では、国家は局外の立場を守っていた。」（54頁）
　しかし、今日のドイツの労働組合と労働協約の法制がほぼ萌芽的に形成されたワイマール期については、国家が積極的に介入する方策に役割転換したことも含めて、その特徴を次のように指摘しています。
　「ワイマール共和国では労働組合が国家の承認を得ていた、と普通にいわれているが、その意味は、自由で独立の労働組合〔freie und unabhängige Gewerkschaften〕だけが労働者の名において団体協約の交渉を行い、それを締結する権利をもっていた、ということである。それによって黄色労働組合（御用組合）や孤立した企業内従業員団体〔selbständige Betriebsmannschaften〕は排除されていた。従ってワイマール時代のドイツの労働組合は、例えばフランクリン・D・ルーズヴェルトの下における〔一九〕三〇年代のアメリカの労働組合と比べても、ずっと強力で、また法的にもよりよく保護された地位を有していたのである。
　官庁の調停当局の役割は、団体協約をめぐって交渉が難行した場合、それを仲介することであって、その役柄上、双方を導いて妥協させるよう努めることになっていた。〔……〕しかし実際には、調停は間もなくこの理論的限界を踏越えてしまった。第一に団体協約は、協約の定めた条件を個々人が別個の労働契約で破棄することを許さなかった。個人的労働契約は、その条件が労働者にとって団体協約におけるよりも有利である場合に限って認められた。これはともあれ、まだ自由な労働契約の思想と融和しうるものであった。
　しかし国家はそれ以上の権限をもっていた。国家は労働協約を以て『一般的拘束力あり』と宣言し、それによって協約の適用範囲を、ある産業、ある地域の雇用者および被雇用者の全部に、たとえ彼らが交渉に加わっていなかった場合でも押しおよぼすことができた。
　そして最後に、もう一つの重大な改革があった。即ち、協定が自発的に成立しない場合には調停者が独自の裁定を告示する。そして片方だけでもそれを認めれば、その裁定は自由意志の労働協約同様直ちに双方を拘束し、また法律上もそのようなものとして扱われたのである。こうして徐々に、国家が労働条件調整の責任者になっていった。」（119〜120頁）
　「労働組合は、革命によってその重要性と力と権威を大いに高めることが

できたが、早くも一〇年後には殆ど国家の行政機関といえるような地位に転落し、経営者に対してそれと同等の力をもった労働者の組織を対置させるという労働組合本来の任務は失われてしまった」（120〜121頁）

　上記引用文中の「革命」は「1918年のブルジョア革命」を指しています。

②連合国占領下での「再建」とその特徴

　第二次世界大戦終戦後、ドイツも日本と同様、連合国による占領支配下に置かれました。ただし、日本が事実上、アメリカ１国による占領であったのに対し、ドイツの場合は４ヵ国（アメリカ、イギリス、フランス、ソ連）による分割占領・支配でした。また、日本では、産業報国会の組織──とくに、それの大企業の職場・事業所・企業レベルの組織──の多くが解体されないまま、事実上、「看板を裏返す」形で「労働組合」として存続させられ、合法化（法認）されましたが、ドイツでは、ナチの労働戦線（Die Deutsche Arbeitsfront＝ＤＡＦ）が実際に解体され、新しい労働者組合組織・運動が発足しました。例えば、ミヒャエル・フィヒター『統一と組織──創設期のドイツ労働者組合同盟（1945〜1949年）』（Bund-Verlag, 1990）〔邦訳なし。以下の引用文は宮前忠夫訳、太字は原文では斜体字〕は、第二次世界大戦終了前後の時期の動向を、「現存の労働戦線組織は完全に解体されなければならない」という決定に──曲折を経て──到達する過程の紹介を含めて、次のように伝えています。

　「〔ナチス支配下での〕こうしたグループやサークル、数少ない抵抗組織、亡命者グループにおいては、ナチズムの排除後の労働者組合再建に関する構想が練られていた。困難な情報交換条件にもかかわらず、全体が、政治的潮流別諸労働者組合の廃止および政党政治的・世界観的諸潮流の、単一の統一労働者組合組織への統合、という点で一致した。この一致は、労働者組合にとって時代の要請、逃すことの許されないチャンスであった。この一致は、しかしながら、次のような広範な（労働者組合）機構問題に関する枠組みをも定めていたが、労働者組合活動家たちはそれらの構造問題に関しては一致**していなかった。**

　──（労働者組合への）強制加入制は認められるべきか。

――ＤＡＦ（ドイツ労働戦線）は組織機構として継承させる、あるいは、自由な労働者組合に転換させるべきか、それとも、解体されて、新設される組織に取って代わられるべきか。
――全労働者を対象とする単一の唯一労働者組合組織が存在すべきか、それとも、産業別あるいは職業別組合に沿った全国同盟〔全国レベルの産業別・職業別労働者組合〕が存在すべきか。」（32頁）

「西側連合諸国がＤＡＦの即時解体を通告した後、遅くとも1944年から45年への移行期には、（ＤＡＦ）継承論議は、過去のものとなった。」（33頁）

「統一労働者組合建設の現実的可能性は、ナチスが政治的潮流別諸労働者組合の（組織）存立を脅かし、ついに破壊した後に、初めて生じた。こうした敗北から、組織的単一化〔単一労働者組合＝Einheitsgewerkschaft〕への運動が発生した。何十年にもわたって、成し遂げられなかったことが、今や、すべての人々の意思となった。」（34頁）

　実際の再組織化は、占領主の異なる領域ごとに、おおよそ、次のような形で進みました。まず、英・米・仏占領地域における組織化から見ましょう。ドイツ労働組合同盟（ＤＧＢ。〔引用文中では「ドイツ労働組合総同盟」〕）編訳著〔日本語版〕『ドイツ労働総同盟の歴史と活動』は次のように叙述しています。

「一九四六年には、英軍占領地帯では労働組合が既にトップ・レベル組織として、ハンス・ベックラーの指導のもとに『ドイツ労働組合総同盟』を結成していた。

米仏占領地帯では、職業別部門をもつ中央組織がまず各州で結成された。一九四七年、英米占領〔地帯〕の労働組合は合同評議会を設置しのちに仏占領地帯の労働組合もこれに参加した。

ソ連占領地帯では、『自由労働組合総同盟』が産業別に細分された単一組織として結成されていた。

しかし全ドイツを一丸とする中央連合体を結成しようという努力は失敗におわったのである。

一九四九年十月、ドイツ連邦共和国のすべての労働組合の代表がミュンヘ

ンで会議をひらき、『ドイツ労働組合総同盟』すなわちＤＧＢが結成され、ハンス・ベックラーがその会長に選ばれた。ＤＧＢは十六単産六百五十万名をその傘下に結集した。

　ドイツ労働組合総同盟の他に、俸給生活者も彼ら自身の組織を持っている。産業別組織よりも職業別組織をその組織原則の信条として主張している『ドイツ俸給従業員組合（ＤＡＢ〔正しくは、ＤＡＧ〕）』がそれであるが、その組合員は現在約四八万でＤＧＢに加盟している七六万の俸給労働者よりもはるかにすくない。

　ＤＧＢの組織外に職能別組織として結成された『ドイツ公務員連合（ＤＢＢ）』にも同じことがいえる。全公務員の半数以上つまり五五万以上がＤＧＢに組織されている。」(53～54頁)

　一方、1949年にドイツ民主共和国（東ドイツ）となる「ソヴェト占領地区」では、労働者組合組織をめぐる事態は、他の３地区とは異なる進行をしました。ヘルベルト，ワルンケ著、国民文庫編集委員会訳『ドイツ労働組合運動小史』は、「当時のソヴェト占領地区における自由ドイツ労働組合の建設」の項で、次のように紹介しています。

　「一九四五年六月十日にドイツ占領ソヴェト軍最高司令官ジューコフ元帥の歴史的な命令第二号によって、反ファシスト的政党と労働組合の活動がみとめられた。

　一九四五年六月十七日ベルリン市庁の広間に各種の旧労働組合機関から約六〇〇名の労働組合活動家があつまった。非合法、亡命およびヒトラーの収容所にあって、統一した労働者階級の党の思想的・政治的指導のもとに単一の自由な労働組合をつくる必要を認識した労働組合役員の指導的役割が、すでにこの集会でしめされた。集会では、新しい統一された自由な労働組合の設立を呼びかけた勤労者にたいする宣言が、満場一致で承認された。そのなかで労働組合の主要任務はつぎのとおりはっきり述べられていた。

　『ナチ思想とドイツ軍国主義復活の可能性とにたいする断固たる闘争、
　　行政機関および経営からのファシスト分子追放、
　　平和経済再建にあたって占領当局を支持すること、
　　社会保障方策の実施、

労働者階級の利益の擁護、反ファシズムと民主的進歩の精神による勤労者の教育。』
　一九四五年十二月と一九四六年一月に、労働組合機関の選挙が実施された。一二年にわたるヒトラー独裁ののちはじめて、労働者と事務職員はふたたび自由に彼らの代表をえらんだ。
　一九四六年二月九日ベルリンで、全占領地区労働組合第一回大会が開催されたが、それには一六〇万の労働組合員が代表されていた。この大会で自由ドイツ労働組合総同盟〔FDGB〕が設立された。」（101〜102頁）
　こうして、第二次世界大戦後のドイツ労働者組合運動は「西」と「東」で別々に再組織化が開始されました。そして、この分断は、1949年の東西両ドイツ（ドイツ民主共和国、ドイツ連邦共和国）の成立・ドイツの東西二国への分裂によって決定的となり、結局、1989年10月の「ベルリンの壁の崩壊」を経て、1990年に「ドイツ再統一」――実態は、「西ドイツ」による「東ドイツ」の吸収合併――まで続きました。この「ドイツ再統一」に際しての「西」と「東」の労働者組合に関係する法制、および、組織と運動の「統一」は、結論的・結果的には、「（西・東）対等の統一・合併」としてではなく、「西」の法制を「東」にも拡張適用し、「東」の組織と運動を解体して、「東」の労働者を「西」の労働者組合に再組織する、再加入させる、というものでした。
　こうした西・東関係の歴史的事情がありますので、ドイツの現行労働者組合法制の特徴を尋ねる私たちの当面の探究においては、事実上、西ドイツのみを対象とすることを、了解しておいてください。

③労働協約自治と判例による団結権法制
　　――団結組織の最低要件と企業別組合の除外
1）判例による団結権法制の伝統
　ここでまず、西ドイツの、団結組織としての労働者組合に関する法制（これは現在のドイツの法制でもある）を理解する前提となる二つの注目点を挙げておきましょう。
　第一点は、ドイツでは伝統的に、労資関係を「労使自治」に大幅に委ねてきた関係で、基本法（憲法）が団結権を保証し、それを具体化する法制は、

労働協約法と関連判例法規の形をとっており、「労働者組合法」という法律は存在しないということです。

ワイマール時代からの研究者であり、第二次世界大戦後には連邦労働裁判所長官も歴任したH・C・ニッペルダイ〔H. C.Nipperdey。以下では、ニッパーダイ〕も、「西独における戦後の労働立法の発展」(『ILO時報』、5（4）、1954年12月）において、西独部（当時の「ドイツ連邦共和国」＝西ドイツ）における労・使の団結組織法制を次のように概括しています。

「労働組合と使用者団体の現在の法的地位は、連邦基本法第九条（三項）に定める団体の自由にたいする憲法上の保証に基づいている。〔……〕

〔……〕通説や判決例によって、『労働条件および経済条件を擁護し改善する』という労使団体の本来の目的に関する憲法の定義にもとづき、かつまた階級ないし集団の利益の増進手段としてのその歴史的役割にもとづいて、労働者または使用者の団体が基本法第九条（三項）の意味での労使団体として認められ、かつ一般結社権にもとづき設立される他の団体と区別されるために満たされねばならぬ若干の最低条件が確立された」（45頁）

そして、ニッパーダイは続けて、「若干の最低条件」を8要件として列挙しています（引用文中の○付番号は宮前忠夫が便宜上付けたものです。また、各要件の内容説明は、現行法制の概容を説明した後で、歴史的経過も含めて、ニッパーダイの別の文献に沿って行います）。

「①その団体は労働者または使用者の団体でなければならない。②それは会社法でなく団体の法律に準拠したものでなくてはならない。③団体への加入は任意でなければならない（すなわち強制的なギルドやその他の団体はここにいう労使団体ではない）。④それは相手方から独立していなければならず、その所属員を含んでいてはならない。⑤また政党や宗派の影響を顧慮することなく、その団体員の社会的利益を代表するものでなくてはならない。⑥そればかりでなく、基本法第九条（三項）の意味での労働者の団体は個々の企業の範囲を超えたものでなくてはならない。⑦それはをその職業または産業における労働条件を団体協約により規制することを主たる機能とするものでなくてはならないし、特に団体協約や紛争調整に関する現行法規に従うことを承諾しなければならない。⑧最後に、労働組合または使用者団体の観

念に属するとみなされるためには、かかる団体が、望ましい労働条件を獲得するため許された手段(ストライキまたはロックアウト)による圧力の行使、を最後の手段として承認すべきこと、また必要な場合にはこらの手段を準備し且つ利用しうるのでなくはならないということである」(45〜46頁)

　第二点は、安井英二『勞働運動の研究』(日本大學、1923年)などで、当時も日本に紹介されましたが(例えば、1921年の労働協約令改定案の例)、ドイツでは、すでにワイマール時代までに、団結組織の要件としての「企業横断的という組織原則」などが原初的に獲得されており(それが法制化された時期もある)、ナチス・ファシズム支配の時代を越えて第二次世界大戦後の再建、法制化に――組織化の闘争と論争、通説や判例を通じて――発展的に継承されてきたということです。日本における団結権の獲得・法制化の歴史とは、非常に対照的な一側面です。

　さて、まえおきは、ここまでにして、1990年のドイツ再統一後の「現行法制」の説明に移りましょう。
　ペーター・ハナウ、クラウス・アドメイト著、手塚和彰、阿久澤利明訳『ドイツ労働法』(信山社、1994年)〔原書第10版からの邦訳〕は、私たちが以上で検討してきた第二次世界大戦後の西ドイツで確立された団結体(労働協約能力ある労働者組合)という原則が1990年のドイツ再統一後のドイツに引き継がれたことを次のように確認しています。
　「(ドイツ)再統一以降、全ドイツにわたって、1990年5月18日の第一国家条約の指導原理に関する議定書Ⅲ(社会同盟)が適用される。すなわち、自由な、対抗相手から自由な、企業横断的な、独立した、合法的な、強力な、が、〔団結体の〕要件である。」(45頁)

　こうして全ドイツに適用されるに至った議定書Ⅲ(社会的同盟)を、私(宮前忠夫)が、訳出・整理して紹介したものが、以下の引用文です(出典は『新たな挑戦へ』(共同企画ヴォーロ、2006年)所収の宮前忠夫「グローバル化の中で世界の労働組合運動は今――『ロストユニオンに挑む』発刊〔戸塚章介著、2004年〕を機とした日本の労働運動『成人化』への提言」からです。

「ドイツの現行の労働組合の法的要件は、一九九〇年の『東西ドイツ統一』に先立って同年締結された『通貨・経済・社会統合に関する国家条約』の『国家条約の諸原則に関する共同議定書』で、次のように定められています。

『労働協約能力ある労働組合と使用者団体は、自由に結成され、対抗者から自由で、事業所を超えて（überbetrieblich）〔＝企業・事業所横断的に〕組織され、独立していなければならず、かつ、現行の労働協約法規（Tarifrecht）の拘束を受けることを承認するものでなければならない。それはさらに、相手方労働協約交渉当事者への圧力行使により、労働協約を締結する力をもたなければならない』

これを箇条書き的に整理すると、次の五要件ということになります。
ⅰ 自由に結成された、
ⅱ 対抗者（相手方）、経営者から見れば労働組合、労働組合から見れば経営者・使用者側―から自由である、
ⅲ 個々の事業所（企業）の枠を越えて、つまり、企業・事業所横断的に、組織されている、
ⅳ 現行の労働協約法規（「労働協約法」をはじめとする関連諸法規）による拘束を承認する、
ⅴ 労働協約交渉の相手方への圧力行使により、協約を締結する力を持つ―つまり、ストライキを含む実践力、社会的な実力をもつ。

いずれも重要な要件です。『ⅰ 自由に結成された』という要件では、つまり、組織強制―クローズド・ショップとかユニオン・ショップとか―によって、入りたくない人を無理に加入させることは許されません。ⅱで言われているのは、互いに独立していることです。

念のために言えば、五つの要件は労働組合にだけ適用されるのではなくて、使用者団体――日本でいえば旧日経連、現在の日本経団連など――中央、地方、産業別などの使用者側の団体にも適用される基準だということです。ⅲは、『事業所を超えて』〔組織される〕、つまり企業別、事業所別ではいけないということです。企業（事業）別組合は基本的に除外されているのです。
ⅴは『圧力行使』つまり自分の方の側の、労働組合でいえば労働者を結束、指導・統率する能力がある、ストライキを実行できるということ、これが条

件になります。使用者・資本の側は、資本家・企業経営者をまとめる力がある、という要件です。ちなみに、日本ではそういう要件は制度化されていませんし、実際にも、日本経団連とか、『連合』とかは、そういう権限や能力を備えていません。」(30～32頁)

　事業所組織法(経営組織法)などが定める事業所評議会を含む共同決定諸機関への参加・関与ができるのも、こうした労働協約能力をもつ「団結体としての労働者組合(Gewerkschaft)」だけなのです。

　以上において紹介してきた、1990年5月18日の第一国家条約の当該規定は、ドイツ再統一に際して、西ドイツ(ドイツ連邦共和国)の法制を東ドイツ(ドイツ民主共和国)にも適用するために、当時、西ドイツで判例法規として慣用されていた内容を整理・統一した内容ですから、整然と、かつ、簡明に規定されています。

　ただし、念のために付言しておきますが、これは西ドイツと東ドイツという「二国」間の条約の規定ですから——再統一以前も、以後・現在も——この問題(「労働協約能力をもつ団結体」の判定)での現実の裁判や法制(解釈・運用)においては、上記の条約議定書の一般規定が直接に適用されるわけではなく、日常的には、それぞれの事件に適合した判例・判例法規が適用・運用されています。

　以上が、ドイツの現在の労働者組合法制の概要ですが、こうした労働協約能力をもつ「団結体としての労働者組合(Gewerkschaft)」——日本で通常いわれる「ドイツの『労働組合』」——は、実際に、いくつあるのでしょうか。ドイツには、日本の「労働組合基礎調査」のような政府統計はありませんが、基本的にすべて職業別・産業別組合ですから、組合数を数えるのは比較的簡単です。独自に数え上げてみました。以下は、おおむね2015年末現在の労組ナショナルセンター別の組合数です。
(1)　ドイツ労働者組合同盟(ＤＧＢ)——8(大産業別労働組合)
(2)　ＤＧＢ以外の労組ナショナルセンターに加盟の組合数
　①　キリスト教労働者組合同盟(CGB)——16(職業別・産業別組合)
　②　ドイツ官吏同盟(「ドイツ公務員同盟」とも訳される)(DBB)——43(官

吏・元官吏の職種別組合）
③ 労組ナショナルセンターに非加盟の主要組合（全部で約 50 組合。専門職種別組合が多い）
例：ドイツ鉄道運転士組合（GDL）、マールブルク同盟〔医師・医療関係者〕、コックピット組合（VC）〔航空機パイロット〕、独立航空添乗員組合（UFO）、化学産業非雇用研究者・指導的職員組合（VAA）

以上の組合数の合計、すなわち、ドイツの基準で言う「労働者組合」数は、全部で約 120 になります。日本の「労働組合」（平成 27 年労働組合基礎調査による「2015 年 6 月 30 日現在」）の組合数は、「単一組合」で 24,983（「単位組合」では 52,768）ですから、まさに桁違いであり、この数字だけからも、ドイツと日本の「労働組合」を単純に、機械的に比較するのは無理だということが想像できるでしょう。

2）ニッパーダイによる個々の要件の解明

　以上で、私たちはドイツにおける労働者組合（団結〈体〉）に関する現行法制の概容を押さえてきました。そこで、ここで、有力学説であるニッパーダイの『労働法講義第二巻』（第 6 版第二巻、1957 年、フランツ・ヴァーレン出版）に含まれる「職業別団結（体）権」の解説を紹介しておきたいと思います。少々、難解かもしれませんが、先に紹介したそれぞれの「要件」についての歴史的形成過程も含む重要な解説（とくに、①「会社組合＝企業別組合」は「団結（体）としての労働者組合」ではないこと、および、その理由の説明、②「一企業一組合」規定の真意）ですから、敢えて紹介しておきます（以下の引用は宮前忠夫訳）。

　まず、団結体です。「**団結体とは、特定の人々の組合、すなわち、〔相互に〕独立的に活動する、労働者のみ、あるいは、使用者のみによって、事業所横断的基盤に立って設立されているものをいう**」（62 頁）と、それが労働者側、使用者側のそれぞれに共通するものと「定義」し、それが備えるべき、以下の必要条件を挙げています。

　「**1．純粋性**　職業別団結体は、**一つの職業別集団のみ**——すなわち、労働者

のみ、あるいは、使用者のみ——を構成員とするものでなければならない。〔中略〕

2. **相手方からの独立性**　該当する組合というものは、**相手方から独立してい**なければならない。そして、**構成員の利益**を、相手方の影響から自立し、独立して守らなければならない。〔中略〕

3. **政党、教会、国家からの独立性**〔略〕

4. **企業横断的基盤**（Überbetriebliche Grundlage）諸団結体（組織）の純粋性、政治的および宗教信条的な中立、独立という要件と並んで、団結体としてのもう一つの前提条件は、それが**企業横断的基盤**に立って組織されていなければならないということである。当該組合は、広義のこの語（die Vereinigung）に含まれる『産業別団結体』（Industrieverband）、あるいは、職業別組合（Berufsvereingung）でなければならない。したがって、それは種類を異にするさまざまな職業の従事者をも構成員とすることができる。したがって、**会社組合**（Werkvereine）、すなわち、特定の一事業所または一企業の従業員のみを構成員とする組合は、決して（職業別）労働者組合（Gewerkschaften）ではない。」（63〜70頁）

こうして、上記「4. 企業横断的基盤」との関係で、「会社組合＝企業別組合」は、ここでいう労働者組合ではないことを確認したうえで、引き続き、なぜ「企業横断的基盤」に立たなければならないかの「理由」を（a）〜（e）の5項にわたって述べています。少々長文になりますが、私たちのテーマに直結する問題なので全文訳出・引用します（各項冒頭の〔〕付太字部分は引用者による）。

「（a）〔**「会社組合」が既存の職業別・産業別「労働者経済的団体」に対抗して創出されたという歴史的経過**〕歴史的発展に即して見れば、（職業別）労働者組合（Gewerkschaften）というものは、職業別・職種別の基盤、今日ではとくに産業別諸団結体の統一体という基盤、に立って結束してきた。事業所別の会社組合、および、会社・事業所共同体（Werkgemeinschaften）は、労働者（Arbeitnehmer）の従来の経済的諸組合に真っ向から反対して創り出された。この見解に反対の者でさえ、歴史的には、構成員の**職業**の同一性、および、最近では、諸企業の統一〔統一体であること〕、および、それら企業が

一つの**経済部門**全体に分属すること【ある産業部門全体を代表すること】が、結束というものにとって決定的になっていることを認めている。それゆえにこそ、こうした事情を目の当たりにして行なわれた労働立法が『労働者の組合』、(職業別) 労働者組合 (Gewerkschaften) という概念において、職業別および産業別団結体のみを意味するのである。

　基本法第九条第三項、および、かつてのワイマール・ライヒ憲法第一五九条は、事実上の、既存の、歴史的および社会的に理解されるべき状態を、憲法によって承認し、保証しようとするだけであり、したがって、上記に代表される見解への反対論拠をもたらすものではない。

　(b) 〔立法による「労働者組合概念」の使用〕労働者の職業別団結体を呼ぶ場合に、労働立法は今日では、一九三三年以前の「労働者の経済的諸組合」という多義的な概念に代えて、ほとんど、「(職業別) 労働者組合 (Gewerkschaft)」という概念を用いている。労働協約法第二条、事業所基本法第二条、第一五条第二項、第一六条、第一七条、第二三条等々、労働裁判所法第一一条、第一四条第一項、第一八条第二項、第二〇条第一項、第二三条第二項、第二五条第二項等々を参照。かつて用いられていた「労働者の経済的諸組合」という概念を用いると、会社組合というものがこの中に含まれるかどうかという疑問が生じるおそれがあったが、今日の**(職業別) 労働者組合**概念の適用が――その歴史的および概念的意義によれば、**会社組合は決して (職業別) 労働者組合ではない**ことになるので――こうした疑問を一掃した。これによって、これと対立するライヒ労働裁判所の判決は維持できない。

　(c) 〔(職業別) 労働者組合と事業所評議会の区別と連関〕この関連において重要なのは、事業所評議会が行なう個々の事業所における労働者の利益の擁護と、企業横断的基盤に立って設立されている公認の (職業別) 労働者組合とが、事業所基本法においても明確に区別されていることである。もし、団結体概念 (Koalitionsbegriff) に対して企業横断的結成ということが要求されないとすると、とくに事業所基本法第一条および第二条と同法第四九条の対置関係は理解不可能なものとなってしまうであろう。とくに、共同決定法第六条は、石炭鉄鋼会社の監査役会メンバーへの労働者代表選任に際し

て、事業所評議会と並んで、(職業別)労働者組合に共同作用権および提案権を与えているが、この共同決定法第六条も、「(職業別)労働者組合」と言う場合は**企業横断的な**基盤に立つ労働者の組合（Arbeitnehmervereinigung）のみを意味する、と指示している。もし、ある企業・事業所の従業員が団結体（Koalitionsbegriff）、すなわち、法律にいう（職業別）労働者組合（Gewerkschaft）を結成することができ、同時に、とくに、(単なる)組合（Verein）〔団結体と言う意味ではなく、結社と言う意味での組合〕として労働協約をも締結できるとするならば、法律が予定している企業別組織と職業別（産業別）組織という二元主義、労働協約と事業所協定（事業所規則あるいは就業規則）という二元主義は、実際上、ほとんど除去されてしまうことになろう。そうなると、ことに事業所基本法第五六条第一項第一号、第五九条が事業所協定の締結に対して定めている法律上の制限は、無意味、無目的なものとなるであろう。なぜならば、事業所基本法第五六条第一項第一号、第五九条によれば、従業員が事業所協定の締結という方法によってはなしえない規制を、**会社組合**として——これらの規定の趣旨に反して——達成できることになるからである。

　(d)〔憲法規定との矛盾〕基本法第九条第三項における、結社の自由（Vereinigunngsfreiheit）は「〔各人および〕**すべての職業に対して**」保証されるとの補足は、まさに、法律が保護しようとしているのは同一職業の成員または同じ経済部門の労働者の結束であって、(事業所基本法にもとづいて行なわれる)企業別の結束ではないことを示している。こうした概念指標は、繰り返し引用されているオーバー・シュレジエンに関するドイツ・ポーランド協定第一六一条によっても法律上、確定されている（ライヒ法典Ⅰ、1922年、305頁）。

　(e)〔**会社組合は職業・産業別労働者組合ではなく労働協約能力がない**〕上記の**会社組合**は、職業別団結体および産業別団結体に対立するものである。会社組合においては、労働者は職業別または経済部門別に結束しているのではなく、同一企業の一事業所または複数事業所の労働者を一つの団結体に結集するという方法で、企業別に統合されているのである。これらの会社組合は、労働立法でいう（職業別）労働者組合ではありえず、したがって、**協約能力はもっていない**。

とはいえ、それだけで一つの経済部門を成す特殊な企業の労働者全体は、たとえその企業の従業員のみを構成員とする場合でも、基本法第九条第三項の保護をうける労働者の組合（Arbeitnehmervereinigung）を結成することができる。これはたとえば、連邦郵便の労働者および連邦鉄道の鉄道員同盟にあてはまる。この場合には、同じ事業目的を持った企業が他にほとんど存在しないのであるから、その団結体は『企業別団結体』」ではなくて『産業別団結体』なのである。」（70〜72頁）。

　ニッパーダイ『労働法講義』はさらに、第二次世界大戦後は「〔職業別団結体であった〕一九三三年以前と反対に、圧倒的に産業別団結体」（132頁）になっているという特徴にふれつつ、「一企業一組合」は産業別団結体（労働者組合）原則の一環であり、一つの特徴であると強調し、したがって、両者を切り離して論じるのは無意味であることを示唆しています。

　「『一企業、一（労働者）組合』("ein Btrieb, eine Gewerkschaft")というスローガンによって、頻繁に特徴づけされる産業別団結体原則（Industrieverbandsprinzip）は、労働協約の競合を、最大限排除するという利点をもっている」（132頁）

(3) フランス

　フランスの労働者組合法制の概略と特徴に関しては、外尾健一「フランスにおける団結と団結権」（『団結と不当労働行為』、編集委員会代表責任者、野村平爾、弘文堂、1956年。以下、外尾健一①）、同「フランスの労働組合」（大野雄二郎、外尾健一『独・仏の労働組合』、日本労働協会、1960年。以下、外尾健一②）に依ってみて行きましょう。これら2論文は、外尾健一『フランスの労働組合と法』（外尾健一著作集第7巻、信山社、2002年）にも収録されています。

①フランスの団結体は「サンディカ」という職業別・産業別組合

　外尾健一①は「フランス法における団結権の特色」という節を設けて、まず、次のように指摘しています。文中の「職業組合」（syndicat professionnel）は「職業別組合」と読み替えても差し支えありません。

　「既述のごとく、フランスにおいて初めて組合結成権が認められたのは

一八八四年職業組合法によってである。同法はその後、一九二〇年三月一二日法によって若干の修正をうけ、労働法典第三巻第一篇〔2016年現在の労働法典（Code du Travail）では、第二部第一篇　職業組合（Les Syndicats Professionnels）〕に編入せられ今日にいたっているが、一八八四年法が職業組合の結成並びに運営を組合の自由（la liberté syndicale）として把えた精神は、法原理そのものとしては今日にいたるまで貫かれている。すなわち法律の条文においても労働法典第三巻第二条に「…の者は自由に職業組合を組織することができる」と規定されている外、労働争議の調停仲裁に関する一九三六年一二月三一日法には仲裁裁定の基準となすべき規範に組合の自由が掲げられていたし、一九四六年一二月二三日法は労働協約の必要的記載事項に組合の自由を規定し、一九四六年一〇月二七日第四共和国憲法もその前文において組合自由の原理を規定している。」(37頁)

外尾健一②は、こうした法制上の原理・原則の上での、その組織構造・機能を、単位組合であるサンディカ（syndicat）から始めて、その体系を、順次、解説して行きます。それぞれの用語・概念の内容に注意しながら見ていきましょう。

まず、サンディカ（syndicat）の実態、実相についてです。

「フランスの基本的な組合は、サンジカ（syndicat）である。サンジカとは、経済的な利益を擁護するための団体を一般的にさすから、使用者の団体も、あるいは労働者と使用者とのいわゆる混合組合（syndicat mixte）も同じようにサンジカと呼ばれるが、ここでは労働者の団体だけを考えることにし、いい訳語がみつからないので、ここではそのままサンジカという用語を用いることにする。」(134頁)

「サンジカには職種別組合と産業別組合の二種類がある。フランスの組合も、イギリスやアメリカと同じように、もともとは職種別組合、つまり熟練工中心のクラフト・ユニオンとして発生してきたものである。しかし狭く限られた地域の熟練工の組織では、労働者の利益を擁護するという点で、産業や交通の発達や企業の集中によってもたらされた産業構造の変化に対応できなくなり、自然と全産業の規模での労働者の組織が形成されていったのである。とくに一九〇六年のアミアン大会のさいに、ＣＧＴが、組織の方針を産

業別組合にすることとし、新しい組織としては産業別組合のみの加入を認め、職業別組織の解体を促進するむねを決議していらい、この傾向は一層強まり、今日では産業別組合が原則的な形態となっている。しかし連合体は産別であっても、それを構成するサンジカは職業別であるという事例もかなりみうけられる。」(135頁)

次は、サンディカ（syndicat）の組織形態です。外尾健一②は「企業別組合か横断組合か」と、問いかけつつ、とくに、企業レベルのサンディカについて、以下に見るように具体的、多面的に解明します。この点――サンディカ（syndicat）はどのレベルにあっても、職業別・産業別の組織・組合、つまりsyndicat professionnelであるという点―― は、日本の企業別組合・企業内組合との本質的相違を理解するカギとなります。

「サンジカは元来、企業の外に横断的につくられ、今日でもこの原則は守られている。しかし組織を強化するには、職場ないし企業に基盤をもたねばならぬことが重視され、たとえばＣＧＴ〔労働者総同盟〕は、大きな企業ないし工場では、それ自体が一つの単位となってサンジカを結成することを奨励している。

しかし企業単位に組合がつくられるといっても、わが国のように従業員全員が加入する工職混合の形態はとられず、職員層は大てい別個の組合をつくり、ＣＧＣ〔管理職総同盟〕といった全国組織に加入しているし、一つの企業ないし工場には、ＣＧＴ系のサンジカやＦＯ〔労働者の力〕あるいはＣＦＴＣ〔フランス・キリスト教労働者総同盟〕系のサンジカが、いくつも併存している場合が多いのである。」(135〜136頁)

田端博邦「フランス労働法典を読む」((1)〜(5))（『月刊労委労協』、(1) No.678、2012年11月、(2) No.680、2013年1月、(3) No.682、2013年3月、(4) No.688、2013年10月、(5) No.690、2013年12月）も、『労働法典（Code du Travail）』の解説という角度から、外尾健一②と同趣旨の解説を加え、企業単位に組合がつくられるといっても、その「組合」は「企業外に組織された組合だ」((5)、23頁)ということに注意を喚起しています。

上記で言及されているＣＧＴの企業単位サンディカ（syndicat d'entreprise）の結成を重視する方針と、その形態的特質の指摘――「わが国のように従

業員全員が加入する工職混合の形態」とは異なる、との指摘――こそ、日本の企業別組合・企業内組合との本質的相違への注意を喚起するものです。職業（別）組合法は、もともとは、企業単位サンディカそれ自体を明記・法認してはおらず、1968年のグルネル協定を受けて制定された1968年年12月法、さらに、2008年法などによって、はっきりと法認されていきました。1960年初出の外尾健一②は、法制および活動実態における企業単位サンディカの位置づけを、日本における日本の企業別組合との対比論議をも意識しつつ、的確に解明したのです。これは、フランスのサンディカ（syndicat）の訳語として、「労働組合」という訳語を避けた点についても言えることです。私たちが第4章で検討してきた戸木田嘉久が、日本の「労働組合」概念に囚われて、サンディカ（syndicat）の本質的特徴を見誤ったのとは全く対照的です。

さて、外尾健一②に戻りましょう。サンディカの諸形態の続きです。

「サンジカにも、全国的な単一組合が存在しないわけではないが、サンジカは原則として地区ないし地方的な組織であって、工場単位に結成せられたり、一都市、あるいは一地方にわたる場合がほとんどである。サンジカの範囲が一工場以上におよぶときは、通常、工場別ないし企業別に、あるいは個々の職業ないし産業の部門別に支部または分会を設けている。したがって組合員数も、小は十人前後のものから、数千人、数万人におよぶものが存在するわけである。

さらに、サンジカは、いくつか集まって地域的な職業別ないし産業別の評議会を結成している場合が多い。それは通常、使用者団体の組織範囲と対応するようにでき上っており、ここが中心となって地域的な規模における統一交渉、統一行動が行なわれている。」（136頁）

②フランスの「企業内組合」と日本の企業別組合は似て非なるもの

外尾健一②は、次に、サンディカ結成の要件、「法律上のしくみ」を取り上げ、説明を続けます。

「サンジカの一般的な様相を眺めたついでに、サンジカに関する法律上のしくみについても一言しておこう。

まず、職業組合法の規定によれば、同一または類似もしくは関連せる職業に従事している者のみが、サンジカを結成し、またはこれに加入しうるようになっている。したがって、

（イ）　組合を結成し、またこれに加入しようとする者は、自己の労働によって報酬をうける一定の職業に従事していなければならない。それゆえ、利子や年金によって生活している者は、職業を有しているとはみなされず、ここから除外されるわけである。

（ロ）　つぎに、職業に従事するとは、その者が現に職業を行使していることを意味すると解されている。しかし『一年以上その職業に従事していた場合には、引き続き、組合にとどまることができる』というただし書きが設けられてあって、退職後の権利保障の道を開いている。

（ハ）　さらにフランスでは、同一または類似ないし関連する職業に従事する者だけが共通の利益を擁護するためにサンジカを結成しうるとされており、異種の職業に従事する者の間には、組合の結成は認められていない。これは、異種の職業に従事する者の間には、共通の利益が存在しないとされたことと、異種の職業に従事する者の間に組合の結成を認めれば、職業上の利益擁護以外の目的を組合の名にかくれて追求するおそれがあるとみなされたからであるといわれている。しかし、異種の職業間の組合（いわゆる一般組合、フランスでいえば後に述べる地域組合の大部分）も社団としては有効に存続しうるわけである。

　つぎに、組合法は、『職業組合は、もっぱら経済的、工業的、商業的、農業的利益の擁護』を目的とすると規定し、目的の面から、サンジカの要件を定めている。それゆえに、職業上の利益という点で純粋の政治団体や宗教団体は労働組合として扱われないし、また擁護すべき利益という点でたとえばスポーツ団体や文化団体は除外される。しかし組合が、いっさいこれらのことと無関係でなければならないということを意味するものでないことは、わが国の場合と同様である。

　さらに、組合規約と役員の氏名を、組合が設立された地の市町村役場に届け出ることが形式上の要件とされている。規約は、組合が自主的に自由に作成しうるが、規約および役員の氏名は、変更の都度届け出ることを要する。

組合の目的その他の法律の定める禁止事項に違反しているときは、裁判手続を経た後に解散を命ぜられることがある。
＊ただし支部・分会については届け出は必要でない。」(137～138頁)

　次は、職業別・産業別組織であるサンディカ（syndicat）の、単位組織と、地域的および全国的構成・体系の関連についてです。
　「さきにもふれておいたように、サンジカは、タテの関係として職業別ないし産業別の全国組織（連合体）に加盟し、ヨコの関係として、地域別（多くの場合各県別）の組織（評議会）に加入し、これらを通じてＣＧＴとかＣＦＴＣとかの全国中央組織に加入している。具体的にいえば、パリ地方建築労働組合は、全国建築労働組合連合（Federation nationale du Batiment）およびパリ地方労働組合評議会（Union des Syndicats de la region parisienne）、セーヌエーマルヌ県労働組合評議会（Union departementale de Seine et Marne）を通じてＣＧＴに加入し、パリ地方金属労働組合は、金属労働組合連合（Federation des ouvriers sur metaux）およびパリ地方労働組合評議会に加盟し、これを通じて同じくＣＧＴに加盟している。」(140頁)
　続いて、サンディカの「（企業内）分会」（sections syndicales）等の実態と性格についてです。
　「大きなサンジカは、大てい支部・分会を有している。例えばパリ地方金属労働組合は、地区別の支部（sections locales）と工場別の分会（sections d'usines）をもち、建築労働組合は、地区別の支部とその下部にある企業別の分会を有している。支部には、若干名（金属では九名ないし三五名）の委員で構成される執行委員会と、同じく若干名（金属では三名ないし九名）の会計監査委員会が設けられているが、支部大会で独自の意思決定を行って、独自の組合活動を行うことは認められていない。組合活動の単位は、あくまでもサンジカにおかれているのである。
　すなわち、例えばある会社でなんらかの紛争がもち上ったとしよう。しかしながらそこの会社に組織されているサンジカの支部は、独自の立場でストライキをうつことは許されない。必ずサンジカに紛争の原因その他の情報を通告し、本部の執行部と意見が一致した上でなければストライキを開始する

ことができない。この義務に違反すれば、一切の援助を断たれるわけである。財政的な面からいっても、支部ないし分会はきわめてわずかな運営費しか与えられていないから、事実上サンジカの援助なしのストライキは行えないようなしくみになっている。　本部の執行部との戦術会議でストライキを行うことが決定した場合には、その会社の支部には、ただちにストライキ委員会（comité de grève）が設けられ、たえず本部と連絡をとりつつ、ストライキがうたれるわけである。

　以上のような支部・分会のほかに、たとえば金属労働組合のように基礎的な鉄鋼から造船、自動車という製品にいたるまでの各種の部門の労働者を包含している大組合にあっては、その職業ないし産業に特殊的な利益を擁護するために、産業部会（branches industrielles）と技術分会（sections techniques）が設けられている。しかしこれらの部会の役割は、要求案の研究および経済問題の調査研究に限定せられている。」（140～143頁）

　以上で見てきたとおり、フランスの「企業内組合」（syndicat d'entreprise）は企業単位サンディカであり、企業・事業所レベルの「個人加盟、職業別・産業別を原則とする労働者組合組織」であって、日本の企業別組合あるいは企業内組合とは「似て非なるもの」なのです。

4. 日本以外の主要国では「企業別組合（体制）」は団結体として法認されていない

　以上で紹介し、検討してきたとおり、アメリカ、ドイツ、フランスにおいて――法制そのものは各国の歴史を反映して策定・制定されてきているので一様ではありませんが――それぞれの歴史的結果としての現行法制下では、団結体としての労働者組合は職業別・産業別労働者組合、あるいは、一般労働者組合の形態をとっています。いずれの国においても、企業別組合（会社組合）を組織すること自体は自由ですが、それは「結社」の一種としてのことであって、「労働者の団結体」としては排除あるいは厳格に規制されており、法認はされていません。この点はイギリス、イタリアをも含む主要5ヵ国の法制において共通しています。

アメリカをはじめイギリス、フランスなどに「企業別組合」や労働者組合の企業・事業所レベルの組織（支部など）が――多・少あるいは大・小の差があるものの――存在することを見聞して、「アメリカは企業内組合が主流」、「日本と似ている」、「日本とそれほど違うわけではない」と判断したり、結論づける人々が見うけられますが、それは表面的あるいは部分的な現象にとらわれて、団結体・団結権の法認（法認された団結体・団結権）という本質的な側面を見損なっているからです。日本と米・西欧主要国の組合組織形態・組織原則は、実際は、「似て非なるもの」なのです。

　たとえば、磯田進著『勞働法』（岩波書店、1954年）も、1954年という、比較的早期に、「企業内組合」という捉え方をしながら、「似て非なる」諸特徴を、次のように、具体的に指摘しています。

　「ヨーロッパやアメリカの勞働組合の歴史をみると、労働組合というものは、最初から、企業の外部にある存在として發生し、發展してきた。たとえば、ある町に一つの印刷工組合があり、またその町にはA、B、Cという三つの印刷企業があるとする。この場合、印刷工組合というのは、『およそその町にいる印刷工の組織する組合』なのであって、『A（またはB、またはC）印刷所の從業員の組織する組合』というようなものではない。また、A、B、Cそれぞれの從業員の組織する組合の『連合體』というようなものでもない。従って、組合員の中には現に失業中の――すなわちA社、B社、C社、いずれの從業員でもないところの――印刷工も含まれるのが普通である。このようなものとしての印刷工組合が、組合員のために有利な勞働條件を獲得すべく、（いいかえれば、組合員の勞働力を有利に賣りこむべく）各社を相手に、あるいはA、B、C三社の連合體（使用者團體）を相手に、團體交渉を行うのである。組合が企業外の存在であることは、はっきりしている。

　アメリカにおける有名なクローズド・ショップ closed shop の慣行について考えてみると、組合のこうした性格が一層明瞭に理解できる。〔……〕組合が――勞働力の賣手團體として――企業外の存在であるという性格ははっきりしているではないか。

　これに反して、日本の労働組合にあっては、企業外の存在だという性格が、實際上、はなはだ稀薄である。ほとんどすべての組合が、その規約において

『本組合は○○會社從業員を以て組織する』とうたっているとおり、『ある企業の從業員の組織する組合』という性格をもっている。すなわち、企業あっての組合であり、いわゆる企業内組合である。」(151〜152頁)。

「勞働組合が（本章を通じて問題にしてきたような意味で）『自主的』であるためには、組合は企業外の存在であるという性格をはっきりと保持する必要がある。むろん、ある會社の從業員だけで組織され、外部組織とのつながりを全然もたないような組合であっても、それが組合員對會社の取引（バーゲン）の局面において前者を代表し、後者と對立する取引主體として立ちあらわれるかぎりにおいては、觀念上はあくまでも企業『外』の存在であるし、また、そうでなければならぬ。ただ、事實上、そのような組合にとっては、企業外の存在たる性格を貫徹し難いというところに問題がある。そうした組合では、組合員のすべてが、從業員として一使用者の御おぼえを氣にしなければならぬ立場にある以上、組合員の（從ってまた組合の）意志決定は、事實において、使用者の意志の支配をまぬかれることが困難なのである。

ヨーロッパ、アメリカでは、前記のように、自主的な勞働組合は常に（觀念上のみならず）形の上でもハッキリと企業の外部にあるものとして生れ、育ってきたのであるし逆に一企業の從業員だけで構成されて外部組織とのつながりをもたないような組合（本來、これが company union ——直譯すれば會社組合——とよばれる）は、アメリカでは、まず御用組合でないかと疑われるというのが社會通念となっているのである。（その結果、右のような意味のことばである company union が、同時に、『御用組合』を意味することばともなっているくらいである。）これに対して、日本の組合は、前記のとおりで、一般に、多かれ少なかれ、企業内組合（アメリカ流にいえばカンパニー・ユニオン）の性格を脱しきっていない。ここに日本の勞働組合の弱さの大きな原因の一つがある。」(153〜154頁)

「以上のことを要するに、勞働組合というものは、その本質上、企業外の存在という性格を保たなければならない。そのことは單に形（組織や運營の形態）だけの問題ではなく、組合員の意識の問題ででもあるのだが、形態の問題も重要な意味をもっている。〔……〕

〔……〕勞働組合というものについての、近代的勞働關係の原理に對應し

た考え方を確立しておくことが、今日の勞働法を理解し、實踐する上に必要なことである。そのことは、使用者にとっても〔……〕いい得ることである。」（155～156頁）

　企業別組合（会社組合）を団結体として一般的に法認しているのは、主要国のなかでは日本のみです。そして、申請した組合が日本ほど簡単に「労働組合」として法認される国はありません。つまり、国際的な常識を基準として見れば、企業別組合は——歴史、理論、法制、実態のいずれの側面からみても——団結体、団結体としての労働者組合（trade union、labo(u)r union）ではないのです。日本の企業別組合はアメリカの会社組合という「親株」から生み出された「子株」を日本式に育成したものであり、もともと、「労働者の団結体」とは異質の組織なのです。
　中西洋『《賃金》《職業＝労働組合》《国家》の理論——近・現代の骨格を調べて、近未来をスケッチする——』（ミネルヴァ書房、1998年）も、各国の法制史を検討・比較した後、次のように結論付けています。
　「日本の〈労働組合〉は,〈Trade Union〉にも,〈Gewerkschaft〉にも,〈Syndicat〉にも,〈Sindacato〉にも似ていない。〔……〕1945年以降のそれは"団体交渉権と労働協約締結権を付与された企業内従業員組織"である。それは超企業的な《職業＝労働組合》ではない。」（78頁）

第6章

外国から見た日本の「労働組合」とその実体としての「企業別組合」

外国から見た日本の「労働組合」と
その実体としての「企業別組合」

　前章で紹介した欧米諸国の労働者組合と労使関係の特徴の理解、さらに、私たちが無意識的であっても、それらと日本の実態との比較・対照を念頭に置きつつ検討を進めざるを得ない立場にあることによって、おそらく、日本の企業別組合（体制）が、いかに異常なものであるかが、すでに、はっきりしたと思います。そこで、本章では、少し視角を変えて、欧米諸国をはじめとした諸外国の、誰よりもまず、労働者組合活動家などの当事者が、そして、国際機関および各国の研究者が、日本の「労働組合」の実態、企業別組合（体制）をどのように見たり、感じたり、評価したりしているかを見ることにしましょう。

　各国別の検討に入る前に、第二次世界大戦直後の時点で、国際機関の関係者が日本の「労働組合（運動）」の状況の特徴を、どのように見ていたかを二つの文献によって紹介し、問題点を概観しておきましょう。

　ゼームス・キレン著、大倉旭訳「日本の労働組合運動に関する報告」（『前進』、No.16、1948年11月）〔原文は、ジェームズ・S・キレン James S. Killen 著で、ＡＦＬの機関紙1948年8月号に掲載された。キレンはＡＦＬのパルプ・亜硫酸塩労働者組合副委員長（1937年～1952年）を経歴。ＧＨＱ経済科学局労働課課長（第3代、1947年5月～1948年7月）を務めた。在任中、日本の公務員から団体交渉権、ストライキ権をはく奪した「マ書簡」（1948年7月22日の連合国最高司令官マッカーサー元帥の芦田首相宛書簡）に抗議し辞任した。〕

　ジェームス・キレンは「日本の労働運動」を「新しく得た特権」によって「一晩で開花した」と特徴づけ、その将来への懸念を表明しました。

　「日本の労働運動は雇い主側からほとんどなんらの反対をも受けないで一晩で開花した。彼らはかつてアメリカがその自由な労働組合主義を樹立し、

第6章　外国から見た日本の「労働組合」とその実体としての「企業別組合」

発展せしめるまでにあれほど大きな役割を演じた、催涙ガス、私設探偵、差別待遇、工場閉鎖、ブラック・リストには出会わなかった。アメリカの労働者は過去一世紀の間に、われわれの運動の永久性が、がっちりと打ち立てられている根強い、基礎的な知識を獲得した。

　日本の労働者が、その新しく得た特権に対して、果たして他國の経験から学びとるか、それとも、彼らの適当な地位を作り上げ、自由にして平和的な日本のために彼らの必要な役割を果すために、彼らもまた同じようにあの苦難な経験の課程を踏まなければならないであろうか。」（40頁）

　『日本の労働事情 ──國際労働機関第一回アジア地域会議の議題に対する同機関事務局及び連合軍総司令部当局の報告──』（労働大臣官房労働統計調査部訳及び発行、1949年）は、「産業革命の到來に先立つ社会的萌芽が存在しなかつたという事実が見逃されてきた」と指摘しつつ、「強力かつ独立的な責任ある労働組合運動」の必要性と同時に、その達成の困難さを次のように指摘しています。

　「歴史の教えるとこらから判断すれば、國家が徐々にその精神的、物質的資源を消耗し盡そうとしている危機に臨んで、このような建設のための土台を築くためには明かに三つの要件が必要のようである。すなわち

　（一）　強力かつ独立的な責任ある労働組合運動

　（二）　彈力的で、体系的で同時に國家経済の各層を綱〔網〕羅している労資関係の組織の発展に腹臓なき全ぷくの貢献をなそうとする使用者側の心構え

　（三）　高度の社会水準を維持し、適宜に世界経済に参加しうるような手段による國家経済の強化、

　この三つの要件は全て同様に重大である。現在の状況ではこうした條件の達成が至極困難を伴うものであることはいうまでもない。日本の近代的な産業の発展は強行軍で達成され、他國では百五、六十年或はそれ以上を要した緩漫な発展経過が、こゝでは四、五十年の間に成就された。この成果が特に第一次大戦前後の数年において素晴しいものであつたために、一般に産業革命の到來に先立つ社会的萌芽が存在しなかつたという事実が見逃されてきた。従つて、公共心についての國民的自覚が遅れた上、近代的生産方法の廣範な使用による富と権力の小数者への集中が簡単に進行してしまつた。この不均衡な発展は、専横、無責任且つ最後にそれが示した如く自滅的な勢力が

政権を掌握し、國民を史上最大の悲惨事に導いたといつた有様において曝露された。正常な状態への復帰は決して容易な仕事ではない。否、容易なものではありえないのである。」（18～19頁）

1．イギリスから見た日本の「労働組合」

さて、諸外国の人々はどう見ているのか。まず、イギリスから始めましょう。

第一例　すでに、第1章で見てきたことの再録になりますが、飼手眞吾の「"日本に労働組合は無い""There is no union in Japan"」（社会運動通信社『社會運動通信』、1156号、昭和47〔1972〕年1月15日号）による「ＴＵＣ幹部」の場合です。要するに、日本には、トレード・ユニオン、すなわち、「団結体としての労働者組合」は存在しない、と結論づけたのです。

「ＴＵＣ（イギリス労働組合評議会）の或る大幹部が東京で私に言った言葉である『日本に労働組合は無い』、"There is no union in Japan"〔……〕。

彼のいっていることは日本にはユニオンが無いということであって、それを私が通常の表現に従って労働組合が無いと翻訳又は通訳しているという点である。彼がユニオンが無いという時に彼の頭の中に描かれているユニオンというのはイギリスに百年以上の歴史をもった、イギリスの古い伝統と社会の中で築き上げられたユニオン或はトレイド・ユニオンのことであって、それは日本語の労働組合という言葉でおき代えて表現できるものではない。」

第二例　ロナルド・ドーア著、山之内靖、永易浩一訳『イギリスの工場・日本の工場――労使関係の比較社会学』（筑摩書房、1987年）〔原書初版は1973年〕は、英、日各2工場における現地調査の結果に立脚した日、英の労使関係の比較研究書です。日本の2工場は、日立製作所（通称は「日立」、「日製（にっせい）」、「HITACHI」。本訳書では「日立」が使われている）の、当時の2工場（日立工場、多賀工場）が対象となっています。

ロナルド・ドーアは本書の「第6章　日本の労使関係」のなかで、「日立組合が『会社ベッタリの組合』にすぎない証左」の一例として、「日立」の「企

第6章　外国から見た日本の「労働組合」とその実体としての「企業別組合」

業内組合」指導者の態様の特徴と、組合役員（総連合執行部）経験者とのインタビュー記録から、次のような実状を紹介しています。

「様々の禁忌のために、イギリスの組合指導者は企業集団主義的立場(コーポラテイスト・ポジション)をなかなか受け入れようとしないのだが、このような禁忌も日本にはない。また、イギリスでは、職場委員がもつ会社との一体感（微弱なものにすぎないが）と専従役員が抱く組合組織との完全な一体感の間に葛藤が生じているが、日本では、このような葛藤に相当する現象はみられない。日立の専従役員は日立マンだと感じている。役員の中には、組合事務所で仕事をしている時にも、工場の事務員が普通着ている会社支給の作業衣を身につけている者がいる。付けているバッジも同じもので上段に姓、下段に従業員番号が記してある。違う点といえば、中段に記されているのが、工場内の部門の略号ではなく、『組合』という漢字になっているくらいである。革命を謳歌するようなニュアンスの組合歌の中においてさえ、使われているのは『我らが日立』という文句である。」（171〜172頁）

「次に引用するのは、総連合の執行部を二、三年経験した人物とインタビューした時の記録である。

『もちろん——これは会社全体に言えることですが——組合が勝手に誰でもいいと思う人を、専従役員の職に推すことができるというわけではありません。会社の意向もかかわってきます』

『どういう具合にですか』

『そうですね、会社側と相談します——その人間の働いている職場の問題がありますし〔……〕つまり、たとえばですね、組合でＸという人を推したいと考えたとします。Ｘは組合の第一希望です。だけど、彼を仕事から引き抜いたら職場がどうなるかということも、みておかなくてはならないでしょう。そこで組合としては、会社側に出向き、『ところで、我々としてはＸがこれこれの人物なので推したいのだが、会社としてはどうか』ときくわけです。まず、会社に打診するのがきまりで、それから何とかおりあいをつけます。会社側でも、いや、その男が選ばれるとかなりまずいことになる、というようなことを言うことがありますから』

『交渉相手としてまずいということですか』

『まあ、そういうこともありますが、そう多くはありません』

『会社の反対があると絶対に推せないわけですか』

『ええ、そうです。職場で欠くことのできない人間だという場合もあります し、仕事の上では特に問題がなくても、その……思想的にいって、物事へ 取り組む姿勢がですね、会社側の言い方だと、ちょっと問題がある、という 場合もあります。結局、組合が折れるわけですが。実際、会社でその人物を 評価してプラスとマイナスを考慮し、マイナスとでれば、役員になってもら いたくないのは当然でしょう』」(182～183頁)

ちなみに、高木郁朗、連合総合男女平等局『女性と労働組合——男女平等 参画の実践』(明石書店、2004年) には、青木美枝がトヨタ自動車労働組合 総務局長に選任された際の、本人に打診する前に会社側と組合側の「人事」 として処理する「手回しの良さ」への驚きが記録されています(226～227頁)。

2. ドイツから見た日本の「労働組合」

次に、ドイツの場合です。

第一例 大河内一男「日本とドイツの労使関係——日独文化交流セミナー に参加して——」(『世界の労働』、日本ILO協会、1971年11月) は、日 独セミナーへのドイツ側参加者の反応を伝えています。

「日本の労働組合が個々の企業の中にあり、企業を足場にして全員組織でで きている——ユニオン・ショップ協定のあるなしにかかわらず、そうだ—— ということについてはドイツ側はなかなか理解できませんようで、『どうし てそうなのか分らない、全体主義なのか』という質問で、なかなかそこのと ころは呑みこめないようでした。」(59頁)

第二例 日本労働協会編『欧州労組の対日労働観』(日本労働協会、1982年) は、第1部　欧州労組の対日労働観」に、いずれも1981年に訪日した独、英、 仏の労働者組合幹部、労使関係当事者が訪日後発表した、日本の労働問題に 関する見解を集録しています。

ゲルト・クラース (ドイツ労働総同盟連邦幹部全議長局長) の講演記録「異 なった社会——日本」は、「ドイツと全く違う日本の特殊な労働組合の形態

だとか、組織形態」の発生源を日本的労使協調主義に求めつつ、ドイツとは「全く違った社会」についての感想を、次のように指摘しています。企業別組合（体制）の生成源を日本的労使協調主義、「働くために生きる」労働者生活という見方と結合するユニークな、非常に意味深長な見解です。

「この第一印象、すなわちヨーロッパといろいろな点で外観が非常に類似しているというこの点が、日本側労働関係者との最初の話し合いでみごとに崩れた。近代産業社会として、表面上はドイツと日本は本当に類似した、あるいはそっくりの外観を呈しているのだが、初めて日本側と話し合いを行った時点から、日本はやはりドイツとは全く違った社会だということに我々は気づいた。」（9頁）

「これから私どもが今回の旅行でいろいろと知った、ドイツと全く違う日本の特殊な労働組合の形態だとか、組織形態といったものがすべてここから発しているのでないかという印象を受けた。これは、本当に私どもドイツにとっては未知の世界である。

こういった、労働者の自分の働いているたとえば企業なりに対する気持ちというもの、それからそこからくる彼らの行為とか、そこから派生している価値観とか、そういったものが全く違うということが、先ほど述べたように非常に印象的だった。

ドイツとどういうふうに違うか一例をあげれば、ドイツの場合には労使関係は全く純粋な、法的な契約関係である。だから、労働者は自分の労働力、それから労働というものを使用者に対して売る。それに対して、企業の持ち主——使用者は賃金を払う、そこには全く感情の入り込む余地のない純粋に法的な世界なわけである」（10頁）。

「日本の多くの労働者が休暇を100％消化しない動機は一体何なのかを探り出そうといろいろと質問した。そうしたら、『自分がいなくなったら職場の仲間が困るから』というのが、一番大きな理由のようだ。

これは大変協調的であり、非常にすばらしい連帯というものがそこに見られるというふうにも考えられるが、我々ドイツ人の価値観からすると、労働者を雇う側がこういった協調性を必要としないような労働条件を、最初から打ち出すことが義務であると思う。そして、労働者がうしろめたさなどの感

情を少しも持たずに十分に休暇を消化できるような状態にすることこそ、雇う側の任務である、当然そうであるとドイツ人は考える。

　それからもう一つ、これはドイツと天と地ぐらいの違いだと思われるような事態が、意見交換の場で感じられた。たとえば、日経連訪問の際『どうしてたくさん働くことがいけないんだ』というご質問を受けたのがそれだ。

　これは、ドイツ労働組合の立場からすると非常に理解のむずかしいところだ。このような日本側からの発言は日経連のみでなく、その後ほかの企業などで話し合いをしたときに、労働組合代表側からもあった。そういった経験から見て、ドイツと日本とでは労使双方にとって労働というものの持つ意味が、全く違っているという結論に達した。

　もちろん、こういう発言をした日本の労働者を我々は非難をする気持は全くないけれども、ただそれはドイツ人の考え方と非常に違う。ドイツ人の考え方は、生きるために働くということ、すなわち、まず生存を確保していくために働くということをモットーとしている。

　ドイツ人にとって、働くということすなわち生活ではなくて、働くことと別に生活がある。そして、働くことは、この生活をよりよくしていくためのひとつの手段であるというふうに考えている。」（10〜11頁）

　第三例　ヘルマン・ヴィンケ『金属労働者像——アメリカ、ブラジル、ソヴィエト、南アフリカ、日本、インドの労働組合活動家についてのルポルタージュ』（Bund-Verlag、1992年）〔宮前忠夫訳。ただし、カレル・ヴァン・ウォルフレンからの引用部分の訳文（題名を含む）は、篠原勝訳『日本／権力構造の謎』（早川書房、1994年）による〕は、ＩＧメタル（金属産業労働組合）から見ると、新日鉄君津労働組合の実態は「唖然とするもの」（178頁）であり、「ストライキという概念は日本語の語彙から抹消されるかもしれない」（同）との印象をもち、さらには、カレル・ヴァン・ウォルフレンの『日本／権力構造の謎』の「〝調和〟が確立されるまでには、多くの組合がつぶされてきたのである。事実、日本社会の主な構成要素の中で、戦後の労働運動ほど強制的に〈システム〉に適合させられてきたものは、他にないと言える」との主張に同感しています。

　世界の労働者組合運動の常識に従えば、「ストライキが死語になる」とい

うことは、「団結体としての労働者組合」が存在しない、というのと同じ意味です。つまり、「ＩＧメタルから見ると」、君津労働組合に代表される日本の実態は、資本から独立した労働者組合（運動）が存在しないのと同じだというのです。

3. フランスから見た日本の「労働組合」

　ドイツの部で参照した日本労働協会編『欧州労組の対日労働観』（日本労働協会、1982 年）の「5. フランス人からみた日本の労働」に含まれる、労働参加大臣官房次長　ジャンピエール・ドウマンク「日本企業における雇用と労使関係問題調査団の報告書」の「Ｖ．日仏の差を生み出す要素」の「2. 差を生み出す要因」の「(4) 組合制度の２重性」は、日本の「企業内組合」とそれが所属する労組ナショナルセンターの独特な「二重性」を、「春闘」を例に引きながら、日本的企業主義の現れとしてとらえています。「階級というより集団の国」という「日本人の精神」の指摘も鋭い響きを伴っています。

　「日本の労働組合制度の特色は企業内組合という常に企業に立脚している独特の制度にある、といわれている。

　私としては、日本の制度の特色は、企業内組合とナショナルセンターという組合制度の２重構造、この二つの機関の間にある責任と使命の分担、にあるとしたい。

　a）ナショナルセンター

　ナショナルセンターは労働条件全体を管理し、労働者の利益を守る。毎年の春闘という賃金交渉の際には重要な役割を演じる。

　ナショナルセンターの一つ、総評は公共部門の３分の２を代表しているが、春闘の時には公務員のストライキを禁じる法律があるにもかかわらず、国鉄などのストライキを指導する。

　ナショナルセンターは日本の労働者の生活水準の向上のために絶対的な役割を果たして来たし、今後とも果たしつづけるのであろう。

　しかし1974 年の第１次石油危機以来、ナショナルセンターの態度がはっきりと変化して来た。それまで労組の要求は経済成長率を背景にしたもので

あった。1975年以降、物価上昇にもとづいている要求は、かなりゆるやかなものとなった。以上は労働省での説明であるが、同じような説明がナショナルセンターの代表からもあった。彼らによると、1974年後半から倒産企業の数が増えたので、あまり高い賃金引き上げを要求するのは賢明でないと考えたのだそうだ。

組合制度の2重構造性は何の役に立つのであろうか。マクロエコノミック的な捕え方である国レベルでの物価の上昇と、ミクロエコノミック的な捕え方である企業レベルでの賃金の上昇とを妥協させるのに役に立つのだ。

春闘の哲学は1億1,600万人の日本人に、バロン教授〔ロベール・J・バロン上智大学経済学部教授、ベルギー人〕がいうように"心の中から"物価の情勢を理解させることである。これが分ってはじめて企業内における企業内組合の交渉が開始できるのだ。

この制度の長所は、企業内の賃金交渉の際に共通のベースに基づいて経営側と話し合いをすすめられるという点である。勿論、各企業の生産性向上結果も考慮されるが、実際どこもだいたい同程度の賃上げ率で同時に交渉を開始することができる。春闘の時は4〜6週間もめるのが毎年の例である。しかしもめるということは事前から分っているので、生産にもほとんど支障をきたさない。日本には国のレベルの団体交渉はない。そのかわり国のレベルで春闘があり、その延長線上の各企業での交渉がある。

b）企業内組合

企業の規模によって労働者の組織率は異なる。平均組織率は31.6%（3,900万人の労働者のうち1,230万人が組織されている）。労組のナショナルセンターによると、500人以上の従業員がいる企業では組織率は60%、100〜500人のところでは29%、30人以下のところでは10%程度ということだ。

種々の訪問を通じて、次のことが分った。

①キャノン〔正しくはキヤノン〕では、見学した工場では従業員1,400名のうち、組合員は1,340名。キャノンはクローズドショップ制をとっている。あるレベル以上の管理職者だけが非組合員である。

②松下電器では129,000名の従業員のうち組合員は63,000名。

③新日鉄では従業員72,000名のうち、組合員は62,000名。

第6章 外国から見た日本の「労働組合」とその実体としての「企業別組合」

④寺岡精工所では 300 名の従業員のうち組合員は 178 名。

　企業内組合は自分の属する上部団体の意見を考慮する。もしどこにも属していないのなら、全ての単産の意見を参考にして賃金交渉にあたる。しかし終身雇用制のもとでは、労働者の運命は企業の運命と深く結びついているので、企業の中心にあり、常に労働者とコンタクトをとっている組合は、ある限界を越えてまで生産組織を分解させるような行動を絶対にとらない。だからといって緊張や労働争議がない、ということではないが、ストライキは例外的な手段といえる。

　日経連では 4 〜 5 年来、数日間もつづくようなストライキはない、との説明を受けた。これは日本経済の安定のおかげだそうだ。

　新日鉄では、15 〜 16 年来争議がない。キャノンでは 20 年来、一度のストライキもなく、この点はキャノン労組の委員長も強調した点であったが、委員長によれば、しかしながら経営者側と組合側の間に常に緊張のあることが望ましく、これからは労使協議制を各職場にも導入していかなくてはいけない、ということだ。松下電器では 1975 年に賃金交渉がいきづまって 3 日間のストライキがあった。この争議は多くの人に強い印象を与えたようだ。

　日本のストライキは我々の感覚からいうと、ストライキの真似ごとのような内容のものが多い。

　スト中の労働者は、腕章をつけたり、鉢巻をしたりして、要求を全面的に実現する覚悟であり、経営者には一歩も譲らないことを示すために、デモをしたり、一つの部屋に集まったりする。どうしてこのような形をとるのかというと、日本人は強い差恥心をもっており、企業の経営者にとって自分のところでストライキが生じていることを外にもらしたくないのである。交渉をして合意に達することができなかった、というのは労使双方にとって恥ずかしいことなのである。

　ナショナルセンターと企業内組合とは補完関係にあるのだが、両者が全く他人同志の関係でしかない部分もある。松下電器の労組の代表は、企業の将来、投資計画、海外進出計画などの企業の戦略や秘密の性格をもつ内容について相談を受けた時、労組の上部団体に（松下はナショナルセンターには加盟していないので、金属労協となるが）このことを話したりする考えは毛頭

おこらない、と我々にはっきりと答えたのである。企業内組合は労働条件だけについて上部組織の意向を打診するが、企業の経営に関する問題で相談したりすることは全くない。

ここに集団を中心に考える日本人の精神を見出すことができる。日本は階級というより集団の国である。日本人に職業を尋ねると、トラックの運転手とか旋盤工とか答えないで、松下またはキャノンで働いている、と答える。」
（41～42頁）

4．アメリカから見た日本の「労働組合」

第一例　ウィリアム・グールド『アメリカ労使関係法の日本的変形』（"Japan's Reshaping of American Labor Law" 1984年）〔以下の引用文は宮前忠夫訳〕は、題名からして興味深いものですが、日、米の組合組織形態は表面的・外見的類似性とは逆に「似て非なるもの」なってしまっていることを明示しています。また、「企業別組合」と「会社組合」を同一視している点にも注目しておいてください。

「われわれは今日では、基本的な諸点においてアメリカ型とは異なる日本型労使関係体制（Japanese system of industrial relations）というものを知っている。『労働者（階級）を、会社（あるいは工場）間競争から切り離せ』が、アメリカの労働者組合の闘争スローガンとされてきた。〔……〕日本においては、こうした考え方は全然、定着しなかった。〔……〕日本の交渉当事者たちは、実際の賃率に関する比較可能性を重視しない。したがって、個々の会社（企業）が大幅な自由と裁量権をにぎっている。各会社（企業）の独特の事情と個別企業の経済的特殊性が承認されているのである。西欧人にとっては、これは、労働者の団結を促進することのない内向きの立場と映る。これは、その本質において、企業（会社）組合（enterprise or company unions）という日本的体制に帰するものである。

こうした労働者組合組織の体制は、日本の父子（家族）主義（paternalism）を反映しているだけではなく、『概して、産業構造と労働市場構造の産物』〔出典は The Development of Industrial Relation Systems, OECD,1975〕で

もある。日本経済の第一次部門——内部労働市場における終身雇用などの恩恵を提供できる大企業群という環境——においては、会社組合（company unions）が全盛を極めてきた。会社組合は日本の全労働者組合の94.2％を占めている。」（1～2頁）

　第二例　ジョン・プライス『日本工場——戦後の労使関係に見る強さとパラドックス』（コーネル大学、1997年）〔以下の引用文は宮前忠夫訳〕は、日、米の組合が「似て非なるもの」となった、もう一つの重大な側面を示唆しています。

　「〔戦後日本の〕企業別組合は単純に、アメリカで1920年代に発達した会社組合と似た会社組合といえるものなのか。その回答は、イエスでもあり、ノーでもある。企業別組合は、自らの（作戦）活動の余地を制約する経営者側の一定の価値観を——企業共同体という閉じた環の内部で容認して——信奉している。このように、企業別組合は、労働者の諸願望を具体化し、実現のために闘う専用チャンネルとしての役割を果たす代わりに、経営者側のための仲介者、宣伝者に、そして、一部の事例では、過度の搾取に対する警告の笛（警報者）になってしまった。日本の企業別組合は、もし、〔アメリカで〕ＣＩＯ（産業別組合会議）が結成され、当時の会社組合を併合してしまわなかったとしたら、会社組合がおそらくそうなったであろうものであった。」（275頁）

5．世界の常識から見た日本の企業別組合
　　——本章のまとめをかねて

　第一例　シュミッター／レームブルッフ編、山口定監訳、高橋進・辻中豊・坪郷実共訳『現代コーポラティズム（1）——団体統合主義の政治とその理論——』（木鐸社、1984年）〔原書初版は1979年〕は、「現代コーポラティズムの国際比較」という視点から、米・西欧の労働者組合一般との比較におけ企業別組合（日本型会社組合）の特徴づけを行っています。同じ視点から見た「春闘」の位置づけもあります。

　「労働界の国民経済での弱さの基底をなすのは、根強い企業別組合主義という事実である。」（283頁）

「一九四八年四月に日本経営者連盟（日経連）が結成されると、日経連は経営者に対して、個々の企業内で団体協約を締結し、企業別組合主義を勧奨し、必要とあれば、経営側に忠実な『第二組合』をつくるよう指導した。

一九四〇年代後半から一九五〇年代初めにかけて、頂上労働団体による自己組合員の産業別ラインへの再編成の努力もなされ、またいくつかの『産業別組合【単産】』（鉄鋼労連、私鉄総連など）も存在してはいるが、いずれも本質的には、個々の産業部門内の企業別組合のよせ集めにすぎない。構成単位である企業別組合は、大幅な自律性を保持したままである。労働協約は、各々の企業とその企業の組合との間で結ばれる。今や有名になった春闘――全国レベルの賃金交渉にきわめて近似したもの――においてさえ、どのような産業規模のストライキであれ、参加するかどうかは、個々の組合が決定できるのである。

こうした企業別組合主義のもつ様式こそが、全国レベルでなされる主要な経済的決定において、頂上労働団体が自由に代表権を行使するという潜在的可能性を損わせたのであった。そして個々の企業と結びついた企業別組合こそが、労働と資本の間のより決定的な連結部分を代表するのである。〔……〕つまり、ドイツやイギリスの組合が獲得したような事業所レベルの権力を日本の企業別組合は手に入れてこなかったのである。〔……〕日本の労働勢力は個々の企業レベルのこまごましたことを扱ってきたものの、『国益』の名でなされた経済成長【政策】は、組織労働者に固有の諸要求に中心的な関心を払うことなく、推進することができたのである。」（284～286頁）

第二例　ヒュー・ウイリアムソン著、戸塚秀夫監訳「日本の労働組合　国際化時代の国際連帯活動」（1998年、緑風出版）〔原書初版は1994年〕は、「企業別組合：国内でも海外でも会社第一」という一節を設け、日本の大企業の企業別組合が国際的分野においても企業別組合主義を貫いていることを解明しています。

「日本の労働組合員の大多数は、企業や職場にある労働組合に加盟し、そこでの組合活動に対して、一番強い帰属意識を抱いている。この構造があるため、全国レベルでの労働戦線統一が連合の結成で頂点に達したにもかかわらず、実質的な力――それに財政的な力は、依然として企業別組合の手に握

られている。大部分の民間の企業別組合は、これといった実のある国際活動をしていないし、日常的な組合業務に国際的課題が登場することは稀である。一般的に、企業別組合は一般組合員が働いている事業や会社に関係することがらに、専ら関心を向けているからである。同じような理由で、企業別組合は通常、社会福祉や平和運動と関連する問題などで、外部の労働組合や地域社会の諸活動に巻き込まれることもない。

〔中略〕

　企業別組合と国際的課題に関する議論、もう少し広げれば、産業別連合組織と労働運動のその他の担い手についての論議は、この企業別組合の基本形に規定されている。

　企業別組合にとっての最優先事項は、経営との協調的労使関係を通じて雇用確保を維持すること、会社の利益を増大させることにあったし、今でもそうである。ここに基礎的な理由がある。企業別組合が経営に対して強いか否か、また自分の組合以外の幅広い労働問題にどの程度興味があるか否かは、企業別組合ごとに異なっている。しかし、これらの優先事項が企業別組合の存立基盤となっているのが普通であり、労働者としての集団意識とか労働運動の連帯は、そう重きを置いていない。この状況では、企業別組合は自分の組合の労働問題以外のことを考える必要もないし、期待もされていない。たとえ考えるにしても、会社と特別な利害関係にない国際問題は、国内の労働問題より遠く離れたものとみられている。」（136〜137頁）

　第三例　ミヒャエル・エールケ「日本の労働組合——企業経営上の役割と政治的立場」（フリードリヒ・エーベルト財団のインターネットＨＰ、1996年６月）は、「労働組合と企業」の項で、「企業別組合」というものを「従属労働者の集団」と捉えています。〔以下の引用文は宮前忠夫訳〕

　「企業組織の一部としての労働組合」（Die Gewerkschaften als Teil der Betriebsorganisation）の節で次のように性格づけている〕

　「日本型労働組合（die japanischen Gewerkschaften）は企業・事業所内に基礎を有するだけではなく、企業組織の一部になっている（したがって、企業・事業所の労働組合指導者が後に人事管理者に昇進するのが通例である）。

日本の労働者の組織形態は、従属労働者の集団的運命から帰結する、企業横断的に規定される『階級の利益』（Klasseninteresse"）という概念にではなく、『共同体としての企業』という概念――これは、すでに述べたように、文化的に所与のものではなく、〔1950～60年代に企業側によって〕貫徹・達成された概念である――に由来している。」（4～5頁）

　企業別組合（日本型会社組合）への厳しい評価・意見は、米・西欧諸国の「団結体としての（個人加盟、職業別・産業別を原則とする）労働者組合」と比較してのものだけにとどまりません。韓国の労働者組合と交流した経験のある日本の活動家がしばしば伝えているように、今日では、アジアにおいても、とくに、産業別労働者組合への転換闘争を展開中の韓国の労働者組合幹部・活動家から、「日本の労働者組合に学ぶものは何もない」、「いつまで企業内組合を続けるのか」、あるいは、「日本の労働運動の轍を踏むな」、と突き放され、見放されてきているのです。次に文献による2例をあげておきます。

　第一例　呉学殊（労働政策研究・研修機構　研究員）発言「ＪＩＬＰＴ（日本労働政策研究・研修機構）国際フォーラム『アジアの労使関係、どう読むか――韓国・中国・ベトナムを中心に――』（パネル・ディスカッション）」（ＪＩＬＰＴ・ＨＰ議事録、2006年5月26日開催）は次のように述べています。

　「韓国の労働組合リーダーたちは大体日本の労働組合を御用組合に近いと見ている。〔中略〕

　日本は世界的に見ても異常で、非常に紛争が少ない。例えば労働損失日数は、2004年の統計で、日本を1とすると韓国は120である。120倍の労働損失日数があるのだ。日本の状況をどう解釈すれば良いのだろうか。私はある大手企業の労使関係について、団交の速報を見ていると、これを労働組合が発言しているのか会社側が発言しているのかさっぱりわからないことがある。」（12頁）

　第二例　鈴木一「韓国の労働運動に学ぶ」（反貧困ネット北海道　2011年度連続学習会・第1回の記録、2011年6月10日）〔インターネット収録〕

　「韓国の労働組合関係者が『日本から学べ』と言うとき、それは決して良い意味ではなく、日本のような労働運動にしてはいけない、日本の轍を踏む

第 6 章　外国から見た日本の「労働組合」とその実体としての「企業別組合」

な、という意味です。だからといって、日本の労働運動が韓国の労働運動と交流することは無意味ではなく、私たちは私たちで韓国から学ぶことが数多くありますし、日本の労働運動の失敗を踏まえ、韓国の人たちにアドバイスすることも可能です。」(13 頁)

　以上、本章で検討してきた諸文献や発言記録によって、日本の「労働組合」、あるいは、労使関係の実態を知る諸外国の多くの人々が、「日本にはトレード・ユニオンがない」("there is no union in Japan")、あるのは、「労働組合」という名の「企業別組合」であり、それは実は「会社組合」であり、それを「労働組合」とよんでいるだけだ、と見ていることがわかりました。
　実は、日本国内でも、「日本には団結体としてのトレード・ユニオンがない」という認識は——私たちがすでに検証してきたとおり——団結の問題に真剣に取り組んできた一部の当事者や研究者の間では、共通の認識であり、通説あるいは「常識」になっているのです(例えば、飼手眞吾、諸井虔、山口浩一郎、政次満幸、花見忠、高梨昌、神代和欣、鷲尾悦也の関連文献を参照)。
　繰り返して確認しますが、「日本にはトレード・ユニオンがない」("there is no union in Japan") という表現の真意あるいは本質は、「日本には、団結体としての "trade union" が存在しない」ということなのです。これ自体が非常に深刻かつ重大な事実の指摘であることはいうまでもありません。
　そればかりではありません。この事実は飼手真吾らも指摘したとおり、日本の常識としての、事実上、企業別組合(日本型会社組合)を指して言われる「労働組合」と、世界の常識である、企業別組合(会社組合)を除外した "trade union"(トレード・ユニオン＝「団結体としての〈個人加盟、職業別・産業別を原則とする〉労働者組合」)という相反する二つの用語・概念が、多くの人々の間で、同じ一つの用語・概念として用いられていることを意味します。つまり、日本側で「労働組合」と言い、外国側で(英語の場合)"trade union" を以って対応して、共通の問題・対象について話し合い、理解しあっていると思っても、特別の対策を講じないかぎり、それぞれの認識・理解は共通ではなく、相違や対立をはらんでいる、あるいは、すれちがっている可能性が高い状態になっているのです。

第 7 章

「企業別組合」をめぐる 21 世紀の闘い（1）
──今日の「企業別組合」論

7

「企業別組合」をめぐる 21 世紀の闘い（1）
――今日の「企業別組合」論

　日本における企業別組合（日本型会社組合）とその体制化が、その本質において――支配階級が労働者階級に贈り届けた「トロイの木馬」に例えられるほど――危険な代物であることは、これまで見てきた通りです。それは歴史的事実の分析と当事者たちの――とりわけ、財界の当事者である前田一、櫻田武、官僚としての当事者である飼手眞吾、賀來才二郎らの「証言」、さらに、ジェームス・キレンなどＧＨＱの関係者の「懸念」などによっても裏付けられました。後章で見る、ＩＬＯの関係者Ｂ・カウフマン、アメリカの労働者組合ＵＡＷの支部組織のパンフなども 21 世紀の今日、改めて、企業別組合（日本型会社組合）に関するそのような歴史的事実と本質を指摘しています。
　「企業別組合」と呼ばれる従業員組織が、本質的には「会社（別）組合」と同一であることを、何らかの形で明確に規定したのは、翻訳者として「企業別組合」＝「会社（別）組合」とした人々を別にすれば、前田一、櫻田武、Ｂ・カウフマン、ロベール・Ｊ・バロンなど、極めて少数です。しかも、この少数者も労働者組合の当事者ではなく、世界の「常識」が意味する団結（体）・団結権の確立、あるいは、「団結体としての（個人加盟、職業別・産業別を原則とする）労働者組合」に向かっての、日本の労働者階級としての企業別組合体制への対応策、合理的な打開戦略を示す立場にはありません。
　とくに深刻な問題だと思われるのは、日本の労働者・労働者組合側の当事者の間には、「企業別組合」が本源的にも本質的にも「会社（別）組合"company union"」と同一であるとの認識を持った人も含めても、「団結体としての（個人加盟、職業別・産業別を原則とする）労働者組合」に向かっての企業別組合体制の克服・打開戦略を全国的な規模・レベルで実行した経験がなく、有力な指導者が今日まで現れなかったということです。
　このことを裏返せば、この問題を認識するに至った人々自身が、それらの

人々、とくに、労働者組合活動家たちと議論し、協力して、戦略的展望を切り開いていくことが、今こそ、緊要になっているということではないでしょうか。

1. 企業別組合（日本型会社組合）とは何か
　　——検証結果のまとめをかねて

　本章では、私たちのこれまでの検討をつうじて得られた論点および結論を整理して、確認し、次いで、それに照らして、今日、日本の労働者組合（運動）の当事者としての労働者および研究者たちがどう受け止め、対応しているのかを批判的に検討することにしましょう。

(1) 共存的組織論の到達点

　まず、城島正光『労働組合読本』——新時代の労働組合像——』（生産性労働情報センター、1998年）によって、20世紀末の日本における「労働組合」とその実体である企業別組合に関する常識的見解の一例を確認しましょう。これは、これまでの私たちの研究結果との関連では、和田春生説、あるいは、共存的組織論の今日的到達点と見ることができるでしょう。

　城島正光は「企業別組合の長所と短所」という項目を立てて、企業別組合の生成がGHQの「育成策」に押されつつ、「自然発生的に成立した」とし、その特質について次のように述べています。

　「わが国の労働組合の特色は、組織が企業を単位としてつくられている企業別組合（単組と呼ばれている）であることです。欧米にみられる個人加入方式による職種・職能別組合（クラフト—ユニオン）などとは大きくその性格を異にしています。

　このわが国の企業別組合の成立の時期は第二次大戦終了後、GHQの日本の占領政策の一環として労働組合の育成策と保護助長策がとられた結果、各企業や各職場において自然発生的に成立したものである。」（56頁）。

　「わが国の労働組合は一つの企業ごとにそこの従業員で構成され、組合役員もその従業員のなかから選ばれるのが一般的です。また、団体交渉や労働協約締結も、企業内労使間でおこなわれることが一般的です。大方これらの

組合はユニオン・ショップ制（会社の一定の従業員は、必ず労働組合員になる）の協定を会社と結んでいます。また、組合費を組合員の給料から会社が天引き徴収し、一括して組合に渡すという『チエック・オフ』協定も多くの労使で結ばれています。

　そして企業別労働組合は、企業単位の組合運営なので職場のすみずみまで世話役活動が行き届き、企業経営の動きにも敏速に対応できるという大きな利点があります。

　しかし、その反面、ややもすると組合のなかに会社の都合や企業間競争の影響を受けやすい性格が現れがちな面もあり、また組合活動が企業の枠内の範囲にとどまりやすく、社会的な、企業を超えた連帯という面では、その影響力が弱いという短所も抱えています。

　これはわが国独特の形態であって、特に先進工業諸国においてはあまり例をみません。したがって、わが国ではこの企業別組合のよい点を伸ばし、短所を補うための、いろいろな努力が積み重ねられてきました。」（57〜58頁）

　城島正光は、続いて「企業別組合の短所をカバーする産業別組織」について説明した後、労組ナショナルセンターの役割を、日本の現実に沿って説明します。

　「現在、わが国のナショナル－センターとしては、平成元年十一月に官民統一によって八〇〇万人が結集した『日本労働組合総連合会』〔「連合」〕が内外ともにわが国を代表する組織としてスタートしています。

　その他の組織としては、反連合の立場をとる共産党色の濃い『全国労働組合総連合会』（全労連、組織人員八六万人）と、社会党左派系の『全国労働組合連絡協議会』（全労協、組織人員二八万人）の二つが存在しますが、官民の圧倒的多数が参加している『連合』が労働界の軸として、その役割を発揮しているといえます。」（60頁）

　最後は、「21世紀の労働運動に向けて」の「新しい労働運動の理念」として、「労働組合」の定義の「見直し」の必要性です。「労働者（階級）の団結体」としての労働者組合ではなく、「職業人の社会的集団」だというのです。

　「これまでの労働組合の定義であった、
　①労働者階級の団体として

②労働組合構成員の労働条件ならびにその経済的・社会的地位の向上を目指し
　③労働者の連帯の下に団結する企業内ないし産業内集団
といった定義を、今日的意義において見直す必要があるということです。
　そして今日的意義における労働組合とは、
『二十一世紀型労働運動へのシナリオ』（日本商業労働組合連合会）によれば、
　①同一産業、同一企業に働く人達による、職業人の集団であり、
　②その構成員およびその家族を含む生活条件の向上を図ることを目指し、
　③社会を構成する一員としての、社会的集団・組織である。』
と定義づけをしています。」（222〜223頁）

(2) ここまでの私たちの検証結果のまとめ

　一方、日本の企業別組合に関する私たちの検証・研究の結果は、上記のような「常識」とは全く異なり、おもに、次の諸点を検証し、確認するものでした。
（ア）日本の企業別組合の歴史的生成は、1920年前後に、当時の日本の財閥系企業が、アメリカで「労働組合」への制度的・体制的攻撃として隆盛中であった会社組合（company union。これは「会社別組合」と訳すこともできるが、通例に従う）を移植したものである。財閥系当事者たち自身が、これを「会社組合」とよび、これを「労働組合」として法認することを政府に求めていたことに象徴されるように、「会社組合」は歴史的に、そして、本質的にも、資本・企業から独立した労働者組合ではなく、その反対物である。なお、第二次世界大戦前の日本政府当局の「労働組合法案」は会社組合を法認せず、排除していた。
（イ）財閥系企業と財界は、第二次世界大戦中、および、戦後を通じて、この企業別組合法認という野望に執着し、日本国憲法より早く制定・発効した1945年労働組合法、および、ＧＨＱ（連合国最高司令官総司令部）の指導下で制定された1949年法（現行労働組合法）のいずれの制定過程においても、影響力を行使して、ＧＨＱ担当者らの指導・勧告（とくに、交渉単位制の導入）および企業別組合（会社組合）反対論を押し切り、ＧＨＱ・米政権の譲歩・妥協を引き出し、企業別組合（日本型会社組合）法認に成功した。

（ウ）第二次世界大戦前の「会社組合」は、戦時中に、究極的に産業報国会、労務報国会に合流し、「変身」する過程で日本主義化の「洗礼」を受け、大企業内での労資一体性とそのための「下意上通」機能を強めたが、特定企業の正規労働者のみを組織する組合という意味での「会社組合」としての本質は変わっていない。「企業別組合」という呼び方は、すでに、第二次世界大戦前、1920年代後半に、ごく一部の研究文献と政府統計用語において使用されてはいたが、戦後、「労働組合法」という法律および関係諸制度の制定、それらの実施・運用行政などを通じて「公認」され、法的にも、社会的にも浸透・定着した。その結果、「労働組合」と言えば、事実上、あるいは、暗黙裡に「企業別組合」を指す状況が創り出され、定着した。

（エ）歴史的に見れば、"trade union"、"labo(u)r union" の訳語として「労働組合」という曖昧な用語・概念が一般化し、「企業別組合」をも含む用語として定着したことによって、

　第一に、「団結体としての（個人加盟、職業別・産業別を原則とする）労働者組合」、および、団結権の獲得・確立という歴史的・民主主義的課題――日本の労働者階級・国民は、これを未だ自力達成していない――が、日本の労働者・国民の認識・意識から次第に消失されて行った。その直接的契機は次の二つである。

①「勞働組合期成會」（1897年）の発足・活動により、「労働組合」という用語が当時、使用されていた用語「職工組合」と並行使用され始め、次第に、それにとって代わった。

②第二次世界大戦前の「労働組合法案」、同戦後の「労働組合法」という法律名の登場、成立・実施によって「労働組合」が決定的用語となった。

　第二に、大多数の日本人が「労働組合＝トレード・ユニオン（trade union）」という認識に立っているのに対し、欧米をはじめとする世界の常識は "trade union" には企業別組合（会社組合）は含まれないというものであるために、同じ "trade union"、"trade unionism" という用語・概念を使用していても、それぞれの理解する内容には決定的・本質的相違が生じることとなり、相互理解が極めて困難になってしまった。

（オ）現在においても、日本の「企業別組合」の英語表現は、多くの場合、

"company union" が使用されている。「企業別組合」、あるいは、「企業内組合」の英訳語、あるいは、相当する英語文において、"enterprise union" が使用される場合があるが、この "enterprise union" は「和製英語」というべき表現である。なお、"company union" を「御用組合」とイコールとする用法がしばしばみうけられるが、これは誤解である。"company union" はあくまで、「会社単位の」、「会社別の」という意味であり、これが、"yellow union"（御用組合）の意味を含み、その意味で使われ、語彙の一つとされるのは、"company union" が "yellow union" になり易いために同一視され、慣用化したからである。

（カ）企業別組合（日本型会社組合）は、「敵が偽装して送り込み、正体を見破られずに妨害・破壊工作をつづける戦闘部隊」という意味において、日本の労働者階級にとっては、財界を中核とする支配階級が送り込んできた「トロイの木馬」にほかならない。

2. 現代日本の「企業別組合論」とその特徴

次に、日本の労働者組合運動に一定の責任を負って参加した経歴をもつ論者たちによる「労働組合」論——とりわけ、21世紀入ってから発表された「企業別組合」論——のうち、特に重要と思われるものを厳選し、以上において整理してきた私たちの検討結果と対照しつつ批判的に検討することを通じて、日本の現状と私たちの企業別組合（日本型会社組合）論の内容と立ち位置を再確認しましょう。

(1) 荒堀広「企業別労働組合を考える——戦後労働運動史から学ぶ」の検討

荒堀広「企業別労働組合を考える——戦後労働運動史から学ぶ」（『労働総研クォータリー』、No.79、2010年夏季号）は、荒堀広が「企業別労働組合」を単独主題として書いたものとしては初めての論文(以下、2010論文)と見られます。

荒堀広は、2010論文においては、肩書を「労働総研研究員」とし、文中では、自著諸文献をも、企業別組合に関する他の研究者の参照・参考文献をもあげていません。党の労働組合部局の担当者・責任者として執筆あるいは関与し

た日本共産党の関連政策文献についても一切触れていません。

　一読した段階での私（宮前忠夫）の印象は、「企業別労働組合」という基本的で、かつ、重要な問題を、なぜ、もっと早期に、いわゆる現役時代に論じなかったのか、なぜ今になって改めて「考える」のかという疑問・疑念です。さらに、この論文中には、少なくとも12個所に誤植があります。その内容は、①「日本」（正しくは「日本」）：5個所、②「正期」（正しくは「正規」）：2個所、③ポツダム宣言引用文の脱字：1個所、④（日本国憲法施行）「1946年5月」（正しくは「1947年5月」）：1個所、⑤「L字型」（正しくは「L字型」：1個所、⑥「エンゲル」（正しくは、「エンゲルス」）：1個所、などです。これほどの誤植は、全国組織の有料誌の通常の編集・校閲手続きを前提とするなら、ありえないことです。

　しかし、ここでは、これらの疑問は疑問として保留し、論文の内容を、私たちの「チェック・ポイント」に照らして、しっかりと検討しましょう。

①「はじめに」について

　荒堀広は冒頭の「はじめに」において、2010論文の総論と見られる基本的かつ包括的な内容をのべています。「はじめに」を3ブロック（A〜C）に分割して引用しつつ、検討していきます。

> A
> 　日本の労働組合は、欧米諸国には見られない企業別組合という組織形態をとっている。この企業別組合がどんな経過で生まれ、どんな特徴をもっているのか。それを解明する前に国際通念になっている労働組合とはなにかという原理的な問題を明らかにしておこう。（29頁）

　荒堀広は、最初の一行で、「欧米諸国には見られない企業別組合」との規定を与え、次いで、2010論文執筆の企図として、まず、「国際的通念になっている労働組合とはなにか」、次いで、企業別組合の生成、企業別組合の特徴、という順に進むことになります。私たちとしては、「そうですか。どうぞ」と言って、先に進みたいところですが、最初の一行から批判しなければなり

ません。

「欧米諸国には見られない企業別組合」と言いますが、企業別組合自体は、結社の自由がある国なら、多い、少ないという違いはありありますが、たいがいの国に存在します。ここでの基本的問題は、あるか、ないか、ではなく、欧米主要国においては、企業別組合（会社組合）は「団結（体）としての労働者組合」として法認あるいは公認されていない、という点にあります。日本では企業別組合が法認されているうえに、実態としては事実上、「労働組合＝企業別組合」、つまり、通常、「労働組合」と言えば「企業別組合」を指す、というのが常識あるいは実態であり、それが労使関係における支配的体制として定着している点が特異なのです。

2010論文執筆の「企図」に関しては、論文の本文を検討するなかで検証しましょう。

B

マルクスは「労働組合　その過去、現在、未来」という論文の中で次のように強調している。「資本は集積された社会的な力であるのに、労働者が処理できるのは、自分の労働力だけである。したがって、資本と労働のあいだの契約は、けっして公正な条件にもとづいて結ばれることはありえない」

「労働者のもつ唯一の社会的力は、その人数である。しかし、人数の力は不団結によって挫かれる。労働者の不団結は、労働者自身のあいだの避けられない競争によって生みだされ、長く維持される」

「最初、労働組合は、この競争をなくすか、すくなくとも制限して、せめてたんなる奴隷よりはまし状態に労働者を引き上げるような契約条件をたたかいとろうという労働者の自然発生的な試みから生まれた」

ここには、資本主義社会は労働者の搾取のうえに成立しているという歴史的事実にもとづいて労働組合の存立の原点が示されている。労働組合は資本から独立し、労働者の利益を守るためには資本とたたかう以外にないという自覚から生まれた組織なのである。（29頁）

　ここで荒堀広がカール・マルクスの「労働組合　その過去、現在、未来」

からとして引用しているのは、マルクスの同文献の「その過去」の部分の一部のみです。マルクスは「現在」、「未来」の部分も含めて、未組織労働者の組織化、労働者組合の歴史的使命などについても解明し、強調しています。しかし、荒堀広が引用したのは、自ら、引用句の後に「〇〇から生まれた組織」とのべているように、「労働組合」の生成に関する内容のみであり、これをもって、「国際通念になっている労働組合とはなにか」を明らかにした、というつもりなら、「通念しらず」あるいは「常識しらず」といわれるのではないでしょうか。

C

　欧米諸国の労働組合は、企業の枠を越えて、地域を基礎に個人加盟の産業別組織としてつくられている。したがって、たとえ労資協調路線をとっている組合でも資本から独立している。私が、1990年代のはじめに、労働組合運動についての調査研究のためフランス、イタリア、イギリスを訪問したときの話である。フランスで日本の研究者にお会いしたとき、次のような質問をうけたことがあった。「フランスの労働組合の運動には、なぜ資本主義的『合理化』にたいする方針がないのだろう」と。

　フランスでは、ルノー工場をはじめいくつかの工場を訪問する予定だったので、「合理化」問題も調査項目にいれた。フランスでは労働組合の基礎組織が地域であるため、職場で起きている「技術革新」と結びついた「合理化」攻撃にたいする対応が日常的にできない。「技術革新」が導入された結果にたいして、産別組合として取り組んでいる。法律によって10人以上の企業には労働者による選挙で選ばれた企業委員会（工場委員会）が確立されているが、これは「諮問委員会」的なもので労働組合のような機能はもっていない。近年は企業内にも支部組織をつくる方向がでているようだが、一つの企業のなかに4つのナショナルセンターが存在している複雑な状況のもとで、職場支部の活動と機能はいかにあるべきか、研究すべき問題であろう。

　イギリスを訪問したとき、イギリスの金属組合の幹部が日本の企業別組合を批判して次のような話をした。「日本の多国籍企業が企業別組合をつくった。われわれは、これを『ギャング組合』（分裂という意味）だとして批判し、

日本の企業にたいする抗議ストを計画している」。つまり、イギリスでは企業ではなく地域に、個人加盟の産業別組織があるのに、日本企業はそれを分断させるというのである。フランスとイギリスの話は、日本の企業別労働組合のもつ二つの側面を現わしていると思う。

　日本の企業別組合は企業のなかに組織をつくるのだから、搾取と抑圧という階級闘争の根本領域の職場で、労働者の団結を基礎に運動をつよめるという積極面もある。しかし、資本の介入を受けやすい。戦後、企業別組合が生まれたとき、多くの組合は「従業員組合」という名称が示すように、それは企業のなかの正規労働者だけの組織で、当時、直接雇用関係があった「臨時工」や他の企業から派遣されていた「社外工」は組合から排除されていた。つまり、組合の結成段階から同じ職場で働くすべての労働者の団結が崩されていた。また、資本家団体が統一して労働組合に対応しているのにたいして、企業別組合はともすれば個別企業内の労資関係の枠内だけで問題をとらえ、企業間競争に巻き込まれたり、資本の「企業あっての労働者」という企業への隷属を強いる、企業主義宣伝の影響を受けやすい面がある。資本は利潤第一主義という資本の論理を貫くため、企業別組合のこれらの弱点を全面的に利用している。

　日経連は企業別組合の特徴について、次のようにのべている。「欧米の産業別組合とことなり…労働組合幹部は自社の好不況を肌で感じ、経営者側と共通の認識をもつことができ、そのことが運命共同体意識、労使の信頼関係の基礎を形成している」「階級意識が希薄であること。…わが国企業の重役中、6人弱に一人はかつて労働組合の執行委員を経験している」（1982年「労働問題研究委員会報告」）。

　しかし、あとでのべるが、戦後の労働組合運動の歴史は、企業別組合であっても経済闘争と政治闘争を結合するという階級闘争の発展法則を追求するなら、前進、後退を繰りかえしながらも運動は発展することを示している。(29～30頁）

　「欧米諸国の労働組合は、企業の枠を越えて、地域を基礎に個人加盟の産業別組織としてつくられている」というのは、その通り、と言いたいところ

ですが、荒堀広のここでの文脈を考慮すると、そうは言えません。なぜなら、「地域を基礎に」という一句——これは、正確には「地域に単位組合をもつ」です——が、「職場を基礎に」と対立的なものと、曲解されているからです。それは、フランスの「職場支部の活動と機能」を問題視していることだけから見ても明らかです。そもそも、フランスの労使関係法（とくに、労・資の団結体に関する法制、政労使交渉のしくみ、法案段階での労働者組合の関与権）、労働者組合の歴史と現状、解雇規制、労働時間規制などのしくみ・構造の全体像・枠組みを比較検討することなく、「職場レベルの組合活動」のみを直に比較することの不合理性は、私たちが戸木田嘉久説の検討の際に検証してきたところです。なお、荒堀広の主張について、より詳しい検討と批判は、本文部分の検討に譲りますが、それに先立って、荒堀広がフランスについて挙げている事項の「事実関係」に関してのみ、ここで指摘しておくとすれば、次のような誤り、あるいは、不正確が含まれています。

① 1982年以降は、産業レベルだけでなく企業レベルでも定期的団体交渉が法的に義務付けられている。

②「企業委員会」を挙げている点は第4章でみた荒堀広文献の内容と比べ改善されているが、企業委員会は、従業員50人以上の企業に設置が義務付けられている（並行的に、10人超企業に「従業員代表委員」が義務付けられている）。企業委員会は、企業経営者側、従業員代表、労働者組合代表の三者構成の従業員利益代表制なのであり、諮問だけではなく、一定の決定権限も持っている。

③「一つの企業のなかに4つのナショナルセンターが存在」と、どの企業にも4つのナショナルセンターの組合員がいるかのように説明しているが、公認の労組ナショナルセンターのことであるなら、フランスには1966年以降、五つ存在する（荒堀広の言う「4つ」というのは、中林賢二郎「一九六八年五・六月ゼネストとフランス労働運動」≪フランス労働総同盟著、中林賢二郎ほか訳『ドゴール体制下の労働運動と5月ゼネスト——国家独占資本主義下の政治闘争と経済闘争——』、労働旬報社、1969年≫のなかの「フランスには現在、四つの労働組合中央組織がある」〈33頁〉との中林賢二郎の誤記をそのまま流用したことに起因するとみられる）。

各企業にいくつの職業別・産業別組合の組合員、あるいは、労組ナショナルセンター所属の組合員がいるかは――個人加盟が原則ですから――全く、バラバラ（個々別々）です（たとえば、自動車メーカーのルノー（Renault S.A.S.）の全国レベルでは、六つのナショナルセンターが代表権を承認されています）。

　次にイギリスに関する部分。ここでは、「日本の多国籍企業」がイギリスに進出して企業別組合をつくり、現地の「個人加盟の産業別組織」を分裂させた例を挙げ、これを日本の企業別組合の「弱点」の例証としています。この引用例は、1984年に進出開始した日産サンダーランド工場の事例（合同機械工組合ＡＥＵ〈後に合同機械電気工組合ＡＥＥＵ〉とのシングル・ユニオン協定を締結し、日本的・企業別的労使関係を持ち込んだ）を指しているとみられますが、なぜ、この一例のみが突如、引用されるのか、説明不足の感を免れません。念のために付言すれば、日本の多国籍企業（大資本）・財界、政府、「労働組合」（「連合」）が一体となって企業別組合（主義）の海外「輸出」に努めていることは、私たちが願興寺胎之『トヨタ労使マネジメントの輸出――東アジアへの移転過程と課題』、日本労働組合総連合会『多国籍企業に於ける建設的な労使関係確立のために』などの検討を通じて例証しているとおりです。

　荒堀広は続いて、「フランスとイギリスの話は、日本の企業別労働組合のもつ二つの側面を現わしていると思う」と述べ、日本の企業別組合の「積極面」と「弱点」があり、「これらの弱点を〔資本が〕全面的に利用している」としています。次いで、日経連の文書からの引用の後、「企業別組合であっても〔……〕階級闘争の発展法則を追求するなら〔……〕運動は発展することを示している」と結論づけています。

　こうしたＣブロックでの叙述を見ると、大筋と結論では、第４章でとりあげた荒堀広説と変わらないことが示唆されているといえます。

　以上を念頭に置きつつ、以下において、2010論文の本文部分を検証しましょう。

②生成論に関して

　2010論文は、「戦後企業別組織として結成された要因」と題した一節を設

けて、「戦後、労働組合が企業別組織として結成された要因」として——相変わらず、戦前・戦中の歴史には無関心なまま、第２次世界大戦後に直行し——四要因を挙げています。荒堀広はこれを「生成論」と呼んではいませんが、企業別組合生成論という視点から検討してみましょう。

　「第一は、敗戦下における労働者、国民の極端な生活破壊が基礎にあるということである。国民は飢餓状態であった。」(32頁)

　「労働組合運動の経験をもたない多くの労働者は、どうしてこの苦痛と困難を打開できるのか、その方途を知るよしもなかった。こうした労働者が、生きるために必要な要求を実現する力が労働組合にあることを自覚したとき、それは爆発的なエネルギーの結集となるものである。それが企業別組合という企業内労働者の全員組織化の形態となった。」(33頁)

　「第二の要因は、戦前の個人加盟の職種別や産業別組織の経験をもった組合活動家が少なく、戦後の情勢、つまり労働者の爆発的エネルギーや当局の企業別組合化の介入など戦後の状況に全面的に対応できなかったことである。」(33頁)

　「第三の要因は、第一、第二の要因とも関連して、資本の側からの介入である。占領軍が日本の民主化の一環として労働組合の組織化を奨励しているとき、経営者は戦前のように弾圧することはできない。だとすれば、彼らにとって将来も考えて、できるだけ労働者を支配しやすい方法として、大衆的な組織化の運動を正規労働者だけを対象にした『従業員組合』＝『企業別組合』結成の方向へ積極的に介入することになった。」(33頁)

　「第４の要因は、副次的に日本の労働市場の特徴とも関連していると考えられる。」(34頁)

　以上４要因説（以下、荒堀広新説とよぶ）を第４章で見てきた荒堀広・生成論（以下、荒堀広旧説とよぶ）と比較すると、旧説では２要因であったのに対して、新説では４要因になっています。基本的な相違は、旧説では「米日支配層の弾圧と分裂政策と結びついて、今日のような企業別組合が確立された」とされていましたが、新説では、「資本の側からの介入」——しかし、荒堀広が挙げている実例は政府・当局の介入で、「資本の側」の実例はない——のみが強調されています。論文には、「労働運動の高揚にたいする、占

領軍と右翼的組合の育成」の節がありますが、企業別組合生成との関係は触れられていません。企業別組合法認のために肝心な役割を果した財界（前田一、櫻田武など）、および、政府・当局（飼手眞吾、賀來才二郎など）の策動、1949年労働組合法が企業別組合（会社組合）の促進・定着に果たした決定的役割などは触れられていません。この件に関しては、当事者の「証言」を含め、すでに多くの人々が指摘しているにもかかわらず、です。例えば、兵藤釗は研究者の立場から繰り返し指摘しています。以下はその一例です。

「新労組法は、団体交渉制度の助成に目的を絞りつつ、労働組合の自主性・民主性、民主的労働関係の確保を名分とした改訂措置をテコとして、単位組合たる企業別組合を労使関係の基底にすえなおそうとするものであった。〔……〕経営権確保の観点から労働法規の改正を求めてきた日経連がこの改訂に基本的に賛意を表明したのも、その表れであるといってよい。」（兵藤釗『労働の戦後史』【上、下】、東京大学出版会、1997年。上81～82頁）。

荒堀広の旧説と新説の間に、全体としては本質的な相違はないと思われます。なぜ、①ドイツ、イタリアとの比較をしないのか、なぜ、「日本においてのみ企業別組合が支配的組織形態になったのか」、②（第二の要因に関して）当時は、対応するに足りるだけの組合活動家がいなかったと言うが、なぜ、その後約60年を経ても克服できていないのか、といった、私たちの疑問・関心には今回も応えていません。

③本質論（定義）に関して

荒堀広は2010論文のいずこにおいても、「企業別組合」の定義も本質的規定も与えていません。同論文中で、それらに該当すると思われる論述は次のとおりです。

「日本の企業別組合は企業のなかに組織をつくるのだから、搾取と抑圧という階級闘争の根本領域の職場で、労働者の団結を基礎に運動をつよめるという積極面もある。しかし、資本の介入を受けやすい。戦後、企業別組合が生まれたとき、多くの組合は『従業員組合』という名称が示すように、それは企業のなかの正規労働者だけの組織で、当時、直接雇用関係があった『臨時工』や他の企業から派遣されていた『社外工』は組合から排除されていた。

つまり、組合の結成段階から同じ職場で働くすべての労働者の団結が崩されていた。また、資本家団体が統一して労働組合に対応しているのにたいして、企業別組合はともすれば個別企業内の労資関係の枠内だけで問題をとらえ、企業間競争に巻き込まれたり、資本の『企業あっての労働者』という企業への隷属を強いる、企業主義宣伝の影響を受けやすい面がある。資本は利潤第一主義という資本の論理を貫くため、企業別組合のこれらの弱点を全面的に利用している。」(30頁)

　上記の引用箇所の直前には、「日本の企業別労働組合のもつ二つの側面」という表現があり、引用箇所の内容はその「二つの側面」を説明したものです。また、新説には「一工場一組合」という言葉こそはありませんが、論調や文脈から判断すれば、それが根底に据えられているようです。これらを含め2010論文の随所に、荒堀広の旧説と新説が本質的には同一だということの「証拠」が顔をのぞかせています。

④対応論に関して

　2010論文は、企業別組合体制への対応論あるいは、対応策、それ自体はとりあげていません。以下に抜粋するとおり、最後の部分で、「労働者の切実な諸要求にも背を向ける右翼的潮流の矛盾」の節を設け、資本主義の基本的矛盾の深まりに伴う諸現象と右翼的潮流の矛盾の強まりを指摘しつつ、概説し、それとの関係で、非正規・不安定雇用労働者の組織化の「企業別組合の階級的成長への寄与」、「階級的労働組合の役割と職場の活動家の圧倒的増大は不可欠の課題」などと言及しているだけです。

　「資本主義の基本的矛盾は、生産の社会性と私的所有である。この矛盾は必然的に過剰生産恐慌を引き起こす。アメリカ発の金融危機からはじまった過剰生産恐慌は日本ではL字型（ママ）といわれるように長引いている。それはルールなき資本主義といわれる構造上の問題と関連している。大企業はこの不況を切り抜けるため、無慈悲な資本の論理で、賃金の切り下げ、首切りをはじめ労働者への過酷な犠牲転嫁をおしつけている。

　〔……〕しかし、不況の長期化と資本の無慈悲な労働者への犠牲転嫁は、右翼的潮流の労働者にたいする影響力を増大させる方向にではなく、逆に弱

める方向に作用せざるを得ない。〔……〕こうして、エンゲルのいう、いわゆる運動の『土台』と『出発点』が強められるのに反して、運動の統一を疎外する分裂主義的要因の社会的影響力は弱められるほかない。

したがって、相手側がどんなに系統的な攻撃をかけてこようと、我々がかならず職場に根を下ろせるし、最後には労働者の多数を結集できる法則的な根拠がある。」(38～39頁)

「マルクスとエンゲルスは資本の蓄積過程を分析して、資本はいかに増大しても、他方では相対的過剰人口(失業者群)をつくり出すことによって労働の需給関係に影響を与え、資本主義生産のもとでは、労働力の価格がますます価値以下におしさげられるといっている。

現在、資本の利潤第一主義にもとづく犠牲転嫁の矛盾の焦点になっている約1800万人にもおよぶ『働く貧困』層の要求の実現と組織化のために、階級的労働組合と先進的労働者は大きな力を注ぐこと強く求められていると言えよう。それは全労働者の利益に直接つながる問題であり、広範な労働者階級の団結と統一という社会的力につながる問題である。」(39頁)

「注目すべきことは、サービス残業、育児と職務の両立問題など、個別の切実な要求実現のための大衆的な行動に取り組む組織をつくって運動をすすめている経験が少なからず生まれているが、これを一般化することである。〔……〕労働組合の組織率が18％台になったということは、圧倒的多数の労働者が未組織で、しかも非正期労働者であることを示している。どの産業でも非正規労働者の比率が高くなっている。これは正規労働者だけを対象にした企業別組合の弱点が、資本との関係でみると、企業別組合それ自体の力の低下・弱さを意味する。したがって、非正期労働者の組織化は、その取り組みをつうじて、正規労働者の階級意識を高め、企業別組合の階級的成長に寄与するであろう。右翼的潮流は資本に隷属した労働組合であるが、労働組合という組織形態をとっている限り、労働者の要求運動の高まりに目を閉じることは出来ない矛盾をもっている。」(40頁)

2010論文をここまで検討してきて言えることは、荒堀広にとって「企業別労働組合を考える」ことは、企業別組合の階級的・民主的強化、階級的成長を図ることとされていますが、「企業別組合の階級的・民主的強化」、「企

業別組合の階級的成長」とは具体的にどういう内容のことを言うのか、個別の企業別組合に関することなのか、企業別組合一般に関することなのか、また、その実例はあるのか、その戦略および具体的実現方策はいかなるものなのかなどには立ち入っていません。

「企業別組合のこれらの弱点を全面的に利用している」（前節④での引用文に含まれる）と言うなら、その防止・排除のためにも、企業別組合という組織形態をやめて、個人加盟の職業別・産業別組合への転換を実行すべきではないのでしょうか。

新説では、旧説で強調されていた「戦後の政治的激動期につくりだされた工場の全員組織という組織形態をとった戦闘的な企業別組合が産業別組織に発展していくか、それとも企業別組合に封じ込められてしまうかという問題は、まさに全階級闘争と不可分に結びついているということである。そして、それは同時に個々の企業のなかで労働者のどの部分がその組合の指導権を掌握するか〔……〕資本に追随する企業別組合か、企業別の組織形態をこえて産業別組織へ発展していくかの分水嶺になる問題だ」（荒堀広『労働組合運動論』、87頁）などといった力強い表現は——「企業別組合」以外の組織形態は想定外だとでも言いたいかのように——一斉に姿を消しました。

⑤企業別組合論以外の論点

2010論文には、企業別組合論には直接には関係しない、より一般的な問題への言及が含まれています。それらのうち、重大な、あるいは、私が深刻な疑問を持つ点を二個所だけ挙げておきます。

第一点は、「最後には労働者の多数を結集できる法則的な根拠がある」（39頁）に関するもので、①「最後」とは、いつ、あるいは、何を意味するのか。「最後」以前には「多数を結集」できない、という法則があるのか、②「法則的な根拠」というが、法則は、ある傾向や特徴が無数の偶然的な具体的事例を貫徹した結果からみてこそ「法則」なのであって、個々の事象にとっては「可能性」にすぎず、あらかじめ法則どおりにいくという保障はないのではないでしょうか。荒堀広の「法則」説は、このままでは、「裏返しの宿命論」としか聞こえません。

第7章　「企業別組合」をめぐる21世紀の闘い（1）

　第二点は、「マルクスとエンゲルスは〔……〕資本主義生産のもとでは、労働力の価格がますます価値以下におしさげられるといっている」（39頁）に関するものです。①マルクス（とエンゲルス）が、どこで（どの文献で）そのように述べているのか、明示してもらいたいものです。これは、いわゆる「（賃金の）労働力価値以下説」であり、私（宮前忠夫）は自著『新訳・新解説　マルクスとエンゲルスの労働組合論』（共同企画ヴォーロ、2007年）のなかで、マルクスはそのようなことは書いていないこと、価値以下説は誤りであり、マルクスの「労働価値説」の否定に直結する謬論であることを論証しているという事情を踏まえての疑問です。

⑥総括（総合）的評価

　ここで、2010論文の検討結果を総括し、総合的評価をしておきましょう。

　私たちが最初に確認したとおり、「はじめに」の最後の一節で、荒堀広は「あとでのべるが、戦後の労働組合運動の歴史は、企業別組合であっても経済闘争と政治闘争を結合するという階級闘争の発展法則を追求するなら、前進、後退を繰りかえしながらも運動は発展することを示している」（30頁）と断っていました。私たちは、「あとでのべるが」という言葉に期待しつつ、最後の一節まで検討しましたが——「戦後の一時期、〔企業別組合〕が戦闘的エネルギーを発揮した」、憲法改定反対闘争の広がり、などの例示があるのみで——「企業別組合であっても〔……〕階級闘争の発展法則を追求するなら〔……〕運動は発展することを示している」ということの論拠・論証は見い出せませんでした。

　ともあれ、荒堀広にとって、「企業別労働組合を考える」目的は、結局のところ、「まえがき」の最後の、この一節に尽くされています。つまり、組織形態としての企業別組合（体制）そのものを問題視することはせず、その「積極面」を強化し、「企業別組合の階級的成長」をはかりつつ、「労働組合運動」を発展させる、それは可能だ、ということ——本質的には、第4章で見てきた戸木田嘉久および荒堀広旧説の企業別組合論と同一——を再確認することにあるとしか考えられません。「〔企業別組合が〕〔……〕するなら」と、簡単に言いますが、主要な企業別組合がそのようには「していない」現状を、

どのように克服するのか、どのようにすればできるのか、が提示されなければならないはずです。

(2) もう一つの「日本型産業別組合」論──小林宏康の所論の検討

　次の検討対象は小林宏康（労働総研理事・労働組合研究部会責任者）の近年の組織形態に関する所論です。以下のＡ、Ｂ二文献を中心に検討しましょう。

　文献Ａ　小林宏康「非正規・未組織労働者の組織化と産業別組合の強化──すべての労働者のための労働組合へ──」（『21世紀労働組合の研究プロジェクト』報告書＝『労働総研クォータリー』No.76・77、2010年）

　文献Ｂ　小林宏康「労働組合運動の再生・強化と日本型産業別組合の可能性」（『労働総研クォータリー』、No.99、2015年夏季号）

　企業別組合をはじめとする諸問題を見る小林宏康の「視点」は、私たちのそれとは異なる独特のものを含んでいますから、まず、それを確認することから始めます。私（宮前忠夫）が読み取った、小林宏康の独特の「視点」の主要なものを文献別に挙げてみます。

★文献Ａから

　1　「『既成労組』をひとくくりにして否定的にとらえる見方は、その企業別組合という組織形態を『諸悪の根源』とする。」（33頁）

　2　「筆者は、今日の〔民間巨大企業労組の〕『労使一体』体質は企業別組合の弱点としてではなく、企業別組合（enterprise union）の（少なくともその機能における）『会社組合（company union）』化として把握すべきものと考える。そうであれば、改革の目標は当たり前の組合機能の回復となる。」（36頁）

　3　〔「企業別組合の組織形態にかかわる問題（弱点）」を列挙する文脈において〕「企業ごとの独立組合という要素から、①団結の力（数の力）が分散・限定される、②企業間競争を規制できない（企業別交渉形態と関連）という問題が生じる。この２つは企業別組合に不可避の弱点であり、産業別や地方・地域へ団結を広げる以外に克服できない。」（42頁）

「これら弱点（「企業主義・閉鎖性」と押さえておく）を克服するには何が必要かを整理しておきたい。相互に関連する2つの方法がある。その1つは、組合規約や労使間の協定、慣行によって規定されている組織形態の改革である。主なものは組合員資格の非正規労働者への拡大と組合の産業別組織、地方組織への結集とその強化である。その2は、組合の幹部・活動家や組合員の階級的自覚の水準を高めることによる組織体質の改革である。」（42頁）

4 「〔総評組織綱領草案〕以来50年余、ほとんどの産業分野で産業別の連合組織がつくられているが、なお多くはそこにとどまっている。なぜだろうか。〔中略〕

西欧型産別組合をモデル（規範）とする以外の単一組合移行論を構想することができなかったからではないか、これが現時点での筆者の結論である。」（43頁）

★文献Bから

小林宏康の「日本の労働組合」論が、最もまとまった形で表現されているのは、文献Bだと思われます。少々長文（約3頁分）になりますが、文脈を理解する助けとして、基本的部分を紹介しながら、検討しましょう。

〔文献Bの引用開始〕（原注を省略）

「3 産業別組合組織の役割と課題
1) 日本の労働組合をどうとらえるか
〈産業別単一組合をめざす運動の挫折〉

戦後の労働組合は事業所別組合として組織され、産業別組織はその連合体という形態をとった。産別会議の下で、連合体から単一組合をめざす動きが大きく前進するが、占領軍の弾圧ほかの理由でほぼ断ち切られる。だが根絶やしになったわけではない。全金は53年、全自運は61年に、規約を改正、個人加盟単一組合に移行するが、この流れを継承した選択であった。総評主流においても、連合体から単一組合への移行は当然の目標であった。だが、総評組織綱領草案（1958）は、単一化は、組合機能の企業別組織から産別組織への漸次移管により達成される中長期の課題とし、事実上棚上げにした。単一化が、企業別組合の補助組織化と把握され、大手企業連の抵抗を招

いたためである（小林 2010）〔＝文献 A「非正規・未組織労働者の組織化と産業別組合の強化――すべての労働者のための労働組合へ――」（『労働総研クォータリー』No.76・77）〕。

　またこの時期には、大争議の敗北などを契機に大企業労組の指導部に「会社派」幹部が進出し、これら大企業労組がイニシアティブを握る産業別組織の右傾化か進み、60 年代半ば以降には、その否定的影響が、他の産別組織や地方・地域組織、全国レベルの運動に及びはじめる。こうした状況を反映して、企業別組合の『会社組合』化により生じた日本労働運動の問題性を、その組織形態に主因をおいてとらえる誤認が生じた。そこには、たたかう潮流がイニシアティブを保持し続けた労働組合の到達や可能性に対する無関心・見落としがあった。

　その後この問題をめぐっては、企業別組合の補助組織化・産別転換論の諸変種、これを批判して企業別組合の長所に着目し、企業別組合の階級的民主的強化をもっぱら主張する論、両者を乗り越えようとする試みなどが、並立する混迷状況が続いたように思う。

〈西欧の労働組合に関する一面的図式的理解〉

　『混迷』の背景には、西欧の労働組合・労働運動に関する一面的で図式的な認識があり、そこから生じる日本の労働組合・労働運動に対する一面的で図式的な把握があった。総じて、西欧との対比で日本の特異性を論じる見解においては、労働組合組織の形態や構造の違いが過度に強調され、利害を異にする使用者（資本）と労働者・労働組合との対立・抗争という、両者に共通する労使関係・労働運動の実体が見落とされる一面性が見られた。

　西欧では、産業別組合と経営者団体との産業別協約が規範性を持ち、労働条件を企業間競争の要素とする余地を抑制・排除している。その認識は正しいが、以下の点が見落とされがちだった。西欧の労使関係における横断的規制力は、組合の組織形態や法制度によって自動的担保されているのではなく、それを弱めようとする使用者側の攻撃等との不断のたたかい、企業・事業所における産業別組合の力を強化・拡大する不断の努力によって維持されているということである。西欧の労働組合も企業・職場に何らかの労働側交渉組

織（労働組合の企業支部、従業員代表制度など）を持っている。この組織は、そこに働くすべての労働者の意識を反映せざるを得ず、使用者側の働きかけや組合的自覚すら欠く新人の採用などにより、（日本とは程度は違っても）企業主義は絶えず再生産される。西欧でも企業主義の克服は日常不断のたたかいを必要とする課題なのである。

〈日本の労働運動を担うのは裸の企業別組合ではない〉

日本の労働運動においても、その担い手は『裸の企業別組合』ではない。企業別組合の多くは、その弱点を克服するために産業別組織や地方・地域組織に加入し、全国中央組織とつながっている。企業別組合にも企業横断的団結への意思は内在する。日本の労働運動を担っているのは、企業・職場を基礎とし、産業を縦軸、地方・地域を横軸とし全国中央組織を頂点に持つ、各級組合組織からなる複合体である。これや各級組合組織（労働側アクター）中、労組法上労働3権を行使できるのは、企業別組合と産業別組合組織の多くである。

これは、日本の労働組合についての多様な変形可能性を前提にした抽象モデルについての粗いデッサンである。ある時期のある労働組合がどのような役割・機能を果たすかは、これら各アクターの相互関係がどのようであり、どのような組合思想がこれらアクターの行動を導くかで異なるだろう。アクター間の関係で重要なのは、労働3権を持つ企業別組合と産別組織との関係だが、全国組織、地方・地域組織のありようは、両者の関係に大きな影響を及ぼす。

西欧の労使関係では、賃金・労働条件の基本は、産業別で決まり労働側アクターは主に産別組合である。日本の労使関係では、賃金・労働条件は、産業別協約による横断的規制を受けることなく企業ごとに決まる。そこでの労働側アクターはさし当り企業別組合である。

2)「日本型産業別組合」の可能性 – その方向と課題
　〈企業別組織を基本単位とする産業別組織〉
　以上を踏まえて、私が考える日本の産業別組合組織の基本を示せばこうなる。

①企業別組織の補助組織化はできないし、すべきでもない。補助組織化は、企業横断的規制が前進し、企業における賃金決定要素が補助的となることで可能になるのであり、その逆ではない。企業横断的規制が進むかどうかは全国的統一賃金闘争がどれだけ強化されるかによる。

　②従って産業別組織は、独立性をもつ企業別組織を基礎とするほかはない。そのような「日本型産業別組織」にあっても、企業別組織の自発的結集に依拠することにより、産別機能（例えば統一ストの組織）を発揮することは十分に可能である。春闘における産別の機能は、産別統一闘争の強化により要求実現の水準を高めることだが、その認識が企業別組織を産別へ自発的に結集させる。統制の手段で無理に結集させても強い統一闘争はつくれない。

　③その産業別組織は連合体ではなく個人加盟の単一組合が望ましい。②の認識は、連合組織であっても、単位組織の合意に依拠して、より高い機能を持ちうることを含意する。単一化により発揮しようとする機能の多くは、連合会であっても工夫により可能なものが多いのである。にもかかわらず単一化を主張する理由は、以下でふれる。

　④「日本型産業別組合」を構想するうえで、企業の垣根だけでなく、産業、職種の違いを越えて、全ての労働者を結集する、地方・地域組織、全国組織の役割を重視する必要がある。

〈産業別組織の強化と企業別組織の弱点克服〉〔略〕」（9～11頁）

〔文献Bの引用終了〕

　小林宏康の主張には、上記の引用中にも、例えば、次の1～3に例示するような、論拠や「誰がそうしたのか、誰か一人なのか全国民なのか、一部なのか全部なのか、など」を示さない「決めつけ」（下記の下線部分）がみられます（例えば、以下の3における「企業別組合」は、一つなのかすべてなのか。大企業の既存企業別組合も含めて「企業横断的団結への意思は内在する」というのか。「内在する」とは、どういう意味なのか）。

　1　「こうした状況を反映して、企業別組合の『会社組合』化により生じた日本労働運動の問題性を、その組織形態に主因をおいてとらえる<u>誤認が生じた</u>。そこには、たたかう潮流がイニシアティブを保持し続けた労働組合の到

達や可能性に対する無関心・見落としがあった。」

　２　「『混迷』の背景には、西欧の労働組合・労働運動に関する一面的で図式的な認識があり、そこから生じる日本の労働組合・労働運動に対する一面的で図式的な把握があった。総じて、西欧との対比で日本の特異性を論じる見解においては、労働組合組織の形態や構造の違いが過度に強調され、利害を異にする使用者（資本）と労働者・労働組合との対立・抗争という、両者に共通する労使関係・労働運動の実体が見落とされる一面性が見られた。

　西欧では、産業別組合と経営者団体との産業別協約が規範性を持ち、労働条件を企業間競争の要素とする余地を抑制・排除している。その認識は正しいが、以下の点が見落とされがちだった。」

　３　「日本の労働運動においても、その担い手は『裸の企業別組合』ではない。企業別組合の多くは、その弱点を克服するために産業別組織や地方・地域組織に加入し、全国中央組織とつながっている。企業別組合にも企業横断的団結への意思は内在する。日本の労働運動を担っているのは、企業・職場を基礎とし、産業を縦軸、地方・地域を横軸とし全国中央組織を頂点に持つ、各級組合組織からなる複合体である。」

　以上において見てきたとおり、小林宏康の論法の特徴は、自説を強調する際には、事例（文献等の引用を含む）や論証・論拠、あるいは、「主語」（誰が当事者か）を示すことなく決めつけ、他人の所説を非難・攻撃し、「反証」する際には、例外的事例を探し出してきて、「無関心・見落とし」だと突きつける、というところにあります。また、「西欧の○○（西欧の労働組合・労働運動）」など「西欧」を乱発しますが、「西欧」のどの国の、どの労働組合を指すのかなどを明らかにしていません。「西欧」は小林宏康が考えているほど単純なものでも、画一的なものでもありません。西欧各国間には「共通性」とともに、それを支える多様性・独自性があります。

　こうした諸点から見て、小林宏康の論法は、不公正、非民主主義的、非建設的、非科学的であり、説得力がないだけでなく、対等な立場での議論そのものを妨げます。誠実な研究者たちとその多様な所説・所論を十把一絡げにして取り扱うもので、全体として、乱暴な、侮辱的な、傲慢な論法です。

さて、いよいよ、小林宏康の「企業別組合」、産業別労働組合についての論考・論点を私たちの視点から検討することにしましょう。

　小林宏康は、「企業別組合」の形態的特質や本質にはほとんど関心を示しません。主張しているのは「企業別組合という組織形態」そのものではなく「企業別組合の『会社組合』化」です。すなわち、「企業別組合の『会社組合』化により生じた日本労働運動の問題性」というものです。

　小林宏康の「企業別組合」観自体は独自のものではなく、例えば、「企業別組合」第二次世界大戦後生成・「〔事業所別組合から企業内組合、会社組合にいたる〕『企業別労働組合』の〔質的変化の〕三段階」説を唱える大木一訓のそれと、基本的見地においては一致しています。大木一訓「日本の労働組合をどう見るか」（『労働総研クォータリー』、No.23、1996年7月）は次のように捉えています。

　「今日におけるもっとも支配的な『企業別組合』は、早くも60年代初めに登場し、石油ショック不況いらい民間大企業を中心に一般的となった会社組合である。〔……〕会社組合としての『企業別組合』は、実質的に一部の本採用労働者の利益を代表するにすぎなくなってしまい、全体としては従業員の利益よりもむしろ会社の利益を尊重する、『労資一体』路線と評される組合に変質してきた。」（9頁）

　「これらの運動〔自主的階級的な労働組合運動〕や組織のなかにも、事業所別組合から企業内組合、会社組合にいたる『企業別組合』の諸特徴が色濃く残存していることは事実であり、自主的階級的な労働組合といえども、なお全体として『企業別組合』の枠組みから抜け出ているとはいえないかもしれない。しかし、そこで追求されてきているのは、『企業別組合』とは異質な労働組合であり労働運動である。そして、この『脱皮しつつある企業別組合』の運動が、60年代いらいの全国的な労働者・労働組合の自主的交流を積み重ねるなかから、今日では全労連・春闘共闘の運動として明確な姿を見せるにいたっていることは周知のとおりである。」（10頁）

　小林宏康と大木一訓は「企業別組合という組織形態」そのものを日本の労働者組合運動運動の歴史的・基本的問題点として重視する諸論を否定的に評価し、「企業別組合の機能問題」説ともいうべき見地を共有しています。ま

た、両者の「企業別組合の会社組合化」説は、「会社組合化」現象が、歴史的、本質的な「先祖返り」であること——「企業別組合」はもともとアメリカ型「会社組合」を日本主義的に育成・改装したものであること——を見落としています。

そして、上記でみたとおり、小林宏康は、「日本の労働運動を担っているのは、企業・職場を基礎とし、産業を縦軸、地方・地域を横軸とし全国中央組織を頂点に持つ、各級組合組織からなる複合体である」ととらえ、「企業別組織」（企業別組合）を、労使関係における労働者側「アクター」、産業別組織の「基礎」として——他の「アクター」や「基礎」は無視して、あたかも、唯一の「アクター」、唯一の「基礎」であるかのように——無批判的に位置づけすることから「構想」を始め、「日本型産業別組合」を——先にも引用・紹介したので、繰り返しになりますが——次のように「構想」します。

「以上を踏まえて、私が考える日本の産業別組合組織の基本を示せばこうなる。

①企業別組織の補助組織化はできないし、すべきでもない。補助組織化は、企業横断的規制が前進し、企業における賃金決定要素が補助的となることで可能になるのであり、その逆ではない。企業横断的規制が進むかどうかは全国的統一賃金闘争がどれだけ強化されるかによる。

②従って産業別組織は、独立性をもつ企業別組織を基礎とするほかはない。そのような「日本型産業別組織」にあっても、企業別組織の自発的結集に依拠することにより、産別機能（例えば統一ストの組織）を発揮することは十分に可能である。春闘における産別の機能は、産別統一闘争の強化により要求実現の水準を高めることだが、その認識が企業別組織を産別へ自発的に結集させる。統制の手段で無理に結集させても強い統一闘争はつくれない。

③その産業別組織は連合体ではなく個人加盟の単一組合が望ましい。②の認識は、連合組織であっても、単位組織の合意に依拠して、より高い機能を持ちうることを含意する。単一化により発揮しようとする機能の多くは、連合会であっても工夫により可能なものが多いのである。にもかかわらず単一化を主張する理由は、以下でふれる。

④「日本型産業別組合」を構想するうえで、企業の垣根だけでなく、産業、職種の違いを越えて、全ての労働者を結集する、地方・地域組織、全国組織

の役割を重視する必要がある。」

 小林宏康の「可能性」構想は、小林宏康「全国金属―ＪＭＩＵの産業別統一闘争の到達点――「日本型産業別組合の可能性」について――」(『労働総研労働組合研究部会ディスカッション・ペーパー No.6、「産業別組合組織（単産）研究Ⅰ」』〈2013 年〉の第 5 章）では、「『日本型』とは『企業別組合組織を基礎とする』の意味である。」(42 頁) と確認したうえで、より簡明に次のようにまとめられています。

 「さしあたり連合会か単一組織かにこだわらず、企業別組合組織の弱点克服と、産別組合組織の強化に資するすべてのことに、必要な組織改革（非正規雇用者にも門戸を開く企業別組合の規約改正、個人加入の産業別地域組織の創設・拡大、そこへのヒトとカネの投入）を含め、力を注ぐべきだと思う。だがそのうえで団体加入の連合体から個人加入の産業別組合への前進を目指すべきだと考える」(54 頁)

 小林宏康の「日本型産業別組合」構想は、結局は、「複合体」なるもの――「日本の労働運動を担っている〔……〕企業・職場を基礎とし、産業を縦軸、地方・地域を横軸とし全国中央組織を頂点に持つ、各級組合組織からなる複合体」――の小林宏康型再編構想であり、その中心は「企業別組合の合意」にもとづく「産別組織の関与（の強化による企業別組合の弱点克服）」です。「産別組織の『出番』は増えている」というのみで、「企業別組合の弱点克服の保証」は示されていません。結局、本来の組織形態としての産業別労働組合への転換、「（ユニオン・ショップ型を含む）企業別組合」から「個人加盟の産業別労働組合」への転換は「望ましい」とされているだけで、「達成すべき目標」とはされていません。

 小林宏康の「日本型産業別組合」は常識的な「産業別労働組合」とは全く別種の、もう一つの組織形態です。ちなみに、三省堂『大辞林』の「産業別組合」の項目は、「労働者個人を構成単位」という組織原則を、次のように記しています。

 「同一の産業に従事するすべての労働者を，企業・職業・職種や熟練・非熟練に関係なく組織する労働組合。労働者個人を構成単位とする。産業別労働組合。産別組合。」

そもそも、小林宏康が、「(労働者)組合」を「組織」と言い換えながら、言うところの「複合体」は縦断的組織形態と横断的組織形態という質的にことなるものを「複合」しています。そして、①「複合体」あるいは「企業別組合の連合体としての産業別組合」と、②「団結体としての(個人加盟、職業別・産業別を原則とする)労働者組合」の組織形態(単位組合から全国組織にいたる有機的構成体系)としての「産業別労働組合」とは、全く異次元の概念です。

労働者組合運動の目的とすべきものが「(資本家の団結体に対抗する)労働者の団結体にふさわしい組織形態」の追求であるにもかかわらず、団結体として不適格な「企業別組合(日本型会社組合)」という「組織形態」を「複合」しているのですから、論理的に言っても、まともな「団結体の組織形態論」にはなりえないものです。「団体加入の連合体から個人加入の産業別組合への前進を目指す」という「前進」の発想も、合理的かつ具体的な実現の道筋は示されていません。

そして、こうした「労働組合の組織」の諸形態を、資本家の団結体と対抗・闘争するための労働者の団結体としての適格性において捉えるのではなく、単に「組織」として並列的に、混同して捉え、その中では「産業別組織」が最も「基本的」、あるいは、「重要」と見る発想は、例えば、岡崎三郎(筆者代表)他『日本の産業別組合』(総合労働研究所、1971年)に見るように、日本の多くの研究者の間で長年、克服されないまま、姿、形を変えて、引き継がれてきたものです。同書の「序」で岡崎三郎は次のようにのべています。

「労働組合の組織には、職業別、地域別、企業別、産業別など、いろいろの形があるが、今日では、どこの国でも、産業別組織が最も強力で、最も有効な運動を進めることができる基本的な形だとされている。わが国でも、総評、同盟、中立労連など、いずれも産業別組織を基本とし、その連合体という形をとっている。その間、地域的な連携をはかる組織もつくられてはいるが、基本はあくまで産業別組織にある。

〔……〕産業別組織が単一の組合をなすのが理想的な最高の形とされており、わが国でも国労、動労、全逓、全電通、全専売、全日通、海員組合などはその例であるが、海員組合を除く他の組合は、一面では企業別組合という

性格をもっていることは注意されなければならない。」(序1頁)

　小林宏康は、「企業別組合が有力あるいは支配的な国では産業別組合の定義は別様であってよい」という竹内真一の言葉に触発されて、「『企業別組合』を日本特有のものとし、欧米モデルに照らして功罪を論ずる議論はもう卒業すべき」との信念を得て、それを、実行に移した、と言うのです。小林宏康は、その際、「『企業別組合』を日本特有のもの」と見ること、および、それを「欧米モデルに照らして功罪を論ずる議論」を「卒業する」(やめる?)と宣言し、呼びかけたのです(以下、小林宏康の「卒業説法」と呼ぶことがあります)。小林宏康は、「企業別組合は日本特有ではない」と言いたいのでしょうか。そうであるなら、それをはっきり論証すべきです。また、「欧米モデル」とはどのようなものなのか、「欧米モデルに照らして功罪を論ずる議論」とは何なのか、それをなぜやめなければならないのかも明示すべきです。
　しかも、小林宏康の論法・論理は全体としてみれば、「企業別組合肯定論を基礎とした日本型産業別労働組合」説の正当化を自己目的とした「逆立ち論理」なのです。

　小林宏康説の論法に関しては、以上のほかにも、いくつかの「違和感」や疑問を禁じ得ない問題点があります。
　第一に、「民間巨大企業労組の『労使一体』体質」と企業別組合という組織形態の関係がすり替えられ、本質的問題の解明が放置されているのではないか、という疑問です。
　「民間巨大企業労組の『労使一体』体質」と「その改革」という大問題をちらつかせながら、その後の行論では、ＪＭＩＵ(全日本金属情報機器労働組合)などの例に依拠して「改革に有利ないくつかの条件」を示唆するにとどめ、結論部分では、「産業別組合の別様の定義」に導き、それが日本の労働者組合(運動)一般に通用するかのような論調・表現を貫いています。しかし、例えば、「『日本的労使関係』の本質」(1991年4月10日付『赤旗』主張)が、学会や労働運動界の定説に抗して、「日本的労使関係」の本質を、「企業主義と恐怖で労働者を差別・分断して競争を組織し、搾取強化を極限までおしす

第 7 章 「企業別組合」をめぐる 21 世紀の闘い（1）

すめる世界に例のない労働者抑圧のシステム」と規定しましたが、この本質規定と「民間巨大企業労組の『労使一体』体質」との関連をどう考えるのか。企業別組合（主義・体制）はこれらの本質あるいは体質の中心的・不可欠な担い手ではないのか、労使（資）協調主義は産業別労働組合など横断的組織形態の下でもありえますが、労使一体、とくに、「民間巨大企業労組の『労使一体』」は「企業別組合」という組織形態（縦断的組織形態）の下でしか、長期的・継続的には存続できないのではないでしょうか。

　第二は、「産業別組合の別様の定義」に関して、小林宏康が「示唆を与えてくれた」として依拠する竹内真一『労働組合運動の可能性——史的考察を踏まえて——』（学習の友社、2009 年、21 〜 22 頁）の主張そのものが論理的に誤っており、したがって、それに依拠した小林宏康の論理も成り立たないのではないか、という疑問です。その根拠は次の通りです。

　竹内真一の引用と、引用元の R・E・マレー『労働用語集』（R.E.Murray, "The Lexicon of Labor", The New Press, 1998、邦訳なし）の、この項目 "industrial union"（同書 91 頁）の英語原文（全文）は下記の通りですが、竹内真一はこの引用部分を根拠にして、「そうしたアメリカ特有の経緯が、『用語集』に反映されている。だから企業別組合が有力あるいは支配的な国では、産業別組合の定義は別様であってもよい」（竹内真一前掲書、22 頁）と言うのです。問題の部分（原典の Before 以下）は竹内真一自身が言っているように「アメリカ特有の〔産業別労働組合に至る歴史的〕経緯」——つまり、産業別労働組合にいたる歴史的経緯が国により「別様」でありうる——というのであって、「産業別労働組合」の定義そのものではありません。したがって、竹内真一の「だから〔……〕定義は別様であってよい」の「だから」以下は「論理の飛躍」であり、この一節は論理的に成り立ちません。

　引用（訳文）「産業別労働組合——工場や産業で、熟練、不熟練をふくめて全労働者を代表する組合。一九三〇年代とＣＩＯ以前には、組合は職能、あるいは職業別に組織され、ＡＦＬのなわばりだった」【Murray R.E, 1998, p.91】（竹内真一、上掲書 21 頁）

　原典・原文 industrial union ——A union representing all workers, both

> skilled und unskilled, in a plant or industry. Before the CIO――the Congress of Industrial Organizations――in the 1930s, unions in a plant or industry were organized on craft or trade lines and were the bailiwick of the American Federation of Labor（AFL）.
> 〔引用訳文は竹内真一のものだが、「一九三〇年代とＣＩＯ以前には」の部分は正しくは、「一九三〇年代におけるＣＩＯ――産業別組合会議――成立以前には」となる〕

　第三は、中林賢二郎の組織（形態）論に関する「誤解」の問題です。
　小林宏康「労働組合運動の再生・強化と日本型産業別組合の可能性」（『労働総研クォータリー』、No.99、2015年夏季号）の著者注10）は、中林賢二郎について、全金の在り方を重視したとして評価しつつ、「企業別組合を基礎とする日本の産業別組合の可能性について、企業別組合の組織的弱点の克服についてどう考えていたのか、私にはなお理解の届かないところがあり、注記にとどめた」とのべていますが、中林賢二郎が、小林宏康の言うところの「企業別組合否定論者」――正確には、「組織形態転換不可欠論者」――であり、「企業別組合の組織的弱点の克服」という考え方はとっていなかったことは、中林賢二郎の共同研究者・友人および読者の知るところであり、「理解が届かない」のは小林宏康自身の「誤解」、あるいは、読解力不足によるのではないか、という問題です。
　まず、小林宏康の注記からの抜粋です。
　「中林（1985）〔「企業別組合と現代労働組合運動の組織論的課題」（『日本の労働組合運動　第5巻　労働組合組織論』、大月書店、1985年）〕では、企業内労働市場に封鎖されない労働者の増大などを理由に、職種別（職能別）労働組合への組織化を提起している。企業を越えた地域的団結の重視、業種・職業を団結軸として重視することに異論はないが、中林が、企業別組合を基礎とする日本の産業別組合の可能性について、企業別組合の組織的弱点の克服についてどう考えていたのか、私にはなお理解の届かないところがあり、注記にとどめた。」
　次に、中林賢二郎の「企業別組合否定論」から、2例です。中林賢二郎は、

「西欧」を引き合いに出しつつ、企業別組合はカンパニー・ユニオンであり、超克すべき対象であると、強調しているのです。

①労働運動史研究会編『産別会議――その成立と運動の展開』（労働旬報社、1970年）に収録されている座談会「産別会議の再検討――『産別会議小史』をめぐって」における発言

「**中林** 労働組合の一番の下部組織が企業別につくられている。そのことが、おそらく産別会議が解散していかざるを得ない、そのことと深くかかわりを持っていたのではないでしょうか。」（117頁）

「**中林** これは産別会議が解散する前に、たとえば、個人加盟の組合に切りかえていくとか、そういうことが、かなり大がかりにやられていれば防げたことだろうと思いますけれども、しかし、その時点でやってもそれで防げたかどうかというのは、一方にかなり大きな組合が依然として企業別につくられていっているという状況のもとでは、これまた相当な困難はあったでしょうね。」（117頁）

②中林賢二郎「企業別組合と現代労働組合運動の組織論的課題」（『日本の労働組合運動　第5巻　労働組合組織論』、大月書店、1985年）における記述

「企業別組織形態は、労働者が資本と企業から自立して団結すること、その団結を階級的につよめ、おしひろげてゆくことを困難にする組織形態であり、資本には癒着しやすい形態――西欧では御用組合（カンパニー・ユニオン）とみなされてきた組織形態なのであって、この組織原理と組織形態をこえて運動をすすめないかぎり、組合運動の大きな前進はのぞめないのである。」（21頁）

以上で見てきた小林宏康の「日本型産業別組合の可能性」論について、私たちの視座からの一応の総括をしておきましょう。

小林宏康は、「労働組合運動の再生・強化」という視点から、独自の「卒業説法」の立場に立った「産業別（労働）組合」の問題、そのあり方を探求しています。私たちの視点、チェック・ポイントの観点からみれば不可欠な、日本の「企業別組合」の生成や本質については、ほとんど関心を示さないまま、それへの対応策、対応戦略として「日本型産業別組合の可能性」（の追求）を提起しているのです。

小林宏康は、「卒業説法」の論法に則って、「産業別（労働）組合」という組織形態を、西欧と世界の労働者・労働者組合運動が、文字通り、血みどろの戦いをつうじて、歴史的にかちとってきた団結体の今日的形態であるというとらえ方を、「卒業」（拒否）し、「日本型産業別組合」という概念を持ち出して、「企業別組合」を基礎として、同概念に沿った「可能性」を追求するというのです。
　こうした小林宏康の論法と組織戦略は、「一面的図式的理解」などとして、西欧と世界の労働者・労働者組合運動の成果と教訓を無視・拒否するばかりか――日本における、労働組合期成会創立以来100年余、第二次世界大戦後だけでも70年余に及ぶ――世界の常識に沿った「産業別労働組合」（「団結体としての労働者組合の組織形態」の今日的形態）の確立をめざす労働者・労働者組合の無数の試行錯誤、闘争とそこからの教訓、および、研究者たちの関連諸労作などを、事実上、無視するもので、自己満足の迷走路線とよぶほかないものです。
　小林宏康の「卒業説法」は、組織形態として「企業別組合」を批判する者を「企業別組合否定論（者）」と決めつけることで、自らが「企業別組合肯定論」であることを告白しつつ、「企業別組合」を主要アクターに据えた「複合体」としての「日本型産業別組合」説をひねりだしているのです。この路線は、第二次世界大戦後だけをみても、合同組合、一般労働組合、地域組合など、今日に至るまで実践されてきた無数の組織化戦術・戦略をどのように総括、超克しようというのでしょうか。
　また、小林宏康説と、「企業別組合の地域・産業別労働組合への改革・高度化」を主張する連合総研の井上定彦「日本の労働組合運動の未来挑戦－長期金融不況と経済のグローバル化の中で－」（『連合総研レポート』、No.136、2000年2月）とが、基本的方策などで一致しているのも偶然ではないでしょう。
　「日本型産業別組合」説を掲げて迷走する小林宏康の姿は、「トロイの木馬」の体内での敵側との抗争において相手（敵）を見失って混乱し、ついには、出口を見失ってそこに「蟄居」を決め込んでしまった「戦士」を想起させます。
　さらに重大なのは、次節でみるとおり、欧米を含む世界各国で「企業別組

合（日本型会社組合）」に類する組織形態を利用した、多国籍大企業による労働者組合（運動）への分裂攻撃が一斉に強化されている21世紀の現情勢下において、「火元」である日本の「階級的労組（運動）」、「階級的労組ナショナルセンター」を自称する勢力の側から「企業別組合」を事実上、「労働組合」の組織形態として肯定する論調（例えば、小林宏康の「日本型産業別組合」説）が継続されているという問題です。なぜなら――従来、日本の政労資（日本経団連など財界、政府、「連合」指導部）一体となっての「企業別組合」の「輸出」が当該国の労働組合運動にとって『大迷惑』となってきたことは、本書でも検証してきましたが――この論調は、事実上、そうした「企業別組合の輸出」のグローバル化を容認しつづけることにならざるをえないからです。

　こうして、「階級的労働組合運動」を自称する潮流のなかにあって、一定の責任ある立場で発言した荒堀広と小林宏康の二人が――前者が「企業別組合の階級的成長」と言い、後者が「企業別組合を基礎とする日本の産業別組合の可能性」と言うなど、表現の違いはあるものの――ともども、当面は企業別組合体制の内に「蟄居」する路線を主張していることが明らかになりました。

　第二次世界大戦前から戦後にかけて、日本の財界（財閥）を代表して、「企業別組合」の「労働組合法」による法認を闘い続け、ついに実現した前田一、櫻田武らがこれらの「日本型産業別組合」説を聞いたなら、きっと、泣いて喜ぶでしょう。

　小林宏康の「卒業説法」については、もう一言しなければなりません。そもそも、欧米の労働問題・労使関係研究に関係する「学校」に「入学」した形跡もない者が「卒業」を云々するのは、奇妙な話です。本当に「卒業」を望むのであれば、まず、「入学」をしっかりと宣誓し、学習・研究・実習を積むことが必要であり、現代民主主義の中核に位置する労働者の団結権の具体化としての労働者組合（運動）――それは現在の日本では憲法では保障されているが日常の社会生活において現実化・具体化されていない、とくに労働者（階級）による体得・体現、および、民主主義の支柱たるにふさわしい国民的活用と展開がなされていない――を、欧州諸国をはじめ世界のどの国

にも劣らない内容で実現することが「卒業」の前提条件となります。ぜひ、しっかりと「卒業」してもらいたいものです。それをせずに「卒業」を宣言するなら、世界の労働者・労働者組合（運動）が歴史的にかちとってきた成果と教訓に背を向け、無視あるいは拒否することにならざるをえません。

　それは、もちろん、欧米の組織形態などを「輸入」したり、模倣すべきだということではなく、「団結（体）・団結権の獲得・確立のための戦略・戦術の具体化」という、問題の本質を捉え、それに照応した具体化、という意味です。先進諸国では、それぞれ労働者階級が歴史的に獲得してきた成果なのですから、日本でも、できないはずはないでしょう。日本の「企業別組合（日本型会社組合）体制」がどんなに堅牢に見えても、それは日本の歴史のなかで形成され、法制化され、体制化したものであり、その矛盾が危機的段階に達しているのですから、闘いによって変革できないはずはありません。

(3)「企業別組合の唯一性という迷妄」からの脱却を──熊沢誠の「信仰」

　熊沢誠『労働組合運動とはなにか──絆のある働き方をもとめて』（岩波書店、2013年）は長年の研究・調査活動の成果・分析の上に築かれた到達点・結論としての貴重な「労働組合運動」論です。以下に引用する熊沢誠の、企業別組合の構造的「従犯」性の指摘と、「企業別組合唯一という通念」からの脱却、企業別組合内部変革と「企業外ユニオン運動」の結合の勧めは、私たちが到達した「企業別組合」の本質（規定）と基本的に一致するものです。

　「労働組合は、格差の拡大についてはもちろん小泉政権ほどの責任はないけれど、非正規労働者の劣悪な処遇の放置において、高木前連合会長の真摯な言葉によれば『従犯』です。」（149頁）

　「現在では、管理者と、管理者に近い精鋭従業員と、企業別組合の役員の三者はまず価値観を共有しているといえます。共有されているのは、労働条件の《個人処遇化》を導く能力主義・成果主義の原理と、競争・選別の肯定です。」（155頁）

　「私の労働組合運動論の特徴の一端を〔……〕ここに最小限、端的なかたちで列挙しておきたいと思う。
〔(1)〜(3)を省略〕

(4) これからの労働組合運動論はなによりも、日本での組合形態は企業別組合しかありえない、これしか現実的ではないという通念、すなわち企業別組合の唯一性という迷妄から脱却しなければならない。現実にも脱却は進んでいる。とはいえ、従来の企業別組合と形態上は同じながら、継続雇用の非正社員もふくめて労働条件を競争制限的に規制し、かつ産業規模の連帯を守ろうとする組合主義の可能性をなお追求する私は、職場への定着を願うノンエリート労働者の明日の組合を、なべてクラフトユニオンか一般組合に帰着させる組織イメージには賛成できない。二章でアメリカの自動車産業組織化の成果を不均衡なまでにくわしく論じたのは、そこに企業別組合の機能を内部変革するいくつかの契機を発見しうると感じたからである。

　(5)『労働組合』と『ユニオン』は同義である。『労働組合』を企業内の組織として絶望のうちに見放し、個別労働紛争の解決に奔走する企業外の『ユニオン』のみについてある期待をこめて語るのは、良心的な社会運動家がときに陥る視野狭窄である・・・。」(216 〜 218 頁)

　熊沢誠の「あとがき」の結びの一節には、日本の自覚的労働者（階級）・労働者組合が熊沢誠の「信仰」を受け止め、現実化してくれることへの忍耐強い願いと期待がにじみ出ています。

　「このたびの著書は、そんな冬の荒海に漕ぎ出す小舟のようではある。『神はなくとも信仰は美しい』という。〔……〕発言権を奪われたまま呻吟する労働者はいずれ確実に強靭な労働組合運動を不可欠な営みとして求めるだろう――そんな『信仰』は喪いたくない。その気づきはゆっくりとしか成熟しないとはいえ、到来する時代をみつめれば、心せかれる思いはある。」(220 頁)

(4)「連合」運動内の組織化運動――二宮誠の「非正規労働者の乱」

　次に、「連合」運動の一角を占めつつ、主に中小企業での組織化の実践をつうじて、企業別組合体制の限界を体得し、「企業別組合」とは別の形の運動に希望を託している二宮誠の所論を紹介しておきましょう。

　二宮誠（ＵＡゼンセン東京都支部顧問・元連合本部組織拡大小委員会委員長）『労働組合のレシピ――ちょっとしたコツがあるんです』(メディア・ミル、2014 年) は、日本の「企業別組合」というものを次のように規定し、それ

が事実上、「労働組合」ではないことを示唆しています。

「日本では、企業ごとに労働組合があるのが一般的ですが、実は、こうした企業別労働組合を採用している国は世界でもとても珍しい。世界では、産業別労働組合が圧倒的に主流なのです。日本の労働組合は、ヨーロッパの基準で言えば社員会にあたるものになってしまいます。

そうした世界的に見れば特殊な状況であるが故に、上部団体（産業別組織）の役割が重要になってくるわけです。ただ、やはり企業別労働組合というのは、産業別労働組合に比べて圧倒的に弱い。御用組合などと揶揄されることもあるように、企業の中にあるがゆえに、交渉力が非常に限定的になってしまうわけです。だから、上部団体に入ることでそのウィークポイントをカバーするという日本独特の構図があります。」（210～211頁）

そして、「企業別組合」とは別の形での産業別労働組合に向かっての労働者の「乱」を予告します。

「長年続いた企業別労働組合がすぐにヨーロッパのように産業別になるとは思いませんが、私は、ゆくゆくは非正規労働者は、企業別とは別の形で労働組合を作っていくことになると考えています。ただ、そこに至るまで、非正規労働者たちが耐えられるのか？　私は、早晩『乱』が起きるような気がしてなりません。非正規労働者の乱です。」（211頁）

二宮誠は、「『乱』の気配すら起きないのだとすれば、私自身が〔……〕火を付けて回りたい」（219頁）とも宣言しています。

二宮誠が作成した「組織化戦略体系」（同書162頁）も、企業別組合体制の枠にとらわれない柔軟で系統的な様相になっています（この体系表の解説は付けられていません）。

●二宮流★組織化戦略実践体系

①集団組織化
②非公然型組織化
　　　A型　核作り→拡大（絶対数確保の見通しをつけるまで）→経営対策→労働協約締結

B型　核作り→拡大（失敗）→経営対策→再度核作り→拡大→労働協約締結
③中間型組織化
　　　C型　核作り→経営対策（経営者了解・合意）→拡大→労働協約締結
④公然型組織化（米カードチェック型）
　　　D型　経営対策→合意→核作り→拡大→労働協約締結
　　　E型　経営対策→核作り→合意→拡大→労働協約締結
⑤過激派組合との競合による組織化
　　　F型　経営対策→合意→核作り→拡大→労働協約締結
⑥無所属組合の産別加盟へ
　　　G型　組合対策→合意→経営対策→合意→加盟
　　　H型　経営対策→合意→組合対策→合意→加盟

　念のために付言しますが、ＵＡゼンセン系組合において、「企業別組合」体制への対応策を提起・実行したのは二宮誠が初めてというわけではなく、系統的に提起・実行されてきたものです。例えば、すでに1982年に、山田精吾（ゼンセン同盟副会長）「労働組合の政策と運動——現場からの報告」（『現代の労働組合主義　3　政策と運動』、教育社、1982年）が次のようにのべていました。
「4　企業内労働運動の限界
〔中略〕
　ここでは企業別労働組合論について深入りすることは避けたいが、ただ一点だけ触れるとすれば、わが国労働組合の組織基盤は企業別組合であり、それは今後も大きく変化することはないであろうということであり、したがって企業別組合の長所は長所として生かしながら、その短所を運動の面でできるだけ克服していく努力が必要だということである。そのためのポイントは、中央では産業別組織を、地方では地方組織を強化するしかない。」（10頁）
　なお、「連合」は、2015年3月に、「2020年までに組合員総数1000万人の実現をめざす取り組みの一環」として、本部内に、個人加盟制の「連合ユニオン」を設置することを確認し、全国に同ユニオンの支部を結成するなど、

その活動を開始しました。従来、産別組織に任せていたのを改め、本部、地方連合会、産別が三位一体で取り組むといいます。その概要は『連合通信・隔日版』(2015年3月10日付)によれば、次のようなものです。

「連合は3月5日、個人加盟制の『連合中央ユニオン』を本部に設置することを確認した。2020年までに組合員総数1000万人の実現をめざす取り組みの一環。労働組合法上の交渉機能を持たせ、全国に事業展開している企業の組織化と労使関係の確立に、本部主導で取り組むための仕組みである。

中央執行委員会の資料によると、対象となるのは①連合本部の組織化専任チームが手がける案件で団体交渉が必要と判断される場合、②連合本部、地方連合会の取り組み案件で、対象となる事業所が複数の都道府県をまたぐ場合――など。一定の段階で産別に引き継ぐことになる。」(3面)

(5) 浅見和彦の「論点」における「企業別組合」と「組織改革の二重の方向」

浅見和彦は、「労働組合」の組織化問題に「深入り」して、組織化実践にも協働した経験をもち、「労働組合」の組織問題を系統的に追究してきた研究者の一人です。浅見和彦は、「戦後日本の組合組織化」に関して多くの論文――必ずしも、組織形態や企業別組合の問題だけを論じているわけではありませんが――を発表しています。ここでは、最も包括的な論文とみられる浅見和彦「戦後日本の組合組織化戦略と活動――その経過と論点」(『専修経済論集』, 43 (2), 2008年3月) (以下、「08年論文」)を中心に、浅見和彦の「企業別組合」に関する見解とその特徴を検討します。ただし、それに先立って、浅見和彦の論法に関して留意しておかなければならないことがあります。

その第一は、浅見和彦はテーマにかかわる重要な用語・概念を自らの言葉で定義・規定しない、あるいは、注記で他の研究者の文献参照(しかも、かなり広範囲の参照)指示で済ます場合が多く、読者である私たちが主張・内容を曖昧に、あるいは、不正確にしか理解できないという結果になる場合が多いということです。第二は、「戦後日本の組合組織化」とそれに関する論点を検討対象とする論行の途上で(読者にとっては)唐突に、イギリスの特定の研究者の「労働組合」論、「労使関係」論の枠組みが適用され、かつ、その文献引用に際しての邦訳に不適訳部分がふくまれているということで

す。第三は、以上二点とのかかわりで、浅見和彦の主張の前提条件が喪失あるいは変更される場合が生じますが、私たちの以下の検討では、それらの問題も含めて論行する、ということです。

　以上のような事情で、論行が若干複雑なものになりますが、08 年論文と同趣旨の論文・浅見和彦「戦後日本の組合組織化運動とその論点」が、全国労働組合総連合（全労連）が編集・発行する『月刊全労連』2007 年 10 月号に掲載されたということも考慮に入れて、浅見和彦説を私たちの研究対象として重視すべきだと考え、ここで検討することにした次第です。

①「二重の労働者組織」説と「企業別組合」の評価

　浅見和彦は 08 年論文の「Ⅰ．戦後日本の組合組織化運動――3 つの時期と展開形態」において第二次世界大戦後の組合組織化運動を概括的に説明した後、「Ⅱ．論点とその検討」の部を設け、「以下では、組織化運動史における論点を、①組織論の原則上のもの、②未組織の組織化をめぐるもの、③機能論と労使関係論をめぐるものの 3 つに分けてとりあげ議論し、その含意を検討してみよう」（19 頁）と断った後、「組織論上の原則」の節の最初の項（以下、「同項」）で、「企業別組合」を取り上げています。以下は、同項の本文と「注」の全文です。

　「1．組織論上の原則
（1）　労働組合と企業内労働者組織――企業別組合の性格と評価
　　1 つは〔「組織論上の原則に関する論点の第 1 は」の意〕、現代の労使関係における労働者組織には、労組と企業内労働者組織とがあるが、その区別と関連ということ――例えば、欧州における労組（全国労組－地方本部－業種別・地域別・職場別支部）と企業内労働者組織（ドイツの事業所評議会、イギリスの職場委員組織など）との区別と関連――が、日本では多くの分野で見られずにきたという大きな問題である。[61]

　したがって、今日の組織改革には基本的には二重の方向が求められる。1 つは、職場・業種・地域の 3 つの相互関係を規制しうる労組の確立であり、もう 1 つは企業内労働者組織の現代化を実現する方向である。

　企業別労組に『企業別脱皮』を説くことは有益ではない。労組をつくり、確立し、強化するには、①産業別・業種別地方組織の強化、②個人加盟の

労組組織（一般労組の産業別・業種別の部会・支部，産業別労組の合同支部や，地域労組など）の拡大，新設，③産業別・業種別組織の合同と資源の結合，④企業内従業員組織の専従労使協議要員ではなく，労組専従の確保，⑤技能職・専門職などでは，職種別の部会組織や，現場における活動と組織化などが重要になる。

　もう１つは，企業内における労働者組織を，企業内従業員代表組織ではなく，すべての階層を結集した労働者組織として確立することである。職場・企業が多様な階層・雇用形態の労働者で構成されるようになってきており，大企業でも企業別労組の組織率が半数を割って，かつての企業別組合が正規従業員の間で果たしていた企業内従業員組織としての機能も不全に陥っている。したがって，企業内従業員組織（正規労働者組織）にとどまらない，企業における全労働者組織の現代的な確立――複数併存労組の共同，非正規労働者の組織化，未組織労働者の結集など――に努める必要が生まれているのである。

　左派潮流のなかでは，さきにみたように，企業別組合の『積極的側面』を強調し，『巨大「企業別組合」の主導権を階層的・民主的潮流が握ることになれば，独占資本の管制高地は，たちまち労働者階級の巨大な城塞に転化する』という戦略論がみられた。しかし，こうした運動シナリオの破綻が明らかになった1970年代半ば以降は，『複数主義』による組織化が進展した。例えば，①公共企業体レベルにおける全動労（1974年），通信労組（1981年），郵産労（1982年）や，②民間企業レベルにおける雪印食品一般労組（1992年），建交労京王新労組（2001年），全トヨタ労組（2006年）や，地域生協の『少数派労組』の結成（2006年），③また，産業レベルにおける銀行産業労組（1991年），重工産業労組（2006年）の結成などである。これらは，左派活動家たちが『一企業・一組合』論にもとづく企業別組合の『階級的民主的強化』論というイデオロギー的権威から脱却していく一連のプロセスであった。」（19〜20頁）

「注
61　中西洋『《賃金》《職業＝労働組合》《国家》の理論』ミネルヴァ書房，1998年，63-82頁。
62　吉村宗夫『雪印の犯罪と労働組合のこと』『賃金と社会保障』2002年6月下旬号。
63　佐々木仁『労働者の要求を掲げるには』労働運動シンポ実行委員会『新たな挑戦へ――

10・29労働運動シンポジウム記録集』共同企画ヴォーロ,2006年。
64　渡邊正裕・林克明『トヨタの闇——利益2兆円の犠牲になる人々』ビジネス社,2007年,118-143頁。
65　銀産労の『前史』については,労働問題実践シリーズ編集委員会『組合運動の新展開』大月書店,1990年,150-157頁を参照。
66　渡辺鋼『立ち上がる兵器産業労働者——三菱・川重・石播など重工産業労働組合を結成』『建設労働のひろば』第59号,2006年7月。
67　木下武男『戦後労働運動の思想——企業別組合論をめぐって』物論研究協会編『「戦後日本」と切り結ぶ思想』青木書店,2005年,141-145頁を参照。」(34頁)

　同項の題名「労働組合と企業内労働者組織——企業別組合の性格と評価」によれば,浅見和彦は本項において,「企業別組合の性格と評価」をのべているはずですが,私たちにとっては,論述が難解であり,それがにわかに読み取れません。そこで,前後の脈絡,注記も参照しながら,浅見和彦説の理解に努めてみましょう。
　まず,浅見和彦の言う「企業別組合」です。同項に先立つ叙述(下記に引用)に見るように,浅見和彦は,高木郁朗の所説に依拠しつつ,「事業所別組合」(「1950年代初頭以降,臨時工・社外工制度が導入されて変化」する以前の「敗戦直後の時期の工職混合の全従業員組織」と,「(文字通りの)企業別労働組合」(60年代以降「形態上の変化」を経て「70年代初頭,全国主要民間企業労組懇話会の結成に至るまでに完成をみた」)とを,「形態上」異なるものとして区別し,後者を「企業別組合」と規定(事実上の定義)しています。
「2．高度成長期——企業別組合化をめぐる攻防と未組織の組織化
(1)　事業所別組合から企業別組合へ
　高木郁朗によれば,敗戦直後の時期の工職混合の全従業員組織が,1950年代初頭以降,臨時工・社外工制度が導入されて変化したこと,すなわち『ほぼ1960年の三池争議にいたるまで』『主流は事業所に基礎単位があった』のが,『60年代を経過するあいだに』『文字どおりの企業別労働組合へという形態上の変化』が進み,『70年代初頭,全国主要民間企業労組懇話会の結成に至るまでに完成をみた[22]』のである。
　この時期は,共産党系の左派潮流にとっては,民間大企業の事業所別組織が企業別組合化するなかで,企業別組合の『階級的民主的強化』と未組織の

組織化が2つの大きな課題になっていた。『階級的民主的強化』というのは，企業別組合という組織形態については，事実上問題にせず，『管制高地』である民間大企業の企業内従業員組織において左派潮流が主導権を掌握しようとするものであった。それは，戸木田嘉久によれば，企業別組合の『積極的側面』を強調し，『巨大「企業別組合」の主導権を階級的・民主的潮流が握ることになれば，独占資本の管制高地は，たちまち労働者階級の巨大な城塞に転化する』という戦略論であった。

しかし，すでに民間大企業における労働争議は労働者側の敗北が相次ぎ，また執行部の労使協調主義的潮流への交代，第二組合の結成など，困難が増大していた。」(6～7頁)

「注
22　高木郁朗「日本の企業別組合と労働政策」『講座今日の日本資本主義7　日本資本主義と労働者階級』大月書店，1982年，217-218頁。
23　戸木田嘉久「日本における『企業別組合』の評価と展望」『巨大企業における労働組合』大月書店，1976年，13頁以下。
24　同前書，39頁。」(31頁)

　浅見和彦は別の個所では次のようにも述べています。「これ〔「日本の労働者の大半が事業所別組織を『労働組合』として受けとめることになった」こと〕が戦後直後の時期の特殊な経験として終わらずに，1960年代半ば以降，当時の主要な労働力であった高卒者が『新卒・定期・一括』採用され，『組織化なき組織拡大』によって，いったん成立した企業別組合が広範な産業の大企業を中心に定着・拡大するという結果をもたらした」(3頁)
　これらの「企業別組合」規定をみると，浅見和彦が「企業別組合」を「労働組合」の一形態と認めていることが再確認できます。
　次に，浅見和彦による「企業別組合の性格と評価」の内容です。
　浅見和彦は，中西洋『《賃金》《職業＝労働組合》《国家》の理論――近・現代の骨格を調べて，近未来をスケッチする――』を参照（注61）しつつ，「現代の労使関係における労働者組織には，労組と企業内労働者組織とがあるが，その区別と関連ということ――例えば，欧州における労組（全国労組－地方

本部－業種別・地域別・職場別支部）と企業内労働者組織（ドイツの事業所評議会，イギリスの職場委員組織など）との区別と関連——が，日本では多くの分野で見られずにきたという大きな問題である」（傍点は宮前忠夫）と強調しています。

「注61」が参照を指示している中西洋『《賃金》《職業＝労働組合》《国家》の理論——近・現代の骨格を調べて、近未来をスケッチする——』の63～82頁は、「《職業＝労働組合》の国際比較」の一章全体に当たります。中西洋は、この章で——浅見和彦の参照事項と思われる——次の2点（a,b）を指摘しています。

　a「この章〔Ⅱ《職業＝労働組合》〕の表題,《職業＝労働組合》という言葉は,以下にみる近代西ヨーロッパ諸国の"労働者組織"〔英語"trade union"、ドイツ語"Gewerkschaft"など〕を総称するタームとして用いられる」と断りつつ、「日本の〈労働組合〉〔……〕1945年以降のそれは"団体交渉権と労働協約締結権を付与された企業内従業員組織"である。それは超企業的な《職業＝労働組合》ではない」（63頁）。

　b「自前のバックボーンをもたなかった日本の『労働組合』が1945年から1960年代のはじめまで社会の中に大きな影響力をもちえた理由は，それがこれまた借りもののマルクス主義イデオロギーに支えられていたからであった。(中略)このイデオロギー的支柱は,組織的には全くの"企業内"存在であった『労働組合』を"超企業的"に機能させる唯一のきずなであったが, 1960年代なかば以降，これを有害無益と考える自己誤認の潮流が有力となり、日本の『労働組合』はひたすら"企業内従業員組織"へと萎縮する道をたどることになった」(81頁)

　これらの文脈から推論すると、浅見和彦が言う「企業別組合の性格」とは、かつては「労組」という性格と「企業内労働者組織」という性格とを兼ね備えた「労働者組織」という性格であったが,1960年代から70年代にかけて「企業内従業員組織」へと変質した——そういう意味での「企業別組合の性格と評価」を踏まえた「区別と連関」が「日本では多くの分野で見られずにきた」ということが「大きな問題」なのだ、という趣旨のようです。

　この推理が正しいとすれば、これによって、先に引用した「かつての企業

別組合が」という表現や、「事業所別組合から企業別組合へ」の最後の方にある「企業別組合という組織形態については，事実上問題にせず，『管制高地』である民間大企業の企業内従業員組織において」という叙述がよく理解できます。

　ところで、この「注61」による参照指示には、大きな問題が内包されています。その第一は、浅見和彦は「区別と関連——が，日本では多くの分野で見られずにきたという大きな問題である」として「注61」を付しているのですが、中西洋は「大きな問題である」とは言っていない、ということ、したがって、浅見和彦は自分の言葉でなぜ「大きな問題である」のかを説明すべきだ、ということです。第二は、浅見和彦が「企業内労働者組織（ドイツの事業所評議会，イギリスの職場委員組織など）」と言って「企業内労働者組織」という用語・概念を繰り返し用いていますが、中西洋はそれらの組織を「企業内組織」と呼んでいる（64頁、図Ⅱ—1—1）、つまり、「労働者」抜きの「企業内組織」は「労働者の組織」ではなく「企業機構の一部」として説明しているので、浅見和彦は同項の論行上、決定的なキーワードで読み違い、あるいは、誤解をし、「企業内労働者組織」という用語・概念を「創造」してしまったのではないかという問題です。

　そこで、「企業内労働者組織」概念が誤解を内包するものであり、混乱を招くものであることを説明してみましょう。

　まず、問題点の理解のために、同一趣旨が述べられている二つの論文——08年論文からの引用Xと、その次の14年論文（浅見和彦「成熟社会と労働組合運動の改革」、碓井敏正、大西広編『成長国家から成熟社会へ——福祉国家論を超えて——』、花伝社、2014年）からの引用Y——を、とくに傍点（宮前忠夫による）部分に注目しつつ、比較してください。

　X「労働者組織には〔……〕労組と企業内労働者組織とがあるが，その区別と関連ということ——例えば，欧州における労組（全国労組－地方本部－業種別・地域別・職場別支部）と企業内労働者組織（ドイツの事業所評議会，イギリスの職場委員組織など）が，日本では多くの分野で見られずにきたという大きな問題である」

　Y「現代の労使関係には労働組合と企業内労働者組織という労働者組織の

二重性があるという問題である。たとえば、欧州諸国における労働組合（全国本部－地方本部－業種別・地域別・職場別支部）と企業内労働者組織（ドイツの事業所評議会、イギリスの職場委員組織、イタリアの工場評議会、フランスの企業委員会など）である。」(195頁)

Xでは例がすくないので、Yに沿って説明します（ただし、イタリアの該当組織は、1993年以降においては、「工場評議会」ではなく「ＲＳＵ（統一労働者組合代表〈委員会〉」です）。

誤解・混乱は、浅見和彦が列挙している４ヵ国の「企業内組織」には、次のような要因（①～⑤）が混在しており、「企業内組織」ではあっても、「労働者組織」とは一括できないのです。

①組織構成員は「労働者」だけではなく、以下のａ～ｄの通り多様である。ａ「労働組合」代表のみ＝イギリス、ｂ従業員代表のみ＝ドイツ、ｃ「労働組合」代表と従業員代表＝イタリア（委員の３分の１は三大総連合の労組が指名し、３分の２は従業員が選出）、ｄフランス（「労働組合」代表は傍聴権のみ）。

②フランスの企業委員会の構成員は企業経営者側、従業員代表、労働者組合代表（傍聴権）の三者構成であり、使用者（資本）側代表が含まれている。

③組織設定の法的条件には、義務化（例えば、フランス企業委員会＝従業員50人以上の企業に設置義務付け）と、それ以外（例えば、ドイツ事業所評議会＝従業員５人超企業に「設置される」）とがある。

④ドイツの事業所評議会は事業所レベルのみでなく、企業レベル、企業集団（コンツェルン）レベルにも設置される。

⑤「労働組合」代表（権）は、フランス企業委員会、イタリアＲＳＵのいずれの場合も、公認の代表的総連合傘下の労組のみに認められ、他の「労働組合」は除外されている。

「労組」とは別の「企業内労働者組織」とは一体、何ものなのか。浅見和彦は「〔企業内での〕複数併存労組の共同，非正規労働者の組織化，未組織労働者の結集など」を、「企業における全労働者組織の現代的な確立」の内容・実例としてあげていますが、これらの例はもともと「労働組合（労組）」の努力目標であって、「企業内組織」の目標ではありません。これも「企業

内労働者組織」が混乱を招く用語・概念であることの証左です。

　さて、こうした「性格」付けのもとで、「組織改革」とその「二重の方向」——その主な対象は「企業別組合」ということになるはずですが——が提起されていますが、具体的に、どうすべきだというのでしょうか。

　これに対する浅見和彦の「回答」(以下、「回答」)は、「企業別労組に『企業別脱皮』を説くことは有益ではない」という、私たちにとっては唐突なキー・センテンスで始まります。

　「回答」は「企業別組合」＝「企業内従業員組織」という性格付け、および、「回答」に続く部分でのべられている「左翼的潮流のなか」における諸対応を念頭においてのものとみられますが、あまりにも唐突で、理解できません。私たちの理解を妨げている難関は、例えば、次の２件です。

　第一の難関は、「企業別労組に『企業別脱皮』を説くことは有益ではない」という文面です。「企業別脱皮」を主張する研究者や活動家が存在することは事実ですが、浅見和彦はここでは、実例や参照先を示していません。「企業別労組に『企業別脱皮』を説く」とは、具体的には、誰が、「企業別組合」の誰に向かって、何(「脱皮」の内容)を説くのか、ある「企業別組合」に向かって外部から「脱皮」を「説く」のか、内部から「脱皮しよう」という意見が発生し、説得活動が起こるのか、などが不明であり、「『脱皮』を説く」とは、具体的にどのような場合や事象を指しているのかが不明確です。また、「有益ではない」とは、どういう意味なのか——「無益である」とか「有害である」とかを含むのか、「説く」ことをやめるべきだというのか、等々——不可解なキーセンテンス、といわざるをえません。浅見和彦が「労組をつくり，確立し，強化するには」として列挙している「重要」事項のいずれかにあてはまる「有益な脱皮」説もありうるのではないでしょうか。もし、「有益ではない」からやめておけ、というのであれば、大企業における「企業別組合体制」を放置することにならないでしょうか。

　第二の難関は、「左派潮流のなかでは，さきにみたように」で始まる同項の最後の一節にかかわる問題点です。ここで言われている「さきにみたように」に該当する論文箇所は以下に示しますが、私たちが疑問と考えるのは、①「1970年代半ば以降は，『複数主義』による組織化が進展した」、および、

② 「『一企業・一組合』論にもとづく企業別組合の『階級的民主的強化』論というイデオロギー的権威から脱却していく一連のプロセスであった」という文言に含まれる「『複数主義』による組織化の進展」および「脱却していく一連のプロセス」という「評価」です。浅見和彦がそこで挙げている事例はそのとおりだとしても、前者については、企業別組合体制は「不全に陥っている」のではなく、引き続き維持・強化されているという事実に照らして、「複数主義」と言えるほどの動向であったのか、後者については、「一連のプロセス」と言えるほど系統的、あるいは、継続的な事象であったのか、という疑問です。

なお、「左派潮流のなかでは、さきにみたように」という文面に直接該当する浅見和彦08年論文の個所は以下のとおりです。

「『階級的民主的強化』というのは，企業別組合という組織形態については，事実上問題にせず，『管制高地』である民間大企業の企業内従業員組織において左派潮流が主導権を掌握しようとするものであった。それは，戸木田嘉久によれば，企業別組合の『積極的側面』を強調し，『巨大「企業別組合」の主導権を階級的・民主的潮流が握ることになれば，独占資本の管制高地は，たちまち労働者階級の巨大な城塞に転化する』という戦略論であった。

しかし，すでに民間大企業における労働争議は労働者側の敗北が相次ぎ，また執行部の労使協調主義的潮流への交代，第二組合の結成など，困難が増大していた。」（原注を省略）

間接的には、上記引用に続く、以下の個所も該当すると考えられます。
「(2) 『産業別個人加盟労組』運動とその諸類型

こうした状況〔前項「(1) 事業所別組合から企業別組合へ」の内容を指す〕のなかで，1961年に新しい戦略路線を確立した共産党は1962年に新たな労組政策として，『産業別個人加盟労組』による未組織の組織化政策を打ち出した。この政策は，同党が企業別組合の問題性を意識し，未組織労働者の組織化を重視することで，『階級的民主的強化』の困難を打開しようとした構想と理解することができる。

この『産業別個人加盟労組』運動は，この時期の直前の合同労組運動との共通性とともに相違点もあった。まず共通点としては，『個人加盟』方式を

強調したことである。同時に，相違点としては，①合同労組運動では産業別，職業別，一般の3つの形態があったのに対して，『産業別』結集を重視したことと，②中小企業労働者だけでなく『基幹産業における臨時工，社外工』の組織化を強調したことの2点が指摘できる。

この組織化運動は，ナショナルセンターや全国単産中央が主導したものではなく，『上部組織』の多くは，共産党系の左派潮流が影響力をもつ産業別地方組織であった。例えば，東京では15の産業別地方組織で個人加盟労組組織がつくられ，15,000人を組織したといわれ，全国では1967年時点で『10万ちかい労働者』を組織したという共産党の報告がある。

しかしながら，1968年には，この組織化運動に対して，『個人加盟および産業別結集』を『機械的に絶対化する画一主義』になる傾向や，『企業別組合の弱点だけを強調』する『セクト的傾向』があるとする共産党指導部の批判がおこなわれた。このため，左派潮流の活動家たちに戸惑いを生み出した。例えば，全国金属東京地本板橋地域支部の永瀬博忠は，『この運動の推進力の1つである，この党が60年代前半の評価を微妙ながら変化させていることがうかがわれ』ると指摘した。『階級的民主的強化』論にもとづいた企業別組合の評価の揺り戻しが生じたと見ることができる。

こうした評価による混乱が生じたが，『産業別個人加盟労組』と一括されるものの中には，共産党の方針提起以前に，1950年代から組織化が開始され，むしろ合同労組（そのうちで『産業別』方式をとった合同労組）との連続性をもつ組織が少なくない。また，この産業別個人加盟労組運動の評価は，これまで研究者のあいだでは加藤佑治らによって，共産党指導部による批判にそった評価がなされる傾向にあったが，兵頭淳史が指摘するように，『現場レベルの運動当事者による総括的な回顧や実証研究の成果によって歴史的事実としてはもはや否定されていると言ってよい』ものである。」（7～8頁）

「注
25　日本共産党中央委員会出版局『労働組合運動と日本共産党2』1968年，161-169頁。
26　加藤佑治「企業横断的組合運動の発展と業種別，職種別団結の今日的意義」『日本の労働組合運動5　労働組合組織論』大月書店，1985年。同『現代日本における不安定就業労働者』増補改訂版，御茶の水書房，1991年，所収。

27　杉浦正男『若者たちへの伝言』杉浦正男さんの本を出版する会，1996年，199頁。
28　日本共産党「中小企業労働者のたたかいの前進のために」「赤旗」（日本共産党中央機関紙）1967年1月11日。日本共産党中央委員会出版部編『労働組合運動と日本共産党1』日本共産党出版部，1968年，214頁。
29　「労働戦線の階級的統一をめざす，労働組合運動のあらたな前進と発展のために——わが党の当面する諸任務」〔10大会6中総〕「赤旗」1968年3月6日，日本共産党中央委員会出版局『労働組合運動と日本共産党2』1968年，135頁。
30　永瀬博忠「個人加盟産業別地域労組運動の意義」『賃金と社会保障』第852号，1982年10月下旬号。同『中小企業労働運動に生きて——個人加盟労組と協同と』シーアンドシー出版，1996年に所収。
31　兵頭淳史「日本の労働組合運動における組織化活動の史的展開」鈴木玲・早川征一郎編『労働組合の組織拡大戦略』御茶の水書房，2006年，23頁。」（31～32頁）

②「組織化戦略」説の特徴

　浅見和彦の組織化運動史論における「組織論上の原則」は、私たちが以上において「同項」と呼んで検討してきた「(1)　労働組合と企業内労働者組織——企業別組合の性格と評価」と、「(2)　『産業』と『地域』の二本立て組織構成」、「(3)　『産業』と『地域』の合流点」から成り立っています。(1)項の「組織改革の二重の方向」説を基軸とした展開であり、そこでは、「企業別組合」の位置づけは「企業別労組に『企業別脱皮』を説くことは有益ではない」という一句に象徴的・集中的に述べられ、「『複数主義』による組織化」、「『一企業・一組合』論にもとづく企業別組合の『階級的民主的強化』論というイデオロギー的権威から脱却」が「左派潮流」の特徴的動向として挙げられていました。以上のような「組織化論・組織改革」説を念頭におきつつ、以下では、浅見和彦の組織関係の所説を浅見和彦説と呼ぶこととし、私たちの研究課題としての「企業別組合」問題から見た、その三つの特徴とそれに関する疑問を指摘しておきましょう。

　浅見和彦説の第一の特徴は、08年論文のタイトルや「むすびにかえて」などでくりかえされている「戦後」という言葉にも示されているように、日本の圧倒的多数の研究者と同様、日本の「労働組合（法）」、「企業別組合」問題を含む「組織化運動史」というものを、もっぱら第二次世界大戦後の歴史的事象と見る観点に立っている、ということです。また、それによって——

私たちの基本的観点および第２章から第７章までにおいて検証してきた結果と異なり——当該諸問題をめぐる歴史の、第二次世界大戦前・戦中との連関・継続性を捨象する結果となり、「企業別組合」の本質的問題点に関して、部分的に、私たちとは異なる結論に到達してしている、ということです。
　私たちが、「企業別組合」の生成や本質に関して、日本の支配階級が、その狭猾で執拗な戦略をつうじて法認させた「日本型会社組合」、つまり「企業内従業員組合」を「労働組合」として法認させた、それにより両者の本質的区別・相違が隠蔽された、「企業別組合」は「トロイの木馬」である、としているのに対して、浅見和彦は「労使関係論」の視点から「労組と企業内労働者組織〔……〕の区別と連関ということ〔……〕が、日本では多くの分野で見られずにきた」（傍点は宮前忠夫）、「企業別労組に『企業別脱皮』を説くことは有益ではない」としています。中西洋も、「日本の〈労働組合〉は，〈Trade Union〉にも，〈Gewerkschaft〉にも，〈Syndicat〉にも，〈Sindacato〉にも似ていない。〔……〕1945 年以降のそれは"団体交渉権と労働協約締結権を付与された企業内従業員組織"である。それは超企業的な《職業＝労働組合》ではない」（78 頁。傍点は宮前忠夫）と言って、「日本の『労働組合』」が"trade union"ではない、その団結権は法律によって「付与された」ものであることを明言しています。
　第二の特徴は、イギリスの特定の労使関係研究者の文献を引用しつつ、「労使関係（論）」という理論的枠組み・基盤を設定して、「労働組合」組織論を取り扱い、その下で、「企業内労働者組織」という概念を使用しつつ、欧州各国における多様な「（企業内）従業員代表制」あるいは「労使協議制」を、「企業内労働者組織」として一般化し、その結果、事実上、「企業内従業員代表制」と「労働組合（の企業内・職場組織）」とを同列・並列視していること、イギリスの文献引用の内容が不適切で、かつ、邦訳に不適訳が散見されること、そして、結局、「企業別組合」が英語"trade union"（「団結体としての〈個人加盟、職業別・産業別を原則とする〉労働者組合」）という用語・概念には含まれない、本質的に異なる組織であり、"trade union"とは相克関係にあることを見逃していることです。
　この第二の特徴には、「企業別組合」論にも関連する一連の重要な問題点

が含まれていると思われるので、問題点（以下 A、B）ごとに、できるだけ簡潔に検討しておきましょう。

A 労使関係（論）とその限界、その中での「労働組合」組織（論）の「性格」

浅見和彦が依拠している「労使関係（論）」は研究対象が限定的であり、「労働組合」組織（論）――正確には、「団結体としての（個人加盟、職業別・産業別を原則とする）労働者組合」――の全体をカバー（包含）しきれないのではないのではないか、という問題です。

浅見和彦08年論文は、アラン・フランダースを引用しつつ、「労使関係(論)」を次のように定義しています。

「労使関係は，資本主義的生産関係から生じる労使の対立・協調を主に制度を通じて調整するプロセスであるが，具体的には，労働契約の内容を規制しているルールの体系こそ，労使関係の主要な実態ということになる。アラン・フランダースのように，労使関係を労働のルール（job regulation）の体系としてとらえることができる。」(25頁)

一方、浅見和彦が（注78）で参照指示している、アラン・フランダースの定義する「労使関係（論）」は次のとおりです。ただし、（ ）内の英語は訳者西岡孝男による補足、〔 〕内英語は宮前忠夫による原書からの補足であることに注意してください。

「最近までは、労使関係制度〔a system of industrial relations〕は、ルールの制度〔a system of rules〕であると明白に述べられたことはなかった。これらのルールは、さまざまのかたちにおいてあらわれる、法律と法令に、労働組合規則に、団体協約と仲裁裁定に、社会的な慣行に、経営者の決定に、そして公認された『習慣と慣行』に。これらは、ルールのすべてをつくすものではないが、『ルール』（rules）とは、これらさまざまの規制手段に与えられる唯一の範疇的な説明である。いいかえれば、労使関係論は、産業における〔in industry〕特定の規制された、あるいは機構化された諸関係にかんするものである。個人的な、あるいは社会学の用語における『無構造な』（unstructured）関係は、経営者と労働者に対して重要性をもつものであるが、それらは、労使関係制度の範囲の外にある。

この出発点が与えられると、つぎの手段は、どのルールないしはどの規制された諸関係が含まれるか、を区別することである。不幸にして、労使関係論は、誤解されやすい表題(タイトル)をもっている。産業の団体と結びつきのあるすべての関係と、関連をもつのではない〔Not all the relationships associated with the organization of industry are relevant〕。たとえば、企業間のカルテル協定、その商業上の団体ないしは企業が顧客ないしは社会全般(コミュニティ)との間にもつ関係を、これに含めるものはない。企業体が、労使関係とかかわりあうところの唯一の側面は、その雇用の側面〔The only aspect of business enterprise with which industrial relations is concerned is the employment aspect = 労使関係がかかわりをもつ、実業企業の唯一の側面は、雇用の側面〕、企業とその労働者間およびその労働者自身の間の関係である。これらの関係を確認する一つの方法は、それをその法的設定におくことである。それらはすべて、話し言葉でいえば、職業（job）をあらわすところの、雇用(エムプロイメント)（ないしは用役(サービス)契約に表現されるか、それから生ずるものである。したがって、労使関係の研究は、職業規制（job regulation）の機構〔a study of the institutions of job regulation〕の研究である、ということができる。」（13〜14頁）（A・フランダース著、西岡孝男訳『労使関係論――理論と現代イギリス労使関係の分析――』、未来社、1967年。原注を省略。英語出典はAllan Flanders, "Industrial Relations:What is wrong with the system? An Essay on its Theory and Future",Institute of Personnel Management, 1965. 7頁）

　以上が「労使関係制度〔a system of industrial relations〕は、ルールの制度〔a system of rules〕である」とするアラン・フランダースの説明ですが、その内容はかなり複雑であり、変動要因を含んでいます。また、その訳語・訳文に関しても――例えば、"job regulation"の訳語は上記引用の西岡孝男訳では「職業規制」、浅見和彦訳では「労働のルール」、牧野富夫訳では「職務規制」、となっており――一様ではありません。

　さらに、労使関係（論）に関しては、①「定義」が統一されないまま相当数、存在し、「定義」の相互間、あるいは、「定義の邦訳」の間の差異もある、②アラン・フランダース、H. A. クレッグをはじめとするイギリスの研究者

たちもその実体の変化の激しさに対応を迫られつつ、その定義・定式化をめぐる研究と論争を続けてきた、などの事情も加わって、日本の研究者・活動家が「（現代の）労使関係（論）」を理解し、把握するのを困難にしています。

以上のことを踏まえつつ、ここで、私たちにとって──とくに、「企業別組合」問題探求との関係で──「労使関係（論）とは何か」ということを、確認しておきたいと思います。

例えば、上記のA・フランダース『労使関係論』の訳者西岡孝男は同訳書の「解説──訳者おぼえがき」の中で次のように説明しています。

「この書において労使関係と訳出したindustrial relations も、比較的新しい用語である。私は、一九一六年の The Committee on Relations between Employers and Employed（通称ホイットレー委員会）以後、一般化したものと考えている。それ以前、たとえば、ウェッブのIndustrial Democracy, 1902 に、この語をみることはできない。本質的には、第一次大戦を契機とする産業レベルにおける団体交渉の発展に由来するであろう、本来、この語は、産業の労使の団体間の関係を意味したものである。

しかし、今日、企業レベルについても用いられている（本書一四-五ページ参照）。したがって、制度といわれるもの──かならずしも計画された秩序を意味しないが、なんらかの継続性をもち、一つの全体として統合されるもの──も、ひろく一国、産業レベルにとどまらず、企業ないし事業所レベルにおいても、いいうるものである。」（110頁）

英語"industrial relations"という用語の初出は『小学館ランダムハウス英和大辞典』（第2版、1994年）によれば、1904年です。

つまり、「労使関係（論）」というものは──その用語・概念の成立時期、および、研究者による「定義」などからみて──労・資の団結（「団結としての（個人加盟、職業別・産業別を原則とする）資本家・労働者の組合」）に関する歴史と現状・課題の全体を対象とするものではなく、20世紀以降という歴史的時期と、「一国・産業・企業の各レベルの制度・ルール」という内容を対象とするもので、したがって、対象とする時期と領域の「限界」を伴っているということです。浅見和彦の場合も、労使関係（論）──より正確にいえば、イギリスの特定の学者の労使関係論──という視点から「企

業別組合」問題を論じている、非常に実証的・系統的に追究しているにもかかわらず、そうした「限界」に制約されているとみられます。

　ちなみに、労使関係論視点にも様々なものがあることの実例として、藤林敬三の場合を紹介しておきましょう。

　藤林敬三『労使関係と労使協議会制』（ダイヤモンド社、1963年）は「結論＝労使関係と労使協議制」の章で、資本主義的労使関係に関して、互いに「全面的に反対」の見解をとるG.D.H.コールとH.A.クレッグの見解を紹介した後、「企業内労組と労使協議制」と題する一項を設けて、当時の日本の労使関係におけるその「区別と関連」をも見据えて、次のように総括しています。浅見和彦の「区別と関連」と比較・対照してみてください。

　「イギリスにおいてさえ、コールとクレッグの対立した見解があるのであるが、なおこの他に労使協議制（joint consultation）を中心とする新たな労使関係の確立に期待をかけようとする見解も現われはじめている。しかしさきにも一言したように、およそいずれの国においても、資本主義的労使関係の基本的問題は、帰するところ、従業員に重心をおくか、労働者に重心をおくか、のいずれかにかかっていると見うるとすれば、各種の見解はイデオロギーの相違を含みながら、現実に即していえば、この二つの基本的方向のいずれかに歩調を合わせようとするものであるということができる。そしてこの点において、かつわが国における労使関係の実態と特質に即していえば、われわれにとってはクレッグの見解こそ真に味わうに値するものであるといえよう。

　第一に、わが国の労働組合が、多く企業内労組であるという事態は、クレッグの論理でいえば、まさにhome unionismに転落しているというほかはない。この組合の転落をいくぶんでも阻止しようというのが、企業外労組である上部団体のねらいとするところである。しかし、この上部団体の存在がその意義を十分満たしえていないばかりではなく、ここに問題の上部団体でさえ、むしろ逆にhome unionismの色彩を暗におびようとしつつあるやにも思われる節がある。かくして遺憾ながら、企業内労組の存在はかなり根強い。

　第二に、クレッグ流の考え方からすれば、当然団体交渉と労使協議制とが厳格に区別されなければならないのであるが、わが国の経営協議会をみると、

その多くの場合に、そこは一面団体交渉の場であると同時に、他面労使協議の場でもあって、団体交渉と労使協議とが必ずしも明確に区別されようとはしていない。しかし企業内労組と経営の関係としては、このような混合形態である経営協議会が多く存在することが、むしろ必然的であるともいえよう。

　すでにこのような一、二の点からみても、わが国の労使関係においては、経営者＝従業員関係がいかに強く現われているかが明白であるのに、さらにそのうえに、経営者は経営参加を認めようとせず、産業平和と労使協力とを企図している。率直かつ端的にいってしまえば、今日の企業内労組をさらに会社組合（company union）にまで引き降ろそうというのが、明確にこれを意識すると否とを問わず、わが国の経営者の意図であるようにもみえる。

　このことを別の面で考えてみれば、事態はいっそう明確に理解されるかもしれない。すなわち、企業内労組が解消し、産業別単一組織が成立することが可能ならばもちろんこれを好ましいとしていいのであったが、すでに一言したように、このことは今のところ一般に望んでも容易には達せられない。そこで企業内労組とその上部団体である産業別連合体組織との関連において、経営者にはたして産業別連合体組織を中心に団体交渉を行ない、また産業別労使協議制の確立を考慮するだけの積極的熱意があるだろうか。おそらくなんぴとともこれを肯定するのには躊躇せざるをえないであろう。これが本当の事実であり、それがなにを意味するかは、すでにきわめて明白である。およそこのような労使関係へのクレッグ的な見解と論理を十分に味わうことも知らないままで、労使協議制をいちだんと大きく植えつけようとすることは、企業内労組をさらに home unionism にいっそう転落せしめ、組合を去勢してしまうことにほかならないのではなかろうか。したがって、労使協議制の確立が労使関係の近代化あるいは民主主義化の方向を拒否するのではなく、むしろこれを前提とするか、あるいは少なくともこれと並行して推し進められるべきものであるとするならば、われわれの場合に今日まず考慮すべきことは、労使協議制の確立ではなく、企業内労組の存在を企業の内深く押しこめるのではなく、反対にそれを企業の外に向けしめることである労使関係の近代化であり民主主義化である。言葉をかえていえば、企業内労組の存在を企業の内深く押しこめるのではなく、反対にそれを企業の外に向けしめ

ることである。」(209〜211頁)

　藤林敬三の、このように明快な「区別と関連」説の背景には、欧州主要国の現代的労使関係法制においては、企業・事業所内労使協議組織に対する、公認された労働者組合の優位性が確立しているという現実認識があります。例えば、ドイツで、事業所評議会について定めている事業所組織法（浅見和彦「成熟社会と労働組合運動の改革」は「事業所委員会法」と記している）は、賃金・労働条件の協定に関して、事業所評議会と事業所経営者の間の「事業所協定」に対する、労働者組合と経営者組織の間の「労働協約」の一般的優位性を明記しています（第77条3項）。

　フランスの「企業内労働者組織」である「（企業・事業所内の）組合支部」と「労働組合」とに関する「区別と関連」について、大和田敢太が次のように総括しています。

　「企業内労働組合支部の法的性格について、学説・判例は、一貫して、その法人格を拒否し、労働組合とは別個の組織であることを否認している。このような見解は、労働組合側からも主張されている。結局、企業内労働組合支部は、企業内における労働組合権の法的主体として、位置づけられるべきものではないのである。企業内における労働組合活動の権利は、労働組合自身によって（あるいはそれによって任命される組合代表によって）直接行使されるべきものだからである。」（大和田敢太『フランスにおける労働組合の代表機能の動揺と再生』、滋賀大学経済学部、2015年。53〜54頁）

B 第二、第三の論点と引用文献に関する問題

　浅見和彦は第二、第三の論点の展開に当たって、それぞれ、イギリスの研究者の文献を引用していますが、それぞれの中に——論点の内容そのものではなく——引用の意図と邦訳に関する不可解な個所があります。順次、検討していきます。

　第二の論点からはじめましょう。

第二の論点をのべた「(2)『産業』と『地域』の二本立て組織構成」の冒頭に、G.D.H. コール著 "Workshop Organisation"（Clarendon Press, 1923）からの、次のような引用（下線部分）と、それに続く説明があります（下線は、宮前

忠夫)。

　「イギリスの G.D.H. コールが,『労働運動の観点からすると，職場組織の最も枢要な問題は，全国・地域・支部組織をもった労働組合運動と，特定の工場や職場を基礎とした労働者集団との関係である』とのべたのは1923年ことであったが，この『産業（業種・職種）』と『地域（地方）』の二本立ての組織論は〔……〕」（08 年論文、20〜21 頁）

　浅見和彦による引用部分（下線部分）を含む、原書の一節は以下のとおりです。

　"THROUOUT this study the reader will have perceived that the most critical problem of workshop organization, from the standpoint of the Labour movement, is that of the relation between offcial Trade Unionism, with its national, district, and branch machinery, and the grouping of workers round a particular factory or place of employment."（原書、130 頁。下線は宮前忠夫）

　浅見和彦による引用・邦訳と原文を比べると、不可解なことが二つあります。一つ目は、引用・邦訳では太線を付した「official（公認の、正式の）」が欠落していることです。二つ目は、浅見和彦が引用部分に続けて、「この『産業（業種・職種）』と『地域（地方）』の二本立ての組織論」と説明していますが、この引用部分も原書全体も、「Workshop Organisation（職場組織）」をテーマとしており、「二本立ての組織論」についてのべたものではない、ということです。

　上記「不可解」事項の二つ目は、浅見和彦は、引用部分をそのように理解したのであろう、と推測すれば、一応、理解できます。理解することが困難なのは一つ目です。

　原文にある「official（公認の、正式の）」は、それが有るか、無いかでG.D.H. コールからの引用部分の意味――特に、歴史的意味――が大きく異なるからです。「1923 年」というのは第一次世界大戦直後の時期であり、G.D.H. コールのこの文献は第一次世界大戦中および同直後の時期に発生し、大きな問題となり、今日にひきつがれているイギリス労働者組合運動と労使関係における「職場組織」問題――とくに、「ショップ・スチュワード」（職場代表、職場委員）に関する問題――を取り上げ、解明したものです。その際、

「公認の労働組合」あるいは「公認のショップ・スチュワード」と、非公認・非正式のそれとの関係が大問題になったのです。

　イギリスの大部分の工場には、組合員と地方の組合支部との間の連絡にあたる労働者の代表者（職場代表）がいます。通常、ショップ・スチュワードと呼ばれるこれらの職場代表者は、伝統的に、職場ごとに様々な形——公認「労働組合」、企業内組合的組織、各種職場集団などのメンバー、個人活動家など——で選出され、主要産業・企業の労使関係、労使交渉において確立された地歩を築いている場合が多いのです。

　ショップ・スチュワードが、公認「労働組合」の指揮・監督のもとに工場・職場段階において日常生ずる問題の処理にあたっている限り、それが労使間の紛争を未然に防止し、円滑な労使関係の維持に役立つわけです。しかし、非公認組合・職場集団所属のショップ・スチュワードの指導による非公認ストライキが産業・企業規模で頻繁に発生するということ、各種産業・企業のショップ・スチュワードが自らの組織と資金をもった「ショップ・スチュワード運動」を通じ、組合の改革を目的とした行動を起こしたことなどから、ショップ・スチュワードのあり方が公認「労働組合」と労使関係にとって重要な、深刻な問題となったのです。

　G.D.H. コールの原書"Workshop Organisation"も、引用部分に続けて、公認・非公認組織間の問題（「ライバル関係」）、組合間重複問題などを説明しているのです。

　以上のような事情を考慮するだけでも、「official（公認の、正式の）」が、この引用部分のキーワードの一つであり、これが欠落していることの意味は重大です。

　第三の論点は「機能論と労使関係政策」とされています。ここでは、「労使関係の規制」を「労働組合の機能」としてとらえ、そのための理論、方法、政策などを論じています。理論的側面から言えば、ここで、「労働組合の機能」との関係で「企業別組合」という組織形態はどう位置づけられるのかを質したいところですが、「引用邦訳」問題にとどめます。

　浅見和彦はこの論点、論行においてもイギリスの研究者の文献の参照・引用を繰り返し行っています。

ここでの第一の問題点は、G.D.H. コールの文献引用にかかわるものです。浅見和彦は、G.D.H.Cole, "The World of Labour: A Discussion of the Present and Future of Trade Unionism"（G.Bell and Sons, 1913）から、次のような邦訳引用（下線部分）を行いつつ、組織形態と機能の関係において、「機能」が決定的位置にあるとしています。私が問題点として指摘するのは、浅見和彦が "structure" と "form of organization" をいずれも「組織形態」と訳し、同一視していることです。まず、以下の、a 08年論文からの引用、b 英語原文、c 田邊忠男訳 を比べて見てください。

　a「今日われわれが常識にしている組織形態論——すなわちクラフトユニオン，産業別労働組合，一般労働組合の3大分類——は，1910年代から1920年代にかけて，イギリスのＧ．Ｄ．Ｈ．コールが整理したものである。そのコールは『<u>とるべき組織形態は，最終的に労組の力量と政策を決定するに違いないが，実のところ，組織形態を決定するのは機能なのである</u>』とのべている」（25頁。注を省略）

　この邦訳引用に対応する原文は b のとおりです（下線部分）。

b "The question of Trade Union structure has been discussed at such length because <u>the form of organisation adopted must finaly determine the powers and policy of the Unions. Function, indeed, determines structure</u>；and, if we set out with a clear idea of what the function of Trade Uionism ought to be, the first thing to be settled is the structure to be aimed at."（原書256頁）

　また、ヂイ、デイ、エッチ、コール氏著、田邊忠男譯『改定譯　勞働の世界——勞働組合運動の現在及び將來』（法曹閣書院、1925年）の対応部分（下線部分が上記浅見和彦訳に対応）は c のとおりです。

　c「今迄勞働組合の構造の問題を斯く詳細に論じたる理由は、<u>採用せる團結の形態が結局組合の實力及び政策を決定するが故である。職分が構造を決定することは眞實である</u>。故に勞働組合の職分に關し明瞭なる觀念を得たならば、次に解決す可きは如何なる構造を宜しとするかの問題である。」（269頁）

　浅見和彦は "structure" をすべて「組織形態」と訳し、"form of organization" と同一視しています。一方、G.D.H. コール自身は、この引用文が含まれる第

七章を"Trade Union Structure——Industrial Unionism and Amalgamation"と題し、私たちが通常、「組織形態」とよぶ事象には"form of organization"、"type of organization"、"method of organization"を充てています。アラン・フランダースも同じく、"form"、"type"を用いています。田邊忠男訳は、「組織形態」と「構造」を訳し分けています。

「労働組合の（組織）構造」と言う場合、「組織形態」がその決定的要因であることは言うまでもないと思われますが、両者は同義ではなく、「(組織)構造」は、単位組合の組織形態、単位組合からナショナルセンターにいたる組織構造、組合民主主義の具体化、財政のしくみなども含む、より広義の概念です。G.D.H. コールも、例えば、1924年初版の"Organaised Labour"〔『組織労働者』〕では、以下に目次の一部（第2部）を紹介するとおり、"Structure"を、単位組織（組合）から国際組織までの全レベルの構造を指す概念として使っています。"structure"をすべて「組織形態」と訳すのであれば、その理由を断るべきではないでしょうか。

G.D.H.Cole, "Organaised Labour"（George Allen and Unwin & The Labour Publishing Company, 1924）の目次の第2部の部分

PART II.—THE STRUCTURE of TRADE USIONISM
Section 1. The Present Strength of Trade unionism
Section 2. The Unit of Organisation
Section 3. A Classification of Trade Unions
Section 4. The Area of Organisation
Section 5. Federations of Trade Unions
Section 6. Trades Councils and Local Labour Parties
Section 7. The Unemployed Movement
Section 8. The National Trade Union Movement
Section 9. International Trade Union Organisation

第 7 章 「企業別組合」をめぐる 21 世紀の闘い（1）

ちなみに、シドニ並びにビアトリス・ウエッブ原著、高野岩三郎纂譯『産業民主制論』（同人社書店、1927 年）は、「第一篇　労働組合の構成」〔Trade Union Structure〕、「第二編　労働組合の職能」〔Trade Union Function〕となっています。

また、労働省労政局労働教育課編『労働組合組織論』（労働法令協会、1958 年）は、「組織形態」という用語・概念には、①上部組織との関係で見た形態（地区、支部など）、②組織原理に基づく形態（職業別、産業別など）などが含まれ、「定説はない」としつつ、次のように注釈しています。

「元来、組織形態に関する用語は、労働運動の実践活動の中から生れたものであって、実践的な性格を持っており、その意義が明確に定義され、分類されている訳ではない。例えば、産業別組合主義という言葉も多様に使用されており、コールも同一産業の労働者を一つの組合に組織するという通常の意味のものと、全労働者を打って一丸とする一大組織（one big union）を結成し、これを産業別に区分けして統制するという革命的な意味のものがあるとしている。(G.D.H.Cole, An Introduction to Trade Unionism,1953, P.82) 従って組織形態を解説する場合にも、このような実践的な視角を充分考慮しなければならないが、同時に、概念の混同をきたさないように、用語の意味を明確にしておくことが一層必要である。」（4 頁）

第二の問題点は先にふれたアラン・フランダースの文献引用中の邦訳語に関するものです。浅見和彦は"job regulation"を「労働のルール」と訳出しましたが、ここでの論点とされる「機能論」、「労使関係論」という視点からみれば、「規制」こそが核心なのですから、"job regulation"の"regulation"は言葉の意味どおり「規制」とし、「○○規制」（例えば、「職場・職務に関する規制」）とした方が、文脈が明解になるのではないでしょうか。

こうして見てくるともう一つの問題点が浮上してきます。浅見和彦説の説法は、イギリスの研究者のとその文献の叙述に頻繁に依拠しながらも、英語原典の参照を指示する際に、原書を示すのみで、邦訳に関しては自らの訳文——そこには、客観的に見て必ずしも最適とは言えない訳出が含まれる——のみで通しています。日本の過去の研究者たちの業績であり、遺産である既

存の邦訳（書）を、一切、参照も言及もしないというのは、研究者としての公平性を欠くのではないか、という疑問です。

浅見和彦説の第三の特徴は、「管制高地」説、および、「一企業一組合」説とそれらを守株することの誤りを、若干の具体例にもとづいて、経験則的に断定していることです。「（巨大）企業別組合」が存続している現状の下で、企業別組合体制への対応を、「企業別労組に『企業別脱皮』を説くことは有益ではない」と一蹴して、「二重の方向」を提唱することは、企業別組合（日本型会社組合）の内部で、「（巨大）企業別組合」（「尻抜けユニオン・ショップ付きの企業別組合」）に拘束された状態で働き、困難な条件下で活動している労働者たちの立ち位置を無視あるいは放置することにならないでしょうか。それとも、すべての「（巨大）企業別組合」での「複数主義による組織化」を推奨するのでしょうか（「ユニオン・ショップ協定の有無」など最近の日本の「労働組合」の組織実態については、『労働組合の基礎的な活動実態に関する調査研究報告書』（連合総合生活開発研究所、2016年4月）が参考になります）。

戸木田嘉久説、「一企業一組合」説に関する私たちの検討と結果は、すでに、第4章で行ったので、ここでは繰り返しませんが、そこからの脱却を肯定あるいは主張するのであれば、それを理論的・科学的に解明し説明し、できるかぎり広範な関係者との合意を形成する必要があるのではないでしょうか。

(6) 新しい企業別組合論──濱口桂一郎の自発的結社説を例に

労使関係論視点からの、もう一つの、新しい企業別組合論が出現しています。日本労働政策研究・研修機構（ＪＩＬＰＴ）主席統括研究員である濱口桂一郎の「企業別組合・自発的結社説」です。

濱口桂一郎「（第1部第5章）労働者参加に向けた法政策の検討」（『労使コミュニケーションの新地平──日本における労働者参加の現状と可能性──』、連合総合生活開発研究所、2007年）は、企業別組合の生成と機能について、次のように端的にのべています。

「日本では歴史的経緯から、企業の内部に企業別組合という自発的結社を形成し、これが団体交渉により労働条件を決定する機能を果たすとともに、企業、事業所レベルのさまざまな問題解決に当たってきた。」（119頁）

この見解は、濱口桂一郎『団結と参加－労使関係法政策の近現代史』(日本労働政策研究・研修機構、2013年)において、以下のとおり、より詳細に展開されています。

　「戦前の日本には集団的労使関係法制は存在せず、政府の労働組合法案は繰り返し国会で廃案となりました。大企業分野では労働組合の浸透を防ぐため、工場委員会という企業内機関を設けました。戦時体制下の日本では、国家総動員体制の下で産業報国会という労働者動員システムを設けましたが、これは経営者も加入する労働者の企業別官製団体であり、大政翼賛会という唯一政治団体の下部機関となりました。戦後ＧＨＱが産業報国会を解散させて労働組合の設立を促進したとき、それに応じうる存在は産業報国会をベースに経営者を排除した組織のみであり、これが戦後企業別組合の原型となりました。終戦直後の労働組合の運動は賃金引き上げとともにより一層生産管理闘争や経営協議会の設置という形をとり、極めて攻撃的な『参加』志向でした。その後、組合運動の主流は生産性向上運動など労使協調的な方向に転換していきましたが、強い『参加』志向という方向性は変わりませんでした。そのため、占領下で制定された法律は純粋に『団結』型を予定しているにもかかわらず、現実の労働組合はむしろ『参加』型に重点を置いた存在となったのです。」(3頁)

　「ヨーロッパ諸国では労働組合とは別の従業員代表組織の設置が法律上義務づけられており、労働組合と併せた労働者代表システムの適用率はかなり高くなります。

　これに対して日本においては、労働組合とは別の従業員代表組織は法律上義務づけられておらず、多くの企業(主として中小零細企業)においては企業別組合が存在しないために『団結』も『参加』も存在しないという状況が一般的です。(中略)このように労働組合が『団結』も『参加』も担う大企業正社員分野と、『団結』も『参加』も存在しない非正規労働者・中小零細企業分野が二重構造をなしているというのが、日本の集団的労使関係システムのマクロ的描像なのです。」(4頁)

　さらに、濱口桂一郎「日本の労働組合の根本にある二面性」(『週刊東洋経済』、No.6688、2016年10月15日)には、以下に引用するとおり、労使関

係論的視点とそれに基づく、企業別組合の生成、特徴的性格と機能、対応などについての見解が、「現実的」かつ端的に概括されています。

「労働組合を考える際に初めに理解すべきは、労使関係の2面性だ。労働者が雇用されて働く際、企業の一員として生産活動に向けて協力する側面と、賃金・労働条件などで対立する側面がある。この相反する2面性をどう処理するかは国や地域によって異なるが、日本の場合は企業別労組が双方の立場を務めるのが特徴だ。

これがドイツなど欧州主要国であれば、前者の役割を事業所委員会や企業委員会などと呼ばれる従業員代表組織が担う。また後者の役割は、企業の外側に組織された産業別労組が担い、賃金や労働時間などの労使間で利害が対立する条件を企業に交渉している。〔中略〕

これに比べ、同じ企業別組合がこの両面を同時に担う日本はかなり様子が違う。だがそのよしあしは単純には評価できない。現在は労組が従業員代表の側面に引っ張られており、経営側の事情を忖度（そんたく）しすぎているという批判がある。だが同じ仕組みが、1970〜80年代には国内外から高く評価された。つまり、欧米の労組が経営に配慮をせず賃上げを要求するのに対し、日本では労働者が企業経営上許される範囲で賃上げ要求をする、これが日本の強さの一因だ——といった見方だ。

労組のあり方そのものを変えるべきという議論は確かにある。特に高度経済成長期からある時期まで、産業ごとに労使交渉しようとした時期があった。だがこの試みは基本的にはすべて失敗した。ましてや、企業別組合をやめ産業別組合にするのは、現実には至難だ。日本で産業別組合と呼ばれている組織は、実態は企業別組合の寄り合い所帯にすぎない。ましてや日本労働組合総連合会（連合）や全国労働組合総連合（全労連）などのナショナルセンターはそのまた寄合だ。

過去の評価の揺れを踏まえれば、労組自体の是非を論じるより、どのような状況で労組がよい面あるいは悪い面を出すのかを考えるほうが現実的だ。」（37頁）

濱口桂一郎の企業別組合に関する見解を私が「新説」と見るのは、第一に、企業別組合の生成を第二次世界大戦後とする「通説」を間違いであるとして

否定し、戦時の産業報国会、さらには、戦前の、大企業による工場委員会の設置にまで遡って検証しなければならない、としていること、第二に、「集団的労使関係（法制）」の二つの「モデル」、「方向性」と呼んで、「団結」と「参加」とを、同列視し、かつ、「相反する2面性」として機械的に対立させていること、によります。第一の点は、私たちの見地と基本的に一致していますが、第二の点は、労資関係と労使関係を一色田にした、「参加」という、いわゆる「労使関係」レベルの概念・機能を「団結」と同列視するもので、団結（体）・団結権、あるいは、「団結体としての（個人加盟、職業別・産業別を原則とする）労働者組合」を労資（使）関係の基礎におく私たちの立脚点とは相容れないものです。この立脚点の相違は企業別組合を「自発的結社」としつつ、企業内組合を団結体の一形態をみなす濱口桂一郎の見地と、結社一般と、資本・企業からの独立を前提条件とする団結（体）――企業横断的組織形態――とを区別する私たちの見地との相違でもあります。

　こうした「参加」、「結社」という「企業別組合」観――これは企業別組合（日本型会社組合）というものの本質の追究への「無関心」――と関連すると思われます。その結果、濱口桂一郎は企業別組合（日本型会社組合）の生成・形成史は、戦前の、大企業による工場委員会の設置にまで遡って検証しなければならない、と主張しながらも、結局、日本財界の、企業別組合（日本型会社組合）法認のための策謀にも、ＧＨＱの「交渉単位制」指導とそれを拒否した日本政府当局の対応にも目を向けないままの「描像」に終わっています。

　こうした濱口桂一郎の所説は、組織形態としての企業別組合とその体制・体系自体については、その是非を「論じる」ことをしないまま、事実上、容認し、その機能――例えば、「労働組合」が状況に応じて出す「良い面」、「悪い面」――について「考える」べきだと主張するなど、全体としては、「一国、一企業の枠内での労使関係論」で捉えた新しい企業別組合説であり、新たな「共存的組織論」の一つと言えるでしょう。

　なお、関連する一点を付言します。濱口桂一郎は「ヨーロッパ諸国では〔……〕従業員代表組織の設置が法律上義務づけられており」（4頁）としていますが、これは不正確です。まず、第一に、言葉通り、「ヨーロッパ諸国では」

と言うなら、ヨーロッパ各国（ここでは、すべてのＥＵ加盟国）において、「従業員代表組織の設置が法律上義務づけられて」いる、という意味になります。第二に、もし、「ヨーロッパ諸国には」の書き間違いだ、と言うのであれば、ＥＵ指令等による加盟国への義務付けを指すことになります。

「第一」と仮定して、その実態を見れば、例えば次のとおりであり、諸国一様に「法律上義務づけられている」のではありません。ドイツの場合（事業所評議委員会 Betriebsrat）は従業員5人以上企業に「設置される」（事業所組織法第1条）と規定され、強制や罰則はなく、設置企業率は近年では30％前後です。フランスの場合、企業委員会は従業員50人以上企業に、従業員代表委員は同11人以上企業に、いずれも法的上義務づけられています。

「第二」と仮定するなら、直接、該当する「法律」はＥＵの「一般労使協議指令」（2002/14/EC）ということになりますが、同指令は、「被用者（従業員）に対する情報提供及び協議の一般的枠組み」の「設定」を一律・無条件に義務づけているわけではなく、次のように規定しています。「情報提供及び協議の手続はその有効性を確保するように個別加盟国の国内法及び労使関係慣行に従って定められかつ実施されるものとする」（同指令の第1条2項。下記文献③の98頁から引用）。つまり、「個別加盟国」の――法律だけでなく――労働協約など「労使関係慣行」を含む「手続き」（該当制度）をも容認しているのです。

（以上のＥＵ法制に関する詳細は、例えば、以下の文献を参照してください。①濱口桂一郎〈独立行政法人労働政策研究・研修機構　労使関係部門　統括研究員〉「ＥＵ及びＥＵ諸国の従業員代表制」、『Int'lecowk—国際経済労働研究』、No.1029、2013年4月〉）、②小宮文人、濱口桂一郎『ＥＵ労働法全書』〈旬報社、2005年〉、③「The European Participation Index (EPI) : A Tool for Cross-National Quantitative Comparison」〈ETUI、2010年〉）。

第8章

「企業別組合」をめぐる21世紀の闘い（2）
――新たな対応の開始

「企業別組合」をめぐる21世紀の闘い（2）
——新たな対応の開始

1. 激化する21世紀の企業別組合（会社組合）をめぐる闘い

　本章は「本論」最後の章です。私たちのこれまでの研究・検証結果を総括しつつ、21世紀の企業別組合（日本型会社組合）をめぐる政治的・組織的・理論的闘い、特に、日本におけるそれの特徴および歴史的・今日的意義について考えてみましょう。

　はじめに、近年、日本の企業別組合（日本型会社組合）が国際的にも改めて注目を浴びていることを、ＩＬＯ（国際労働機関）の関係者ブルース・カウフマンとアメリカの労働者組合ＵＡＷ（United Auto Workers：全米自動車労働者組合）の地域組織の、それぞれの文献上での「証言」を通じて、再確認しましょう。これは、私たちの言葉で言えば、「トロイの木馬」をめぐる闘いが、21世紀の今日において、ますます重大な局面を迎えていることを意味します。

　まず、ブルース・カウフマンです。同氏は2004年にＩＬＯから発行した文献のなかで、日本の労使関係の「輸入（移植・生成）」などについて、次のようにのべています。

　「労使双方共存共栄の雇用モデルの雇用の部分はコモンズのようなアメリカ労使関係論の創始者が最初に理論化し、ヒックスのような労使関係担当重役によって戦略的に実行されたものである。アメリカを訪問した日本の学者や実業家が、1920年代にこれを日本に持ち帰って発展かつ修正した。その後20年にわたる冬眠の後、日本人は協調的／共存共栄モデルを（リーン生産方式のような派生物を含めて）復活し、洗練したうえで、1970年代から80年代にかけて次々と市場に売り出して行った。」（ブルース・カウフマン著、花見忠訳「日本の労使関係」）〔同訳文は以下の文献に含まれる。花見忠「紹

介『労使関係のグローバルな進展——出来事，理念とIIRA』〔ILO、2004年〕」、『日本労働研究雑誌』、No.548、2006年特別号〕

　次はアメリカのＵＡＷの地域組織が出版したパンフレットのなかの、"company union"の「生みの親」、あるいは、「発明者・特許権」に関する部分です。

　「労使協調（Labor Management Cooperaion）という方式は、今日、報道や職場において、第二次世界大戦後の日本の発明と考えてまちがいないかのように紹介・説明されている。しかし、こうした方式は、新しいものでも、借りてきたものでもない。それは1870年代にさかのぼるアメリカの発明なのである。

〔中略〕

　すべての方式がある共通点をもっていた。すなわち、『忠実な』労働者たちが労働者組合の方を決して向かないようにするために、彼らのもっともな苦情を伝達しようと試みた公式の（formal）、厳格に制限された苦情処理手続きである。これらの方式の大半は、報道や経営者側の宣伝においては『アメリカ方式』（"American plan"）と名付けられ、恒久的な装置となった。今日、われわれは、それらを『会社組合』（company unions）とよんでいる。」（エリ・リアリ、メリベス・メネイカー『ＧＭ社における労資一体性——21世紀の会社組合主義』、〔ＵＡＷ内〕New Directions Region 9Aの出版物、1992年）〔訳文は宮前忠夫による〕。

　以上の二つの「証言」によって再確認されているとおり、会社組合（企業別組合）はアメリカで「発明」され、1920年代に日本財界によって日本に移植され、その後、日本主義的な加工を施して仕上げたものをアメリカをはじめ世界に「輸出」するに至ったのです。そして、後述するように、「会社組合（企業別組合）主義」は21世紀の世界の労働者組合運動にとっての重大な脅威として存在し続けているのです。

　したがって、「団結体としての（個人加盟、職業別・産業別を原則とする）労働者組合」を守り、発展させようとする者と、企業別組合（日本型会社組合）を広めようとする者との闘いは、21世紀に継続され、日本を最大級の「拠点」、「戦場」の一つとしつつ、グローバル化され、その重要性を増しているのです。こうした認識に立脚して、改めて、本書における私たちの検証結果

を、要約しておきましょう。

2. 本書における私たちの研究課題と到達点
　──日本における「企業別組合」の生成と本質的役割の再確認、団結権の獲得・確立闘争の現段階

　カール・マルクスはフリードリヒ・エンゲルス宛の手紙（1865年2月18日付）のなかで、労働者階級にとっての団結権の「最大の重要性」を次のように強調しました。

　「さまざまな団結体は、それらのうちから生成する労働者組合（trades unions）を含めて、ブルジョアジーとの闘争のための労働者階級の組織化の手段として、最大の重要性をもっており、この重要性は、とりわけ、選挙権と共和制とをもっているにもかかわらず、〔アメリカ〕合衆国の労働者でさえ、それらを欠くことはできないという事実によって実証されている」（宮前忠夫『新訳・新解説　マルクスとエンゲルスの労働組合論』（共同企画ヴォーロ、2007年、69頁）

　マルクスが言うように、労働者組合論の出発点は団結（権）とその獲得です。独立した一国における団結権の獲得・確立は、共和制、一般選挙権と並ぶ近代民主主義の必要条件であり、前提条件なのです。だからこそ、私たちも、「企業別組合」問題研究を、日本における団結体・団結権の獲得・確立の闘いとの関連において進めてきたのです。

　こうした視点で、これまでの研究の到達点を箇条書き的に要約すれば、例えば、次のようになるでしょう。

　①「日本の企業別組合」、企業別「労働組合」とは何か。それは、1920年前後にアメリカから「移入」され、その後、日本主義化の「洗礼」をうけ、第二次世界大戦後、法認された会社組合（一事業所・工場、一会社・企業などの従業員――つまり、一資本系列の、いずれかのレベルにおける被雇用者集団――のみを構成員とする組合）のことであり、その本質は、「団結（体）としての労働者組合」ではなく、「団結破壊のためにつくり出された会社組合」の一亜種、いわば、「日本型会社（別）組合（the Japanized company union)」にほかなりません。日本の労働者階級の立場からみれば、こうした歴史的生成と本質もつ企業別組合（日本型会社組合）は、「日本の『トロイの木馬』」と呼ぶのがふさわしいものである。

　大企業による「会社組合（企業別組合）」化攻撃は、もともとは、米・西欧主要国で、1900年前後に相次いで発生した国際的な出来事であった。各国の労働者はこの攻撃と闘って、それぞれの形で職業別・産業別労働者組合（「団結体としての〈個人加盟、職業別・産業別を原則とする〉労働者組合」）の原則を守り、発展させてきた。こうして定着してきた今日的常識、すなわち、下記の「団結体としての労働者組合」を表す各国語概念は、団結（体）の共通原則・法則に則った組織形態が「職業別・産業別労働者組合」であることを示している。そして、これらの用語・概念には「企業別組合（会社組合）」は原則的には含まれず、そこから排除されている。こうした事情から、そうした歴史的闘争経験をもたず、企業別組合（会社組合）がそこに含まれるものとする日本人の「常識」としての「労働組合」との大きなズレ、相互理解をほとんど不可能にするほど深い断層が生じている。

主要各国（語）の「団結体としての（個人加盟、職業別・産業別を原則とする）労働者組合」を意味する用語・概念（より厳密な用語としてはカッコ内が補足される）
英語 trade union (of workers)、labo(u)r union
フランス語 syndicat professionel (des saraliés)
ドイツ語 (tariffaige) Gewerkschaft
ロシア語 профсоюз、または、профессиональный союз
スペイン語 sindicato (laboral)、または、sindicato di trabajadores
イタリア語 sindacato (di lavoratori)

---

　②企業別組合（日本型会社組合）は、世界の労働者（階級）が歴史的に獲得してきた団結体・団結権とその組織形態である「団結体としての（個人加盟、職業別・産業別を原則とする）労働者組合」に適うものでないばかりか、

反対物・障害であることが明らかになった以上は、それをどのように克服して、適格な組織と運動に到達するかが主要な課題になる。先進的活動家を含む大多数の研究者、労働者がとっている「企業別組合の弱点の克服」という見解・対応策は、「企業別組合」を「団結体としての労働者組合」の一形態と――公然とまたは潜在的に――認めることを前提・基礎としている。こうした見解・対応策は、「企業別組合は換言すれば会社別組合であり，アメリカなどではそれは"御用組合"と言われているので，日本の場合どうすればよいか，今さらこれを産業別に改組するといっても，不可能である。この組織をより闘争的なものとして展開する外ない，という受け止め方が主流となった，と我々は考えた」（隅谷三喜男「『企業別組合』命名記」、『労政時報』、No.3369、1998年10月、70頁）とされる1950年頃以降、様々な形で繰り返されてきており、本質的には、和田春生らの言う「共存的組織論」に属するもので、実践的にも、論理的にも矛盾を内包した、不合理な主張であって、目的達成への合理的な展望を開けない。

　③労働者組合の組織形態は、経済的土台、あるいは、労働市場の構造や機能の影響を受けることは事実であるが、それによって直接的に規定・規制される関係にはない。経済的土台の上での労働者（階級）と資本家（階級）の相互関係・階級間関係、したがって、政治的関係の領域における事象である。そして、労働者組合の組織形態の選択とそれを規制する労使関係法制の制定は階級闘争の重要な一分野である。

　したがって、「労働市場」、あるいは、「労働市場」の何らかの規定的要因――たとえば、「クラフト・ユニオンの伝統の欠如」――によって直接的に規定されるとする諸見解は一面的である。そうした見解の一面性は、例えば、「なぜ、第二次世界大戦前はそうでなかったのに、戦後の日本でのみそうなったのか」、「いわゆる『企業別組合の弱点・欠陥』が叫ばれるようになって少なくとも半世紀にわたって『企業別組合』体制が持続している事実は、もはや、『クラフト・ユニオンの伝統の欠如』要因論では説明できないのではないか」、などと問いかけてみるだけで明らかであろう。そもそも、「産業別組合（化）運動」は第二次世界大戦前から存在したもので、決して戦後のみの出来事ではない。

第 8 章　「企業別組合」をめぐる 21 世紀の闘い（2）

　④第二次世界大戦前に、労働者組合が一度も法認されなかったのはＧ７諸国のなかでは日本だけであり、日本の労働者階級は終戦直後期に訪れた団結（体）・団結権の自主的獲得の最大のチャンスも活かしきれなかった。戦後、「企業別組合」が他の組織形態の労働者組合と同等の団結体、「労働組合」として法認され、次いで、いわゆるユニオン・ショップ（その多くは尻抜けユニオン・ショップ）と一体の企業別組合主義が確立・定着させられ、「体制化」されてきたのも、もちろん日本だけである（その意味では、1949 年「労働組合法」の制定が決定的に重要な位置を占める）。イギリス、ドイツ、フランス、アメリカ、イタリア、（1917 年革命直前の）ロシアなどでは、会社組合（企業別組合）を「団結体としての労働者組合」として法認してはいない。それとの関連で見れば、当時の労政局長賀来才二郎、労働組合課長飼手真吾らを通しての、ＧＨＱの指導方針であった「交渉単位制導入」の拒否は、企業別組合（日本型会社組合）法認・定着にとっての歴史的・決定的な瞬間であった。というのは、ここで「企業別組合」法認の決定的突破口が開かれたのであり、もし、ＧＨＱ側が譲歩せず、交渉単位制の一般的導入を強行していれば、日本の労働者組合の主要な組織形態は、アメリカ型の職業別・産業別組合になったはずだからである。したがって、この歴史的事実を認識するか否かは、櫻田武らの「証言」も裏付けているように、日本型企業別組合の法認問題を認識し、理解する上で不可欠な要因である。

　⑤日本の労働者、および、研究者を含む労働者組合運動関係者の圧倒的部分は、trade union あるいは、labo(u)r union の意味も、団結体および、団結体と結社一般の区別と連関も、自覚的に習得・体得しないまま、第 2 次世界大戦後だけでも、約 70 年間を「出口のない迷路」、「トロイの木馬」の中で過ごしてきた。その結果,労働者組合（運動）の分野に関する「日本の常識」は――実態、用語・概念から理論体系に至るまで――「世界の非常識」となり、定着してしまった。こうした「日本の常識」をもった労働者や研究者が、欧米の常識をもった人々との間で、「労働組合」あるいは「トレード・ユニオン」、「レーバー・ユニオン」という言葉を使って、共通の対象や問題を議論していると思っていても、大方の場合、実際は互いに異なった内容――日本側は「企業別組合（体制）」とそれを基本とした労資関係を、欧米側は、職業別・

361

産業別・一般組合とそれを基本とした労使関係を——を想起し、「理解」しているのである。極言すれば、欧米側の人々と日本側の人々の間における「言葉（概念）」が通じない状態が、日本の企業別組合（日本型会社組合）体制を挟んで形成され、定着してしまったのである。

　私たちは、以上に要約したような到達点に立って、「『トロイの木馬』に乗せられたままだ」と、たとえたわけです。
　日本における労働者階級の「未成人（未成年）」状態、および、「企業別組合（日本型会社組合）」の支配的位置・役割、日本から諸外国へのその「輸出」（アメリカについては「逆輸出」）は、日本の労働者運動と社会的発展にとって、さらには、世界の労働者運動の発展にとっても、重大な障害・妨害になっているのです。

　ところで、企業別「労働組合」のなかにも「階級的・民主的・戦闘的」組合が存在し得るし、（特に第2次世界大戦直後期などに）存在してきたとする説、それを企業別組合の「積極的側面」とする説を唱える人々がいます。私たちの見地と異なるこうした企業別組合説は、私たちの視点から見た場合、どのように評価され、位置づけられるでしょうか。
　企業別組合（体制）全体として見れば、「階級的・民主的・戦闘的」組合の存在——とくに、大企業における存在——は一部あるいは一時期にすぎず、そうした組合もそれぞれ、当該企業（資本）に対する従属性を完全に払拭することはできません。また、そのような存在を長期に維持し、かつ、労働者組合運動全体における支配的な組織形態とすることは不合理でもあり、「積極的側面」を社会的に一般化することはできません。つまり、企業別組合（会社組合）と、「団結体としての（職業別・産業別組合）を原則とする労働者組合」とは質的に、つまり、本質において異なるものであり、たとえ、困難を超えて一部の企業別組合（会社組合）の主導権や活動方針が一時的に民主化された場合でも、企業別組合（会社組合）という組織形態のままでは——特定企業内の従業員の組織・組合、いわゆる縦断的組織形態の域を出ず——絶えず、企業（資本）側からの反撃による転覆、企業消滅と同時的な組合消

減などの存立の危険にさらされるばかりでなく、社会的・全国的に組織形態を転換する合理的な展望が開けません。企業別組合（会社組合）という組織形態を社会的、全国的に維持・存続させたままでは、「団結体としての労働者組合」にも、「階級的な組合組織」（いわゆる横断的組織形態）にもならないし、なれないことは、私たちが行ってきた研究結果が論理的に、そして、日本における様々な形態の「共存的組織論」のたどってきた歴史が事実をもって証明しています。

3.「企業別組合」をめぐる21世紀の闘い
　──「永蟄居」コースからの脱却を

(1) 21世紀の会社組合をめぐる闘いと日本の企業別組合（日本型会社組合）

　本書における私たちのこれまでの探究の結果によれば、「団結体としての（個人加盟、職業別・産業別を原則とする）労働者組合」と、企業別組合（本質的には会社組合の一亜種）とをめぐる対立・闘争は、日本の支配層による企業別組合（日本型会社組合）体制の堅守、さらにその「輸出」という、グローバル化した支配戦略をめぐる闘いとして、単に、21世紀にもちこされているばかりでなく、日本においても、アジアにおいても、世界的規模でも、さらに激化する傾向にあります。

　まず、日本における例として、トヨタ自動車と日本経済団体連合会（日本経団連）の場合を見て、確かめておきましょう。

　トヨタ自動車の会長でもある奥田碩が会長を務めていた当時の日本経団連のいわゆる「奥田ビジョン」（日本経済団体連合会編著『活力と魅力溢れる日本をめざして──日本経済団体連合会新ビジョン──』、日本経団連出版、2003年）は、「労働組合」の「変革」と「本来の役割」について次のように督励しています。

　「すべての従業員が生きがいをもって働き、充足感を味わえる企業を実現するためには、労働組合も変革を迫られる。今日、組合員の組合活動への参画意識が低下しており、労働組合運動が内部から自壊する危機に瀕しているといっても過言ではない。労働組合は、経営側の幅広い提案を受け、多様化

する職場の意見を集約し、それをもとに労使の話し合いによって決定し、実行に移していくという本来の役割に徹するべきである。」(61 頁)

これより先に、東正元トヨタ自動車労働組合執行委員長は「これからの労使関係と労働組合運動のありかた」(『産経研フォーラム』、No.50、2001 年 5 月）で、以下のように語っているのです。

「『原点の更なる強化』とは、将来に向けて打ち出された会社施策の目的や真意について、共有化し、我々自らの問題として主体的に取り組んでいかなければならないが、その過程において、職場の実態がどうなっているのか、どのような問題が起こっているのか、組合員がどうして欲しいと思っているのか、常にアンテナを高く感度を良くして把握をしていく。そして、その上で組合としてどうしていくべきかを、会社施策にフィードバックしていくことが重要である。」(28 頁)

「最後に、日本の企業労使が築き上げてきた『労使協調』の理念や考え方は、21 世紀にもその必要性は増してくるものと思う。そのことに自信を持ち、勇気をもって山積する諸課題に果敢に取り組み、組合員の幸せと企業の発展につなげていかなければならない。」(28 頁)

こうした労資一体の体制を、企業別組合を通して——とくに、「労働組合」による「上位下達と下意上通」を通じて——21 世紀においても引き続き強化していくことでの奥田・東の相呼応した発言は、産業報国会・産業報国運動における「上位下達と下意上通」を想起させ、改めて、その日本主義的本質に脅威を感じさせます。例えば、当事者の一人である大日本産業報國會勞務局管理部副部長・佐々木正制が書いた『工場鑛山産業報國會の組織と運營』（東洋書館、1941 年）は次のように指摘していたのです。

「産業報國會は經營者と從業員の一體的勤勞協同體である限り、此の據って立つ從業員に組織的地盤が形成されなければならない。この地盤が組織化され、上意が下達され、下情が上通される最下部組織となる所に産業報國會の系統的組織化の意義が生ずるのである。工場事業場の命令系統が大にして上は社長、支配人、技師長或は工場長より部長、課長、係長、職長と、例へそれが幾段に別れてゐても、この職制上の秩序が儼然として保たれ、各々その職分を恪守して命令が一本の綱を手繰るが如く徹底し、更に醞釀された下

情が立腐れにならないでこそ、千或は萬を超ゆる多数の人々が整然とその所を得て作業し得るのであるが、工場の規模が大きくなればなる程上部の意思は中間に於て止まつて下部に傳達されない。又下部の意思も同様に上通されない。〔……〕之を補ひ命令系統として成り立つ爲めに、下部組織とし五人乃至十人を單位とする新しい勤勞精神で鍛え上げた組織母體を基礎とする、有機的組織體を職場にもたなければならない。この組織母體は日本古來の傳統的精神を有し、明治維新まで續き今又現代に復活せる五人組制度のもつ、歴史性と日本的性格に多くを學び取らなければならない。之が歴史と性格を檢討することにより職揚に於ける組制度の意義が徹底するであらう。」（103〜104頁）

　松下電器労組委員長や全民懇代表幹事を務めた後、松下電器常務取締役（1990年）にまで「昇進」した高畑敬一も東正元と同趣旨の発言と実践をしていましたが、こうした企業別組合を軸とした労資一体関係の「公式」は日立、東芝、新日鐵など他の日本経団連会員大企業でも、今日もなお応用されている「公式」なのです。川上充『もう一つのソニー自叙伝——ソニーにおける労働者のたたかいと記録』（本の泉社、2005年）はソニーの実例を挙げて、この「公式」の実体と本質を衝いています。

　「『ソニー自叙伝』の記述に会社の労組観といいますか、労組への期待感が色濃く反映していると思います。つまり、会社は労組を意のままにあやつれる、そしてそれ以上に労組によって職場の秩序維持をはかろうとしたのではないでしょうか。実際、東京都労働委員会における不当労働行為の審問の際、労務担当の重役が『労務の役割は』と聞かれて、『労組をつうじて、労務管理をするところ』と答えて、さすがの反動的公益委員をあきれさせています。」（14頁）

　次は、「企業別組合を軸とした労使関係」の「輸出」という問題です。

　願興寺胎之『トヨタ労使マネジメントの輸出——東アジアへの移転過程と課題』、および、日本労働組合総連合会『多国籍企業に於ける建設的な労使関係確立のために』（ミネルヴァ書房、2005年）が、トヨタ自動車の場合について、アジア各国への「輸出」例を具体的に紹介しています。また、熊谷謙一『アジアの労使関係と労働法』（日本生産性本部生産性労働情報センター、2015年）は「日本の対応の改善と強化を」という一節で、次のように示唆

しています。

「労働組合のシステムも日本とは異なることが多い。例えば、インドネシアで深刻なトラブルとなったケースでは、産業別労組が工場に支部を組織したが、日本人経営者が企業内労組以外とは交渉しないとの姿勢を示したことから大きな争議を招いた。アジア諸国では、日本のようにほとんどの労組が企業別に組織されている訳ではない。」（167頁）

ジョン・ベンソン、ハワード・ゴスペル「台頭続ける《企業レベル組合》とは？──概念的および相互比較的分析」(John Benson, Howard Gospel, "The emergent enterprise union?" A conceptual and comparative analysis", "The International Journal of Human Resource Management"、No.19（7）、2008年7月）も「企業レベル組合主義（enterprise unionism）への傾向」に注目した実態評価を実行し、「〔日本、アメリカ、フランス、ドイツ、イギリス、オーストラリア〕六ヵ国共通して台頭傾向にある企業レベル組合主義」と特徴づけ、「六ヵ国の民間部門における de facto enterprise unionism（事実上の企業レベル組合主義へのシフト（傾向の強まり））」を確認し、強調しています（訳文は宮前忠夫）。

労資関係の日常的舞台・職場においても、企業別組合（会社組合）か、産業別労働者組合（「団結体としての、個人加盟、職業別・産業別を原則とする労働者組合」）か、をめぐる組織化闘争は、日本だけでなく、グローバル（世界的）規模で、21世紀の今日も継続され、様々な形で強まっています。これまでも見てきた通り、アメリカ、韓国をはじめとするアジア諸国、ドイツ、イギリスなどでの「会社組合」策動が闘う労働者組合によって暴露され、公式・非公式に「告発」されています。

ここでは、ドイツにおける近年の一例を紹介しておきましょう。

職業別・産業別組合主義が定着しているドイツにおいては、組合分裂攻撃も多くの場合、労資協調主義的ナショナルセンターであるキリスト教労働者組合同盟（ＣＧＢ）傘下の新職業別・産業別組合を「結成」し、職業別・産業別組合を分裂させる方法がとられますが、ここで紹介するのは、有数の大企業内に事実上の企業別組合（会社組合）を結成し、ＩＧメ

タル（金属産業労働者組合）を分裂させることを狙った特殊な策略の例であり、16年間にわたって内密にシーメンス（Siemens）社から支援を受けていた、いわゆるインフォーマル組織である「AUB（独立従業員研究会）（Arbeitsgemeinschaft Unabhangiger Betriebsangehöriger)」を使って「会社（別）組合」結成を策動した事件です。

　ニュルンベルク地方裁判所は2008年11月24日、ＩＧメタルなどから背任および詐欺事件として訴追された裁判において、ＡＵＢ前会長のシェルスキーに禁固4年半、シーメンス元取締役フェルトマイアーに執行猶予付禁固2年と22万8800ユーロの罰金を言い渡しました。ちなみに、シェルスキーは自著の中に「日本の手本」という項目を立てるなど、日本を手本にした会社組合（企業別組合）策動であったことを「自白」しています。

　カスパー裁判長は、シーメンスによってシェルスキーに支払われた3000万ユーロ強（実際には、1990年以降、シーメンスからシェルスキーを経由してＡＵＢに約4500万ユーロが注ぎ込まれたとされている）——を使って、ＡＵＢはシーメンス・グループ内においてＩＧメタルに対抗する戦闘部隊として動員された、と言及。「シーメンス株式会社の責任者、被告人フェルトマイアー教授と、被告人シェルスキーの共謀的協力によって、シーメンス社の『トロイの木馬』ともいうべき方法で、会社の意にかなった事業所評議会委員候補者が、繰り返し、いわゆる『独立派』（ＡＵＢ）候補者リスト——有権者はその背景と動機を知らなかった、あるいは、全く別様に評価してさえいたが——の上に配置された」と断罪しました。

　この判決を受けて、ＩＧメタル執行委員会は「シーメンス、シェルスキー、ＡＵＢ：ここで、『独立した』("unabhängig")の意味するものは何か——傀儡（かいらい）組織とトロイの木馬について」という声明を発表し、会社側の企業別組合（会社組合）結成策動を改めて糾弾したのでした。

(2) チャンスを逃し続けてきた日本の労働者
——21世紀初頭のチャンスを活かす試み

　日本の労働者階級は——私たちも本書においてその一端を検証してきましたが——1890年代以降、困難な条件下で、団結（体）・団結権の獲得のために闘っ

てきました。とくに、階級的自覚を持って、先頭に立って闘ってきた人々は——過去においても、現在も——世界のどの国の活動家にも劣らない誠実さと熱意をもって、苦闘を重ねてきています。

そして、日本の「労働組合」運動は、これまで、とくに、第二次世界大戦後の「労働組合」運動だけを見ても、「企業別組合」克服をめざして、法外労組、合同労組、一般労組の取り組み、「未組織労働者」特に、非正規労働者の組織化をめざす地域労組、「ユニオン運動」など、おそらく考えられるあらゆる試みを実践してきました。

その半面で、日本の労働者階級は、20世紀末までの歴史上で、「団結体としての労働者組合」は trade union、あるいは、labo(u)r union でなければならない、という批判的指摘、あるいは、勧告を何度も受けてきたにもかかわらず、これらをしっかりと理解・把握し、チャンスとして活かすことに失敗してきました。例えば、①ゴンパーズによる勧告、②(世界労連が派遣した)ルイ・サイヤン訪日調査団の報告、③(ＣＩＯの組合幹部の経歴を持つ、ＧＨＱのブラッティらに代弁された)アメリカの労働者組合からの批判と進言、④ＴＵＣ訪日幹部の指摘、がそれです。

こうした経験、経過を反省して得られる最も深刻な、本質的な問題は、①日本の労働者階級が、一般的結社(権)とは区別される団結(権)というものを、未だ自らの力で獲得しておらず、習得と獲得の途上にあること、そのような歴史的課題を明確に自覚してこなかったこと、②加えて、日本の支配階級が、それ(混同)を労働者階級の間に戦略的に持ち込み、増幅し、日本主義化し、第二次戦後ついに法制化し、その「労働組合」法制をも最大限に利用しつつ、さらに——単に法認しただけにとどまらず——実質的に「企業別組合(日本型会社組合)主義」あるいは「企業別組合体制」として定着させてしまったという事実ではないでしょうか。この事実は、第二次世界大戦終了のわずか約2年半後に発表された引間博愛(東貨労組神田支部長)「組合の自主性の確立」(『双輪』、No.1、1948年1月)〔原典は手書き・謄写版印刷〕の、次のような指摘と克服の呼びかけを想起させるものです。

「今四八〔1948〕年の多難さ深刻さは想像以上である事は凡に予想されてゐる所であると思ふが私達はそれだからこそ一層この労組の組織が頼りであ

り、また、この組織を健全に且強力にして行かねばならないわけである。

　その健全且強力なる組合の資格の第一として組合の自主性の確立があるのだが、誰もが指摘する通り自からの手に依つて解放されたのでなく自からの血みどろの斗争でかち得たのでなく他人の手に依つてそして法律の保護の下に解放され組織された日本の労組の大半はこの自主性の確立については万全と云ひ得ないうらみがある。

　之は過渡期の現象でやむを得ないと云ふことになるかも知れないが私達は一刻も早くこの域を脱しなければいつまで立つても一人前になれないし健全且強力な組合など痴人の夢と化してしまふことだろう。この自分達の組織の自主性が確立されないのでは到底社会の民主化なぞ期し得ない」、「私達はかうした面からも單なる企業組合に堕したり、支部セクト主義に陥入る事の不可なる事を認識し、あくまでも單一組合の組織の充実強化を計り、それと併行しての支部の自主性の確立を計らねばならないと思ふものである」（3～4頁）。

　ここで、引間博愛が特に強調した「組合の自主性」は、とりわけ「雇主即ち会社からの自由」（3頁）、今日で言う「（労働者組合の）資本・企業からの独立」を指しています。

　しかし、未だなお、こうした恐るべき事実を認識し、課題を自覚している日本の労働者、労働者組合運動活動家は極めて少ないように見えます。

　かつて、小川善作は「いかに活動家といえども、自らの団結を持たなければ首切り賛成組合の秩序のもとで規制され、制圧されてしまう危険にさらされている。こういう状況のもとで、いずれは職場の多数派になるといっても、それは百年河清をまつに等しい」（小川善作「造船産業における少数派運動」、『労働法律旬報』No.1186,1988年2月25日号）と警告して注目を浴びました。私たちは、その時点から数えても、すでに30年弱、第二次世界大戦終結からは70年を越え、ゴンパーズによる高野房太郎への勧告・警告からは約120年を経た時代を生きています。

　そして今や、一方では、日本の多国籍大企業が企業別組合（日本型会社組合）を進出先の国々に次々と「輸出」し、世界各国の労働者組合運動にとっての「大迷惑」になっているのです。多様な形態で展開されつつある多国籍大企業本位のＦＴＡ（自由貿易協定）、ＥＰＡ（経済連携協定）に含まれる「国

家と投資家の間の紛争解決手続き」（ＩＳＤＳ）などの、当事国の主権を侵す諸規定が団結権をはじめとした労働者権への攻撃に利用・乱用される例が増加しています。こうした中で、「自由貿易」主義の名の下に日本の財界と政府が強行しつつある諸協定を許すなら、上記のような、日本が「輸出」している「大迷惑」に輪をかけることにならざるをえません。

　日本の労働者・労働者組合が「トロイの木馬」の中に「蟄居」することは、日本における団結（体）・団結権という視点からだけではなく、国際的・階級的連帯の立場からも許されない状況になっています。このままでは、関心をもつ内外の人々から、日本の労働者は「トロイの木馬」の中での「永蟄居」状態に向かっていると見られてしまうでしょう。

　しかし、実際には、困難な現状を打開し、「永蟄居」を回避することをめざす提案（者）も現れ始めているのです。

　こうした危機的な実態を直視したとき、あなたなら、どうしますか。

　「今こそ、日本の団結（体）・団結権運動、労働者組合運動についての正しい知識・認識、そして、自覚を持とう」ということになるのではないでしょうか。

　そうした視点から、目を凝らして見ると、21世紀が十数年を経る間に、私たちが本書における検証を通じて得た企業別組合に関するさまざまな要請や小川善作らの警告に、正面から応えようとする、企業別組合（体制）の克服と「抜本的な産別強化」をめざす論調と実践が、さまざまな部署で改めて、開始されている様子が見えてきます。

　ここでは、その主な例として、小林雅之、要宏輝、國分武の、それぞれの実践経験にもとづく主張、構想、組織改革戦略などの要点を、おおむね、関連主要文献の発表順に、読みとっていきましょう。

① 「一企業・一労組」主義と企業別組合を脱皮・整形するチャンス
　　──小林雅之の確信

　小林雅之は私たちの運動とそれを取り巻く情勢が21世紀入りした直後の2002年に、個人加盟組合・「一企業・複数労組〔主義〕」という原則にもとづく団結体の歴史的必然性を唱え、そのための「整形」のチャンス到来という認識を打ち出しました。小林雅之「個人別組合と企業別組合──企業社会

を乗り越える労働運動の創生を」(『労働法律旬報』、No.1541、2002年12月10日)は、そうした認識を次のように展開しています。

「企業内組合の総連合体の体質、殊にその中核に座るカンパニーユニオンが支配するような労働組合組織が、情勢の変化でやがては自己変革されるだろうと期待する向きが根強くあります。
〔中略〕
　もちろん、革新的政党員が職場と労働組合のなかに階級的潮流を強める努力をはらうことは、労働運動にとっても重要な側面です。ただ、労働組合幹部は、今日の悲観的な現状を打開していく可能性を、労働市場のダイナミックな変化のうちにこそ見出す必要があると私は考えます。
　今日、労働者が追いやられている状況をよく理解し、組織化運動をダイナミックに、主体的・創造的に切りひらくことなしに、既存の組織の主体的な変革はありえないでしょう。」(26頁)

「多くの企業内組合は、正社員以外の労働者を長きにわたりひたすら排除してきました。なぜ非正規従業員だけの組合をつくったり、認めたりしてこなかったのでしょうか。労資協調路線をとる組合が、労働者間の差別を容認するのならまだ話はわかりますが、良心的な組合までがこれに目をつぶっているというのは、どう考えてもおかしなことです。

　『一企業一労組』。この古くからのドグマが、もう一方に存在しているためです(この点は、右派にも左派にもほとんど共通認識としてあると思います)。
〔中略〕
　一企業・複数労組による団結体への要請は歴史の必然であり、これからの日本の労働組合運動のなかで大きな流れをつくっていくにちがいないと、私は確信しています。終身雇用制と年功型賃金体系が崩れ、労働市場の流動化が進めば進むほど、その可能性は大きくなるでしょう。そこで企業のなかのあらゆる職種・階層の労働者を、それぞれの産別・個人加盟組合に横断的に結集させることによって、企業内労働組合の縦断的な単一支配を崩していく。こうして、企業内労働運動は大きく変容するだろうと思います。」(38頁)

「まさに意識が存在に引きずられてきたと言える労働組合の姿を、二〇世紀にいやというほど見てきたのですから、路線や理念よりも、まずは組織の

姿かたちを正しく整形することに力を注ぐべきです。いまはそのことが可能な時代でもあり、大いなるチャンスが到来したと、私は思っています。企業内組合から個人加盟組合への大がかりな移動と再生が、かつてないテンポで進行しているのです。」（46頁）

②世直しは後世に委ねるわけにはいかない——要宏輝の「『連合』改革」

　1944年生まれで、連合大阪副会長、全国金属オルグなど多彩な活動経歴をもつ要宏輝は、要宏輝（元連合大阪副会長）「連合よ、正しく強かれ——『連合』労働運動の過去・現在・未来」（『現代の理論』、明石書店、No.19、2009年4月）の中で「日本の労働運動が二一世紀に向けて飛躍するためには、企業別労働組合主義から決別し、真の産業別労働組合に、『大化け』する、つまり、アメリカのＣＩＯが果たしたような歴史的な役割を担う歴史的なチャンスが訪れている」（152〜153頁）として、「危機」を「根元的変革へのチャンス」ととらえています。さらに、要宏輝「闘いはこれから、世直しは後世に委ねるわけにはいかない」（『職場の人権』、No.77、2012年7月）では、現在の御用組合化した企業別組合が、「労働組合法のいう自主性要件（二条）、民主性要件（五条）を具備した法内組合」に該当しなくなった「法外組合」と位置付けて、その「おぞましい事例」（〈事例ａ：組合役員人事への関与〉、〈事例ｂ：組合役員を会社の人事制度で処遇〉）をあげて実態を列挙。そして、「企業別組合」主義が「連合労働運動の構造問題」であることを、次のように分析しています。

　「単組（企業内組合）は会社に対して弱く、上部組織である産別に対して強いという傾向があります。御用組合であるほど会社に弱く、組合員の多い大単組であるほど単産に強い発言力を持つということです。また単産は大単産であるほどに上部団体であるナショナルセンターやローカルセンターに影響力を行使できる。大単産のトップ（一般に連合副会長職）と連合会長の関係は大株主と雇われ社長のような関係というのが実態です。つまり、連合の世界は『企業（経営）＞企業内労働組合＞産別＞ナショナルセンター』といった『下剋上？』の力関係になっているということです。それを許している根拠は、①単組の自治権（執行権・財政権・人事権）、とりわけ財政（組合費）の大部分を単組が握っていること。②『産別自決』、『単組対応』が連合の組

第8章 「企業別組合」をめぐる21世紀の闘い（2）

織運動原理であること。『産別自決』は、連合が産別を指導しない（できない）言い訳であり、『単組対応』は単組の自主性尊重が建前で、実は産別が単組を指導しない（できない）方便です。

　まともな単組は上部組織の作為（指導）を求め、御用組合は不作為（指導拒否）求める、これが企業内労働組合の習性、今日の労働運動の体たらくは『下剋上？』の力関係から起こるべくして起きているということです。

　連合結成（労働戦線統一）によって、最も遅れた『労働運動の陥没地帯』（清水慎三）の民間大企業労組と『労働運動の封じ込め地帯』の官公労が連合の上層部（三役会議）を構成することになったのですが、『一致しないことはやらない』という申し合わせに自縄自縛され続けてきたのが現実です。連合は三役会議が事実上の決定機関、三役会議は会長・副会長・事務局長らの大手産別代表者＝大手単組代表者で構成しているのですが、この三役会議は国運安保理のようなもので、一人の三役が反対（拒否権発動）すれば何も決まらない仕組みになっています。」（20頁）

　要宏輝は最後に企業別組合を「構造問題」とする「連合」の変革の緊要性を強調しています。

　「日本では、半世紀以上にわたって、企業別組合が上部組織や地域との連帯を分断し、連帯意識の形成を阻む役割を果たし続けていますが、しかし企業を超えることのない階級連帯などそもそもありえません。階級連帯が後退し、見えなくなっているのは、それを阻んでいる様々な『構造問題』が横たわっているからです。グローバル競争を、企業と運命をともにしている企業別組合がいかに強固に見えてもそれは普遍的ではないし、微細な存在でしかありません。

　『昔はよかった』といったロートルの繰り言で『今』を語るつもりはありません。一九四五年敗戦後の二世代にわたる活動家層は払底してしまった（労働界の「二〇〇七年問題」）と言われますが、日本の戦後労働運動は二世代を経て、まだこのレベルとみなすこともできる。為すべきことに不足や過ちはなかったか。労働戦線統一（連合結成）が本当によかったのか、どうか。連合が社会的役割を果たし得なければ、平和が戦争の始まりのように、統一は分裂の始まりになるのか。連合（＝正社員組合の集まり）に対して、外部からのルサンチマン、内部からの『リセット願望』の声がもっと大きくなら

なくては連合の自己改革、運動変革はない。闘いはこれから、世直しは後世に委ねるわけにはいかない、というのが現在の私の想いです。」(21頁)

なお、この要宏輝の論文は、「いま企業別組合の役割はどこに？——現代日本における労使関係の状況」と題する研究会テーマでの、熊沢誠(研究会「職場の人権」代表)報告「職場の状況を組合によって変える自信を容易に見出せない閉塞感」へのコメントとしての発言を文章化したものです。

③抜本的産別強化、地域・「ローカルユニオン」の主戦場化を
——國分武の全労連への警告と提言

國分武「全労連におけるローカルセンター・ローカルユニオンの位置づけと現状」(労働総研労働組合部会における報告、2014年3月15日)は、独特の「ローカルユニオン」概念を用いて、新しい産業別組合組織戦略を提案しました。

「第5回ローカルユニオン全国交流集会(09年)は、ローカルユニオンの組織的位置づけについて、『地方・地域組織は、ローカルユニオンを特定の単産に所属しない直轄組織として建設することを基本として進める』としている。

私は大賛成である。直轄組織とは、軍隊的に言えば単産とは全く別に、地域組織の直接の指揮で動く『旗本・直参』の部隊を編制することである。この『旗本・直参』の組織が大きくなれば、地域組織の力量は格段と向上し、地域を大きく変えることが可能となる。

最後にもう一つ言わせてもらえば、現役時代に〔全労連〕常任幹事の雑談で『どこかの民間単産に単産をやめてもらって、ローカルユニオン「単産」のようなものが作れないのか』ということを話題にしたことがある。『旗本・直参』のローカルユニオンを全国的に指導する全労連の直属部門の設置と言ってもいい。こうした構想も含めて、地域を主戦場とする『組織構想』のあり方を深めていきたい。」(國分武作成の「報告」記録から)

次いで、國分武「組織拡大・強化における産別組織の役割と機能強化」(『労働総研クォータリー』、No.99、2015年夏季号)では、「全労連が右翼的潮流に抗して結成されたにも関わらず、全労連加盟産別の組織拡大・強化の取組みは『たたかう潮流』としての一体感にかけ、産別独自路線に見えた。組織

拡大強化の手法も『総評』以来の、産別・個別企業ごとの新結成であり、ナショナルセンター強化や地域密着といった観点が今ひとつ乏しい。全労連強化を軸に抜本的な産別強化の手立てを講じない限り、特に民間産別の衰退が重大な事態になりかねない状況であると考える。」（32頁）と警告しました。

(3) 緊迫する事態にどう対応するのか──若干の提言を含めて

　本書における検討・研究を、ここで、一応、閉じるに当たって、ここまでの諸結果を踏まえつつ、若干の提言を含めて締めくくっておきたいと思います。一研究者という現在の私（宮前忠夫）個人の立場からのものなので、提言として言えることは、一般的な問題提起に限られます。

①戦前を含む歴史的到達点としての現状再認識と建設的議論を
　　──団結（体）と企業別組合の本質把握を軸に

　本書は、著者として、なお多くの不足・不十分さがぬぐい切れていないことに気づきながらも、「企業別組合」問題再検討の緊要性を考慮して、敢えて、これまでの研究の要点を、なんとか一冊の書籍という形にまとめあげて出版に踏み切ったものです。

　私は、自分のこれまでの経歴のなかで、欧州主要国の労働者組合の実態をある程度、見聞し、研究もする中で、①「労働組合」という日本語用語は英語"trade union"の訳語、あるいは、対応する日本語概念としては不適当なのではないか、米・欧諸国においても「労働組合」に相当する用語は見当たらない、②英語"trade union"および、これに相当する独、仏、伊、露の各語の用語・概念には「企業別組合」は含まれないのではないか、という二つの疑念を、かねてから、強めていました。そして、第1章ほかで紹介した、"there is no union in Japan"という指摘が行われていたことにも触発されて、「企業別組合」──とくに、その組織形態──に関する研究が不可欠、不可避であると確信するに至ったわけです。

　さらに、"trade union"についての、ウェッブ夫妻の定義、カール・マルクスの捉え方などを学ぶうちに、日本で生活し、活動する私たちの最も基本的な課題が、労働者としての団結（体）・団結権の獲得・確立にあることに行き

着き、それは、「トロイの木馬」に例えられる企業別組合（日本型会社組合）体制の打破と不可分であるとの結論に達しました。

　私のこうした経験は「企業別組合」問題の真剣な考察に行き着く一つの方途にすぎませんが、多国籍大企業本位のグローバル化が危機的状態に陥った下で、日本における「企業別組合」問題の再検討が緊要になっていることを示唆する諸事件、諸契機がかつてなく顕著に、かつ、多重的・連鎖的に生起しています。とりわけ、労働者組合運動の立場からみて、日本が第二次世界大戦前から、21世紀の今日まで大きく立ち遅れていることをはっきりと示しているのが、人間らしい労働と生活を保障する労働時間規制（上限規制、週労働時間の短縮、過労死を生むほどの過重労働の禁止・撲滅など）、および、全国一律最低賃金制の欠如・未達成という問題です。労働者独自の要求に関する組織力・闘争力という側面だけでなく、沖縄・日米安保・原発問題の国民的・民主的解決、一連の安保法制・反動的立法反対のための大運動や国民的闘争の中心的役割を担う側面でも、遅れや力不足が指摘され続けています。

　したがって、私は「労働組合」の組織原則・形態問題、「企業別組合」問題の真剣な再検討を、労働者、研究者をはじめとしたそれぞれの人々、労働者組合が直面している要求・課題を契機、「入り口」として、「『労働組合』とは何か」、「企業別組合とはなにか」を改めて問い直し、納得のいく合理的な答えをつかみとるための開かれた建設的な議論を広く大きく起こすことを、最初に、提起します。

②理論と実践戦略、法制問題での統一的対応を——「共存的組織論」の克服

　上記①で提起した議論を通じて、企業別組合（会社組合）と「団結体としての（個人加盟、職業別・産業別を原則とする）労働者組合」の本質的相違が明らかになれば、「日本における企業別組合体制の克服」が課題となるでしょう。いわば、①で得られた原則・結論の応用問題です。

　この原則・結論の適用・応用にあたっては、既存分野・領域——①企業別組合をめぐる取り組み（主として大企業企業別組合の内部・関係部署での取り組み）、②（主として個人加盟の）諸形態の「企業別組合」でない労働者組合（合同労組、一般労組、地域労組、専門職労組など）と、新規に組織化

する分野・領域（従来、「未組織労働者」とよばれた、現時点で組織を持たない「無組織労働者」の組織化運動）の両者を、その区別と連関・統一においてしっかりと位置づける戦略・戦術が必要とされるでしょう。

　一般的対応論として言えば、当面は「共存的組織論」の範囲にとどまるのか、それとも、当初から個人加盟の職業別・産業別組合を前提条件として既存組織再編と新規組織化に取り組むのか、を明確にすることが大切です。「共存的組織論」を排して、職業別・産業別組合組織化に取り組む場合は、いずれの職業別・産業別組合も全国規模・レベルとなるので、適切な全国的センターの設置が必須となるでしょう。さらに、同センターが必要とされる権限や機能（組織力、財政力など）を持つことも要請されるでしょう。また、企業別組合とその支配的体制の法的根拠となっている現行労働組合法とその関連法制の根本的改定問題も浮上するでしょう。

③日本国憲法を活かし、発展させる民主主義の担い手になろう

　本書の研究でも明らかになったとおり、日本の企業別組合体制は、それぞれの当時の関連法制、とくに、「労働組合」法制と労働行政に支えられて「定着」してきました。しかし、今日におけるその実態は、すべての労働者・国民に、世界で最も明確に団結権を保障している日本国憲法、とくに、その第28条の定めからみると極めて不十分です。こうした結果をもたらした要因の一つとして、日本の労働者・国民が憲法第28条のすぐれた規定を活用し、具体化する闘いの重要性を、十分に自覚してこなかったことが挙げられるでしょう。

　21世紀日本における「団結体としての（個人加盟、職業別・産業別を原則とする）労働者組合」実現の取り組み、運動・闘争は、日本における労働者（階級）の要求であることはもちろん、日本国憲法の民主主義的・先進的内容を活用し、守ることをはじめとする国民的・社会的・民主主義的要求でもあります。日本と世界における社会的進歩と国際的連帯強化の一環を担うものです。しかも、この取り組み、運動・闘争は、日本の現行労働法制に照らして、全く合法的なものです。日本国憲法はすべての国民に団結権を保証しており、「労働組合法」はいかなる組織形態も排除しておらず、すべての組織形態を容認しています。

日本国憲法と戦後民主主義を活かし、発展させる闘いの一環としての意義・位置づけを明確にすることは、遠回りに見えるかもしれませんが、今日の諸情勢の下で、「団結体としての労働者組合」を獲得することを確実にするためには、ますます、必要・不可欠性の度を増しています。

④国際的な視野・連帯意識・責任の自覚をもって
　国内には模範となる典型的な姿では存在しない、日本における「団結体としての（個人加盟、職業別・産業別を原則とする）労働者組合」の確立という課題達成のためには、上記で提言したような運動・闘争の経験と理論を習得・体得し、日本でそれを普及し、応用し、実現する運動を指導できる活動家が不可欠です。こうした活動家を確保する取り組みの一環として、例えば、米・西欧主要国に幹部候補者を研修派遣することも必要でしょう（可能なら複数人、複数国へ、より長期に）。
　さらに、経済のグローバル化、とくに、ＴＰＰ（環太平洋連携協定）、ＴＴＩＰ（環大西洋貿易投資連携協定）の交渉内容に代表される広域経済連携体制の広がりの下で、「国家と投資家の間の紛争解決手続き」（ＩＳＤＳ）に象徴されるような、各国・各経済圏などの既存の労働者・労働者組合権、社会的保障制度への破壊攻撃が世界各地・各分野で急速に広がっています。そうしたなかでの、日本の多国籍大企業の海外進出のグローバル化にともなって、企業別組合（日本型会社組合）の「輸出」――進出先国での既存の職業・産業別組合の否認・破壊や、企業別組合結成の強制など――もグローバル化しています。これは、当該国の労働者・労働者組合にとっては大迷惑な攻撃にほかならないので、日本の労働者・労働者組合は、企業別組合体制がもつこうした側面においても、国際連帯の立場での責任を実効性のある形で果たさなければならないでしょう。

日本の「労働組合」運動に関する訳語・誤訳・不適訳問題

　本編で検証してきたとおり、日本では、1897年の「労働組合期成会」の結成と活動開始を端緒として普及し始めた用語「労働組合」が、その後の「企業別組合（会社組合）」法認を巡る歴史的過程と第2次世界大戦後における法認を経て——それが、実体的には、「企業別組合」を指す概念・用語となってしまい、"trade union" など欧米諸国の概念・用語とは、似て非なるものであるにもかかわらず——欧米諸国の労働者組合概念である「団結体としての（個人加盟、職業別・産業別を原則とする）労働者組合」という概念・用語と同義のものとして混同・混用されるようになりました。そして、これが日本語から外国語へ、外国語から日本語への双方向の翻訳用語としても支配的となったことも手伝って、日本社会全般に普及、定着させられました。つまり、日本においては、本来は相反する二つの概念・用語である "trade union"（「団結体としての（個人加盟、職業別・産業別を原則とする）労働者組合」）と、それには含まれない、質的に異なる組織（形態）である「企業別組合」（実体は一企業・一資本の従業員の組合）とが、「労働組合」という一つの概念・用語の内に包摂されたまま、日常的に、通用しているのです。
　その結果、「労働組合」という用語・概念、知識、「理論」——全体として「世界の非常識」に属する状況——が「日本の常識」として一般的に定着してしまったのです。
　日本の「労働組合」運動、あるいは、いわゆる労使関係に関する訳語問題のうち、最大の否定的影響力をもち、現在も影響を及ぼし続けているのは、この、英語 "trade union"、あるいは、"labo(u)r union" の訳語としての「労働組合」、および、日本語「労働組合」の英訳ですが、実際には、これと密接な関係にある多くの用語・概念にも影響が及んでいるのです。例えば、英語 "company union" あるいは "enterprise union" と、訳語としての「企業別組合（会社組合）」あるいは「御用組合」の場合、そして、英語 "local

union" と訳語としての「単位組合」あるいは「地域（地方）組合」の場合などです。

　こうした訳語とそれに関連した術語問題がもたらす深刻な影響については、本編でも触れましたが、実態はそれにとどまらない広がりと深さをもっています。ここでは、本編でとりあげきれなかった実例をも挙げながら、この問題を検証してみましょう。

第 1 章　訳語・用語の歴史と実態

1. 明治、大正期文献に見る "trade union"——訳語または日本語概念（1925 年頃までに公刊された文献の中から例示）

　1897 年に労働組合期成会が結成され、「労働組合」という用語・概念が急速に普及し始めましたが、以下 (1) ～ (3) の各項を総覧すると、「職工組合」という用語・概念が、それ以前も、それ以降も、頻繁に使用されていたことがわかります。

(1) 労働組合期成会発足期より前の時期の文献
　邦訳文献には原書を併記。各文献名の後に、該当用語を太字で示し、→の左側に原語、右側に訳語を表記しました。

★アルフレッド・ビー・マソン、ヂョン・ヂェー・レロル著、牧山耕平譯『初學經濟論』（雁金屋清吉、1877 年）〔改定諸版あるが、該当訳語は同一〕
Alfred Bishop Mason, John Joseph Lalor, "The Primer of Political Economy: in sixteen definitions and forty-one propositions" (Kessinger Publishing ,1875)
trade union →成業同社、trade union fund →成業同社資本。

牧山耕平編『經濟論讀本』（牧山耕平、1880 年）〔改正諸版あり。上記訳書と同一の原書の訳書だが、読み易く編集し、釋義（注釈）を付す。該当訳語は上記訳書と同一〕

牧山耕平編『初學經濟論字引』（文山房、1879 年）〔「釋義」を編集して単行本化。「俗語」を使用し、ほぼすべての熟語にフリガナを付しての用語解説集。下記に内容を例示〕

成業同社(セイギヤウドウシヤ)英語ニテ「トレードユニオン」ト云フ製造ナリ商賣ナリメイメイ金ヲ出シ又ハ勞ヲ致シテ均タリエキヲ分配スル社ナリ

★寶節德〔ヘンリ・フォーセット〕著、永田健助譯『寶氏經濟學』（巻之二）（永田健助、1877 年）

寶節德夫人〔ミッリセント・フォーセット〕著、永田健助譯『改譯増補　寶氏經濟學』（丸屋善七、1887 年）〔1888 年第三版あり。該当用語の訳語は不變〕
Millicwent Garrett Fawcett, "Political Economy for Beginners" (Macmillan and co., 1870)〔1991 年第 10 版を PDF 保存〕
Trade unions →工業結社（初版）、職業(トレードユニオン)結社（1887 年改譯増補版以降。ただし、上付けカナは第三版）

★ラルネット〔ドゥエイト・W・ラーネッド〕著、宮川經輝譯、土居通予編『經濟新論』（後編）（任天書屋、1887 年）〔同志社大學講義録〕
Dwight Whitney Learned, "Economics and Politics" (manuscript of the author（Doshisha College, 1886)
貿易會社(ツレードユニオン)

★ジェボン〔ウィリアム・スタンレー・ジェヴォンズ〕著、杉山重威譯『經濟學』（榊原友吉、1889 年）
〔本書訳者は「ジェボン氏の原著ニシテ英語ニ『ポリチカル、エコノミー、フオア、ベギンナース』と記述しているが、著者名のカナ表記は正しくは、上記〔　〕内のとおりであり、原書題名は次のとおりである。〕

William Stanley Jevons, "Political Economy"（Macmillan and co., 1878）
職工同盟

★イリー（威氏）〔リチャード・T・イリー〕著、佐藤昌介譯述『威氏經濟學』（丸善、1891 年）
Richard T. Ely, "An Introduction to Political Economy"（Chautauqua Press, 1889）
trades union (trades unions) →職工組合。 labor organization(s) →勞働者の組織

★ラルネット〔ドゥエイト・W・ラーネッド〕著、浮石和民譯『經濟學之原理』（經濟雜誌社、1891 年）
Dwight Whitney Learned, "Lectures on Economics"（manuscript of the author（Doshisha College, 1889）
同業組合〔目次、512, 513 頁でカナ付。「同業組合の所謂『ツレーヅ』とは貿易の謂にあらず大工、鍛工等の業を謂ふものにして凡て工匠の業を指すものなり」（513 頁）とあり、『經濟新論』での宮川經輝の誤譯『貿易會社』を、事實上、訂正している〕
（ツレーヅ・ユーニオン / ツレーヅ・ユーニオン / ツレードユニオン）

★片岡志郎『經濟初歩』（學令館、1892 年）
職工共同會社

★フランシス・A・ウォーカー著のほぼ同一底本による複数の訳書における trade union の、複数の訳語。
フランシス・A・ウォーカー著、嵯峨根不二郎譯述『應用經濟學』（博文館、1890 年）
Francis A. Walker, "Political Economy Briefer Course"（Macmillan & Co., 1884）
工業組合（トレードユニオン）
嵯峨根不二郎『經濟原理』（博文館、1890 年）
職工組合（トレードユニオンス）
フランシス・A・ウォーカー著、栗田宗次、山本淳吉譯述『歐氏經濟論』（丸

善、1898 年)
Francis A. Walker, "Political Economy Advanced Course"(Harry Holt & Co., 1888)
工業組合

★〔同一底本の、二つの訳書〕
モーリス・ブロック著、長田銈太郎譯『初學經濟問答』(吉川半七、1887 年)
Block Maurice, "Petit manuel d'économie pratique"(?, 1873)
〔仏語〕coalition →結黨。仏 association= 英 cooperation →職工組合、協合

モーリス・ブロック著、大木太蔵譯『實地經濟學』(博文堂、1887 年)
Block Maurice," Petit manuel d'économie pratique"(?, 1873)
coalition →職工連合。

★リチャード・ボーカー著、中川子十郎譯述『實用經濟學』(冨士房、1890 年)
Richard R. Bowker, "Economics for the People"(Happer & Brothers, 1886)
trade union →職業同盟

★ポール・ルロワ＝ボーリュー著、宮古啓三郎譯『ボーリュー氏經濟學』(敬業社、1891 年)
Paul Loroy-Beauliue, "Précis D'économie Politique"(Librairie CH. Delagrave, 1888)
les associations ouvriéres →労働者組合。syndicat →同業者組合。 Trades Unions anglaises →英國職工組合　トレードユニオン(英國職業組合)。

★片岡志郎『經濟初歩』(學令館、1892 年)
職工共同會社

★片山潜「労働団結の必要」(『六合雑誌』、No.199、1897 年 7 月 15 日)
Trades Union →生産組合

★以下は、すべて「職工組合」という用語を使用

アルフレッド・マーシャル著、井上辰九郎譯述『經濟原論』〔原書題名の直訳『産業の経済学要論――経済学要論の第一巻として――』〕(東京專門學校、1894年)〔多数の再版、訂正版、および、第二次戦後復刻版、別の訳者による訳書、複数あり〕
Alfred Marshall, "Elements of Economics of Industry: being the First Volume of Elements of Economics"(Macmillan and co., 1892)〔PDF保存〕
Trade unions → 職工の組合(1896年訂正13版以降、職工組合)
〔ただし、大塚金之助譯『マーシャル經濟學原理第四分冊』(改造社、1928年)では Trade unions → 勞働組合

ヘンリー・ダイヤー著、坪谷善四郎譯『工業進化論』(博文館、1896年)
Henry Dyer, "The Evolution of Industry"(Macmillan and co., 1895)〔Word保存〕

徳富猪一郎『社會と人物』(民友社、1899年)
守屋源次郎『獨逸社會史』(實業の日本社、1903年)
窪田隆次郎『工業政策』(博文館、1904年)
河邊稔『鐵道界の大成功家フキンドレー傳』(鐵道時報局、1906年)
桑田熊藏『工業經濟論』(有斐閣書房、1907年)
酒井五千太郎編『經濟學の常識』(籾山書店、1908年)
關一『工業政策』(下巻)(寶文館、1911年)〔英、仏、獨、米、欧州のその他諸国の「職工組合」を紹介〕
賣文社編輯部編『現時の勞働問題概論』(勞働問題叢書第一編)(文雅堂、1919年)
賣文社編輯部編『職工組合論』(勞働問題叢書第二編)(文雅堂、1919年)
神田孝一『日本工場法と勞働保護』(同文館、1919年)
宇野利右衞門『職工募集法の理論と其改善策の研究』(工業教育會、1921年)
田所輝明『歐洲社會運動史』(白揚社、1925年)
ジャパンタイムス社編譯(ニューヨークタイムス紙所載)『米國一週五日間

勞働問題』（ジャパンタイムス社邦文パンフレット通信部、1926年）

(2)「勞働組合」という用語・訳語で著述された文献

　以下は、「勞働組合」という用語・訳語で著述された文献です。

村井知至『社會主義』（勞働新聞社、1899年）

大原祥一『社會問題』（秀英舎、1902年）

林久壽男『勞働者問題』（井上一書堂、1904年）

安部磯雄『社會問題解釋法』（東京專門學校出版、1901年）〔勞働組合（Trade Union）〕

安部磯雄『北米の新日本』（博文館、1905年）

　〔訳語として〕大日本文明協會編輯（安部磯雄譯）『勞働問題及サンディカリズム』（大日本文明協會、1914年）〔trade union→職工組合。Industrial union→産業組合、Labor union→勞働組合（職種等にこだわらない一般労組）〕

安部磯雄「經濟學概論」（新潮社編『社會問題講座』3、1927年）〔職工組合、勞働組合（一般労組を指す）、産業組合、の三種があるとした上で、三種を包括する「廣い意味」での「勞働組合」〕

森次太郎『米國之家庭及社會』（金港堂、1908年）

内務省『地方經營小鑑』（内務省、1910年）

田尻稲次郎『財海時雨』（同文館、1913）

大阪市社會部調査課『勞働調査報告　第17』（大阪市社會部調査課、1919～1922年）

石川三四郎著、全國印刷工聯合會編『勞働組合の話』（全國印刷工聯合會、1925年）

(3)「トレード・ユニオン」など片仮名、あるいは、英語による表記

　以下は、英語"trade union"を片仮名書きに変換、あるいは、英語のまま表記した例です。

　神戸大学附属図書館デジタルアーカイブ【新聞記事文庫】によれば、次のような片仮名あるいは英語による表記（記事の見出し・本文）が行われていました（調査対象は、明治末期以降、1943年までの諸新聞における、当該用語が使用されている記事の件数）。

①トレード・ユニオン　30件
②トレードユニオン　　17件
③トレード、ユニオン　11件
④ツレードユニオン　　5件
⑤ツレード、ユニオン　4件〔ＴＵＣを「『ツレード、ユニオン』議會」とした例もある〕
⑥ツレード・ユニオン　3件
⑦ trade union　　　　14件

参考情報
①漢字用語の使用頻度
　職工組合　　　365件
　労働者組合　　163件
　労働組合　　　4162件
②「トレードユニオン」の使用例
　「全縣坑夫のトレードユニオンを起す可し」(『九州日報』、1909(明治42)年11月29日付)〔『明治文學全集　37』(筑摩書房、1980年)に収録〕

2.「企業別組合」という用語・概念の「定着」は1950年ころ

　「企業別組合」という用語は第二次世界大戦前にも使用例はありますが、一般的には使用されていませんでした。例えば、日本経営者団体連盟事務局編『ユニオン・ショップの法理』(1954年)に論文や発言が収録されている関係者諸氏の間でも、まだ、それぞれが独自の呼称を使用しており、企業別組合、企業内組合、会社組合、「企業別混合型労組は〔……〕会社組合の一種」(中労委事務局次長)など、不確定、不統一な状態が反映されています。
　第二次世界大戦直後期も、当初は、それぞれの分野で独自の用語や規定が行われており、「企業別組合」という呼び方が一般化する——「企業別組合」と「命名」され、人口に膾炙する——のは、1950年ころ以降です。以下に、若干の事例を掲げます。

α 極東委員会およびＧＨＱの関係文献（主に英文）では、当時の日本の「企業別組合」を「会社組合」（company union）として記述。例えば、「極東委員会の労働組合に関する十六原則」の第九項では組織形態としての「会社別」を"company basis"と表記。

β 末弘嚴太郎、鮎沢巖など代表的な研究者・学者も、第二次戦後初期は「企業別組合」とは呼ばず、「職場別に組織された単位組合」、「會社を單位とした従業員組合」、「企業単位の組合」（末弘嚴太郎）、「就職年齢の男女が相當数あつまつて働らいてゐる場所には、單位組合」（鮎沢巖）など、それぞれ独自の表現で記述していた。

γ 「単一組合への趨勢」（『朝日新聞』1946年2月16日付社説）は「各職場に労働組合が組織された〔……〕」、「日本の労働者が各職場を単位とした一応の勢揃いを了したとすれば〔……〕」などと表現、「企業別組合」は使用していない。（『資料労働運動史』昭和20・21年版、637頁）

δ 1946年5月28，29日開催された総同盟繊維産業同盟結成準備会の決定文書では、「企業別単一組合」および「企業別労働組合」の用語が使われている。（『資料労働運動史』昭和20・21年版、461頁）

ε 第二次世界大戦後の日本政府統計で「企業別組織」という分類が採用されたのは、1947年12月末現在調査が最初である。

ζ 労働省労政局長賀來才二郎は、『月刊労働』1952年10月号誌上対談で、当時の日本の組合組織には「コンパニー・ユニオンの傾向が非常に強い」（同誌8頁）と発言している。

η 隅谷三喜男「『企業別組合』命名記」（『労政時報』、No.3369、1998年10月9日）は、1950年頃までは、労働者組合の当事者たちも「企業別組合」と呼んでいなかったこと、実態は「換言すれば会社組合」であるにもかかわらず「企業別組合」と「命名」するに至った理由、「企業別組合」と「命名」したことへの当事者、関係者の反応などを、「"企業別組合"を発見」の項で、次のように「証言」している。

　「この取りまとめ〔『戦後労働組合の実態』、日本評論社、1950年3月初版〕を議論していたころから，日本の戦後組合は，アメリカやイギリスの組合とはかなり違った組織をもち，活動をしているのではないか，ということ

が問題となってきた。大河内先生が書かれた『実態』の「序」にはすでにこう書かれている。

　『調査の示すところによれば，これらの組合は，大部分外部からの指導や斡旋(あっせん)が介入することなく，従業員自身の日常の要求として，職場の中から現われており，一言を以ってすれば経営内的存在とも特徴化し得べきものを共通にしている。その結果また組合は，労働者組合というよりは，従業員組合という特質を与えられている。』

　我々が改めて英米の労働組合の組織と機能を考察してみると，日本の戦後組合は，企業別組合と呼ぶのがふさわしいのではないか，ということになった。そこで我々は労働組合について話を頼まれたり，書かされたりする時，日本の労働組合は御用組合ではないが，『企業別労働組合』であるということを，書いたり話したりした。これは当時の労働組合にかなり大きなショックを与えた。当時，戦後急速に成長・発展した労働組合も，企業側の体制の立ち直りもあって運動に行き詰まりが見られ，内部対立も生じ，その建て直しに取り組まねばならなかった。その時，戦後の組合は英米などの組合組織とは違って〈企業別組合〉であると規定されたことは，組合にとって自らの組織の基底を問われることになったわけである。戦後組合は，基本的に先進諸国の組合と同一の組織と機能を持って活動してきたと考えていたので，それは大きなショックであった。組合からは多少の反批判もあった。例えば，共産党系統の組合リーダーからは，労働組合は革命の有力な担い手であり，組合が経営権を握り，企業を革命の一つの運動母体としていくためには，組合組織は企業別がよい，との主張も見られた。しかし，一般的には，企業別組合は換言すれば会社別組合であり，アメリカなどではそれは"御用組合"と言われているので，日本の場合どうすればよいか，今さらこれを産業別に改組するといっても，不可能である。この組織をより闘争的なものとして展開する外ない，という受け止め方が主流となった，と我々は考えた。」(69〜70頁)

　1950年代に入ると、「企業別組合」に関する雑誌論文、研究論文、書籍が頻繁に発表されるようになった事実も、上記の隅谷三喜男「証言」と合致します。

付録編　日本の「労働組合」運動に関する訳語・誤訳・不適訳問題

3．日本の「企業別組合（企業内組合）」は、外国語で、どのように訳され、表現されているか

　今日の日本においては、「労働組合」という用語・概念は、「企業別組合」（企業内組合）、職業別・産業別組合、「労働組合」の連合組織や労組ナショナルセンターなど、組織形態や組織レベルの違いを問わず、あらゆる労働者組合を指して使用されるのが、普通になっています。しかも、現在の日本では、既存組合の圧倒的部分が企業別組合であるため、「労働組合」と言えば、しばしば、「企業別組合」を念頭におくことが暗黙の了解として定着しています。さらに、日本では、「企業別組合」を"enterprise union"と英訳するのが普通になってきていますが、これは和製英語的表現であり、欧米では英文の場合、"company union"と訳すのがふつうです。

　これらの「日本の常識」は、本編でみてきたとおり、「世界の非常識」なのです。

　本節では、そうした事情を明らかにする一つの方途として、外国語——とくに、英語、ドイツ語、フランス語など欧米主要国の言語——で、日本の「労働組合」や「企業別組合」をどう訳しているのか、「世界の常識」をわきまえている日本人はどう表現しているのかを、事例によって紹介します。なお、各項とも、順不同、文献名冒頭のギリシャ文字は便宜上のもの、〔　〕内は宮前忠夫による補足です。

① 英語で "company union" と訳している文献例（類例を含む）

α　Miriam S. Farley "Aspects of JAPAN'S LABOR PROBLEMS" (John Day, 1950)
〔ミリアム・S・ファーリー『日本の労働問題の諸局面』(John Day社、1950年)〕
β　Takafusa Nakamura, translated by Jacqueline Kaminski, "The Postwar Japanese Economy – Its Development and Structure (University of Tokyo Press, 1981)
中村隆英『日本経済——その成長と構造』(第二版)(東京大学出版会、

1980年）〔正確には、原書第二版の部分訳書〕

γ Michael A. Cusumano "The Japanese Automobile Industry － Technology & Management at Nissan & Toyota (Harvard University, 1985)〔マイケル・A・クズマノ『日本の自動車産業——日産とトヨタの技術と経営』（ハーヴァード大学、1985年）〕

② 英語で "enterprise union" と訳している文献例
（一部、日本語文献を含む）

α -1 James C. Abegglen "The Japanese Factory － Aspects of its Social Organization (The Free Press, 1958)

α -2 James C. Abegglen "21st Century Japanese Management － New Systems, Lasting Values" (Palgrave Macmillan, 2006)

β Theodore Cohen," Remaking Japan － The American Occupation as New Deal" (Free Press, 1987)

γ Ronald Dore "British Factory –Japanese Factory: The Origins of National Diversity in Industrial Relations" (University of California Press, 1973)

δ Walter Galenson, Konosuke Odaka" The Japanese LaborMarket"(Hough Patrick, Henry Rosovsky, editors "Asia's New Giant ——How the Japanese Economy Works", "9.The Japanese Labor Market",The Brookings Institution, 1976)

ε OECD "Reviews of Manpower and Social Policies － Manpower Policy in Japan" (OECD, 1973)

ζ OECD " the development of industrial relations systems: some implications of Japanese experience Report prepared after a Multi-national Study Group visit 20th September － 4th October 1975" (OECD, 1977)

η P.C.Schmitter,and G.Lehmbruch, eds., Trends Toward Corporalist Intermediation",
Sage,1979〕

θ John Crump "Nikkeiren and Japanese Capitalism", (RoutledgeCrurzon,2003)
κ John Price "Japan Works – Power and Paradox in Postwar Industrial Relations"（Cornell University Press, 1997）
λ Richard Whitley, "Business Systems in East Asia – Firms, Markets and Societies"（SAGE Publications, 1992）
μ Stephen S. Large "Organized Workers & socialist politics in interwar Japan"（Cambridge University Press, 1981）
ν Stephen Frenkel（ ed.）"Organized Labor in the Asia-Pacific Region: a comparative study of trade unionism in nine coutries", (ILR Press, 1993)
ξ 〔「労働組合＝ the Enterprise Union」の例〕上井喜彦『労働組合の職場規制──日本自動車産業の事例研究』（東京大学出版会、1994 年）に付記されている英語題名〕Yoshihiko Kamii, "The Influence of the Enterprise Union at the Shopfloor Level: A Case Study of Automobile Industry in Japan"（University of Tokyo Press, 1994）

③英語以外の外国語の文献例
α 〔フランス語〕
●以下の 2 文献は「企業別組合」"sandycat d'entreprise"、「企業内組合」"sandycat-maison" を使用
① Jean-Pierre Doumenc, "Mission sur l'emploi et les relations sociales dans l'entreprise au Japon（"Pour une politique du travail", tome 4、1981）
② Michel Burnier, "Éléments sur Syndicalisme Japonais"（"Revue Travail et Emploi", N° 9 07/1981）

β 〔ドイツ語〕
●以下の 2 文献は "Betriebsgewerkschaft"（企業・事業所別組合）を使用
① Roderich Wahsner, "Japans Gewerkschaften—politisch zersplittert, konservativ, unternehmensnah?"（Thomas Klebe, Peter Wedde, Martin Wolmerath 〈Hrsg.〉 "Recht und soziale Arbeitswelt Festschrift für Wolfgang Däubler", Bund-Verlag 1999）

② Michael Ehrke, "Gewerkschaften in Japan――Betriebliche Rolle und politische Positionen"（Stabsabteilung der Friedrich-Ebert-Stiftung, Juni 1966）

●以下の文献は "Werkverein"（会社組合、工場・事業所別組合）を使用
Peter Hanau, Klaus Adomeit "Arbeitsrecht zwölfte neubearbeitete Auflage"（Luchterhand, 2000）

●以下の文献は "Betriebs- bzw. Unternehmensgewerkschaft"（事業所・企業別組合）を使用
Noriko Hofuku, "Arbeiterbewegung in Japan : Aufschwung und Krise in der Nachkriegsperiode 1945-1952"（Barrel, 1984）

4. 日本語文献あるいは日本の研究者の英語文献で、1950年代以降も「(日本の)企業別組合」を「会社組合」、「企業別組合（カンパニー・ユニオン）」など「独自」の表現をしているもの

α 福島正夫「御用組合」、會社組合－企業・經營單位の組合（平野義太郎、戒能通孝、川島武宜編『團結權の研究』＜末弘博士還暦記念論文集＞、日本評論社、1950年）

β 和田春生（海員組合組織部長）「會社組合のカラを脱せ――組合組織の基本的方向――」（『労働時報』、No.6（4）、1953年4月）

γ 松岡三郎「日本労働行政の生成」（松岡三郎、石黒拓彌『日本労働行政』、勁草書房、1955年）は、「終戦後も、いわゆる会社組合や産報精神を汲んだものが労働組合として結成されたものも少なくない」、「工場鉱山単位の労働組合乃至企業組合」と記述。

δ 原口幸隆「企業別組合から全国的単一組合へ」（『労働経済旬報』、No.10（311）、1956年10月）は「企業組合－資本別組合」と記述。

ε 労働省労政局労働教育課編〔労働事務官細野正が中心的執筆者〕『労働組合組織論』（労働法令協会、1958年）は「雇用別組合（employmental union）」と表現。

ζ 石井照久「團結權」（日本勞働法學會編『勞働法講座』（第2巻）團結權

付録編　日本の「労働組合」運動に関する訳語・誤訳・不適訳問題

　　及び不當勞働行為、有斐閣、1959 年）は「會社（經營）別勞働組合（company union, Werkverein）」と記述。
η　隅谷三喜男は、Mikio Sumiya, "Social Impact of Industrialization in Japan"（Japanese Nationl Commission for UNESCO, 1963）で、"independent labor unions based on individual enterprises" と記述。
θ　藤林敬三『労使関係と労使協議会制』（ダイヤモンド社、1963 年）は「企業内労組は従業員組合であり、会社組合である」と記述。
κ　Hirosuke Kawanishi, translated by Ross E. Mouer, "Enterprise Unionism in Japan"（Kegan Paul International, 1992）では、河西宏祐の原語「労働組合」を union（s）と英訳。また、本書の刊記によれば、米国議会図書館の目録では、本書を「Company union - Japan」の項目に分類〕
λ　河本　毅『合同労組と上部団体――法適格性についての一考察――』は「企業別組合（company union）」と記述。
μ　本多淳亮『労働組合法』（ダイヤモンド社、1978 年）は「企業別組合（company union）」と記述。
ν　中西洋『《賃金》《職業＝労働組合》《国家》の理論――近・現代の骨格を調べて、近未来をスケッチする――』（ミネルヴァ書房、1998 年）は「"団体交渉権と労働協約締結権を付与された企業内従業員組織"」と記述。
ξ　浜林正夫「『イギリス労働運動史』から学んでほしいこと」（『季刊　労働者教育』、学習の友社、No.138、2010 年 4 月）は「企業内組合（カンパニー・ユニオン）」と記述。
o　丹野勲『日本的労働制度の歴史と戦略――江戸時代の奉公人制度から現代までの日本的雇用慣行――』（泉文堂、2012 年）は「企業別組合（company union）」と記述。

第2章　重大な誤訳・不適訳問題の紹介

(1) ウェッブ夫妻の「定義」に関する問題

　これまで、公に指摘されたことはないと見られますが、私たちはが本編でとってきた"trade union"＝「団結体としての（個人加盟、職業別・産業別を原則とする）労働者組合」という用語・概念に照らせば、ウェッブ夫妻による"trade union"の定義を邦訳する場合に、"trade union"を「労働組合」と訳出することは、重大な誤解を生起します。

　歴史的に、そして、世界的・国際的な先進的研究者・理論家であり、今日なお、労働者組合論において大きな影響力をもつウェッブ夫妻（シドニー・ウェッブとベアトリス・ウェッブ）の文献のうち、労働者組合とその組織形態の規定・定義に関する主要な文献としてとくに、次の諸文献があげられます。

---

① "The History of Trade Unionism"（原書）の新、旧版
② シドニー・ウェッブ、ビアトリス・ウェッブ著、荒畑勝三、山川均譯『勞働組合運動史』（叢文閣、1920年）〔本邦訳は1911年版を底本としているが、原書初版は1894年〕
Sidney and Beatrice Webb "The History of Trade Unionism" (Longmans, Green and Co. 1894)
③ シドニー・ウェッブ、ビアトリス・ウェッブ著、荒畑寒村監訳、飯田鼎、高橋洸訳『労働組合運動の歴史』（上、下）（日本労働協会、1973年）〔本邦訳の原書は1894年初版本の1920年「増補新版」〕
Sidney and Beatrice Webb "The History of Trade Unionism" (Revised Edition, Extended to 1920) (Longmans, Green and Co. 1920)
④ シドニ並びにビアトリス・ウエッブ原著、高野岩三郎纂譯『産業民主制論』（同人社書店、1927年）
Sidney and Beatrice Webb "Industrial Democracy" (Longmans, Green and Co. 1919)〔原書初版は1897年〕

付録編　日本の「労働組合」運動に関する訳語・誤訳・不適訳問題

　ウェッブ夫妻著 "The History of Trade Unionism" の原書各版の本文冒頭では、日本においても、他の諸国においても、時代を越えて頻繁に引用される "trade union" の定義が行われています。同書の邦訳書は原書の新、旧版に対応して2回出版されました。問題の「定義」の部分の邦訳と原文は、それぞれ、次のとおりになっています。
　A「職工組合とは、賃銀勞働者が、その雇傭條件を維持し、或は改善する目的を以て組織せる、常設的團體である。」（②の46頁）
"A TRADE UNION, as we understand the term, is a continuous association of wage-earners for the purpose of maintaining or improving the conditions of their employment."
　B「労働組合とは、賃金労働者が、その労働生活の諸条件を維持または改善するための恒常的な団体である。」（③の4頁）
"A TRADE UNION, as we understand the term, is a continuous association of wage-earners for the purpose of maintaining or improving the conditions of their working lives."

　ここで、私たちの研究課題との関係で注目しておかなければならないのは、とりわけ、"trade union" の訳語です。ご覧のとおり、Aでは「職工組合」と訳され、Bでは「労働組合」と訳されています。この二つの邦訳の相違がどんな意味をもつかについては、私たちがすでに、第3章で見てきた労働組合期成会結成（1897年）前後における、前者から後者への訳語の転換、そして、その後、ついに、「労働組合」に定着したことを振り返るだけでも明瞭でしょう。端的にいえば、「職工組合とは」で始まるAの訳語・訳文では、"trade union" に、いわゆる「企業別組合」、「会社組合」が含まれないことは自明です。これに反して、「労働組合とは」で始まるBの訳文では、企業別組合（会社組合）は除外されておらず、したがって、日本の殆どの読者がそうしているように、ウェッブ夫妻の言う "trade union" に企業別組合（会社組合）が含まれると理解することが可能になります。
　問題の重大性は、『産業民主制論』におけるウェッブ夫妻の叙述を併せて考慮すれば、さらにはっきりとします。

夫妻は組織論の一環としての「統治の單位」（単位組合、単位組織と同義）の章のなかで、次のようにのべて、単位組合が「都市（＝地域）別」から「職業別」に移行・転換したこと、および、その根拠を説明しています。

　「是に依つて觀れば、統治の困難や頑固なる古來の地方的閉鎖の因襲や、又は地方的獨占を保持せんと欲する各支部の自然的利己心やの存するに拘はらず、職工の團體に於ける統治の單位は〔the unit of government in the workmen's organisations（p.80）〕、親方の同職組合のそれとは全然その趣を異にし、都市に非ずして職業〔the trade instead of the town（p.81）〕となるに至つたのである。而して吾々はこの抗拒す可からざる擴張の趨勢を叙述するに當つて、既に自ら或る程度迄その原因を明かにした、即ち各産業内を通じて劃一的最少限度の勞働條件を確保せんとする勞働組合の希望が是である。」（93〜94頁）

　このように、ウェッブ夫妻は地域別組合から職業別組合への発展的転換を歴史的・法則的事実として論じているのであり、したがって、夫妻が歴史的推移に則って規定する"trade union"とその単位組織の規定・定義には、企業別組合（会社組合）が入り込む余地はありません。

　こういうわけで、"trade union"を「労働組合」と訳すことによって、ウェッブ夫妻の叙述の趣旨が正しく伝わらなくなってしまうのです。

(2)『資本論』などマルクスの"trade union"問題

　マルクス（カール・ハインリヒ・マルクス、Karl Heinrich Marx, 1818年5月5日〜1883年3月14日）は、ドイツにおいては運動が未発達であり、「労働者組合」を意味する今日のドイツ語用語・概念Gewerkschaftはまだ一般化していなかった当時において、「団結（体）」を意味する用語として、初期の著作ではArbeiterassoziation（労働者の結社）などの用語で表現していましたが、イギリスに渡り、研究と活動をつうじて当地の先進的な労働者組合運動を知るようになって以降は、英語で書く場合はもちろん、ドイツ語、フランス語による著作においても一貫して英語"Trades' Unions"を用いました。それが、資本家あるいは労働者の「団結体としての（個人加盟、職業別・産業別を原則とする）組合」を意味する最適な概念・用語だと確信した

からだと考えられます。

　こうしたマルクスの英語"trade union"へのこだわりと、その邦訳での誤りを示す一例を紹介しましょう（この例は、私が、宮前忠夫『新訳・新解説　マルクスとエンゲルスの労働組合論』〈共同企画ヴォーロ、2007年〉で発表したものです）。

　マルクスは『資本論』第一巻の最後の章「いわゆる本源的蓄積」で——以下に引用する該当部分（①宮前忠夫訳とドイツ語原文、②高畠素之訳）に見るとおり——イギリスとフランスの歴史上における団結（体）・団結権の獲得について説明しています。

①宮前忠夫訳とドイツ語原文（下線は宮前忠夫）

　「イギリスの国会は——国会自体が、労働者に敵対する、<u>資本家の常設のトレード・ユニオン</u>（「団結体としての職業別・産業別を原則とする組合」）としての「陣地」を、恥知らずな利己主義でもって、5世紀にもわたって保持してきた末に——いやいやながら、かつ、大衆の圧力に押されたために、ストライキや〔労働者の〕<u>トレード・ユニオン</u>を弾圧する諸法律を放棄しただけなのである。」

　"(Man sieht,) nur widerwillig und unter dem Druck der Massen verzichtete das englische Parlament auf die Gesetze gegen Strikes und <u>Trades' Unions</u>, nachdem es selbst, fünf Jahrhunderte hindurch, mit shamlosem Egoismus die Stellung <u>einer permanenten Trades' Union der Kapitalisten</u> gegen die Arbeiter behauptet hatte."

②高畠素之訳（改造社、全5冊、1927年）（下線は宮前忠夫）

　「5世紀間の久しきに亙り恥づる所なき利己心を以つて、勞働者に對する<u>資本家の常設勞働組合</u>たる位置を保持してゐたイギリスの議會が、遂に罷工及び<u>勞働組合</u>の取締法律を斷念するに至つたのは、厭々ながら且つ民衆の壓迫を受けて、したことに過ぎぬのである。」（第1巻第2冊、736頁）

　さて、この邦訳において何が問題かを説明しましょう。

　上記ドイツ語原典からの引用には、英語"trade union"（複数形）が2回、使用されています。そのうち、ドイツ語テキストで、先に出てくる"Trades' Unions"（以下、前者）は、「団結体としての（職業別・産業別を原則とする）

労働者の組合」を指しています。後に出てくる"Trades' Union"（以下、後者）は、宮前訳のとおり「資本家のトレード・ユニオン」を指しています。

　英語の「トレード・ユニオン」（trade union、「団結体としての（個人加盟、職業別・産業別を原則とする）組合」）は、元来、資本家側の団結（体）である各種経営者・使用者団体、および、労働者側の団結（体）である労働者組合、の両方の団結（体）を意味する用語・概念なのです。"trade union"という場合の"trade"は「職業（別）」という意味です。このことを確認したうえで、高畠素之訳における問題点を、まず、後者から見ていきましょう。

　「資本家側のトレード・ユニオン」を高畠訳は「資本家の常設勞働組合」としているのですが、「『資本家の〔……〕勞働組合』とは一体、何なのか？」というのが、皆さんにとっても率直な疑問なのではないでしょうか。これは"trade union"を機械的に「労働組合」と訳した誤訳です。前者についてはどうでしょうか。ここでは、トレード・ユニオン（職業別・産業別労働者組合）を意味する"trade union"が「労働組合」と訳されているために、英語では労働者の職業別組合であり、したがって、企業別組合（会社組合）は含まれない（排除されている）ことが明示されているのに、邦訳ではそれが見えないのです（なお、"trade union"を正確に理解していない上記引用部分の訳文——とくに、「資本家の常設の"trade union"（団結体）」を「資本家の常設の労働組合」と誤訳——は、その後の各種の邦訳『資本論』に引き継がれて、今日に至っています）。

　マルクスは「本源的蓄積」を「資本主義的生産方式の結果ではなく、その出発点である蓄積」（傍点は宮前忠夫）と位置づけていますが、まさにその章の中で、上記のイギリスと、続いてフランスの団結（体）・団結権獲得の例をのべているのです。このことは、最後の章である「いわゆる本源的蓄積」の章に先立つ『資本論』第一部の本文は、団結権が獲得され、「団結体としての（個人加盟、職業別・産業別を原則とする）労働者組合」が存在することを前提とした論行だということを意味します。しかも、マルクスは『資本論』第一巻初版（1867年）では"Koalition（団結）"と記述していたものを、第二版（1872～73年）で——上記で見た通り——"Trades' Unions"に書き改めたのです。

マルクスの著作に関するこれらの事実、とくに、"trade union"の正しい理解は、マルクスの諸文献と活動を正しく理解し、応用するための重要なカギの一つなのです。

(3) レーニンの「労働組合論」に関する問題

　レーニン（ヴラジーミル・イリイチ・レーニン、Владимир Ильич Ленин、1870年4月22日〜1924年1月21日）は、労働者組合（運動）について非常に多く論じ、多くの文献（論文、演説記録など）を残していますが、ここでは、「労働者組合（運動）」とくに、「団結体としての労働者組合」を表現するためのレーニンの用語・概念と、その邦訳問題（とくに、不適訳・誤訳）を中心に、関連文献を検討します。

　検討に先立って、当時の労使関係状況とレーニンが使用した用語・概念とその特徴を確認しておきましょう。

　レーニンが活動した当時の、帝政ロシアでは、ストライキを含む労資間闘争・紛争が頻発し、労働者側と資本家・使用者側が、それぞれ組織化に取り組んでいました。そうした中、1906年3月に「職業組合臨時規則」が制定され、労・資（使）双方に団結（体）としての職業（別）組合（профессиональный союз）の設立が許可制で認められ、労使関係が法制化され始めました。

　その当時のレーニンの用語・概念を見ると、「団結体としての（個人加盟、職業別・産業別を原則とする）労働者組合」を意味する用語・概念としては、1900年前後までは"профессиональный рабочий союз"（職業別労働者組合）が、1905年前後からは"профессиональный союз"、または、その短縮形である"профсоюз"（いずれも、「職業別組合」）が主に使用され、必要に応じて"цеховой союз"（同業組合）が用いられています。また、イギリスや西欧の事情を説明する際には、"trade union"のロシア語版（いわば、外来語）である"тред-юнион"が充てられています。レーニンが使用したこれらの用語・概念を読む際に注意を要するのは、以下で例示するように、工場・事業所別組合を、「団結体としての労働者組合」には不適格とし、事実上、企業別組合（会社組合）を除外していたことです。

①企業別組合（会社組合）は労働者組合として「不適格」——原典とその邦訳

　レーニンは1903年に書いた論文「改良の時代」のなかで、企業別組合（会社組合）は労働者組合としては不適格な組織形態であると強調しました。つまり、労働者の団結（体）としては不適格だと明言したのです。しかし、以下に引用するとおり、「労働者の団結体」、あるいは、「労働者組合」と訳されるべき"рабочий союз"が、邦訳書では、下記引用部分だけでも5回にわたって、「労働者団体」と邦訳され——不特定な「労働者団体」とは一体何なのか⁉——そのために、レーニンのこの重要な指摘が邦訳だけを読む読者には伝わらなくなっています。

　まず、下記引用文を、「労働者団体」を「労働者組合」に置き換えて読んで見てください。なお、下記引用は、レーニンの「改良の時代」（レーニン全集刊行委員会訳『問題別レーニン選集3　労働組合論（上）』、大月書店、1960年。原文初出は『イスクラ』第46号、1903年8月15日）からのものですが、邦訳『レーニン全集』（大月書店版）第6巻所収の邦訳も、この訳語は同一です。また、日本共産党中央委員会労働組合部編『レーニン　労働組合——理論と運動——（上、下）』、大月書店、1970年）には、この論文は採録されていません。

　「専制は労働者代表制について語りはじめている。われわれは、真の代表制にかんする正しい思想をひろめるために、これを利用しよう。労働者の代表者となることのできるのは、多くの工場と多くの都市とを包括する自由な労働者団体（рабочий союз）だけである。工場代表制、すなわち個々の工場における労働者の代表機関は、西欧でさえ、自由な諸国家でさえ、労働者を満足させることはできない。〔……〕というのは、資本の圧制はあまりにも強いし、労働者を解雇する権利——資本主義的自由契約の神聖な権利であるもの——が個々の工場における労働者の代表機関をいつなんどきでも無力にするだろうからである。ただ多くの工場と多くの地方の労働者を結合する労働者団体だけが、個々の工場主にたいする労働者代表の従属をとりのぞく。ただ労働者団体だけが、およそ資本主義社会で可能なかぎりの、あらゆる闘争手段を保障する。ところで、自由な労働者団体は、政治的自由があるばあいにのみ、人身の不可侵、寄合い・集会の自由、人民議会への代表選出の自由

②「労働組合」という訳語に関する諸問題

次に、「職業（別）組合」（"профессиональный союз"、"профсоюз" など「団結体としての〈個人加盟、職業別・産業別を原則とする〉労働者組合」を意味するロシア語）を、「労働組合」と邦訳したことから生じる諸問題を「なにをなすべきか？」、および、『左翼小児病』の場合を例として検討しましょう。

ⅰ『なにをなすべきか？』の邦訳に関する問題

レーニンが1901年から1902年にかけて書いた論文「なにをなすべきか？」の主な邦訳として次の諸文献があげられます。

レーニン『なにをなすべきか』（В. И. ЛЕНИН "Что Делать？"（1902））の主な邦訳（数字①〜⑧は、参照する際の便宜のために付したもの）。

① レーニン著、青野季吉譯『何を爲すべきか』（白揚社、1926年）
② 一ニン著、平田良衛譯『何を爲すべきか』（岩波文庫、1930年）
③ ニコライ・レーニン著、橋本弘毅譯『何を爲すべきか？』（白揚社、1936年）
④ レーニン選集Ⅰ・佐藤勇譯『何を爲すべきか』（穂高書房、1946年）
⑤ レーニン著、山内房吉譯『何をなすべきか？』（彰考書院、1947年）
⑥ レーニン二巻選集第1巻（Ⅱ）、レーニン二巻選集刊行会編『なにをなすべきか？　――わが運動の切実な諸問題――』（社会書房、1952年）
⑦ レーニン著、村田陽一訳『なにをなすべきか？』（国民文庫）（大月書店、1953年初版、1971年改訳版）
⑧ マルクス＝レーニン主義研究所訳、レーニン全集第四版(全45巻)第五巻所収「なにをなすべきか？　われわれの運動の焦眉の諸問題」（大月書店、1954年）

まず、私たちが検討対象とする、「労働者の組織と革命家の組織」と題する節からの、訳語問題を含む文節2ヵ所（下記A、B）の邦訳と原文を以下に引用します。この邦訳文は、日本共産党中央委員会労働組合部編『レーニン労働組合――理論と運動――（上、下）』（大月書店、1970年）（以下、この第

3節内では「同書」と呼ぶ)からの引用ですが、同書「凡例」に、「訳文は、『レーニン全集』全四五巻〈第四版〉(大月書店刊)を用いた」とあり、「まえがき(不破哲三)」にも同趣旨のことが明記されていますので、上記⑧からの孫引きということになります。なお、ここでレーニンが言う「労働者の組織」は、「革命家の組織」(革命政党)との対比において論じられているもので、主に経済闘争のための「労働者の組織」を指していることを念頭においてください。

A

●同書訳文——「労働者の組織は、第一に、労働組合組織でなければならない。」(129頁下段1〜2行)

○原文——"Организация рабочих должна быть, во-первых, профессиональной;"

ここでの邦訳上の問題というのは、"профессиональной（организация)"の訳語です。同書は「労働組合組織」と訳していますが、原文は直訳すれば「職業別（職業的)組織」となるからです。孫引き元である上記⑧の該当部分も「職業的組織」(⑧の486頁)なのです。ちなみに、この部分は英訳版では"trade union organisation"となっています。

同書においては、"профессиональный союз"、"профсоюз"をはじめ、「形容詞профессиональный（職業の、職業的）＋名詞（組織、団体など）」における"профессиональный"を、何の断りもなしに、ほとんど全部、「労働組合」に置き換えて、「労働組合＋名詞」に代えています。しかし、「労働組合（組織）」と訳すのは、英語の"trade union"の邦訳の場合と同様に、無理であり、一種の意訳・解釈訳になります。そして、「労働組合組織」と訳すことによって、原意である「職業的（組織)」——会社組合（企業別組合）を含まない「職業別組合」概念——が日本語の（企業別組合・会社組合をも含む）「労働組合」に置き換えられ、真意が隠されてしまったのです。「日本の労働組合運動に、生きた実践の指針として正しく活かすため」(まえがき)に新たに編集されたとはいえ、この訳語変更の「貫徹」は、基本的概念・論理における混乱を増幅させる新編版になったと言わざるをえません。

ちなみに、上記"профессиональной"の、上記の主な邦訳書のそれぞれの訳語を比べて見ると次のとおりです。
①職業別、②組合的、③職業的、④職業別、⑤職業組合的、⑥職業的組織、⑦a 職業的組織、⑦（1971年改訳版）労働組合の組織、⑧職業的組織

B
●同書訳文――「経済闘争のための労働者の組織は労働組合組織でなければならない。」（130～131頁）
○原文――"Организации рабочих для экономической больы должны быть профессиональными организациями"
同書はここでも"профессиональными организациями"を「労働組合組織」と訳しています。上記の各邦訳書の訳語は次のとおりです。
①職業的組織、②組合、③勞働組合組織、④勞働組合的組織、⑤勞働組合的組織、⑥職業的組織、⑦a 職業的組織、⑦b（1971年改訳版）労働組合的組織、⑧職業的組織

ii 『左翼小児病』の邦訳に関する問題
レーニンが1920年に書いた『左翼小児病』の主な邦訳書として次の諸文献があげられます。

> レーニン『左翼小児病』の主な邦訳
> ①レーニン著、和田哲二譯『左翼小兒病』（希望閣、1926年）
> ②レーニン著、堺利彦譯『左翼小兒病』（無産社、1926年）
> ③レーニン著、大田黒社會科學研究所譯『共産主義「左翼」小兒病』（大田黒研究所、1931年）
> ④レーニン著、直井武夫譯『共産主義「左翼」小兒病』（希望閣、1932年）
> ⑤レーニン著、園部四郎譯『共産主義の「左翼」小兒病』（人民社、1946年）
> ⑥レーニン著、佐伯嶺三編『共産主義の「左翼」小兒病』（社會書房、1950年）
> ⑦レーニン著、入江武一譯『左翼小兒病』（白揚社、1936年）
> ⑧－Ａ レーニン著、レーニン全集刊行委員会訳「共産主義内の『左翼主義』

小児病」(『レーニン全集第 31 巻』、大月書店、1959 年)
⑧-B〔⑧-Aからの抜粋引用〕(日本共産党中央委員会労働組合部編『レーニン　労働組合——理論と運動——(上)』、大月書店、1970 年)
⑨レーニン著、朝野勉訳『共産主義における「左翼」小児病』(大月書店、1978 年新訳、初版は 1953 年)

　このレーニン論文は、『左翼小児病』と略称され、その第 6 章「革命家は反動的な労働組合のなかで活動すべきか？」(Следует ли революционерам работать в реакционных профсоюзах？)が、労働者組合運動との関係で、とくに頻繁に議論され、引用されてきています。
　ここでは、この第 6 章に注目して、同書における"профсоюз"の訳語にかかわる問題を検討しましょう。この訳語検討の前提として、"профсоюз"は"профессиональный союз"の短縮形であり、双方とも原義は「職業(別)組合」(私たちの用語・概念でいえば、「団結体としての〈個人加盟、職業別・産業別を原則とする〉労働者組合」)であるということを再確認しておきましょう。
　問題点というのは、簡単に言えば、この"профсоюз"を、ⅰ一律に「労働組合」と訳すのか、ⅱ「職業別組合」、あるいは、「労働者組合」(「団結体としての、個人加盟、職業別・産業別を原則とする労働者組合」)と訳すのか、ⅲこれらの諸用語・概念に訳し分けるのか、そしてさらに、訳し方の相違によって、どのような結果が生じるのか、ということです。
　原典の第 6 章全文を検討するのは煩瑣に過ぎるので、問題点を明らかにするうえで適当と思われる訳文 2 ヵ所を摘出し、それらのロシア語原文のうち関連する語句・文節の部分のみを併記することにします。下記に摘出する訳文は、上記諸文献のうち、⑧-A、レーニン著、レーニン全集刊行委員会訳「共産主義内の『左翼主義』小児病」(『レーニン全集第 31 巻』、大月書店、1959 年)からのもの、いわゆる「孫引き」ですが、引用頁数は(引き続き)同書(⑧-B)のものです。

付録編　日本の「労働組合」運動に関する訳語・誤訳・不適訳問題

> **摘出引用1**
>
> 「資本主義は、かならず一方では、社会主義への遺産として、労働者のあいだの古い、何世紀もかかってできあがった、職業や職種のうえの差異を残し、他方では労働組合（профсоюзы）を残すものである。労働組合は、非常にゆっくりと、長い年月をかけてはじめて、より広い、同業組合的性質の少ない、産業別の組合（ある職場、ある職種、ある職業ばかりでなく、全産業を含んで）に発展することができるし、また発展するであろうが、そのあとで、この産業別組合を通じて、人びとのあいだの分業をなくすこと、どの方面の知能も発達した、あらゆる面の訓練を受けた人々、なんでもすることのできる人びとを教育し、訓練し、養成することへ移っていくことができるし、また移っていくであろう。」（242頁）

> **摘出引用2**
>
> 「労働組合（профсоюзы）は、資本主義の発展の初期には、労働者が個々ばらばらで孤立無援な状態から階級的な団結の初歩へうつっていく通路であったから、労働者階級の大きな進歩であった。」（242頁）

　摘出1に関しては、引用のこの"профсоюзы"を、たとえば、上記文献⑥は「職業別勞働組合」と訳しています（ただし、念のために付言しますが、すべての"профсоюз(ы)"を「職業別勞働組合」と訳しているわけではなく、訳し分けています）。

　摘出2に関しては、この"профсоюзы"を、たとえば、上記文献③は「職業組合」と訳しています。

　これら2ヵ所は、文脈から見て、また、レーニンが「労働者組合は職業別」という原則を非常に重視し、「工場・事業所別組合」（私たちの用語・概念でいえば企業別組合・会社組合）を不適当としたことを考慮すれば、"профсоюзы"を「職業（別）組合」と訳出するのが適当です。「労働組合を残す」と訳したのでは、摘出1の場合は、次に続く「発展する」諸段階——これらも「労働組合」の一発展段階です——との区別・連関が不分明になります。摘出2の場合も、「資本主義の発展の初期」のことであり、「労働組合」一般ならば、

「初期」に限らず、その後も存在し続けるのですから、やはり、「職業別組合」（職業組合、同業組合）と訳出するのが適正です。

こうして、同書においては、レーニンの「団結体としての（個人加盟、職業別・産業別を原則とする）労働者組合」に関する原則的立場の強調——レーニンが「改良の時代」などで企業別組合（会社組合）を「団結体としての労働者組合」（"профсоюз"）から事実上、除外してしたこと、「団結体としての労働者組合は職業別でなければならない」と繰り返していたこと——が、ほぼ完全に捨象され、読み取れなくなっています。

なお、念のために付言しますが、"профессиональный союз"、あるいは、"профсоюз" を「労働組合」と翻訳する例は上記の邦訳比較でも見た通り、すでに、第二次世界大戦前から一般的に行われてきたものです。そして、「一般的に」と言えるのは、例えば、上記『左翼小児病』第6章の原文題名中の"в реакционных профсоюзах ?" については、上記のすべての邦訳（者）が、"профсоюз" を「労働組合」と訳出しています。

こうしてみると、"профессиональный союз"、"профсоюз" を「労働組合」と訳出すること自体は、同書が最初ではなく、また第二次世界大戦後のみではなく、同戦前から見られるもので、おそらく、英語 "trade union" が「労働組合」と邦訳されるようになったことと共通の源泉から出て来ています。その限り、つまり、「労働組合」と訳出すること自体にともなう不適訳・誤訳問題は同書にかぎるものではないということです。

(4)「ローカル・ユニオン」の意味と訳語——土橋一吉国会質問を例に

次は、英語 "local union" の訳語に関する問題です。

1940年代末の「労働組合法」改定をめぐる国会審議当時の、日本の政府・諸当局、政治家などの不完全、不統一な訳語・邦訳が、日本の「労働運動」関係者の間に、「単位組合」（local）をめぐる様々な混乱をもたらしたという問題です。その典型的な一例を第五国会本会議での土橋一吉質問（土橋一吉〈日本共産党〉の労働組合法改定に関する質問＝第5回国会衆議院本会議、

および、同労働委員会）に見ることができます。なお、この土橋一吉質問の本題は政府の「労働組合法改定案」とその関連措置（とくに、いわゆる「通牒行政」問題）ですが、ここでは「誤訳問題」に限定してとりあげます。

土橋一吉質問のうち、同「誤訳問題」の主要部分は次のようなものです（太字は宮前忠夫）。

（1949年4月30日の衆議院本会議）

「〇土橋一吉君　ただいま議題となつておりまする労働組合法の原案並びに労働関係調整法の一部改正に関しまして、日本共産党を代表して鈴木労働大臣に質問を呈するものであります。

私は、本案がこの國会に上程せられるまでに、労働者はいかなる経過をとりまして本案が議会に上程せられておるかというその中味を申し上げ、この内容についても本法案と関係ありや否やについて労働大臣の明確なる御答弁を願いたいと思うのであります。

この法案を上程する以前におきまして、昨年〔1948年〕の十一月二十二日、労働省発三十二号の次官通牒をもちまして、全國の資本家並びに労働組合の諸君を集めまして、労働組合の育成に関する問題において、特に労働組合規約並びに労働協約に関する指針を與えたのであります。その内容をつぶさに檢討いたして参りますと、この中には、**極東委員会十六原則の第九項の規定を故意に歪曲し**——この内容につきましては、労働省労働大臣官房総務課においてつくつておりまする労働総覧の内容の第九項を見ていただければ、いかにこの飜訳があやまつているかとうい〔という〕こともきわめて明白でありまするが、さらにこの内容を曲解いたしまして、この内容が、将来日本の労働運動につきましては**地域的な基盤を基本として強固に進められることが書いてあるにもかかわらず、これを曲解いたしまして、單位組合の強化を主張する点をおもな骨子といたしまして、**從來の労働組合規約内にあるところの必要以外の事項を強硬に出しておるのであります。あるいは労働協約の内容につきましても、從來われわれが考えておる以上の強硬な悪規定をどんどん入れまして、これを労働者側に強要するような態勢を資本家側の諸君に強要しておつたのであります。また越えまして本年の二月二日、同じく労働次官通牒をもちまして、将来の労働組合における

特に第二條の資格審査に関する要項あるいは基準を決定いたしまして、これを強行せんとしたのであります。」(『第5回衆議院会議録第24号』、338頁)

(1949年5月10日の労働委員会)
「○土橋委員　ただいまの御説明では、私の質問に対する答弁にはなつていないようでございますが、とにかく私はこういうような考え方について非常に不満を持つ、また非常に誤つておるということを指摘して、根本的に第五條の組合組織に関する点についてお開きしたいと思う。この第五條の規定に関するものは、單位組合の強化ということを考えておるのであります。ところが現在実際に労働組合における、あらゆるおもな事項の調査、あるいは情報、教育という点は、組合の本部といわれる連合体の集積したところ、あるいは組合の中央本部において行う場合が多いのであります。そういう場合に、あえて單位組合の自主性を主張して、こういう規定を設け、これは最小限度のものを入れたのであるというような答弁は、私は非常に遺憾でありますが、この單位組合強化について、私はこういう事実を知つておるのであります。あなたの方からお出しになりました昭和三十三〔正しくは、二十三〕年十二月二十二日の次官通牒について、こういうことが書いてある。これを読みますと、『今般民主的労働組合及び民主的労働関係助長のため、労働組合規約及び労働協約に関し労働組合及び使用者に対する個別的措置を強化することとし、別紙の通り指導要領を定めたので、これにより個々の組合規約及び労働協約に検討を加え、労働組合及び使用者との会合を活発に開きこの指針を傳え、これに合致しない組合規約、労働協約の欠点を是正するよう努められたい。

　尚これがためには地方軍政部と緊密なる連絡を保ちつつ個々の組合規約及び労働協約に対する指導計画をたてて実施するよう図られたい。』こういう指令が出ておるのであります。これは各都道府縣知事あてにお出しになりまして、單位組合強化の点については、こういうことが引例されておるのであります。この点私は非常に重大であると思うのでありますが、
指導要領としまして、指導の重点を自主的且つ民主的な單位労働組合の確立におくこと。

一九四六・一二・六の極東委員会の十六原則の中に『日本における將來の労働組合運動は鞏固なる單位組合の基礎に重点がおかるべきである。』と謳われていることにも明らかなように、労働組合運動の根底をなすものは單位組合である。單位組合こそ『労働者自身から起る民主的自己表現と創意の過程であり、』云々と書かれております。ここに引例されておる極東十六原則の規定は、單位組合の強化について何も規定していないのであります。極東十六原則はこういうことを書いてある。『日本における将来の労働組合活動の為には、特にしっかりした、地域的な基礎に立つことが強調されねばならぬ。しかし労働組合は、たとえば同一地方、又は関係産業、又は全國的基礎に立つて適合体その他の集團を形成することを許さるべきである。』こういうふうに極東十六原則にはあるわけであります。これを見ると、どこにも單位組合というものは書いてない。ただしっかりするためには、地域的な基礎に立つことが強調されねばならない、と書かれているのである。ところがあなたの方のお出しになつたのは、意識的に單位組合強化に名を借りて、極東十六原則を歪曲して『日本における將來の労働組合運動は鞏固なる單位組合の基礎に重点がおかるべきである。』こういうように書いている。片方は地域的基礎に立たなければならないということを書いてある。こういうような誤つた引例はたれがしたのか、こういう点について明確に御答弁願いたいと思います。
　〇**賀來〔才二郎〕政府委員**　御指摘の極東十六原則の第九項は、原文はローカル・ユニオンということになつております。このローカル・ユニオンという翻訳を、ただちにそのまま地方的組合、こういうふうに訳したのでありますが、これは間違いの訳でありまして、やはりローカル・ユニオンというのは、單位の基礎組合のことを言つているのであります。労働省といたしましては、この十六原則の趣旨にもよるのでありますけれども、いかに全國的に大きい組合でありましても、その基礎はやはり單位組合がしっかりしておつて、その集積されたものが、強い組合になるものと考えるのであります。本法におきましても、單位組合だけを強くして、連合体を弱めようという趣旨は毛頭持つていないのであります。また基本は、基礎の單位組合が強いこと、さらにその單位組合が強いということは、組合員個人々々が非常に自覚を持つて

いること、かような考え方を持つているのでありまして、御指摘のような連合体を弱めるという考えは、毛頭持つておりませんから、御了解願いたいと思います。」〔以上の引用文はオンライン公開議事録。頁数は打たれていない。〕

　土橋一吉が上記質問で言及している「極東委員会十六原則」の日本語訳は多数存在します。土橋一吉が指摘している『勞働総覽』のもの（A）と「次官通牒」のもの（C）を含め、第九項の訳文三例を以下に挙げます。

A　労働省（労働大臣官房総務課）編集『勞働総覽』（昭和二十四年版）（労働大臣官房総務課、1948年）「日本の労働組合に関する十六原則」（一九四六年十二月六日に於て行われた決定）

九　日本人はその組合の組織に当つてはそれが職業、産業会社、工場を基礎とすると乃至は地域を基礎とするとを問はず組織形態を選ぶは自由たるべきである。日本における将来の労働組合活動のために鞏固な地方的基礎の重要性に重きを置かるべきである。たゞし組合は例えば同一地域若くは関係産業においてまたは全国的基礎において聯合又はその他の結合体をつくることを許さるべきである。〔371頁〕

B　労働省編『資料労働運動史』昭和二〇－二一年版、労務行政研究所、1951年）の訳文〔この日本語訳は竹前栄治『増補改訂版ＧＨＱ労働課の人と政策』（エムティ出版、1991年）104～105頁にも全文収録〕

九、労働組合の組織に当たつてはそれが職業別、産業別、会社別、工場別、地域別などいかなる基礎によるを問わず、組織形態を選ぶのは日本人の自由とする。
　　日本に於ける将来の労働組合活動のためには、特にしつかりとした地域的な基礎に立つことが強調されねばならぬ。しかし労働組合は、たとえば同一地方または関係産業、または全国的基礎に立つて連合体その他の集団を形成することを許さるべきである。〔881頁〕

C 「民主的労働組合及び民主的労働関係の助長に関する労働次官通牒」の文中の訳文(関連部分を含む。該当する訳文は『　』内の部分。なお、「　」内は極東委員会十六原則第十項からの引用)

一、指導要領
(1)　指導の重点を自主的且つ民主的な単位労働組合の確立におくこと。一九四六、一二、六の極東委員会の十六原則の中に『日本における将来の労働組合運動は鞏固なる単位組合の基礎に重点がおかるべきである。』と謳われていることにも明らかなように労働運動の根底をなすものは単位組合である。単位組合こそ「労働者自身から起る民主的自己表現と創意の過程」であり、民主的な単位組合の成長があってはじめて強力な労働組合の発展が期待される。この意味で指導の重点は自主的且つ民主的な単位労働組合の確立におかれる。

　Aで「地方的基礎」と訳されている部分の原文は"local basis"です。この英語をBは「地域的な基礎」、Cは「単位組合の基礎」と訳出しているわけです。そして、土橋一吉質問が「翻訳があやまつている」とするのは、Cの『日本における将来の労働組合運動は鞏固なる単位組合の基礎に重点がおかるべきである。』であり、正しい訳として参照を求めているのがAの「日本における将来の労働組合活動のために鞏固な地方的基礎の重要性に重きを置かるべきである。」です。果たして、Cは誤訳なのでしょうか。
　例えば、デヴェラル『民主的な労働組合運動』(Democratic Trade Unionism)の「附録」(用語解説)は次の囲みのように説明しています。大・中型の英語の国語辞典(英英辞典)でも類似の語彙を説明しています。

単位組合 (LOCAL UNION) ――トレード・ユニオンの基礎的単位 (The basic unit of the trade union)。プラント (plant)、大規模工場 (mill)、その他の地域的雇用単位――の労働者たちの結社である。

また、労働省労政局労働教育課編『労働組合組織論』（労働法令協会、1958年）は、「労働組合の組織形態の分類」に関して、次のように説明しています。
　「組織形態の種類としては、概ね次のようなものが挙げられる。まず上部組織との関係という観点からみれば上部組織に加入していないものは、単に『組合』（union）または『独立組合』（separate union or independent union）と呼ばれていることが多い。上部組織に加入している場合には、下部の基礎組織（basic unit）は地区組合、支部又は単に組合と呼ばれている（米国ではローカル・ユニオン local union, 英国では（ローカル）ブランチ（local）branch, フランスではサンジカ syndicat 等と呼ばれている）。」（1～2頁）
　こうした語彙と文脈から明らかなように、「団結体としての（個人加盟、職業別・産業別を原則とする）労働者組合」という意味での労働者組合（"trade union"、"trade unionism"）の用語としての" local（union）"をCのように「単位組合」と訳すことは誤りではなく、むしろ、常識的であり、適訳です。実際にも、例えば、東京大學勞働法研究會『註釋　勞働組合法』（有斐閣、1949年）に収録されている極東委員会十六原則の邦訳（附録61頁以下）では、この個所は、「鞏固な単位組合の基礎」となっています。
　ＧＨＱ民間教育情報部が日本の関係者に提供した厚生省労政局調査課編『民主的労働組合主義とアメリカの労働組合規約』（労務行政研究所、1947年）に掲載されている、当時のＡＦＬとＣＩＯの規約でも、単位組合を、それぞれ" local union"、" local（industrial）union"と規定しています（ただし、"local union"に代えて、local branch"〈地域・地方支部〉と呼ぶ場合もあります）。
　以上の検討結果から見れば、" local basis"を「単位組合の基礎」と訳出することは誤訳ではないし、そのかぎりでは「歪曲」でもありません。文脈を無視して、「誤訳」、「歪曲」ときめつけた土橋一吉の方が誤っています。
　ただし、土橋一吉質問が指弾した「単位組合の強化」策がとられたことは事実であり、重大な問題でした。それは、たとえば、次に見る連合国最高司令官総司令部編纂、岡部史信／竹前栄治訳『労働組合運動の発展（1945～1951年）』〔文書『日本占領の非軍事活動の歴史（第11巻）』所収〕（日本図書センター、1997年）で、ＧＨＱ自身が書いているように、明確な反共主

義にもとづく政策だったのです。

　「1947年と1948年の冬の電機産業の労働者の組合によるストライキは，表面的には下部組合が率先して指導していたが，都道府県あるいは全国規模の連合体の権限により指導されていた。同様に，同じ時期の通信産業の労働者たちによるストライキも中央の指導によるものであり，単位組合の行動の自由は名ばかりのものに過ぎなかった。労働者組織を上から統制することを手法としていた共産主義者たちは，すべての傘下の労働組合が中央により統制され，かつ共産党の諸方針を支持するようにするために，地区および都道府県の労働者協議会での指導権を獲得することに努力した。組合員の間での組合の諸問題についての無関心は，往々にして，共産主義者たちの少数集団が連合体の中の各種の地位に彼らの候補者を選出することを可能にした。

　このような中央部に服していた各単位組合が日常的に共産主義者の影響や支配を多分に受けていたため，連合国最高司令官は，1949年，日本政府および都道府県が，都道府県，地域および地方単位の不必要な連合体の廃止，さらに単位組合および全国組合の役割の強調を奨励および指導されるべきであることを地方民政部の労働担当官たちに勧告した。」(41頁)

　こうして，私たちの見地から結論づければ，土橋一吉は，第一文のうち，「会社別，工場別」の箇所にこそ注目し，その意図とその具体化のための措置，とくに，通牒行政の狙いを暴露し，それに反対すべきだった，ということになるのではないでしょうか。

　なお，ＧＨＱが提供した当時のアメリカの労働者組合の諸文献の邦訳においても local union が「地方組合」などと訳されている事例――「単位組合の自治」と訳すべきところを「地方組合の自治」とするなど――は多数あります。そして，この誤解にもとづく用語を21世紀の今日まで持ち越して，企業別組合（日本型会社組合）と共存させるために「開発」し，和製カタカナ用語「ローカルユニオン」として常用している例も多数，見受けられます。

第3章 「会社〈別〉組合」と「企業別組合」は同一組織形態
——労働省編『労働用語辞典』に見る

　次は、労働用語辞典としては、関係者の間で日本で最も多用されたであろう『労働用語辞典』における、二つの項目（「会社〈別〉組合」と「企業別組合」）に関する探究です。

　416頁以下に掲げる表は、日刊労働通信社発行の『労働用語辞典』（最初〈1955年版〉から1997年版までは「労働省編」）における「会社（別）組合」および「企業別組合」の項の、初版以降の各改定版・新版全10版（各欄の左側に付した①〜⑩。以下、この番号で、「辞典○」と呼ぶ）における説明全文の一覧表（以下、表）です。

　表の二つの項目の説明を、各項目毎に——縦に——その変遷をたどる、あるいは、二つの項目の相互関係——とくに、会社〈別〉組合と企業別組合を同一と見るか否か——の説明を各版ごとに調べ、そして、その変遷をたどると、私たちの研究と関係するいくつかの重要な事実が発見できます。例えば、以下（$a \sim \delta$）に列挙する諸事実です。

　a　辞典①（1955年10月）、つまり、この辞典の歴史上、最初の版では、「会社組合」という見出し項目（用語・概念）が使用されています。そして、「会社組合」の項と「企業別組合」の項の説明内容は、ほぼ同じであり、いずれにおいても、これが「わが国の労働組合がとっている組織形態」である旨の説明が行われています。要するに、会社組合と企業別組合は同一である、と説明しています。

　$β$　辞典①の3年後（1958年10月）出版の辞典②では、大きな変更が加えられています。まず、「会社組合」が「会社別組合【英 Company Union】」に変えられています。この変更は、"company union"は「会社組合」、「会社別組合」のいずれにも訳せるし、両者は同義である、という私たちの見解と一致するものです。次に、会社別組合と企業別組合、経営別組合

は「実質的に殆んど異ならない」と言って、会社組合と企業別組合は同一である、との辞典①の説明を補足しています。

　γ　辞典③（1962年5月）の「会社別組合」の項では、辞典②の説明にあった「企業別組合，経営別組合と実質的には殆んど異ならない」が削除されています。「会社〈別〉組合」という用語・概念を「企業別組合」から切り離して「御用組合」の別名という意味に限定する、即ち、その後、定着し、今日の日本で「常識化」している「企業別組合≠会社〈別〉組合であり、会社〈別〉組合＝御用組合」とする説明が、ここで、明確にされたのです。とくに、辞典⑦（1979年1月）では、改めて、「〔会社別組合は〕組織形態においては日本の企業別組合と同一であるが，企業別組合は必ずしも御用組合ではないので，区別する」と言って「区別」が強調され、事実上、「会社別組合＝企業別組合＋御用組合」という説明になりました。

　その一方で、辞典③以降の「企業別組合」の項には、従来からの定義・原理的説明に加えて、「最近では組合の組織を強化するため企業別組織からの脱皮が大きな問題とされ，総評，全労，新産別のいずれも，大会で，企業別組織からの脱皮，産業別組織強化のための単産本部の拡充強化を強調した方針を採択し，各労組とも組織整備に努めている」という運動の現状・特徴が加筆されました。こうした「脱皮」動向の強まりに関する加筆は——辞典⑤（1969年12月）以降加えられる、「春闘」も企業別組合の弱点を補強するもの、という説明も含めて——その後の改定版にも引き継がれ、辞典⑦（1979年1月）まで続きます。

　こうした辞典③〜⑦における変更加筆は、いわゆる企業別組合の会社組合化が顕著となり、矛盾と批判が強まったことを反映したものと言えるでしょう。

　δ　辞典⑧（1993年3月）では、「企業別組合」概念を、明確に、独自の組織形態（概念）として扱う立場からの説明になっています。まず、「企業別組合」の項の説明のうち、従来、継続されてきた「企業別組合からの脱皮」動向に関する叙述が姿を消しました。次に、「会社別組合」の項は、「会社別組合【英 Company Union】は、企業別組合【Enterprise based Union】のうち，いわゆる御用組合のことをさす"Company Union"の日本語訳」とされ、企業別組合の英語表現として"Enterprise based Union"が記載され、

さらに、「会社〈別〉組合＝御用組合」が一層強調されています。これらは、事実上、「企業別組合＝『会社別組合でない企業別組合』＋『御用組合化した企業別組合＝"Company Union"会社別組合』」という構図を展開しているのです。

日刊労働通信社発行『労働用語辞典』各版における「会社（別）組合」および「企業別組合」の項の説明全文の一覧表

発行年月（書名）	辞典の見出し項目と解説内容	
	会社組合（1955年版）会社別組合（1958年版以降）	企業別組合
① 1955年10月 （労働省編『労働用語辞典』）	**会社組合** 　各個の企業別にその企業に使用される労働者が結成する組合であり、わが国の労働組合はほとんどこの形態である。 　会社組合は、当該企業に使用される労働者の労働条件を綜合的に定めることができ、またその企業における使用者との関係が密接であるので、労使協調には非常に便利であるが、他面組合内部の勢力関係から、各職種の労働者の地位の改善に必ずしも公平を期しがたいこともあり、御用組合化しやすい。	**企業別組合** 　同一の企業に属する労働者の組合をいう。わが国の労働組合の基本形態であり、例えばＡ会社労働組合、Ｂ会社労働組合というようなものであり、急速に労働組合を組織するには最も適しているが、同一企業主の下にあるので御用組合化しやすい。 　同一種類の産業に従事するこの種の組合が集って産業別労働組合を作るのが常態である。
② 1958年8月 （労働省編『労働用語辞典』）	**会社別組合**　【英 Company Union】 　同一の会社に勤務する従業員をもって組織する	**企業別組合** 　同一の企業に属する労働者をもって組織される労働組合．労働組合の組織範囲が企業の枠にしばられてい

		労働組合．企業別組合，経営別組合と実質的には殆んど異ならない．会社別に労働組合が組織されているところから，会社からの影響を受けやすく御用化され易い．アメリカなどにおいては御用組合の別名ともなっている．	るところから企業内組合とも言われる．わが国の労働組合の基本形態である．企業別組合にあっては企業の実態に即した労使関係の改善安定を図ることができ，企業を単位とする労使協力関係の維持進展に適しており，また，組合と組合員との遊離という危険が少ない反面，企業経営の優劣がそのまま労働条件の格差となって現れ，企業規模別賃金格差が生じ，組合の存立自体が当該企業と運命を共にする危険を有し，労働組合の独立性が弱められ，また，組合の運営に対する使用者の支配介入の余地が大きく御用組合に堕する危険が大であるとされている．
③ 1962年5月 (労働省編『労働用語辞典』)		**会社別組合** 【英 Company Union】 同一の会社に勤務する従業員をもって組織する労働組合．会社別に労働組合が組織されているところから，会社からの影響を受けやすく御用化され易い．アメリカなどにおいては御用組合の別名ともなっている．	**企業別組合** 同一の企業に属する労働者をもって組織される労働組合．労働組合の組織範囲が企業の枠にしばられているところから企業内組合とも言われる．わが国の労働組合の基本形態である．企業別組合にあっては企業の実態に即した労使関係の改善安定を図ることができ，企業を単位とする労使協力関係の維持進展に適しており，また，組合と組合員との遊離という危険が少ない反面，企業経営の優劣がそのまま労働条件の格差となって現れ，企業規模別賃金格差が生じ，組合の存立自体が当該企業と運命を共にする危険を有し，労働組合の独立性が弱められ，また，組合の運営に対する使用者の支配介入の余地が大きく御用組合に堕する危険が大であるとされている．このため最近では組合の組織を強化するため

			企業別組織からの脱皮が大きな問題とされ，総評，全労，新産別のいずれも，大会で，企業別組織からの脱皮，産業別組織強化のための単産本部の拡充強化を強調した方針を採択し，各労組とも組織整備に努めている．とくに総評は「企業から独立した組合」をつくるとの方針のもとに「企業から独立した労働者福祉」，「労働者自身の手による共済制度」，「役員の任期2年制」などの方針を打ち出している．なお，役員の任期2年制は，炭労，紙パ労連についで36年には全繊，国労，私鉄，都市交が採用し(私鉄，都市交は37年度から採用)しており，総評も36年の大会で「今後1年間検討する」こととするなど今後更に増加してゆくものと見られる．
④ 1965年11月 (労働省編『最新労働用語辞典』)	**会社別組合**　【英 Company Union】 同一の会社に勤務する従業員をもって組織する労働組合．会社別に労組が組織されているところから，会社からの影響を受けやすく御用化され易い．アメリカなどにおいては御用組合の別名ともなっている．		**企業別組合** 同一の企業に属する労働者をもって組織される労働組合．労働組合の組織範囲が企業の枠にしばられているところから企業内組合とも言われる．わが国の労働組合の基本形態である．企業別組合にあっては企業の実態に即した労使関係の改善安定を図ることができ，企業を単位とする労使協力関係の維持進展に適しており，また，組合と組合員との遊離という危険が少ない反面，企業経営の優劣がそのまま労働条件の格差となって現れ，企業規模別賃金格差が生じ，組合の存立自体が当該企業と運命を共にする危険を有し，労働組合の独立性が弱められ，また，組合の運営に対する使用者の支配介入の

余地が大きく御用組合に堕する危険が大であるとされている．このため最近では組合の組織を強化するため企業別組織からの脱皮が大きな問題とされ，総評，全労，新産別のいずれも，大会で，企業別組織からの脱皮，産業別組織強化のための単産本部の拡充強化を強調した方針を採択し，各労組とも組織整備に努めている．とくに総評は「企業から独立した組合」をつくるとの方針のもとに「企業から独立した労働者福祉」，「労働者自身の手による共済制度」，「役員の任期2年制」などの方針を打ち出している．なお，役員の任期2年制は，従来海員組合のみであったが，36, 7年にかけて急増し，現在では総評，同盟の両中央組織のほか，炭労，紙パ労連，全繊，国労，私鉄，都市交，合化，鉄鋼，電機，日教組などで採用されており，さらに増加していくものとみられる．

⑤ 1969年12月（労働省編『増補改訂 労働用語辞典』）		**会社別組合**【英 Company Union】 同一の会社に勤務する従業員をもって組織する労働組合．会社別に労働組合が組織されているところから，会社からの影響を受けやすく御用化され易い．アメリカなどにおいては御用組合の別名ともなっている．	**企業別組合** 同一の企業に属する労働者をもって組織される労働組合．企業内組合ともいわれ，わが国の労働組合の基本形態である．企業別組合にあっては企業の実態に即した労使関係の改善安定を図ることができ，企業を単位とする労使協力関係の維持進展に適しており，また，組合と組合員との遊離という危険が少ない反面，企業経営の優劣がそのまま労働条件の格差となって現れ，企業規模別賃金格差が生じ，組合の存立自体が当該企業と運命を共にする危険を有し，労働組合の独立性が弱められ，また，

		組合の運営に対する使用者の支配介入の余地が大きく御用組合に堕する危険が大であるとされている．このため組合の組織を強化するため企業別組織からの脱皮が大きな問題とされ，総評，同盟，新産別のいずれも，大会で，企業別組織からの脱皮，産業別組織強化のための単産本部の拡充強化を強調した方針を採択し，各労組とも組織整備に努めている．また，総評が中心となって進めている春闘方式も企業別組合の弱さを補う賃金交渉方式であるといえる．なお，最近の春闘では，産業別に初任給の斉一化，妥結額の最低額規制など，産業別組合の機能強化の方向がめだち始め始めている．
⑥ 1973年10月 (『最新 労働用語辞典』)	**会社別組合** 【英 Company Union】 　同一の会社に勤務する従業員をもって組織する労働組合．会社別に労働組合が組織されているところから，会社からの影響を受けやすく御用化され易い．アメリカなどにおいては御用組合の別名ともなっている．	**企業別組合** 　同一の企業に属する労働者をもって組織される労働組合．企業内組合ともいわれ，わが国の労働組合の基本形態である．企業別組合にあっては企業の実態に即した労使関係の改善安定を図ることができ，企業を単位とする労使協力関係の維持進展に適しており，また，組合と組合員との遊離という危険が少ない反面，企業経営の優劣がそのまま労働条件の格差となって現れ，企業規模別賃金格差が生じ，組合の存立自体が当該企業と運命を共にする危険を有し，労働組合の独立性が弱められ，また，組合の運営に対する使用者の支配介入の余地が大きく御用組合に堕する危険が大であるとされている．このため組合の組織を強化するため企業別組織からの脱皮が大きな問題とさ

			れ，総評，同盟，新産別のいずれも，大会で，企業別組織からの脱皮，産業別組織強化のための単産本部の拡充強化を強調した方針を採択し，各労組とも組織整備に努めている．また，総評が中心となって進めている春闘方式も企業別組合の弱さを補う賃金交渉方式であるといえる．なお，最近の春闘では，産業別に初任給の斉一化，妥結額の最低額規制など，産業別組合の機能強化の方向がめだち始め始めている．
⑦ 1979年1月 (労働省編『最新 労働用語辞典』)		会社別組合 【英 Company Union】 同一の会社に勤務する従業員をもって組織する労働組合．会社別に労働組合が組織されているところから，会社からの影響を受けやすく御用化されやすいといわれている．アメリカなどにおいては御用組合の別名ともなっている．組織形態においては日本の企業別組合と同一であるが，企業別組合は必ずしも御用組合ではないので，区別する．	企業別組合 同一の企業に属する労働者をもって組織される労働組合．企業内組合ともいわれ，わが国の労働組合の基本形態である．企業別組合にあっては企業の実態に即した労使関係の改善安定を図ることができ，企業を単位とする労使協力関係の維持進展に適しており，また，組合と組合員との遊離という危険が少ない反面，企業経営の優劣がそのまま労働条件の格差となって現れ，企業規模別賃金格差が生じ，組合の存立自体が当該企業と運命を共にする危険を有し，労働組合の独立性が弱められ，また，組合の運営に対する使用者の支配介入の余地が大きく御用組合に堕する危険が大であるとされている．このため組合の組織を強化するため企業別組織からの脱皮が大きな問題とされ，総評，同盟，新産別のいずれも，大会で，企業別組織からの脱皮，産業別組織強化のための単産本部の拡充強化を強調した方針を採択し，各労組とも組織整備に努めている．ま．

		た，総評が中心となって進めている春闘方式も企業別組合の弱さを補う賃金交渉方式であるといえる．なお，最近の春闘では，産業別に初任給の斉一化，妥結額の最低額規制など，産業別組合の機能強化の方向がめだち始め始めており，更に，全労協の集中決戦のように，関連する産業別組合が共同歩調をとって賃上げ競争を行う動きも強まっている
⑧ 1993年3月 (労働省編『最新　労働用語辞典』)	**会社別組合**　【英 Company Union】 　企業別組合【Enterprise based Union】のうち，いわゆる御用組合のことをさす"Company Union"の日本語訳．	**企業別組合** 　同一の企業に属する労働者をもって組織される労働組合・企業内組合ともいわれ，わが国の労働組合の基本形態である．企業〔別〕組合にあっては企業の実態に即した労使関係の改善安定を図ることができ，企業を単位とする労使協力関係の維持進展に適しており，また，組合と組合員との遊離という危機が少ない反面，企業経営の優劣がそのまま労働条件の格差となって現われ，企業規模別賃金格差が生じ，組合の存立自体が当該企業と運命を共にする危険を有し，労働組合の独立性が弱められ，また，組合の運営に対する使用者の支配介入の余地が大きく御用組合に堕する危険が大であるとされている．
⑨ 1997年11月 (労働省編『労働用語辞典』)	**会社別組合**　【英 Company Union】 　企業別組合【Enterprise based Union】のうち，いわゆる御用組合のことをさす"Company Union"の日本語訳．	**企業別組合** 　同一の企業に属する労働者をもって組織される労働組合・企業内組合ともいわれ，わが国の労働組合の基本形態である．企業〔別〕組合にあっては企業の実態に即した労使関係の改善安定を図ることができ，企業を

付録編　日本の「労働組合」運動に関する訳語・誤訳・不適訳問題

		単位とする労使協力関係の維持進展に適しており，また，組合と組合員との遊離という危機が少ない反面，企業経営の優劣がそのまま労働条件の格差となって現われ，企業規模別賃金格差が生じ，組合の存立自体が当該企業と運命を共にする危険を有し，労働組合の独立性が弱められ，また，組合の運営に対する使用者の支配介入の余地が大きく御用組合に堕する危険が大であるとされている。
⑩ 2007年5月 (『労働用語辞典』)	会社別組合　【英 Company Union】 　企業別組合【Enterprise based Union】のうち，いわゆる御用組合のことをさす"Company Union"の日本語訳。	企業別組合 　同一の企業に属する労働者をもって組織される労働組合・企業内組合ともいわれ，わが国の労働組合の基本形態である。企業別組合にあっては企業の実態に即した労使関係の改善安定を図ることができ，企業を単位とする労使協力関係の維持進展に適しており，また，組合と組合員との遊離という危機が少ない反面，企業経営の優劣がそのまま労働条件の格差となって現われ，企業規模別賃金格差が生じ，組合の存立自体が当該企業と運命を共にする危険を有し，労働組合の独立性が弱められ，また，組合の運営に対する使用者の支配介入の余地が大きく御用組合に堕する危険が大であるとされている。

あとがき

　今年はマルクス『資本論』（ドイツ語版初版）発刊150周年、「労働組合期成会」結成120周年、日本国憲法公布70周年などを迎える記念すべき、かつ、真の団結権確立のために、私たち日本の労働者・国民が奮起すべき年です。

　日本国憲法、とくに、その第28条の公布・施行と関連して想起されるのは1948年に初版が発行され、1953年まで中学生、高校生の社会科教科書として使用された文部省著作教科書『民主主義』（上、下）（教育図書、上＝1948年10月30日、下＝1949年8月26日）です。同教科書は、「第十章　民主主義と労働組合」（上巻、182〜202頁）を設けて「労働組合の目的」、「労働組合の任務」、「日本の労働組合」など6節、全20頁を割いて、団結の意義、「労働組合」が民主主義を具体化する要（かなめ）であり、不可欠の条件であることなどを、丁寧に説いています。そこには、例えば、以下の叙述が含まれています。

〔「一　労働組合の目的」から〕

「今日の産業組織の中で働いている労働者は、たくさんの工場や職場に分散している。そうして、もしも労働組合がなければ、同じ職場で働いている人々でさえも、企業主に個別的に雇われ、ひとりひとり孤立した立場で賃金やその他の労働條件を取り決めなければならない。〔……〕会社の都合で解雇すると言われても、ひとりひとりの力では、抗議のしようもないし、抗議しても取り合ってはもらえない。〔……〕だから、このように孤立した立場にあることは、労働者にとって最も不利な点であるということができよう。〔……〕

　しかし、そのような不利な条件も、おゝぜいの労働者が團結すれば、團体の力で、少なくとも一部分は克服して行くことができる。そうして、その團体も、規模が大きくなればなるだけ、それだけ團結の力を大きく発揮するようになる。」（上、184〜185頁）

〔「二　労働組合の任務」から〕

「もしも労働組合という勤労大衆の自主的な組織が存在せず、あるいはその成立が禁ぜられていたとするならば、近代の民主主義の原理は、よしんば法律の形式の上では認められ、制度としては確立されていても、実質的には

十分に実現されえない。だから、労働組合は、民主主義の原則を近代的な産業組織の中で具体化するものであり、民主主義を単なる法律制度としてではなく、動く生命のある生活原理として発展させて行くための、不可欠の條件なのである。」（同186頁）

〔「五　日本の労働組合」から〕

「労働組合は、労働者自身の自覚によって作られ、一般労働者の意志と理性とによって運営される自主的な組織でなければならない。ところが、日本のように、労働組合運動が長らく軍國主義の政治によって抑圧されて來た國では、労働組合の自主的な発展や運営を図ることは、まことに容易なわざでない。軍閥や特高警察がなくなり、財閥が解体されたからといって、直ちに日本の労働組合が豊かな自主性をもって生育すると思ったら、とんだまちがいであろう。〔……〕日本の労働組合も、敗戦後はじめて真の團結の自由が与えられたのであるが、それだけに、日本國民は、まだまだこの團結の自由と権利とを賢明に自主的に用いることを十分に心得ているとは言いがたい。だから、日本の労働組合にとっては、このように突然にさしたる苦労もなくて獲得された自由と権利とを、責任をもって自主的に行使するように、特に反省と努力とを続けることを怠ってはならない。」（同196〜197頁）

「日本の労働組合は、戦争終了後わずか三箇年で、組合数は二万八千を越え、組合員の総数は六百万以上に達した。単なる『数』の上からいえば、まさに驚嘆に價する発展である。しかし、『質』の点ではどうかということになると、まだまだ、はなはだ不満足な状態であるといわなければならない。」（同198頁）

〔「六　労働組合の政治活動」から〕

「労働組合を、自分たちの力によって作られた自分たちのための組織たらしめよ。日本の社会と経済と政治の民主化は、それによって興り、必ずやそれとともに栄えるであろう。」（同202頁）

私は、この教科書の存在と内容を、再認識して、その基本的内容が今日の日本においても、ほとんどそのまま妥当すること、教科書の文章中の「労働組合」を、私たちが本書で使用した意味での労働者組合、すなわち、「団結体としての（個人加盟、職業別・産業別を原則とする）労働者組合」に置き

あとがき

換えて読むならば、私たちの研究結果・結論と基本的に一致していることを痛感した次第です。

　この教科書の初版発行時期は、本書第2章で見てきた1945年労働組合法の「改正」を経て49年労働組合法が実施された時期に当たります。日本の社会と労働者階級が全体として、トレード・ユニオン、すなわち、「団結体としての（個人加盟、職業別・産業別を原則とする）労働者組合」ではなく、それの敵対物である企業別組合＝日本型会社組合を——まるで、「贈り物」を装って送り込まれた「トロイの木馬」の場合のように——実態としてだけでなく、法制としても、受け入れた時期です。

　こうした読み方をすると、上記の引用のうち、とりわけ、「日本國民は、まだまだこの團結の自由と権利とを賢明に自主的に用いることを十分に心得ているとは言いがたい。だから、日本の労働組合にとっては、このように突然にさしたる苦労もなくて獲得された自由と権利とを、責任をもって自主的に行使するように、特に反省と努力とを続けることを怠ってはならない」という警告に、頭を直撃される思いがします。

　私たちは、日本国憲法第28条に謳われている団結権を「責任をもって自主的に行使する」という歴史的任務を負っているということを決して忘れたり、おろそかにしてはならないのです。今日における、世界の労働者組合運動をめぐる情勢の重大な転機に際して、本書がそうした歴史的任務に関する議論を喚起し、一人でも多くの労働者がこの歴史的任務を自覚する契機となることを期待しつつ、ひとまず、筆を置きます。

　なお、本書に関する文献集は相当の量になることもあり、別冊で発行することにして、準備中です。ご了解をお願いします。

　最後になりましたが、本書の出版、編集・装丁・印刷・出版実務を快諾していただき、迅速に遂行して下さった本の泉社と関係者の方々に厚く御礼申し上げます。

2017年3月25日　宮前忠夫

【索引】(付録編を除く)

【あ行】

浅見和彦·············· 194,**326～350**
浅利順四郎················ 207
アッペル，レオナード·········· 101
東正元················· 364,365
アドメイト，クラウス·········· 252
吾孫子豊················· 101
天達忠雄················· 138
『アメリカ合同衣料労働者』
　(Amalgamated Clothing Workers of
　America)··············· 223
アメリカ方式
　("American Plan")·········· 357
鮎沢巖················ 93,387
荒畑勝三（寒村）·········· **36～39**,76
荒堀広··123～125,128,130,**293～305**,321
荒又重雄················· 231
井坂孝················50,80,85
石井進·················50,65
石井照久················· 392
磯田進·················· 266
磯村豊太郎················ 46
イタリア労働総同盟〔ＣＧＩＬ〕
　·················· 12,178
一企業一組合
　···119～135,150,155,158,159,160,163,
　164,193,203,255,259,350
一企業内の勞働者團体·········· 209

一企業・複数労組·········· 370,371
一工場一組合·········· 45,122,123～
　129,174,180,192,302
一工場一組合、一産業一産業別組合、
　一国一中央組織···· 122,174,180,192
一工場一工場委員会············ 86
市田忠義················· 164
一般的結社（権）とは
　区別される団結（権）········· 368
井出洋·················· 161
伊藤憲一················· 86
井上定彦················· 320
ウィリアムソン，ヒュー········· 282
ヴィンケ，ヘルマン··········· 276
ウェッブ，シドニー＆ビアトリス、ウェッブ
　（夫妻）············· 37,341,375
ウォルフレン，カレル・ヴァン··· 276
碓井敏正················· 332
宇野利右衛門··············· 61
〔日本工業倶楽部の〕英米訪問実業団
　················ 49,50,52,59
エールケ，ミヒャエル·········· 283
エンゲルス（フリードリヒ）
　············· 36,294,303,305,358
遠藤公嗣················· 93
『欧州労組の対日労働観』····· 274,277
大河内一男···93,144,147,150～154,274
呉学殊·················· 284

大木一訓 ································· 169,312
大槻文平 ································· 141
大倉旭 ··································· 116,270
太田薫 ··································· 81
大西広 ··································· 332
大野雄二郎 ······························· 259
大野喜実 ································· 230
大原総一郎 ······························· 79
大村文夫 ································· 79
大和田敢太 ······························· 163,344
岡崎三郎 ································· 315
岡崎淳一 ································· 230,241
岡田与好 ································· 65
岡部繁 ··································· 47
小川善作 ································· 128,369,370
小川泰一 ································· 220
小川登 ··································· 35
奥田碩 ··································· 363,364
オープン・ショップ ·· 53,167,209,219,221

【か行】

海員組合（全日本海員組合）
　················ 77,87,88,91,124,315
会社組合（Werkvereine）······· 256
会社組合＝御用組合 ············ 15,16
会社組合運動 ········· 53,214,222,244
「会社組合」の定義 ············· 218
会社組合法認、会社(別)組合の法認
　·································· 49,139
会社組合の本質 ················· 222

会社(別)組合（company union）
　··································· 10,18,139
飼手眞吾
　20〜23,99,106,107,272,285,288,301,351
外部からの闘争 ············· 223,225
カウフマン，ブルース ······· 288,356
賀来才二郎 ······················· **103**
河西宏祐 ·························· 150
風間龍 ···························· 138
春日正一 ·························· 86
片山潜 ···························· 28,32
加藤勘十 ·························· 86
加藤佑治 ·························· 336
要宏輝 ···················· 370,**372〜374**
金子健太 ················ 117,**134〜138**
神山茂夫 ·························· 86,120
亀山悠 ···························· 98
金正米吉 ···················· 79,80,83,86,87
川上允 ···························· 365
河藤たけし ······················· 12
願興寺胙之 ······················· 299,365
管制高地 ·· 155〜158,328,330,332,335,350
企業横断的基盤
　（Überbetriebliche Grundlage）
　····························· 256,257,258
企業横断的組織形態 ············· 353
企業横断的という組織原則 ······· 252
企業外ユニオン運動 ·············· 322
企業組織の一部としての労働組合
　（Die Gewerkschaften als Teil der
　Betriebsorganisation）············ 283

企業単位サンディカ
　（syndicat d'entreprise）‥261,262,265
企業内組合
　……15,21,90,161,175,176,229,261～
　267,272,277～280,284,312,346,353,371,372
企業内組合とナショナルセンターという
　組合制度の2重構造………277
企業別組合＝会社〈別〉組合……15,18
企業別組合的組織形態
　…………97,99,101,106,109～112
「企業別組合」という用語・概念
　………………………10,15,18
企業別組合内部変革………322
企業別組合（日本型会社組合）……289
企業別組合の輸出………4,321
『企業別組合』の消極的側面と
　積極的側面………126,147,154,156
企業別組合否定論、企業別組合否定論者
　………………………318,320
「企業別組合」法認………109,112,351
企業別組合論争…………185
北岡寿逸………………68
北沢新次郎………………57
木下順………………231
木下武男………………193,329
基本法第九条第三項……257～259
キャノン〔正しくはキヤノン〕
　…………………………278～280
協調会………………47,49,72,168
極東委員会…………95～98,106
極東委員会16原則…………95,96

キリスト教労働者組合同盟〔ドイツ〕(CGB)
　………………………245,254,366
キレン、ゼームス………116,270,288
近畿産業團體聯合會…………55
銀行産業労組………………328
草光實………………138
熊沢誠………………322,323,374
熊谷謙一………………365
クラース、ゲルト…………274
グリーン、ウィリアム………223
グルード、ウィリアム………280
グルネル協定………………161,262
クレッグ、Ｈ・Ａ………340,342,343
クローズド・ショップ…53,253,266,278
ゲーリー合衆国製鋼会社
　〔＝ＵＳスティール社〕取締役会長
　……………………………51,59
建交労京王新労組…………328
公共企業体（等）労働関係法
　……………………99～113
工場委員會制度……46,51,65,66,94,212
工場代表者会議…………78,86,123
交渉単位（bargaining unit）、交渉単位制
　……115,230～243,353,361
工場別の分会（sections d'usines）
　……………………………264
工職混合………123,161,261,262,329
神代和欣………………285
合同労組………224,335,336,368,376
公認の労組ナショナルセンター…298
河野密………………85

神戸大学付属図書館デジタルアーカイブ
　【新聞記事文庫】・・・・・・・・・・・・・・ 29
国際労働会議・・・・・・・・・・・・・・・・・・・・ 68
国際労働機関（ILO）
　→ ILO（国際労働機関）
國分武・・・・・・・・・・・・・・・・・・・・・ 370,**374**
個人加盟制の「連合ユニオン」・・・・ 325
ゴスペル，ハワード・・・・・・・・・・・・ 366
国家公務員法・・・ 92,96〜99,109,111,112
小林宏康・・・・・・・・・・・・・・・・・・・ **306〜321**
小林宏康の「卒業説法」
　・・・・・・・・・・・・・・・・ 366316,319,320,321
小林雅之・・・・・・・・・・・・・・・・・・・・・・・ **370**
小松隆二・・・・・・・・・・・・・・・・・・・・・・・ 144
小宮文人・・・・・・・・・・・・・・・・・・・・・・・ 354
小森良夫・・・・・・・・・・・・・・・・・・・・・・・ 161
コール，G.D.H.・・・・ 342,344〜349
コロンブスの卵・・・・・・・・・・・ 195,200,203
ゴンパーズ，サミュエル
　・・・・・・・・・・・・・・・・・・・ 43〜45,368,369

【さ行】

斎藤一郎・・・・・・・・・・・・・・・・・・・・ **121,122**
サイヤン，ルイ
　・・ 177,119,122,125,132,134,135,137,159,
　　160,193,368
坂井栄八郎・・・・・・・・・・・・・・・・・・・・・ 245
坂本満枝・・・・・・・・・・・・・・・・・・・・・・・ 161
佐口和郎・・・・・・・・・・・・・・・・・・・・・・・ 59
櫻田武
　・・・・ 112〜116,140,141,288,301,321,361

櫻林誠・・・・・・・・・・・・・・・・・・・・・・・・・ 230
佐々木潤之介・・・・・・・・・・・・・・・・・・・ 65
佐々木仁・・・・・・・・・・・・・・・・・・・・・・・ 328
佐々木正制・・・・・・・・・・・・・・・・・・・・・ 364
佐藤達夫・・・・・・・・・・・・・・・・・・・・・・ **98**
佐藤芳夫・・・・・・・・・・・・・・・・・・・ 129,130
沢田半之助・・・・・・・・・・・・・・・・・・・・・ 33
産業別個人加盟労組・・・・・・・・・ 335,336
三権通牒・・・・・・・・・・・・・・・・・・・・・・・ 107
産業報国会・・・・・・・・・・・・・・・・・・・・・ 62
産別会議（全日本産業別労働組合会議）
　・・・・ 86,120,121,126,134,135,145,146,160,
　　199,307,319
サンディカ（サンジカ）（syndicat）
　・・・・・・・・・・・・・・・・・・・・・・・・・ 259〜264
サンディカの「（企業内）分会」
　（sections syndicales）・・・・・・・・・ 264
サンフランシスコ講和条約・・・・・・ 112
サンフランシスコ条約・・・・・・・・・・ 115
サンフランシスコ体制・・・・・・・・・・ 145
塩田庄兵衛・・・・・・・・・・・・・・・・・・・・・ 228
鹿内信隆・・・・・・・・・・・ 140,141,230,237
次官通牒・・・・・・・・・・・・・・・・・・・・ 106,107
事業場産業報国会（単位産報）・・・・ 84
事業所組織法（経営組織法）
　・・・・・・・・・・・・・・・・・・・・・・・・ 254,344,354
篠原勝・・・・・・・・・・・・・・・・・・・・・・・・・ 276
渋沢栄一・・・・・・・・・・・・・・・・・・・・・・・ 52
島紀男・・・・・・・・・・・・・・・・・・・・・・・・・ 196
清水慎三・・・・・・・・・・・・・・・・・・・・・・・ 373
シーメンス（Siemens）・・・・・・・・・ 367

下山房雄‥‥‥164,165,185,186,**194～202**
（労働組合法）社会局案‥‥‥‥‥54,62
ジャコービィ，S.M‥‥‥‥‥‥231
重工産業労働組合‥‥‥‥‥‥328,329
自由ドイツ労働組合総同盟〔FDGB〕
‥‥‥‥‥‥‥‥‥‥‥‥‥249,250
縦断組合化運動‥‥‥‥‥‥‥‥66
縦断労働組合‥‥‥‥‥‥‥‥‥57
〔ドイツ〕自由労働組合総同盟‥‥248
ジューコフ元帥‥‥‥‥‥‥‥‥249
シュトルパー，グスタフ‥‥‥‥245
シュミッター‥‥‥‥‥‥‥‥‥281
上意下達・下意（下情）上通
‥‥‥‥‥‥‥‥‥46,292,364,365
城島正光‥‥‥‥‥‥‥‥‥289,290
城常太郎‥‥‥‥‥‥‥‥‥‥‥32
職業的団結権‥‥‥‥‥‥‥‥‥208
職業（別）組合（syndicat professionnel）
‥‥‥‥‥‥‥‥‥35,161,259,261
職業（別）組合法‥‥‥‥‥260～263
職業別組合の合同‥‥‥‥‥223,326
職場委員会
（ショップ・スチュワード委員会）
‥‥‥‥‥‥‥‥‥‥‥‥‥169,218
ショスタク，アーサー‥‥‥‥215,231
職工組合‥28,30,32,33,35,36,37,43,56,292
職工義友會‥‥‥‥‥‥‥‥‥‥32
ショップ・スチュワード‥‥169,345,346
白石徳夫‥‥‥‥‥‥‥‥‥133,134
白井泰四郎‥‥‥‥‥‥‥‥‥‥150
白髭勝彦‥‥‥‥‥‥‥‥‥‥79,82

白髭公開状‥‥‥‥‥‥‥‥79,82,83
尻抜けユニオン・ショップ
‥‥‥‥‥‥‥107,127,135,350,361
新日鉄〔新日本製鐵〕‥‥‥276,278,279
末弘厳太郎‥‥‥‥‥‥‥‥85,92～94
杉浦正男‥‥‥‥‥‥‥‥‥‥337
鈴木玲‥‥‥‥‥‥‥‥‥‥‥337
鈴木一‥‥‥‥‥‥‥‥‥‥‥284
ストライキ（同盟）‥‥‥‥‥‥27
ストライキ委員会
（comité de grève）‥‥‥‥‥265
隅谷三喜男‥‥‥‥‥‥‥‥‥360
政令第201号‥‥‥‥‥‥‥‥97,170
世界労働者組合会議‥‥‥‥‥117
世界労働者組合連合
（世界労連，WFTU）結成‥‥117
世界労連の勧告‥‥‥‥‥117～138
世界労連総理事会‥‥‥‥‥‥117
世界労連の分裂
（国際自由労連の結成）‥‥‥145
赤色労働組合主義‥‥‥‥120,121,123
全国金属（労働組合）
‥‥‥‥‥134,179,180,314,336,372
全国産業団体連合会（全産連）‥‥63
全国労働関係委員会
（NLRB：National Labor Relations Board）‥‥‥‥214,234,236,242,243
全国労働関係法
（NLRA:National Labor Relations Act）
‥‥‥‥‥231,312,327,352,374,375
全国労働組合総連合（全労連）‥‥290

全国労働組合連絡協議会
　（全労協）・・・・・・・・・・・・・・・・・・・・ 290
全繊同盟（全国繊維産業労働組合同盟）
　・・・・・・・・・・・・・・・・・・・・・・・・・・79,80,86
全造船（全日本造船機械労働組合）
　・・・・・・・・・・・・・・・・・・・・・・・ 127 ～ 132
全造船機械労組石川島分会事件
　・・・・・・・・・・・・・・・・・・・・・・・・ 127,128
全動労・・・・・・・・・・・・・・・・・・・・・・・・・・ 328
全トヨタ労組（全トヨタ労働組合）
　・・・・・・・・・・・・・・・・・・・・・・・・・・・・・ 328
全米統一電気・ラジオ・機械労働者組合
　（ＵＥ）・・・・・・・・・・・・・・・・・・・・・・ 244
全労会議（全日本労働組合会議）・・ 87,91
全労連解散（1950 年 8 月）・・ 121,135,170
造船総連・・・・・・・・・・・・・・・・・ 129,130,132
総同盟
　・・・・・ 12,32,43,58,63,65,76,77,78,79,80,
　81,83,86,87,89,116,161,162,178,182,219,2
　27,228,241,244,248,249,250,261,274,298
総評（日本労働組合総評議会）
　・・・・ 81,87,106,121,140,141,143,146,170,
　183,199,277,307,316,375
総評組織綱領草案・・・・・・・・・・・・・・・ 307
組織的単一化〔単一労働者組合＝
　Einheitsgewerkschaft〕
　・・・・・・・・・・・・・・・・・・・・・・・・・・・・ 248

【た行】

第五十九回帝國議會勞働組合法案審議録
　・・・・・・・・・・・・・・・・・・・・・・・・・・・・・・ 64
大日本産業報国会・・・・・・・・・・ 72,84,364
高木郁朗・・・・・・・・・・・・・・・・ 274,329,330

高島喜久男・・・・・・・・・・・・・・・・・・・・・ 138
高梨昌・・・・・・・・・・・・・・・・・・・・・・・・・ 285
高野岩三郎・・・・・・・・・・・・・・・・・・・・・ 349
高野房太郎・・・・・・・・・・ 32,34,43,44,369
高野実・・・・・・・・・・・・・・・・・・・・・76,79,86
髙橋進・・・・・・・・・・・・・・・・・・・・・・・・・ 281
高畑敬一・・・・・・・・・・・・・・・・・・・・・・・ 365
宝塚会談・・・・・・・・・・・・・・・・・・・ 78 ～ 84
滝田実・・・・・・・・・・・・・・・・・・・・80,87,89,91
竹内真一・・・・・・・・・・・・・・・・・ 316,317,318
田中愼一郎・・・・・・・・・・・・・・・・・・ 230,238
田中惣五郎・・・・・・・・・・・・・・・・・・・・・・ 57
棚橋泰助・・・・・・・・・・・・・・・・・・・・・・・ 150
田邊忠男・・・・・・・・・・・・・・・・・・・・ 347,348
田端博邦・・・・・・・・・・・・・・・・・・・・ 161,261
タフト・ハートレー法
　・・・・・・・・・・・・・・・・ 230,231,232,235,244
田村譲・・・・・・・・・・・・・・・・・・・・・・・・・・ 63
田村剛・・・・・・・・・・・・・・・・・・・・・・・・・ 230
単位産業報国会・・・・・・・・・・・・・・・・・ 85
団結權・・・ 3,4,10,12,26,36,37,44,56,57,97,
　106,107,109,110,112,128,148,149,162,163,
　206 ～ 268
団結体・団結権の法認
　（法認された団結体・団結権）・・・ 266
団結体としての、個人加盟、職業別・
　産業別を原則とする労働者組合
　・・・・・・・・・・・・・・・・・・・・ 20 ～ 23,292,338
団結体としての勞働者組合
　・・・・・・・・・・・・・・・・・・・・・・・ 20 ～ 23,359
團琢磨・・・・・・・・・・・・・・・・・・・ 46,50,52,59

単位組合 local union（Local basis）
　　‥‥‥‥‥‥‥‥ 96,120,169,237
ダン，ロバート・W‥‥‥‥ **215～218**
治安警察法第十七條‥‥‥‥‥‥ 60
地域生協の『少数派労組』‥‥‥‥ 328
地区別の支部（sections locales）‥ 264
地方公務員法‥‥‥‥ 96,97,99,111,112
中馬宏之‥‥‥‥‥‥‥‥‥‥ 230
（東・西ドイツ）『通貨・経済・社会統合に関する国家条約』の『国家条約の諸原則に関する共同議定書』‥‥‥‥‥‥ 253
通信労組（通信産業労働組合）‥‥ 328
辻岡靖仁‥‥‥‥‥‥‥‥‥‥ 165
辻中豊‥‥‥‥‥‥‥‥‥‥‥ 281
津田眞澂‥‥‥‥‥‥‥‥ 230,239
鶴海良一郎‥‥‥‥‥‥‥‥‥ 98
寺岡精工所‥‥‥‥‥‥‥‥‥ 279
電気協会‥‥‥‥‥‥‥‥‥‥ 168
ドーア，ロナルド‥‥‥‥‥‥ 272
ドイツ公務員連合（ドイツ官史同盟）（DBB）‥‥‥‥‥‥‥‥‥ 249,254
ドイツ労働組合同盟（ＤＧＢ．〔引用文中では「ドイツ労働組合総同盟」〕）‥‥‥‥ 248,249,254
統一労組懇‥‥‥ 174,175,185,189,196
東京鉄工機械同業組合‥‥‥‥‥ 168
同職組合‥‥‥‥‥‥‥‥‥ 36,166
ドウマンク，ジャンピエール‥‥ 277
同盟（全日本労働総同盟）‥‥‥ 87,89
戸木田嘉久‥‥‥‥‥ 125,126,**142～203**,262,298,305,330,335,350
独占資本主義段階‥‥‥‥‥ 145,173

徳田球一‥‥‥‥‥‥‥‥‥ 77,86
戸塚章介‥‥‥‥‥‥‥‥‥‥ 252
戸塚秀夫‥‥‥‥‥‥‥‥‥‥ 282
ドッジ・プラン‥‥‥‥‥‥‥ 170
ドッジ・ライン‥‥‥‥‥‥‥ 146
ドッヂ聲明‥‥‥‥‥‥‥‥‥ 104
トヨタ自動車労働組合‥‥‥ 274,364
『トヨタ労使マネジメントの輸出』‥ 299
トルーマン大統領‥‥‥‥‥‥ 115
トロイの木馬
　‥‥ 3,11,13,42,76,108,288,320,338,356,359,361,362,367,370,376,427

【な行】

内部からの切崩し‥‥‥‥ 223,226,227
中窪裕也‥‥‥‥‥‥‥ 230,231,235
中西洋‥‥‥ 268,328,330,331,332,338
中野善敦‥‥‥‥‥‥‥‥‥‥ 48
中林賢二郎
　‥‥ 161,162,**164～194**,198,298,318,319
永易浩一‥‥‥‥‥‥‥‥‥‥ 272
永瀬博忠‥‥‥‥‥‥‥‥ 336,337
中山三郎‥‥‥‥‥‥‥‥‥‥ 214
名古屋商業会議所‥‥‥‥‥‥ 168
ナチス・ファシズム‥‥‥‥‥ 252
ナチの労働戦線
　（Die Deutsche Arbeitsfront = ＤＡＦ）
　‥‥‥‥‥‥‥‥‥‥‥ 247,248
南葛勞働會‥‥‥‥‥‥‥‥‥ 45
西岡孝男‥‥‥‥‥‥‥ 339,340,341
西尾末広‥‥ **62～64**,76,77,79,83,86,87,93

日米安保条約（旧）・・・・・・・・・・・・・ 115
日米安保（体制）・・・・・・・・・・・ 146,376
日経連（日本経営者団体連合会）
　・・・・・ 46,72,73,81,100,114,115,141,220,
　253,276,279,282,297,299,301
日産サンダーランド工場・・・・・・・・ 299
日産の争議（1953年）・・・・・・・・・・ 140
ニッパーダイ（ニッペルダイ）H・C
　・・・・・・・・・・・・・・・・・・・・・・・251,255,259
二宮誠・・・・・・・・・・・・・・・・・・ **323〜325**
日本ＩＬＯ協会・・・・・・・・・・・・・・・・・ 274
日本型会社(別)組合
　(the Japanized company union)・・ 358
日本型企業別組合の法認問題・・・・・・ 361
日本型産業別組合・・・・・・・・・・306〜321
日本型労使関係体制・・・・・・・・・・・・・280
日本経済団体連合会（日本経団連）
　・・・・・・・・・・・・・・・・・・・・・・・321,363,365
日本共産党十回大会六中総決議・・・ 122
日本共産党（東京都）石川島委員会
　・・・・・・・・・・・・・・・・・・・・・・・・・・・130,131
日本工業倶楽部
　・・・・・・・・・ 49,50,52,59,60,62,63,67,168
日本人の精神・・・・・・・・・・・・・・・ 277,280
日本精神・・・・・・・・・・・・・・・・・・・67,71,72
日本繊維協會・・・・・・・・・・・・・・・81,82,83
日本帝国臣民・・・・・・・・・・・・・・・・・・・ 44
"日本に労働組合は無い"
　"There is no union in Japan"・20,272
『日本之下層社會』・・・・・・・・・・・30,31,32
日本の労働者組合奨励に関する16原則
　・・・・・・・・・・・・・・・・・・・・・・・・・・・・・ 95

日本版トロイの木馬・・・・・・・・・・・・・ 76
日本勞働組合總聯合・・・・・・・・・・・・・ 72
二村一夫・・・・・・・・・・・・・・・・・・・・・・ 43
ニューディール政策・・・・・・・・・・・・ 52
野村平爾・・・・・・・・・・・・・・・・・・・・・ 259

【は行】

袴田里見・・・・・・・・・・・・・・・・・・・・・・ 86
長谷川公一・・・・・・・・・・・・・・・・・・・・ 68
『旗本・直参』のローカルユニオン
　・・・・・・・・・・・・・・・・・・・・・・・・・・・ 374
「働くために生きる」労働者生活・・ 275
ハナウ，ペーター・・・・・・・・・・・・・ 252
花見忠・・・・・・・・・・・・・・・・・206,285,356
濱口桂一郎・・・・・・・・・・・・・・・ **350〜354**
浜口内閣・・・・・・・・・・・・・・・・・・・・62,63
早川征一郎・・・・・・・・・・・・・・・・・・・ 337
林克明・・・・・・・・・・・・・・・・・・・・・・・ 329
バロン，ロベール・J・・・ 22,23,278,288
反共産主義・反無政府主義・反ファシズム
の、いわゆる三反主義
　・・・・・・・・・・・・・・・・・・・・・・・・・・・・ 77
引間博愛・・・・・・・・・・・・・・・・・・ 368,369
ヒトラー・・・・・・・・・・・・・・・・・・ 249,250
兵頭淳史・・・・・・・・・・・・・・・・・・ 336,337
兵藤釗・・・・・・・・・・・・・・・・・76,140,301
平尾武久・・・・・・・・・・・・・・・・・・・・・ 231
平田隆夫・・・・・・・・・・・・・・・・・・・・・ 230
ヒルシュ＝ドゥンカー組合・・・・ 228,245
非連続性史観・・・・・・・・・・・・・・・ 143,144

非労働者組合型（non-labor union type）
・・・・・・・・・・・・・・・・・・・・・ 220
フィヒター，ミヒャエル・・・・・・・・ 247
フォスター，ウィリアム・Z
・・・・・・・・・・・・・・・・・・ 215,218,223,228
深川正夫・・・・・・・・・・・・・・・・ 72,93,94
福本和夫・・・・・・・・・・・・・・・・・・・ 120
藤林敬三・・・・・・・・・・・・・・・ 93,342,344
藤山愛一郎・・・・・・・・・・・・・・・・・・ 85
藤原銀次郎・・・・・・・・ 50,52,53,54,55,67
フーバー〔人事行政〕顧問団
・・・・・・・・・・・・・・・・・・・・・ 97,98,109
フーバー商務長官・・・・・・・・・・・・・ 51
プライス，ジョン・・・・・・・・・・・・ 281
ブラッティ〔ＧＨＱ労働課班長〕、ブラッティ，ヴァレリー
・・・・・・・・・・・・・・・・・・・・ 100,113,368
フランダース，アラン
・・・・・・・・・・・・・・ 339,340,341,348,349
布留川桂・・・・・・・・・・・・・・・・・・・・ 87
プロフィンテルン・・・・・・・・・・・・ 121
不破哲三・・・・・・・・・・・・・ 163,164,402
米国の排他的交渉単位制度
・・・・・・・・・・・・・・・・・・・・ 242～244
ベックラー，ハンス・・・・・・・・ 248,249
ベンソン，ジョン・・・・・・・・・・・・ 366
ホイットレー・・・・・・・・・・・・・・・ 341
外尾健一・・・・・・・・・・・・・・・ **259～262**
ホクシー，ロバート・・・・・・・・・・ **35**
細谷松太・・・・・・・・・・・・・・・・・ 73,120
堀江帰一・・・・・・・・・・・・・・・・・・ 56,57

【ま行】

前田一・・・・・・・・・・・ **46～49**,57,**65～72**,81,96,220,288,301,321
マーカム代将・・・・・・・・・・・・ 97,98,109
牧野富夫・・・・・・・・・・・・・・・・・・・ 340
牧山耕平・・・・・・・・・・・・・・・・・・ 27,28
マクニール，ジョージ・E・・・・・・ **34**
政次満幸・・・・・・・・・・・・・・・ 21,22,285
「マ書簡」（マッカーサー書簡）（1948年7月22日）・・・・・・・・ 99,109,110,116,270
マソン，アルフレッド・ビー・・・・・・ 27
松江澄・・・・・・・・・・・・・・・・・・・・・ 122
松岡駒吉・・・・・・・・ 63,64,72～80,86,93
マッカーサー・・・・・・・・・・・ 97,115,270
松崎芳伸・・・・・ 15,72,100,103,**104～106**
松下電器・・・・・・・・・・・・・・ 278,279,365
松永義雄・・・・・・・・・・・・・・・・・ **37,38**
松本健次郎・・・・・・・・・・・・・・・・ 50,85
マーティン，エドウィン・・・・・・・ 115
マルクス（カール）
・・・・ 36,68,72,165,295,296,303,305,331,358,375
マレー，R・E・・・・・・・・・・・・・・・ 317
未組織労働者の組織化
・・・・・・・・ 223,227,228,296,306,308,335
三井共愛組合・・・・・・・・・・・・・・・・ 59
水野錬太郎・・・・・・・・・・・・・・・・・・ 52
水谷長三郎・・・・・・・・・・・・・・・・・・ 93
南整・・・・・・・・・・・・・・・・・・・・・・・ 79
三村起一・・・・・・・・・・・・・・・・・ 93,94
宮古啓三郎・・・・・・・・・・・・・・・・ 28,35

索引

宮本顕治・・・・・・・・・・・・・123,**126,127**
ミリス，ハリー・A・・・・・・・・・・・ 213
三輪寿壮・・・・・・・・・・・・・・・・・・・ 85
村嶋歸之・・・・・・・・・・・・・・・・・・・ 57
森田良雄・・・・・・・・・・・・ 47,49,50,66
森山弘助・・・・・・・・・・・・・・・・・・・ 47
諸井虔・・・・・・・・・・・・・・・・・・・・285
モンゴメリー，ロイヤル・E・・・・・ 213

【や行】

安井英二・・・・・・・・・・・・・・・・・・・252
柳沢純・・・・・・・・・・・・・・・・・・130,131
柳下奏一・・・・・・・・・・・・・・・・・・・101
山縣憲一・・・・・・・・・・・・・・・・・・・ 56
山川均・・・・・・・・・・・・・・・・・・・・120
山口浩一郎・・・・・・・・・・・・・・・・・285
山口定・・・・・・・・・・・・・・・・・・・・281
山田精吾・・・・・・・・・・・・・・・・・・・325
山中篤太郎・・・・・・・・・・・ 60,61,68,93
山之内靖・・・・・・・・・・・・・・・・・・・272
山花秀雄・・・・・・・・・・・・・・・・・・・ 86
山本潔・・・・・・・・・・・・・・・・・・・・ 84
有機的（労働者組合）統一
　（organic trade union unity）
　・・・・・・・・・・・・・・・・・・・・118,137
郵産労〔郵便産業労働組合〕・・・・・328
雪印食品一般労組・・・・・・・・・・・・328
ユニオン運動・・・・・・・・・・・・322,368
ユニオン・ショップ
　・・100,107,123,127,135,232,253,274,290,
　314,350,361

用語〔としての〕「会社組合」"company union"・・・・・・・・・・・・・・・・・・・ 213
横山源之助・・・・・・・・・・・・・・**30,32**
吉田資治・・・・・・・・・・・・・・・・・**120**
吉村宗夫・・・・・・・・・・・・・・・・・・・328
米窪満亮・・・・・・・・・・・・・・・・・・・ 68
米田清貴・・・・・・・・・・・・・230,241,244

【ら行】

ランドラム・グリフィン法・・・・・・231
リアリ，エリ・・・・・・・・・・・・・・・357
リース，アルバート・・・・・・・・・・230
ルース，ステファニー・・・・・・・・・ 17
ルーズヴェルト，フランクリン・D
　・・・・・・・・・・・・・・・・・・・・ 52,246
ルロワ＝ボーリュー，ポール・・・・・ 35
歴史的「連続性」・・・・・・・・・・・・・144
レッド・パージ・・・・・・・・・・・146,170
レーニン・・・・・・・・・・・・・・・165,166
レームブルフ・・・・・・・・・・・・・・・281
レロル，ヂョン・ヂェー・・・・・・・・ 27
「連合」〔日本労働組合総連合会〕
　・・・・・・・・198,290,299,321,323,325,373
連合の三役会議・・・・・・・・・・・・・373
ロイド，シイ・エム・・・・・・・・・・・ 36
労働騎士団・・・・・・・・・・・・・・・・・ 44
労働者組合概念・・・・・・・・・・・13,257
勞働組合期成會（労働組合期成会）
　・・・・・・・・・・27,29,30,32,32,33,292,320
「労働組合」という用語・概念
　・・・・・・・・・・・・・・・・ 9,14,20,26,30～35

437

労(労)働組合法案
・・・・33,47,54,57,60,62～64,66,104,113,
206,291,292,351
労働者組合の法認・・・・・・・・・・・・54,139
労働者組合の有機的統一
(organic trade union unity)・・118,138
労働省編『労働用語辞典』・・・・・・・・16
『労働世界』・・・・・・・・・・・・・・・・・・32
労務法制審議委員会・・・・85,92,93,94,95
労働法典(Code du Travail)
・・・・・・・・・・・・・・・・・・・161,260,261
ローカルユニオン全国交流集会・・374
ロゾフスキー・・・・・・・・・・・・・・120,121

【わ行】

ワイマール時代・・・・・・・・・246,251,252
ワイマール・ライヒ憲法第一五九条
・・・・・・・・・・・・・・・・・・・・・・・・257
若林明・・・・・・・・・・・・・・・・・・・・196
ワグナー法・・52,103,214,231,233,234,244
鷲尾悦也・・・・・・・・・・・・・・・・・・・285
渡辺旭・・・・・・・・・・・・・・・・・・・・47
渡辺鋼・・・・・・・・・・・・・・・・・・・329
渡辺年之助・・・・・・・・・・・・・・・・・80
渡邊政之輔・・・・・・・・・・・・・・45,202
渡邊正裕・・・・・・・・・・・・・・・・・329
渡辺三知夫・・・・・・・・・・・・・・・・117
和田豊治・・・・・・・・・・・・・・・・・・52
和田春生・・・・・・・87,89,91,289,350,392
綿引邦農夫・・・・・・・・・・・・・・・・・87
ワルンケ,ヘルベルト・・・・・・・・・・249

【A】

AFL(アメリカ労働者総同盟)
・・・・15,32,43,116,168,212,219,227,244,
270,317
AFL(アメリカ労働者総同盟)
第39回大会決議・・・・・・・・・・・44,58
AFLの歴史的決議・・・・・・・・・・・・44
AFL-CIO(アメリカ労働総同盟・産
業別組合会議)・・・・・・・・・・・・241
AUB(独立従業員研究会)
(Arbeitsgemeinschaft Unabhangiger
Betriebsangehöriger)・・・・・・・・367

【C】

CFTC〔フランス・キリスト教労働者
総同盟〕・・・・・・・・・・・・・・・264
CGC〔フランスの管理職総同盟〕
・・・・・・・・・・・・・・・・・・・・・261
CGT(〔フランスの〕労働者総同盟)
・・・・・・・・・・・・161,162,260,261,264
CIO〔アメリカの産業別組合会議〕
・・・・86,113,120,121,126,134,135,145,
146,160,168,199,238,244,281,307,318,319,
368,372
craft union・・・・・・・・・・・・・・17,35,226

【D】

DAF(ドイツ労働戦線)・・・・247,248

【F】

FO〔フランスの「労働者の力」〕
・・・・・・・・・・・・・・・・・・・・・261

【G】

general union・・・・・・・・・・・・・・・35

【I】

IGメタル（〔ドイツの〕金属産業労働組合）............ 276,277,366,367

ILO（国際労働機関）
..... 20,21,68,101,110,111,168,169,206,212,251,274,288,356

IMF・JC（全日本金属産業労働組合協議会）.................... 141

industrial union 35,37,317

industrial unionism 348

【J】

JILPT
（日本労働政策研究・研修機構）
.... 284,350

JMIU
（全日本金属情報機器労働組合）
.... 314,316

【L】

labor union 33,34,35,220

【N】

NIRA＝全国産業復興法
.... 214,217,218,234

NLRA〔National Labor Relations Act＝全国労使関係法〕.......... 231,242

【R】

RSU
（〔イタリアの〕統一労働者組合代表〈委員会〉）........................ 333

【T】

There is no union in Japan
.... 20,21,272,285,375

trades union 27,28,32,34,35,36,358

TUC（イギリス労働組合評議会）
.... 20,21,23,272,368

【U】

UAゼンセン................. 323,325

UAW（United Auto Workers：全米自動車労働者組合）........ 288,356,357

【数字（昇順）】

10大会6中総〔日本共産党〕
.... 122,124,139,151,337

一八八四年職業組合法〔フランス〕
.... 260

1945年労働組合法
..92,93,96,98,102,108,109,113,114,291,427

1949年労働組合法
.. 102,104,105,106,108,113,140,141,301,427

1990年5月18日の〔東・西ドイツ間の〕第一国家条約............ 252,254

二・一スト............ 122,135,146,170

439

●著者紹介

宮前　忠夫（みやまえ　ただお）

フリーランスの国際労働問題研究者。
1941年、埼玉県生まれ。
地方公務員、民主団体事務局員、新聞・雑誌記者、フリー・ジャーナリスト、労働関係・労組間交流通訳案内業を経て現職。
著書：『新訳・新解説　マルクスとエンゲルスの労働組合論』（共同企画ヴォーロ、2007年）ほか

企業別組合は日本の「トロイの木馬」

二〇一七年　四月　二七日　第一刷発行

著　者　宮前　忠夫
発行者　比留川　洋
発行所　本の泉社

〒113-0033
東京都文京区本郷二-二五-六
TEL 〇三（五八〇〇）八四九四
FAX 〇三（五八〇〇）五三五三
http://www.honnoizumi.co.jp/

DTP：杵鞭真一
印刷　新日本印刷株式会社
製本　株式会社村上製本所

©2017, Tadao Miyamae Printed in Japan

本書のコピー、スキャン、デジタル化等の無断複製は著作権法上の例外を除き禁じられています。

ISBN978-4-7807-1611-5　C0036